발로 쓴
**프랑스, 칼뱅
개혁주의 종교개혁**

발로 쓴
프랑스, 칼뱅 개혁주의 종교개혁

발도파 운동에서부터 칼뱅과 위그노 종교개혁까지

글·사진 | 조 재 석

Edia

| 추천의 글 |

발로 뛰는 기자의 생생한 역사 현장

지형은 목사
말씀삶공동체 성락성결교회 담임목사
기독교대한성결교회 총회장

이 책은 그야말로 '발로 쓴' 종교개혁의 역사다. 사람의 취향에 따라 다르겠지만 교회사를 서술한 책이 그리 쉽게 읽히지는 않는다. 그러나 이 책은 다르다. 400면이 훌쩍 넘는 책의 내용이 눈에서 떨어지지 않는다. 저자가 '발로 쓴' 까닭이다. 담임목사에게 토요일과 주일은 가장 바쁜 날이다. 그러나 주일 설교 원고를 끝내고 나서 토요일 오후에 읽기 시작한 책을 주일에 종일 사역하고 나서 저녁 즈음에 끝까지 읽었다.

이 책에는 프랑스계 개혁교회의 역사 현장을 추적하며 정리한 사실과 함께 거기에서 느끼며 체험한 상황이 자연스럽게 어우러져 있다. 발도파의 흔적을 찾아 푸르비에르 대성당을 찾은 새벽 시간, 저자는 기도하는 사람들을 위해 열어놓은 작은 문으로 들어가 잠시 기도한다.

> "하나님, 새벽시간 조용히 묵상합니다. 발데스의 흔적을 찾아 방문한 리옹에서 하나님을 부릅니다. 방랑자, 순례자, 아니 스스로 가난한 사람이 되어 그들을 돕고자 했던 리옹의 빈자들처럼, 길 위의 순례자로 옛 도시를 걸었습니다. 순수한 마음, 순수한 선택, 그리고 그들의 발걸음을 배우게 해 주십시오."(42면)

기독교의 역사에 관해서 쓴 한국어 서적 중에서 유럽에서 태동하고 흘러온 프랑스계 개혁교회의 흐름을 이처럼 흥미진진하게 추적한 책을 보지 못했다. 12세기에 시작된 발도파 신앙 운동에서 시작하여 칼뱅 시대의 종교개혁과 위그노를 거쳐 현대에 이르기까지 900년의 역사가 강물처럼 흐른다. 발도파와 위그노의 박해와 순교 현장을 찾아다니며 기록한 처참한 서사는 가슴을 먹먹하게 한다. 한국 교회가 받은 박해는 비교가 되지 않을 정도로 처절한 고난을 겪어온 유럽의 신앙 역사 앞에서 할 말을 잃는다.

한국의 신앙인들이 유럽 교회를 얘기할 때 오랜 역사를 거치면서 말라버린 것처럼 아주 쉽게 말한다. 독일에 살면서 유럽 교회의 현재를 경험하며 그 과거 현장을 발로 뛰며 확인한 저자의 생각은 다르다.

> "오늘날 우리는 프랑스 개혁교회의 활성화를 주목할 필요가 있다. 1970년대 769개 교회였던 프랑스 개혁교회는 2010년대 후반에는 2500여개 교회로 늘어났고 아프리카와 동유럽, 아시아 지역 출신자들의 디아스포라 교회의 활동이 활발해지고 있다. 이런 움직임이 프랑스 교회를 새롭게 하는 계기가 될 것임을 기대한다."(355면)

저자 조재석은 기자다. 오랜 기자 생활에서 몸과 정신에 배인 기자 정신이 이 책에서 여지없이 드러난다. 기자는 현장에서 비로소 기자다. 발로 뛰는 기자의 눈과 판단이 내용의 서술에서 살아 움직인다. 그간 역사의 공부도 깊었는데 거기에 기자의 기질이 여전히 청청하니 이런 책이 나온다. 17~18세기 유럽 역사를 전공한 사람으로서 조재석의 이 책이 참 고맙다.

| 추천의 글 |

순교로 이룩한 종교개혁

조 만 목사
한국성결신문 주필

이 책의 서명(책이름) "발로 쓴 프랑스, 칼뱅, 개혁주의 종교개혁"은 같은 저자의 『발로 쓴 루터의 종교개혁』의 제2부로 인정받아야 할 것이다. 제1부 『발로 쓴 루터의 종교개혁』이 종교개혁을 이끈 루터의 발자취를 따라 고난의 현장을 직접 방문, 확인하여 종교개혁이라는 변환점에서 드러나는 하나님의 의지를 신앙으로 읽어내려는 몸부림을 보여 주었다면, 제2부 『발로 쓴 프랑스, 칼뱅, 개혁주의 종교개혁』은 칼뱅의 발자취를 따라 프랑스, 이탈리아, 스위스에서 일어난 종교개혁의 승리와 실패(?)를 온몸을 던져 직접 확인하며 하나님의 의지를 묻는 그 목소리가, 단말마의 비명처럼, 독자의 가슴을 찢어 놓을 것이라고 감히 예진하고자 한다.

이 책은 분류하기에 따라서는 교회사의 한 부분으로 자리할 수도 있겠지만, 그 보다는 순교로 자신의 믿음을 지키려는 이들의 결의가 도대체 어디에서, 어떤 힘에 의해서 표출되어지는가를 밝히려는 신앙탐구서로 보는 것이 오히려 타당하지 않을까 싶기도 하다. 글쓴이 조재석은 기독교대한성결교회의 목사이면서 한국성결신문의 기자이기도 했던 자신의 경력을 살려, 종교개혁에 감춰져 있는 하나님의 의지가 무엇인가를 묻도록 독자를 유도한다. 동시에 순교의 처참함과 비인간적인 모습에 안으로 눈물을 삼키는 독자들을 향해서는 종교개혁자들이, 발도파가, 위그노가 패배자들인가를 자기 자신에게 묻게끔 하는 자신의 신앙고백을 토로한다. 이를 감안하면, 발로 쓴 조재석 목사의 2권의 책은 종교개혁으로 순교한 하나님의 사람들을 찾아 나서는 순례기로 이름해도 거부할 사람은 없으리라 싶기도 하다.

> "발도파 교회 건물 앞에는 종교개혁 500주년(2017년)에 만든 플래카드가 걸려 있었다. 'Sola Fide'(오직 믿음), 'Solus Christus'(오직 그리스도). 종교개혁의 핵심 구호 중 하나인 이 글은 선조들로부터 이어져 온 신앙이며, 오늘의 발도파가 지키려는 가치다. 그곳에 서서 잠시 고개를 숙인 후 기도한다. '하나님. 발도파는 박해와 학살 가운데서도 자신들의 믿음을 지키며 헌신했습니다. 또한 오직 그리스도, 말씀을 바라보며 나아갔습니다. 사랑하는 한국교회가 800여 년 동안 그 누구보다 많은 탄압과 박해, 순교를 경험한 발도파 교회를 배우게 하옵소서. 아멘.'"(269면)

조재석 목사의 기도는 이 책의 내용이 순교자를 찾아 나선 순례자의 순례기라는 사실을 웅변하는 듯이다. 코로나19의 여파로 마음이 정화되는 신앙고백을 외면해온 사람들에게, 프로테스탄트의 뿌리가 궁금한 개신교도들에게 일독을 권하고 싶다. 동시에 이왕 내친걸음이니 '발로 쓴…'의 제3부는 토마스 뮌처의 발걸음과 삶을 추적해서 정리한다면 한국교회와 신앙인들에게 시사하는 바가 많을 것이라고 제안하고 싶다.

끝으로 이런 책이 많이 읽혀질 때 한국교회의 신앙은 그 뿌리가 튼튼해질 것이라는 소감도 사족으로 달아두고 싶다.

| 머리말 |

종교개혁 역사 성찰의 고백

'발로 쓴 루터의 종교개혁'(2018년 출간)에 이어 '발로 쓴 프랑스, 칼뱅, 개혁주의 종교개혁'을 펴냅니다. 책 제목처럼 이 책은 프랑스의 종교개혁과 칼뱅, 개혁주의 종교개혁을 개혁자들이 활동한 현장에서 직접 느끼고 경험하며 정리한 것입니다. 그렇다고 단순한 순례 여정이나 감상, 피상적인 내용만을 기록하지는 않았습니다. 종교개혁의 역사와 그 내용을 종합적으로 연구, 성찰하고 그 내용을 현장의 감동으로 꼼꼼히 녹여 내고자 하였습니다. 그런 점에서 프랑스 종교개혁과 개혁주의 종교개혁 역사를 성찰한 고백이요, 연구 결과라고 말할 수 있습니다.

책은 프랑스 리옹에서 설교자의 삶을 시작한 발데스(Waldes)를 시작으로, 종교개혁 시기 개혁을 시작한 취리히의 츠빙글리(Zwinglie), 독일 남부에 속했지만 지금은 프랑스 땅이 된 알자스 지방의 스트라스부르와 그 중심인물인 마르틴 부처(Martin Bucer), 또 개혁주의의 토대를 형성한 장 칼뱅(Jean Calvin)을 고향 누아용과 그의 활동 무대인 제네바를 통해 다룹니다. 그리고 자신들의 신앙적 꿈을 프랑스 남부와 이탈리아 북부 알프스 산악 지대에서 가꾼 발도파와 프랑스 땅에 실현코자 했던 위그노 활동을 그들 활동의 핵심 지역을 중심으로 역추적하였습니다.

또한 프랑스 종교개혁을 칼뱅의 영향에 한정하여 서술하지 않고 발데스라는 인물을 만든 신앙과 영성의 상황에 취리히와 스트라스부르의 종교개혁을 포함하여 종합적으로 고찰했습니다. 개인적인 생각엔 발도파 신앙이 프랑스 남부의 개혁주의 확산에 크게 기여했고, 나중에 일부는 위그노 신앙으로 통합되었다는 점에서, 그리고 스트라스부르 종교개혁이 루터교회로 자리매김되지만 나중에 프랑스 땅이 된 이후에는 자신의 전통과 입장을 유지한 가운데 프랑스 교회 발전에 중요 역할을 감당하고 있음을 고려했습니다. 언젠가 이런 부분의 연구가 이뤄지길 기대합니다.

프랑스 종교개혁 현장을 찾는 여정은 2017년 1월 리옹(Lyon) 방문으로 시작되었고 지난 3년간 프랑스 서부와 북부, 남부의 여러 도시를 찾아 계속됐습니다. 홀로 등에 작은 배낭을 맨 순례자의 모습으로 짧게는 2박 3일, 길게는 1주일 넘게 여행했습니다. 때론 새벽 도심을 홀로 방황하기도 했고, 겨울 기차와 버스 대합실에서 추위에 떨며 다음 여정지로 가기 위해 오랜 시간 기다리기도 했습니다. 어떤 때는 4~5일을 버스에서 책을 보고 잠을 자며 시간을 보내야 했습니다.

순례 여행이 끝났다고 모든 것이 마무리된 것은 아닙니다. 여행 이후에는 확보한 귀한 자료를 토대로 종교개혁 역사와 현장 내용을 정리하고, 부족한 부분은 영어와 독일어로 번역된 옛 프랑스 자료를 찾아 공부하였습니다. 그렇게 정리한 자료를 토대로 글을 쓰고, 부족하다싶어 다시 종교개혁 현장을 찾기를 반복했습니다. 그렇게 3년여의 시간이 흐른 2020년 초, 드디어 프랑스 종교개혁 전반의 글을 300여 쪽으로 정리할 수 있었습니다.

하지만 부족한 부분이 많았습니다. 그렇게 쓴 글을 보완하기 위해 다시 종교개혁 현장 여행을 계획했고 2020년 코로나 사태로 미루다 유럽 내 국경이 제한적으로 개방된 8월초 2주의 휴가를 신청해 마스크를 쓴 채로 프랑스와 스위스 도시를 둘러보았습니다. 각 여행지를 방문할 때 친근하게 다가오는 도시와 종교개혁 흔적을 접했습니다. 첫 방문 지도를 펴고 길을 헤매며 사진 찍기에 급급했던, 그리고 촉박한 시간에 꼼꼼히 살피지 못했던 때와는 다른 느낌이었습니다. 골목길의 모습도 느꼈고 시장에 들려 사람들의 모습도 꼼꼼히 살피게 됐으며 찻집에 앉아 종교개혁 글을 읽는 여유를 부리기도 했습니다. 종교개혁 현장에 섰을 때 처음 받았던 감동이 가슴 깊이 다시 밀려오는 것을 느꼈습니다. 감동은 여전히 몸에 남아 있었기 때문입니다.

한 두 단어의 프랑스어만 알아들을 수 있는 입장에서, 또 문화적 우월성이 강한 프랑스의 종교개혁 현장을 찾는 과정은 제약이 많았습니다. 영어나 한국어(누아용 칼뱅박물관, 사막박물관), 독일어로 된 해설이 있는 곳도 있었지만 대부분 박물관은 프랑스어만 쓰여 있었기 때문에 내용 파악에 한계가 있었습니다. 발도파 산악지대에선 전혀 모르는 이탈리아어로만 쓰인 글을 제목이라도 이해하기 위해 사전을 보며 머리를 쥐어짜야 했습니다. 더욱이 프랑스의 종교개혁은 실패했고, 프랑스와 이탈리아 지역은 오랫동안 가톨릭이 국교 역할을 하면서 종교개혁, 개혁과 교회의 흔적은 방치되고 치워졌습니다.

더욱이 칼뱅의 영향을 받은 개혁주의는 유물과 유적을 우상숭배와 연관시키는 배타적인 입장을 가졌고, 이런 정서로 기념물이나 장소 보존에 관심 갖지 않았습니다. 그러다보니 역사를 담은 옛 흔적은 많이 사라졌습니다. 역사에 관심을 가진 일부 사람들에 의해 자료가 보존되기도 했고, 칼뱅 탄생 500주년(2009년)을 기점으로 기념사업이 진행되면서 생가를 포함하여 여러 장소에 대한 복원이 이뤄졌습니다. 그렇게 최근에 이르러 나름 프랑스 종교개혁을 종합적으로 살필 수 있었습니다. 최대한 현장성을 살리며 이야기를 풀어내려

했지만 가능한 한 많은 내용을 전하려는 욕심도 있어 좀 어렵게 서술한 부분이 많지 않을까 생각합니다. 부족한 부분이 있다면 양해해 주시고, 잘못된 이해가 있다면 지적해 주시기 바랍니다.

그렇게 모든 방문을 마무리한 후 많은 부분을 다시 수정, 보완하였습니다. 또 몇 년 간 찍은 사진들을 다시 보고, 필요한 사진을 선별했으며, 일부 자료에서 드러나는 상충된 내용은 관련 자료를 찾아 보완했습니다. 2020년 연말, 20여 일 동안 산속 장애인 공동체의 작은 방 한 곳에 홀로 머물며 글을 정리했습니다. 인터넷도 되지 않고 텔레비전도 없기에 글을 쓰기에 안성맞춤인 장소입니다. 그곳에서 기도하고 성서를 보며 종교개혁 글을 마무리했습니다. 글을 정리하다 감동으로 인해 글쓰기를 멈추고 방안을 한참 거닐기도 했습니다. 그렇게 외로운 밤은 종교개혁에 대한 생각들로 영글어 갔습니다.

부족한 책이지만 이 책이 프랑스 종교개혁, 칼뱅의 종교개혁 전반을 파악하는 자료가 되길 소망합니다. 아쉬운 점이 있다면 개혁주의 신앙 확산에 중요한 의미를 가진 존 낙스의 스코틀랜드 종교개혁, 개혁주의 종교개혁의 결실로 태동한 네덜란드의 개혁주의를 다루지 못한 점입니다. 또한 칼뱅의 종교개혁 장소 중 초기 활동과 관련된 오를레앙과 부르주, 푸아티에, 바시와 푸아시 등도 다루지 않았습니다. 관련 장소를 이미 한두 차례 이상 방문했습니다만 그 내용까지 담기에는 너무 많은 분량이 될 수 있기 때문입니다. 기회가 된다면 어떤 형태로든 여러분께 소개해 드리겠습니다. 아울러 언어 표기는 가능한 한 현지어를 사용한다는 원칙을 지키려고 프랑스어와 이탈리아 표기를 사용했습니다. 다만 '발도파'와 같은 명칭이나 독일어를 사용하는 취리히, 중세 독일의 영향권인 스트라스부르의 표기는 독일어 표현을 그대로 사용했음을 말씀드립니다.

끝으로 집 떠나길 좋아하는 '방랑벽 환자'와 함께 사는 두 아들 놈과 아내, 그리고 한국에서 아들의 건강만을 바라시는 나이 드신 부모님을 생각합니다. 두 분의 건강을 기원하며 이 책을 두 분께 드리고 싶습니다. 아울러 독일 땅에 머물고 있는 저에게 장애인 공동체에서 일하도록 역할을 부여해 주고 함께 살아가는 구성원으로 인정해 준 VOGTHOF 동료들과 장애인 형제자매들께도 감사를 드립니다. 추천의 글을 써주신 분들과 이 책의 편집과 출판에 협력해 주신 모든 분들께도 아울러 감사의 인사를 드립니다.

2021년 5월 말
매일 순례의 길에 서는 독일 땅에서

조 재 석

목차

추천의 글 종교개혁 역사 성찰의 고백 5
추천의 글 순교로 이룩한 종교개혁 7
머리말 종교개혁 역사 성찰의 고백 9

01 유럽 종교개혁의 서막
발데스(Vaudès)와 리옹(Lyon)의 빈자들 19

1. 고대 갈리아의 수도였던 리옹, 로마식 원형극장 20
2. 리옹의 중심, 대성당 '생 장 뱁티스테' 24
3. 성서의 말씀을 실천하는 삶, 대성당 내부를 둘러보며 30
4. 옛 도시의 좁은 골목길을 거닐며 34
5. 리옹 시내를 한 눈에, 푸르비에르 대성당 39
6. 옛 도시 한 쪽에 자리한 프랑스 개혁교회 44

02 프랑스 종교개혁의 서장
르페브르 데타블(Lefèvre d'Étaples)과 '모'(Meaux) 그룹 53

1. 인문주의에서 종교개혁으로, 생 제르맹 교회 55
2. 인문주의적 종교개혁의 출발지 '모' 57
3. 종교개혁 사유가 확산된 대성당(Cathédrale Saint-Étienne) 60
4. 종교개혁이 확산된 도시를 거닐며 66
5. 프랑스 첫 개혁교회인 '모 교회'와 14명 순교 70
6. 다시 설립된 모 개혁교회 73

03 개혁주의 종교개혁의 출발
츠빙글리와 취리히의 종교개혁 81

1. 로마시대 흔적과 페터교회(St. Peter) 82
2. 펠릭스와 레굴라의 순교지, 바서교회(Wasserkirche) 87
3. 성서와 칼을 함께 든 츠빙글리 기념상(Denkmal) 90
4. 취리히 종교개혁의 중심지, 그로스뮌스터(Grossmünster) 94
5. 츠빙글리와 블링거의 사택, 취리히 신학대학 99
6. 프라우뮌스터(Fraumünster) 교회 102
7. 펠릭스 만츠(Felix Manz)와 재세례파의 흔적 104
8. 루터와의 만남과 대화, 츠빙글리의 죽음 108

04 개혁주의 종교개혁의 본고장
마르틴 부처와 스트라스부르 종교개혁 115

1. 노트르담에서 개혁을 외친 설교자들 : 가일러(Geiler)와 젤(Zell) 115
2. 대성당(Carthédrale)정문 앞, 그리고 종교박물관 122
3. 인쇄술과 종교개혁의 확산, 구텐베르크 광장 128
4. 도시 종교개혁을 이끈 마르틴 부처 : 아우렐리아교회(Aurelie)와 토마스교회(Thomas) 132
5. 스트라스부르 대학과 오늘의 종교개혁 140
6. 스트라스부르와 칼뱅의 사역 145
7. 스트라스부르의 교회들 : 페터교회, 니콜라이교회 등 153
8. 남겨진 이야기 : 도시박물관과 알자스의 노래 158

05 프랑스 종교개혁의 새 토대
칼뱅(Calvin)의 뿌리 '누아용'(Noyon)과 그의 젊은 시절 167

1. 칼뱅이 태어난 누아용 168
2. 칼뱅의 생가 박물관에서 170
3. 칼뱅의 어린 시절과 누아용 대성당 176
4. 파리 학문의 중심 소르본느 대학과 팡테옹(Panthéon) 182
5. 칼뱅이 공부한 파리 몽테규 대학(Montaigu) 186
6. 인문주의의 산실 파리 왕립대학(Collège royal) 189
7. 마튀랭교회 흔적과 옛 포르테 대학 기숙사 193

06 종교개혁에 동참한 발도파 교회
샨포란 회의(Chanforan), 메린돌 학살, 생존과 자유 획득 201

1. 발도파 확산과 다가오는 탄압, 베르가모(Bergamo) 201
2. 탄압과 생존, 숨어 사는 삶 : 앙그로냐(Angrogna) 계곡 208
3. 종교개혁 참여를 결정한 샨포란(Chanforan) 회의 219
4. 종교개혁 시기 루베론(Luberon) 발도파 박해 : 메린돌(Merindol) 학살 230
5. 종교개혁 이후 피에몬테 발도파 학살, 프라리(Prali)에서 245
6. 알프스 산악지대에 살아남은 발도파 251

07 칼뱅의 도시, '개혁된 도시' 제네바
칼뱅의 헌신으로 개혁파 종교개혁 중심지가 되어 273

1. 칼뱅의 활동 무대, 삐에르 교회(Saint-Pierre) 273
2. 칼뱅의 강당과 제네바 종교개혁 박물관 278
3. 칼뱅의 집과 시의회 284
4. 아카데미를 통한 인재 양성 : 제네바 아카데미 288
5. 개혁주의 종교개혁의 상징 : 종교개혁의 벽 292
6. 칼뱅의 안식처 : 쁠랭빨래 묘지(Cimetière de Plainpalais) 296
7. 칼뱅의 가슴 아픈 상처 : 세르베투스와 그의 추모비 299
8. 세계교회협의회 본부를 찾아 303

08 프랑스 종교개혁의 생생한 현장
위그노(Huguenot)의 땀과 눈물의 현장 '파리'(Paris) 313

1. 파리에 확산된 종교개혁, 교회와 왕실의 움직임 314
2. 초기 종교개혁자들의 순교 : 트라우아 분수, 꽁시에르주리 317
3. 파리 첫 개혁교회 설립과 총회 : 비스꽁티 거리 323
4. 위그노 전쟁과 콜리니 장군 : 오라토아 교회 328
5. 바르톨로메오 축일의 대학살 : 생 제르멩 데 프레와 위그노 학살 현장 334
6. 앙리 4세와 낭트칙령 : 노트르담 대성당, 이노성 분수, 앙리 4세 암살 현장 344
7. 오늘의 프랑스 개혁교회 : '종교개혁의 집'(Maison de Protestantisme) 352

09 위그노의 마지막 항쟁, 자유의 상실과 망명
위그노의 수도, 항쟁의 최후 근거지 라로셀(La Rochelle) 361

1. 위그노 길과 성 바돌로메이 교회 361
2. 위그노 수도가 된 도시, 옛 예배 장소와 라로셀 신앙고백 368
3. 위그노 최후의 항쟁 : 등대탑과 사슬탑 375
4. 결사항전, 고립된 도시의 항복 : 시장 장기통과 시청사 382
5. 종교 자유 박탈, 망명길에 오른 위그노 : 대성당과 상공회의소 건물 386
6. 오늘날 라로셀의 개혁 신앙 : 개혁교회와 프로테스탄트 역사 박물관 394

10 현대 프랑스 개혁교회를 생각하며
광야시대와 관용령, 그리고 현대 : 사막박물관(Le Musee du Desert)을 찾아 떠난 길 403

1. 낭트칙령 폐지와 광야시대의 도래 404
2. 까미자르 봉기와 숲속, 들판에서 시작된 광야예배 410
3. 죽임과 망명, 저항 속 깊이 자리한 성서 414
4. 오늘 프랑스 개혁교회의 새로운 도전 418

리옹(Lyon)은 로마시대로부터 프랑스의 중심이었으며 중세에는 종교의 영향력이 강한 도시였다. 이곳에서 발데스(Waldes)는 예수의 말씀을 따라 가난(청빈)의 삶을 실천하고 복음을 이웃에게 전파하는데 헌신했다.

01
유럽 종교개혁의 서막

발데스(Vaudès)와 리옹(Lyon)의 빈자들

발데스, 독일 보름스 종교개혁 기념비에서

'루터의 종교개혁'을 상징하는 독일 보름스의 '종교개혁 기념비'에서 한 프랑스인 방랑자를 만났다. 그는 '발데스(Vaudès)' 또는 '발도(Waldo)'로 불린다. 개신교회가 보편적으로 인정하는 종교개혁 선구자(발데스, 위클리프, 얀 후스, 사보나롤라) 중 가장 옛 사람인 그는 사제(신부)가 아닌 평신도란 점에서 더욱 주목된다. 또 그는 한 나라와 지역에 갇히지 않고 프랑스를 넘어 스위스, 오스트리아, 체코 등지에 복음을 확산한 설교자요, 복음전도자이다.

발데스의 정확한 출생년도는 불분명하지만 1150년경 태어났고 리옹의 부유한 상인으로 성공한 삶을 살았다. 전해지는 이야기에 따르면 그는 고귀한 한 시민의 죽음으로 충격을 받은 후 재산 중 일부를 부인에게 나누어 주었고 나머지를 팔아 가난한 사람을 돕는 데 사용했다. 또 한 신부에게 신약성서를 지역 언어(프랑스 남부 방언)로 번역하도록 요청했고, 번역된 '쪽 복음'을 가지고 유랑하며 복음 전하는 일에 헌신했다. 그는 리옹에 식량난이 생기자 '자발적 가난'과 '경건한 삶'을 선택한 동료와 함께 1176~77년 빈민을 위한 무료 급식 모임을 조직, 가난한 이를 섬기는 봉사의 삶을 계속했다. 이 모임이 나중에 '리옹의 빈자들'(Pauvres de Lyon)로 불렸고, 사람들은 한 세기가 되기 전 발데스의 영향을 받은 이들을 일컬어 '발도파(Vaudoise, 독일어로는 Waldenser)라고 부르게 된다.

하지만 발데스와 동료들은 중세교회와 갈등을 빚고 결국 파문당하며 이단으로 내몰려 박해를 받았다. 이단심문관의 추적과 종교재판의 서슬 퍼런 칼날을 피해 프랑스 남부와 이탈리아 북부 알프스 산악지대로 숨은 그들은 이곳을 근거지 삼아 생존했다. 종교개혁 시기에 독일 남부와 스위스, 프랑스 종교개혁자들과 교류하며 '종교개혁교회'로서 입장을 명확히 한 발도파는 프랑스 정부와 가톨릭교회의 탄압으로 고국을 떠나 망명했고, 남은 이들은 더욱 깊은 산속으로 피신해 선조들의 신앙을 지키며 살았다. 이렇게 살아온 발도파는 19세기 후반 이탈리아 정부의 성립과 함께 종교적 자유와 시민적 자유를 얻게 되었고 이탈리아 개혁교회로서 자리매김한다. 리옹에서 800여 년이 넘는 긴 역사의 능선을 넘어 온 발데스와 리옹의 빈자들, 그들의 후손들, 그리고 신앙의 계승자들을 찾는 첫 여정을 시작했다.

1. 고대 갈리아의 수도였던 리옹, 로마식 원형극장

처음 발도파에 관심을 두고 자료를 찾고 계획을 세울 때 리옹 방문은 생각하지 않았다. 그곳에서 800여 년 전 인물 발데스의 흔적을 찾기 어렵다고 생각

리옹 시내. 강 앞쪽 대성당과 그 왼편이 옛 도시가 있던 장소다.

해서다. 오히려 종교개혁 전후 발도파의 활동 장소나 현대 발도파 후손이 사는 곳을 찾는 것이 더 효과적이라 생각했던 것이다. 그런데 칼뱅이 활동하던 제네바로 가는 중간 심야버스가 경유지 리옹에 머물렀고, 새벽 서너 시간 리옹 옛 시내를 거닐 수 있는 여유를 갖게 됐다. 이 첫 방문의 경험은 이후 대여섯 번 리옹을 찾는 계기가 됐고, 발데스와 '리옹의 빈자들'을 다시 생각하는 시발점이 됐다. 또 그들이 프랑스, 나아가 유럽 종교개혁의 첫 장에 언급되어야 할 인물들, 프랑스 종교개혁의 서막을 여는 사람들이라고 생각하게 되었다.

프랑스 남부 도시 리옹은 로마시대 옛 갈리아인이 살던 도시(루그두눔, Lugdunum)로 BC 43년 역사에 등장한다. 로마를 출발해 북이탈리아를 지난 군인들, 상인들, 복음을 든 전도자들은 서쪽 해안선과 계곡을 통과해 알프스를 넘었고 드디어 갈리아 지역에 들어섰다. 그곳에서 로마인들은 로마와 닮은 장소, 즉 론강과 손강이 내려다보이는 푸르비에르(Fourvière) 언덕에 도시 루그두눔을 세웠다. 리옹에 도착해 옛 도시를 향해 걸었다. 버스 정류장에서 옛 도시까지는 4킬로미터로 가깝지는 않다. 하지만 새벽 시간 조용한 옛 거리를 걸으며 리옹을 느낄 수 있는 기회였다. 옛 도심 가까이에 위치한 넓은 벨쿠르 광장과 루이 14세의 동상을 뒤로 한 채 론 강과 손 강 위 다리를 건넜다. 강폭이 넓지는 않지만 두 강이 시내를 통과하는 것은 흔한 것은 아니란 생각이 든다. 다리에서 산 정상 위에 있는 푸르비에르 대성당을 올려다보며, 이곳에 터 잡은 로마인들을 생각했다.

로마인들은 '세계 정복'을 꿈꿨고 거침없이 갈리아 지방으로 진군했다. 갈리아 지방(프랑스)을 점령하고 서쪽으로 나아가 대서양을 마주한 로마군은 배를 타고 브리튼 섬(영국)으로 나아갔고 동쪽으로는 독일 땅으로 거침없이 나아간다. 하지만 로마인은 브리튼 섬 북서부에 위치한 켈트족과 독일 라인강 동쪽 게르만족의 자연환경을 이용한 전술에 막혔다. 그렇게 갈리아 지역은 로마의 광대한 새 영토가 됐고, 수많은 사람이 로마군을 뒤따라 갈리아로 왔고 로마의 학문과 문화가 확산된다. 갈리아의 중남부에 위치한 리옹은 로마식 이름 '루그두눔'이라 불렸고 도시는 로마처럼 발전되었다. 이후 로마령 갈리아의 중심 도시가 된 리옹은 갈리아 전 지역의 수도로서 기능을 했다.

하지만 로마의 쇠락과 함께 갈리아 북부를 중심으로 프랑크 왕국이 설립되고 갈리아의 중심 무대는 리옹을 중심으로 한 프랑스 중남부에서 파리를 중심으로 한 프랑스 중북부 지역으로 옮겨졌다. 발데스가 활동하기 시작한 중세 중반 이런 변화로 인해 프랑스 남부는 종교에 더욱 관심을 기울이게 되었다. 반면 프랑스 북부를 근거로 한 파리는 정치의 중심으로 남부 지역 출신들을 상대적으로 낮춰 보았고 이런 사회 분위기는 종교개혁 이후까지 프랑스 사회에 영향을 미치게 된다.

옛 도심에서 제일 먼저 찾은 곳은 푸르비에르 언덕 왼편 옛 로마의 원형극장이다. 원형극장은 로마를 상징하는 건물로, 로마인들은 자신들이 점령한 땅

옛 로마 시대 원형 극장

에 극장을 세웠다. 그래서 원형극장은 로마의 옛 도시로 로마 시민이 많이 거주했던 곳이라는 증거다. 많이 허물어지긴 했지만 원형극장은 옛 로마 도시의 오랜 역사와 그 위용을 뽐내기에 충분했다. 다양한 공연을 위한 무대가 설치되어 있었는데, 아마 여름철 문화 공연을 위해 마련된 듯했다. 과거 로마인의 문화 공간으로 쓰인 장소가 2000여 년 시공을 넘어 프랑스 시민을 위한 공간으로 탈바꿈한 것이다. 역사적 공간에서 이루어지는 공연의 분위기와 향취는 어떠할까? 공연 내용에 따라 다르겠지만 시공을 넘어 전해지는 문화적 향취는 오늘을 사는 사람들에게 옛 기억과 함께 진한 감동을 선사할 것이다.

원형극장을 나서 대성당을 향해 걸었다. 그 길을 걸으며 그리스도교가 로마를 넘어 서유럽으로 확산되는 과정을 생각했다. 1세기 예수 그리스도로부터 시작된 그리스도교는 당시 유럽의 수도였던 로마에 전파되었고, 베드로와 바울이라는 걸출한 제자에 의해 내실을 다지며 성장했다. 이후 로마의 탄압으로 많은 그리스도인들이 로마인이 만든 길을 따라 유럽으로 흩어졌고, 그곳에서 복음의 선구자 역할을 했다. 그들이 뿌린 씨앗으로 로마제국은 그리스도교를 인정하게 됐고 이후 복음전도자들은 당당히 그 길을 걸어 '땅 끝까지' 복음을 확산시키기 위해 나섰다. 그렇게 예루살렘에서 소아시아를 거쳐 이탈리아 반도에 이른 그리스도교 복음은 로마를 출발점 삼아 다시 이탈리아 북부를 지나 알프스 산맥을 넘어 갈리아 지역으로 확산되었다.

알프스 산맥을 넘은 복음이 처음으로 만난 가장 큰 로마 도시가 바로 리옹이다. 당연히 리옹의 그리스도교 공동체는 2세기까지 거슬러 올라갈 정도로 오래됐고 교회 역사의 서막을 장식하는 유명한 2명의 순교자가 나왔다. 대성당의 역사 자료엔 첫 교회가 2세기 순교자인 포티누스(Pothinus)와 그의 후계자인 이레니우스(Irenaeus)로부터 출발한다고 서술되어 있다. 첫 리옹 주교인 포티누스는 90세의 나이인 177년 순교했는데, 로마 관리들 앞에서 재판을 받으면서 바로 서서 그리스도를 옹호했다고 한다. 재판관이 '그리스도교의 하나님이 누구냐'고 질문하자 그는 "당신이 참 인간이라면 반드시 알게 될 것"이라고 대담하게 답변했다. 또 그의 후계자인 이레니우스는 '최초의 교부'라는 평가를 받는 신학자로, '영지주의에 대한 논박' 등으로 잘 알려졌으며 202년 리옹에서 순교했다. 이런 신앙 역사는 리옹이 종교적으로도 매우 비중 있었던 장소요, 갈리아 지방에서 로마에 버금가는 도시였음을 분명히 보여준다.

2. 리옹의 중심, 대성당 '생 장 벱티스테'

리옹 옛 도심에 자리한 생 장 대성당(Cathédrale Saint-Jean-Baptiste)은 이름 그대로 세례요한 기념 대성당이다. 이를 상징하듯 성당 앞 광장 분수대에는 세례 요한이 예수에게 세례를 베푸는 동상이 세워져 있다. 그런데 이 '대성당'의 이름 앞에 다른 이름이 덧붙여져 있다. 바로 프랑스어로 '수석 대주교'라는 뜻의 프리미탈레(Primituale)이다. 이는 1079년 교황이 프랑스 왕국 전체의 대주교 중

'갈리아(프랑스) 수석대주교'라는 이름을 가진 리옹 대성당

으뜸이라는 의미로 '갈리아 수석대주교'라는 칭호를 리옹 대주교에게 내렸고, 그 때부터 대성당엔 이 말이 붙여졌다는 것이다. 한마디로 리옹 대성당은 프랑스에서 가장 오랜 역사를 가진 교회이며 그곳 대주교는 프랑스 가톨릭교회의 핵심 중의 핵심이라는 의미다.

　프랑스 역사를 잘 모르는 사람은 프랑스의 중심을 파리, 그리고 프랑스 교회의 상징을 노트르담 대성당으로만 생각한다. 하지만 파리 대성당보다 더 중요하고 오래된 장소는 많다. 오랫동안 황제의 대관식이 열린 랭스 대성당과 수석대주교 칭호를 받는 리옹 대성당, 잔다르크를 기념하는 오를레앙 대성당, 아키텐의 중심인 푸아티에 대성당, 그리고 북부 피카디리 지방의 여러 성당이 그것이다. 또 교황이 거주했던 아비뇽 교황청도 파리 노트르담보다 역사적으로 중요한 장소이다. 그런데 이들 중 프랑스 교회 역사에서 가장 으뜸은 리옹 대성당이라고 해도 과언이 아니다.

　실제 리옹 대성당은 1245년과 1274년 두 차례 그리스도교 공의회가 열렸고,

01_ 유럽 종교개혁의 서막 **25**

1305년 교황 클레멘스 5세와 1316년 요한 22세의 즉위식이 열리기도 했다. 또 요한 22세를 선출한 콘클라베(교황 선출을 위한 추기경 회의)가 이곳에서 열렸다. 일부에선 현 대성당의 완공 시점이 15세기란 이유로 '이곳에서 이런 중요한 행사가 열렸겠느냐?'고 의문을 제기하지만 1100년대 후반 착공한 대성당은 100년 후 강단과 본당 등 기본 공사가 마무리됐다. 또 2차 리옹 공의회의 규모가 대주교와 주교 300여명, 대수도원장 60여명, 기사 수도회 대표와 신학자들, 유럽 주요 국가 왕의 사절 등 1000여명 정도 규모였기에 리옹 대성당은 충분한 규모다.

오랜 건축 역사로 인해 현재의 대성당은 로마네스크와 고딕의 건축 기법이 반영되어 있다고 한다. 어떤 부분이 로마네스크요, 고딕일까 생각하며 대성당 전면부를 살피다가 많은 성상으로 장식된 다른 프랑스 성당과 달리 인물상이 거의 없고 4개의 동상만 불완전한 모습으로 남아 있음을 보게 됐다. 오랜 역사로 인해 훼손됐거나 안전을 이유로 후대에 철거되었다고 생각할 수도 있었다. 하지만 리옹 교회는 조각상 훼손이 종교개혁에 영향을 받은 위그노에 의해 이뤄졌음을 기록하고 있었다. 1560년대 칼뱅의 영향을 받은 프랑스 종교개혁자들은 가톨릭교회의 탄압에 맞서 봉기했는데 이 때 분노한 위그노에 의해 대성당 성상들이 파괴된 것이다. 뿌리가 같은 형제의 치열한 대립의 상처를 보며 가슴 한 결이 아파온다.

일반적으로 중세 교회는 위대한 신앙인물을 성인과 성자로 존경했다. 또 문자를 모르는 백성에게 성서 내용을 설명하기 위해 교회 내부에 성상과 성화를 설치했다. 성인들의 신앙적 삶을 스토리텔링 기법으로 성도들에게 설명한 것이다. 때론 무지의 결과로 그들이 남긴 유물이나 유품들이 복을 불러오고 구원에 큰 영향을 발휘하는 것으로 강조되었다. 그들의 유품이나 유골 등으로 인해 기적이 일어났다는 고백은 중세시대 성유물과 그곳을 찾는 순례로

리옹 대성당의 전면. 위그노에 의해 동상의 목이 잘렸다.

발전했다. 하지만 그런 중세의 신앙은 종교개혁을 계승한 개신교인의 시각, 아니 현대인의 시각에는 기복적 신앙일 뿐이다. 성인은 과거를 산 인물로 오늘을 사는 우리에겐 하나의 '신앙의 롤모델'일 뿐이다. 그들을 통해 이루어진 신앙의 역사는 하나님에 의한 것이지 그들의 공로가 불러온 공덕이 아니다. 이런 신앙의 성찰이 이뤄졌다면 성상과 성화는 문화적 유물로 우리 시대까지 남겨질 수 있었을 것이다.

그런데 당시 프랑스의 종교개혁자들은 잘못된 신앙을 혁파하기 위해 신앙의 대상이 된 성상을 파괴하고 성화를 불태웠다. 특히 프랑스에선 성인의 무덤을 파괴해 유골을 뿌리고 교회 건물 밖에 있는 성인상의 목을 치는 행위가 이곳저곳에서 이뤄졌다. 이러한 목을 베는 행태는 '단두대'를 빈번히 사용한 프랑스 역사를 떠올리게 하며, 이런 구시대 유물은 이슬람 극단주의자들의 행동 속에 계승되고 있는 것 같다. 중세 종교개혁자들의 이런 행동이 동시대 그리스도인에게 바른 교훈을 주었을지, 아니면 오히려 거부감을 팽배시켰을지 경중을 따지기 쉽지 않다. 중세와 근대의 무지몽매함은 아닐까 하는 생각

01_ 유럽 종교개혁의 서막 **27**

을 계속하게 된다.

　기복적이라 할지라도 누군가에게 의지하고 싶은 마음 자체는 나쁜 것이 아니다. 다만 그것을 특정한 이유 때문에 강조하고, 금칠을 하면서 이를 악용하는 인간이 나쁠 뿐이다. 또 성상의 목을 베고 끌어내려 불태우는 과격한 행위가 정당화 되는 것도 아니다. 현대에는 과격이나 극단적인 태도, 무지몽매함에서 오는 잔인한 학살의 모습이 더 이상 존재해서는 안 된다. 과거의 역사를 반추하며 관용과 배려, 포용의 태도가 우리에게 필요하다.

　대성당에 들어서서 과거 수도원 연결 통로 쪽에 자리한 작은 교회박물관을 둘러보았다. 주교들이 사용했던 지팡이, 모제타(작은 두건이 달린 어깨 망토)와 주교관 등이 전시되어 있었다. 가장 오랜 유물은 10세기에 만들어진 상아로 만든 보관함이고, 13세기 비잔틴 제국에서 유래한 이동식 제단이 있었으며, 대부분 15세기 이후 사용된 물건들이었다. 이곳 전시물은 1802년 한 추기경(Joseph Fesch)이 이곳 수석대주교가 된 이후 모은 것들이다. 종교개혁 시기(1562년)에 위그노에 의해 성상과 성화가 파괴되었고, 또 1791~1793년 프랑스 대혁명 때 교회가 간직했던 많은 유물과 유적들이 파괴, 손실되었다. 그래서 이후 대주교가 이를 보완하기 위해 유물 수집에 노력했고, 그런 노력의 결과가 이 작은 박물관으로 결실 맺은 것이다. 종교 문화를 향유하는 자로서 그의 노력에 대한 감사와 함께 분노의 행위가 가져 온 결과에 대해 종교개혁 후예로 미안함을 갖게 된다.

　그곳 한 곁에 앉아 정치군사적 힘을 선보인 위그노와 달랐던 발데스의 삶을 생각한다. 리옹에서 말씀에 감동받고 복음전도자의 삶을 시작한 그와 동료들은 분명 투쟁과 파괴의 모습과는 달랐다. '리옹의 상인'이라는 기록 이외에 발데스의 정확한 출생일과 출생지는 알려져 있지 않다. 그는 1150년경 리

리옹 대성당 내부 작은 종교박물관

옹에서 태어났거나 인근 지역 마을에서 태어나 나중에 리옹에 정착했을 것이다. 중세 시대 사람들처럼 그는 어려서 세례를 받았을 것이고 하나님에 대한 신앙을 부모에게서 물려받았을 것이다. 상인이었기에 최소한 글을 읽고 간단한 내용은 쓸 수 있으며 계산을 할 수 있는 능력을 가졌다. 이는 어렸을 때 부모에게, 아니면 상인이 되면서 배웠을 것이다.

정확히 그가 무슨 물건을 판매했는지는 불분명하지만 열심히 일한 발데스는 결혼도 했고 딸도 한 명 있었다고 한다. 리옹이라는 대도시에서 나름 성공한 삶을 산 것이다. 당연히 그는 교회나 주교의 활동에 도움을 주었을 것이며 주일에는 대성당을 찾아 가족과 함께 미사를 드리면서 성공한 신앙인으로서 면모도 갖췄을 것이다. 하지만 그런 그가 1170년경 신앙적 고민에 빠져든다. 어떤 전승에는 그가 5세기 성인인 알렉시스(St. Alexius)의 이야기에 감명을 받고, 자신의 삶을 완전히 바꾸었다고 한다. 또 다른 이야기는 그가 성서에 있는 부자의 질문에 대한 예수님의 답변(마 19장)에 강한 인상을 받았다고 한다. '가서 너의 재산을 팔고 그것을 가난한 사람에게 주라, 그리고 와서 나를 따르라.' 이때 발데스는 '한 부자가 천국에 가는 것은 낙타가 바늘귀에 들어가는 것보다 어렵다'(마 19.23)의 내용을 정확히 이해할 수 없어 고민했고, 리옹에 있는 한 성직자에게 복음서 번역을 부탁했다고 한다. 이는 당시 고급언어인 라틴어를 이해할 수 있는 이들이 많지 않았고 발데스 또한 그러했기 때문이다.

3. 성서의 말씀을 실천하는 삶, 대성당 내부를 둘러보며

번역된 글(복음서)을 받아 읽으면서 발데스는 큰 결심을 하게 되었다. 예수님이 부자 청년에게 말씀한 내용 그대로, 즉 '재산을 팔아 가난한 사람에게 주고 너는 나를 따르라'는 말씀대로 살기로 한 것이다. 예수님처럼, 그리고 제자들처럼 '가난한 삶'과 '복음전도자의 삶'을 선택한 것이다. 이 결심대로 발데스는 재산 일부를 아내에게 주고 나머지 재산을 팔아 가난한 사람들에게 나눠줬으며, 예수님의 마지막 지상 명령(마 28. 19~20. 너희는 가서 모든 민족을 제자 삼아 세례를 주고 너희에게 명령한 것을 가르치고 모두 지키게 하라)에 따라 복음을 주변 사람들에게 전한다. 그렇게 말씀을 실천하며, 복음을 전하는 '길거리 전도자'의 삶이 시작된 것이다.

리옹 대성당 내부

대성당 내부를 둘러보다가 천문시계 앞에 발을 멈췄다. 소예배실(소경당)과 장식, 스테인드글라스와 장미 창문은 모두 근대에 새로 만들어진 것이지만 천문시계는 14세기에 처음 만들어진 것(1600년 전후 시기 복원)으로 알려졌기 때문이다. 시계는 24시간을 구분하고 있는데 아래쪽에 성인들의 이름이 적힌 1년 365일과 1954년에서 2019년까지 표기된 원형의 달력이 표시되어 있었다. 이를 볼 때 시계의 첫 출발은 오래됐지만 후대에 수차례 복원과 재설계를 거친 것 같다. 아마도 전문가는 시계를 수리하고 복원하는 과정에서 옛 모습을 그대로 유지할지, 다소의 변형을 통해 시대에 맞게 재창조할지 고민했고, 그런 고민이 반영되어 지금의 시계가 재탄생된 듯하다. 그렇게 역사는 역사대로, 전통은 전통대로, 그러나 시대적 흐름을 담은 시계로 오늘에 전해지고 있었다.

리옹 대성당 천문시계

　시계보다 더 오래된 12세기 후반, 말씀을 제대로 알기 위해 성서를 당시 언어로 번역한 발데스의 행위는 분명 작은 도전이다. 인쇄술이 없었던 시대에 성서는 매우 값비싼 물건이고 교황이나 왕, 유명한 주교나 군주, 그리고 수도원에 거주한 수도사의 책이었다. 인쇄술이 발명된 15세기 전까지 대부분의 성서는 필사됐고, 일반인에게 성서 이야기는 교회에 그려진 성화나 성상을 통해, 주교들을 통해서 전해졌을 뿐이다. 예배 때 라틴어로 낭독되는 성서 구절을 이해할 수 있는 사람 또한 극소수였다. 리옹이 대도시이긴 했지만 당시 시대적 수준에서 벗어날 수 없었기에 대다수 시민들은 글을 몰랐다. 상인인 발데스 또한 라틴어를 제대로 읽을 수 없어 성서의 말씀을 정확히 알기 위해 성서 일부를 지방어로 번역하도록 했다. 이런 그의 노력은 후대의 종교개혁자들에게 다시 반복된다.

그런 그가 말씀을 통해 변화를 받았고, 그 말씀대로 살기로 한 것이다. 성서 말씀은 이해하기 위해 노력하는 사람, 자기 언어로 직접 읽는 사람에게 그 의미를 공개하는 책이기 때문이다. 물론 성서에서 예수님이 말씀한 '가난한 삶'은 예수 그리스도의 명령이기도 하지만 중세교회의 중요 고민이기도 했다. '교회의 개혁'을 과제로 제기한 11세기 교황 그레고리우스 7세(1073~1085)는 부유해지는 교회와 수도원, 수도사들의 모습을 보며 성직자의 가난한 삶을 강조했고, 이 시기 클뤼니 수도원에 이어 시토수도회 중심으로 수도원 개혁이 탄력을 받고 있었다. 아마도 발데스는 이 때 '가난한 삶'에 관한 설교를 누군가로부터 들었고, 이를 통해 가난한 삶에 대한 동경이 싹텄으며, 나중에는 말씀에 대한 번역 요청과 번역 성서의 탐독, 그리고 삶의 대전환, 즉 결단으로 나아간 것이다.

대성당의 역사를 살피다가 발데스와 관련한 재미있는 내용을 찾을 수 있었다. 대성당 건축이 착공된 해(1175년)가 발데스가 삶의 전환을 결정했던 시기와 비슷했다. 우리가 잘 알듯 루터가 종교개혁에 나선 첫 걸음이 베드로 대성당 건축 등으로 인한 면죄부(면벌부) 판매 때문이다. 전부는 아니겠지만 혹시 발데스의 결단과 행위가 이와 관련된 것은 아닐까? 중세시대 면죄부가 보편적으로 보급되고 강조된 시점은 십자군 전쟁이 시작된 교황 그레고리 7세 때이다. 교황은 1095년 공의회에서 '신의 정의를 위해 싸우다 쓰러지는 자는 죄사함을 받을 것이다'는 말과 함께 성지 회복을 위한 십자군 운동을 시작했고, 많은 군사를 모으기 위해 '면죄부'를 활용하게 된다. 십자군에 참여하면 죄에 따른 교회의 벌이 모두 면죄된다는 것이다. 교회의 '면죄부' 카드는 성과가 있었고 십자군 참여가 활성화되면서 1145년 예루살렘과 안티오키아, 트리폴리, 에데사 왕국 등 기독교 국가들이 세워

리옹 대성당 입구에 있던 요한복음 3장 16절 말씀

지기도 했다. 이런 역사적 흐름 속에 리옹에서도 십자군 모집과 함께 면죄부가 강조됐던 것은 아닐까? 하지만 발데스의 삶과 발도파 초기 역사에선 면죄부에 대해 어떤 언급은 없다. 관련성에 대한 의문은 추후 과제로 남겨야 될 것 같다.

　대성당을 나서다가 예배당 입구 기둥에서 작은 성서 작품을 만났다. 예수께서 말씀을 가르치는 그림과 함께 요한복음 3장 16절 "하나님이 세상을 사랑하사 독생자를 주셨으니 이는 저를 믿는 자마다 멸망치 않고 영생을 얻게 하려 하심이니라"는 내용이다. 하나님의 사랑은 가톨릭 교우, 개신교 신자, 불교도나 무슬림을 가리지 않는다. 그분은 세상 모든 사람을 위해 자신의 독생자를 내어 주신 것이다. 또한 하나님의 바람은 '그들이 예수를 믿고 영원한 삶을 얻게 하려는 것'이다. 익숙한 그 말씀을 다시 묵상하게 된다.

　리옹 대성당을 뒤로할 때 교회를 소개하는 자료에서 재미있는 사실을 발견했다. 리옹 대성당이 '낭트칙령'으로 프랑스 땅에 개신교를 승인한 프랑스 왕 앙리 4세와 이탈리아 메디치 가문 출신인 마리 드 메디치와 결혼(1600년)한 곳이라는 것이다. 프랑스 종교개혁에서 앙리 4세는 '위그노 전쟁'으로 불리

는 가톨릭과 개신교 세력의 내전을 종식시켰고, '개신교회를 인정'하는 '종교적 관용령'인 낭트칙령을 선포했다. 그가 두 번째 아내로 이탈리아와 교황령에 영향력을 가진 메디치 가문의 딸을 맞이한 것이다. 하지만 이 결혼으로 낳은 아들(루이 13세)과 손자(루이 14세)는 아버지와 달리 프랑스 개신교를 탄압하고 가톨릭 중심의 정치와 종교 정책을 펼쳤다. 개신교 어머니로부터 배우고 자란 아버지와 다르게 견고한 가톨릭 가문 출신 어머니(메리 드 메디치)로부터 더 많은 것을 배운 것이다. 그가 만약 다른 개신교 여성과 결혼했다면 이후 역사는 어떻게 되었을까? 그때 리옹 대성당에서 두 사람의 결혼식이 없었다면 어땠을까 하는 부질없는 생각을 해 본다. 복잡 미묘한 감정 흐름이 생겨난다.

4. 옛 도시의 좁은 골목길을 거닐며

리옹 옛 도심. 항상 많은 관광객으로 북적댄다.

대성당 왼편으로 형성된 옛 도시를 거닌다. 쭉 뻗은 좁은 골목길은 마치 로마시대부터 있었던 듯 눈길을 끌었다. 도로 양 옆에는 기념품 가게들과 작은 박물관, 식당과 개인 주택이 다양하게 펼쳐져 있었다. 유명 관광 도시답게 그곳에는 옛 도심의 분위기를 간직하면서 많은 현대식 가게들이 자리하고 있었다. 중세 후반인 15세기 리옹은 비단 산업이 매우 발달했고 이때부터 많은 건축물이 르네상스 양식으로 새로 건축되었다고 한다. 그렇기 때문에 지금의 옛 도시는 발데스와 그의 동료들이 활동했던 때와는 다르다. 대성당과 광장 주변의 중심 건물을 제외하곤 시장은 단층, 또는 2층의 건물이 길을 따라 늘어선 단출한 모습이었을 것이다. 그곳 어딘가에 발데스의 가게가 있었고, 새로운 삶을 결심한 그는 이 길을 다니며 동료들과 리옹 시민에게 말씀을 전했다.

발데스의 가게는 어디에 있었을까? 그는 가게 2층에 살았던 것일까? 또 어떤 물건을 팔았던 것일까? 이런저런 생각과 함께 골목 이곳저곳을 기웃거린다. 리옹은 교통의 교차로에 있었기에 인근 지역 상인 뿐 아니라 먼 도시에서도 상인들이 왔다. 상인인 발데스는 이들을 상대했고, 재산을 모을 수 있었다. 부유했다는 점에서 그는 상인으로서 실력과 수완도 있었다. 일각에서는 대주교의 일도 했고 '고리대금' 등 부정한 일로 번 돈을 반환했다는 이야기도 있는데, 이는 신앙적 고민을 한 발데스의 상황에서 생겨난 이야기로 보인다.

그런데 그가 어느 날 자신의 재산을 정리하고 가난한 사람들에게 나누어 주기 시작했다. 잘나가던 사업가의 갑작스런 변화는 동료 상인들에게 궁금증을 불러 일으켰다. 그의 동료들은 발데스에게 무슨 일이 있었는지 물었다. 발데스는 동료들에게 자신의 변화가 성서(말씀)로 인한 것임과 그 말씀이 어떤 내용인지 설명한다. 복음 전도, 설교자의 첫 걸음을 시작한 것이다. 어떤 사람들은 감명을 받고 '나도 그렇게 살겠다'고 말하기도 했고 '복음서에 그런 내용이 쓰여 있느냐'고 더 이야기 해달라며 궁금해 하는 이들도 생겼다. 그들 가운데 동료들, 제자들이 하나둘씩 생겨났다.

그들과 함께 발데스는 가난한 자를 섬기는 활동을 시작했고, 복음서를 시작으로 더 많은 성서 본문을 번역하여 사람들에게 전한다. 상인이었던 발데스는 시장에서 사람을 만났는데 그들 중에는 남성과 여성 모두 포함됐다. 얼마 되지 않아 그를 따르는 사람들은 '리옹의 빈자들'로 불리게 되었다. 아마도 이 말

리옹 옛 도시 지도

은 '부유한 상인'에서 하루아침에 '구걸하는 거지'로 자신의 삶을 변경한 그를 바보, 멍청이로 비꼬는 사람들이 '리옹의 거지들'이라고 손가락질한 것에서 유래했을 것 같다. 바로 초대교회의 '그리스도인' 명칭이 유대인과 로마인들이 '그리스도를 따르는 제자들'을 비꼬는 말에서 탄생한 것처럼 말이다.

발데스는 지금 내가 걷고 있는 이 길을 수차례 오갔을 것이다. 처음에는 상인으로서 돈을 벌기 위해, 신앙적 고민에 빠진 이후에는 자신의 궁금증을 놓고 하늘의 대답을 듣기 위해, 그리고 마지막에는 남부 프랑스어로 번역된 복음서 단편을 가슴에 품고 복음을 옛 동료 상인과 리옹 사람들에게 전하기 위해 오갔다. 그의 삶과 발걸음을 생각하며 옛 도시의 길을 어슬렁거리며 이 골목 저 골목, 가게들 안팎을 기웃거려 본다.

발데스와 동료들의 행동을 본 리옹대주교는 어떤 생각을 했을까? 목회자 입장에선 헌신적으로 이웃을 돕는 성도를 보면 기뻐할 것이다. 반면 가진 부를 성전 건축 중인 교회보다는 가난한 사람을 구제하는 일에만 쓴다고 비판적으로 볼 수도 있다. 발데스의 삶의 전환과 동료들의 헌신은 얼마 지나지 않아 대주교의 귀에 들렸다. 처음엔 '가난한 삶'이 강조됐던 만큼 비판적으로 생각하지 않았을 것 같다. 하지만 길거리에서 그들이 소리 높여 복음과 성서의 내용을 전파한다는 소식을 들었을 때 일정한 우려도 갖게 되었을 것이다. 왜 갑자기 열심이 생겼을까? 혹시 다른 신앙적 영향은 아닐까? 아마도 이런 우려에서 대주교는 주의, 또는 활동 자제령, 활동 중단 조치를 내린 것으로 보인다.

발데스와 동료들은 이 때 교황 알렉산더 3세에게 청원했다. 3차 라테란 공의회(1179) 한 분과에 '리옹의 빈자들'을 대표한 2명의 인물을 참석시켜, 자신들의 활동을 승인해달라고 요청한 것이다. 당시 이들을 만난 주교들은 '(발도파가) 주로 공부하지 못한 자들'이라고 평가했고, 교황은 '청빈(의 삶)'은 승인하되 지역 주교의 허락 없이는 설교하지 말 것'을 권고했다. 이듬해에 발데스는 가톨릭교회 대표들에게 자신의 입장을 직접 설명하는 기회를 갖게 되었다고 한다. 카타리파 문제 때문에 교황 사절인 시토수도회 알바노 추기경 앙리 드 마시(Henri de Marcy) 일행이 리옹을 방문했고 이 때 발데스는 '리옹의 빈자들'을 인정해달라고 청원한 것이다. 당시 발데스는 발도파의 신앙고백을 담은 'Ego Valdesius'라는 문서를 제출했다고 한다. 이 문서가 1368년 문헌에 등장하고 교리적으로 일정하게 정리된 내용이란 점에서 발데스 당시의 문서로 보긴 어렵다. 다만 추기경이 리옹에 왔다는 점에서 발데스가 그를 직접 만나 자신의 신

리옹 옛 도시. 새벽시간 인적이 드문 곳에서 발데스의 삶을 떠올렸다.

앙적 입장을 설명했을 가능성은 매우 높다.

아무튼 상인이었던 발데스를 알던 리옹 대주교 구이차드(Guichard)는 발데스와 동료들의 설교 활동에 대해 큰 제약을 하지 않은 것 같다. 당시 이들의 규모가 크지 않고, 활동도 구호와 함께 성서의 말씀을 전하는 정도였을 뿐 기존 교회를 비판하는 내용은 없었던 때문이다. 교회 건축을 시작한 대주교 입장에서, 당시 프랑스 남부에 확산되고 정치적 파워를 형성하기 시작한 카타리파 대응 때문에도 신경 쓰기 어려웠을 수도 있다. 그러나 그의 후임으로 장 벨스메인(Jean Bellesmains)이 부임하면서 상황은 달라진다. 말씀 읽기와 묵상이 깊어지면서 발데스와 동료들 가운데 말씀대로 살고자 하는 열의, 열망이 더욱 확산되었고 이들의 설교에 힘이 실렸다. 말씀을 전하는 과정에 기존 성직자와 교회에 대한 비판도 이뤄진다. 나아가 여성들까지 공개적인 장소에서 복음을 전하면서 대주교는 깊은 우려와 함께 발데스와 동료들에게 설교를 금지하는 조치를 내린다.

이런 상황에서 발도파는 '교회의 지시에 순종할 것'인지, 아니면 '복음 전파를 계속할 것'인지 고민했다. 하지만 그들은 '사람보다 하나님께 더 복종하라'(행 5.29)는 말씀을 근거로 교회의 명령을 거부했다. 이에 대주교는 1183년 발도파를 제명하고 리옹에서 추방한다. 대주교의 보고를 토대로 이듬해(1184) 열린 베로나 공의회는 발데스의 출교를 승인하고 '로마교회에 불복종하고 교회를 분열시키는 자', 즉 이단으로 규정하였다. 그렇게 발데스와 동료들은 자신의 고향 리옹에서 더 이상 하나님의 말씀을 전할 수 없게 됐고 공동체와 작별해야만 했다.

추방된 발데스와 그의 동료들은 샌들을 신고 두건을 쓴 채, 손에 지팡이를 들고 리옹을 떠났다. 남쪽을 향한 그들의 품에는 자신들이 평소 읽고 묵상한 성서의 말씀이 있었고, 마음 깊은 곳에는 더 많은 도시와 마을을 향한 열정이 있었다. 길거리 복음 전도자의 거침없는 발걸음은 초대교회 사도들이 예루살렘을 넘어 유대와 사마리아, 소아시아와 마케도니아를 향해 나아간 모습과도 같았다. 초대교회처럼 탄압(대주교의 추방)으로 인한 흩어짐은 더 큰 복음의 확장을 가져왔다. 하나님께서 그 과정과 이면에 함께하셨기에 가능한 일이다. 악한 사람들의 의도를 선한 방향으로 인도하시는 분이 하나님이기 때문이다.

5. 리옹 시내를 한 눈에, 푸르비에르 대성당

리옹 옛 도시를 거닐다 경사로를 따라 푸르비에르 대성당을 향했다. 리옹 시내가 내려다 보이는 언덕의 정상부에 세워진 이 성당은 피에르 보상(Pierre Bossan)이라는 건축가에 의해 1872년부터 1896년까지 지어진 현대식 예배당이다. 성모 마리아의 이름으로 봉헌된 이 성당은 근대화 시기 프랑스 교회의 신앙고취와 건축 붐에 의한 것

산 정상에 있는 푸르비에르 대성당

으로, 대성당 꼭대기엔 미카엘 천사상이 자리하고 있다. 그곳을 향해 언덕을 오르면서 발데스와 동료들이 왜 중세교회가 갈등하고 결국 이단으로 파문된 것인지 생각해본다.

발데스와 동료들이 리옹에서 추방되고 1184년 베로나 공의회에서 파문된 이유는 '설교하지 말라'는 교회의 명령을 어겼기 때문이며, '교회에 불복종하

01_ 유럽 종교개혁의 서막 **39**

고, 교회 분열을 획책'한다는 이유에서다. 다른 이단처럼 신학적이거나 교리적인 이유가 없다. 이는 그들의 추방 이유가 교회에 순종하지 않았다는 단순한 것임을 보여준다. 지금도 크게 다르지 않지만 중세시대에 말씀을 해석하고 선포하는 권한은 성직자에게'만' 주어졌다. 교회는 이 권리가 예수 그리스도를 통하여 사도들에게, 그리고 사도들에 의해 세워진 주교와 성직자에게 이어졌다고 생각했다. 흔히 사도권 또는 사도전승으로 불리는 이 권리는 매우 신성한 것으로 받아들여졌고 성직 질서는 강조됐다. 그런데 발도파는 '신성한' 이 권리를 침해한 것이다.

 말씀을 지방 언어로 번역하여 보다 깊이 묵상하게 되면서 발도파의 말씀 이해의 폭이 깊어졌고 더욱 확신에 찬 목소리로 말씀을 전하게 된다. 오늘날도 그렇듯 여성들의 열심은 남성에 비할 바 없이 컸다. 그들은 가정이나 실내를 넘어서 공적 장소에서도 거리낌 없이 말씀을 전했다. 이런 그들의 열정과 열심, 성서에 대한 이해는 중세 성직자들의 시기심을 불러일으키기에 충분했을 것이다. 왜냐하면 중세 성직자의 성서 이해는 오늘에 비해 깊지 않았기 때문이다. 중세 초중반 성직자들의 상당수는 당시 유럽의 공식 언어이고, 성서와 교회 예식에서 사용되는 라틴어를 깊이 이해하지 못했다. 또 인쇄술이 없었던 시기 라틴어 성서는 손으로 직접 필사되었기에 무거운데다 가격도 비싸고위 성직자가 아니라면 보유할 수 없었다. 이 때문에 일반 성직자들은 수도원에서 낭독되는 말씀을 듣고 그곳 도서관에 있는 성서를 탐독하면서 사제로서 사역하는 경우가 많았다. 당연히 하층 성직자들 중 일부는 발도파의 말씀 선포로부터 도전도 받았고, 일부에선 자신들 보다 더 깊이 말씀을 이해하는 그들을 보며 질투의 감정을 느꼈을 수 있다. 또 말씀대로 살려는 발데스와 동료의 모습에서 존경과 동시에 시기심을 갖게 되었을 것이다. 아마도 이런 정서는 대주교에 의한 발도파 파문과 추방, 베로나 공의회의 이단 규정의 배경이 되었을 것이다.

 파문과 추방으로 열정과 말씀을 품은 발데스와 동료들은 인근 지역으로 흩어졌고 그들의 영향으로 프랑스 남부 랑그도크(Languedoc) 등 지역에 '가난을 추구하는 공동체'가 만들어졌다. 또 프랑스 남부와 이탈리아 롬바르디아 지역(Lombarde)의 일부 낮은 직급 성직자들 사이에서도 발도파적 사유는 확산되었다. 한마디로 리옹에서의 추방은 말씀과 열정을 품은 발데스와 동료들에게 앞으로의 방향성을 제시한 것과 같았다. 박해와 탄압에 맞서 싸우기 위해 잠시 자신이 집중해야 할 일을 멈춰야 하는지, 아니면 가슴에 품은 말씀과 열정을 가지고 계속 자기의 길을 가는 것이 중요한 지 고민케 된다.

 푸르비에르 대성당에 도착해 성당을 둘러보았다. 본 성당과 왼편에 있는 작은 성당은 모자(어머니와 아들)형 구조를 갖추고 있었다. 성당 마당에는 한 인물의 동상이 서 있는데 과거 이곳을 방문한 교황(1986년 요한 바오로 2세)의 동상이었다. 본 성당 꼭대기에는 청동으로 된 천사상이, 왼편 성당에는 황금색의 마리아상이 마치 리옹의 수호자처럼 시내를 바라보고 있었다. 후대에 이뤄진 건축이긴 하지만 전통적인 교회양식을 담은 듯 모자이크 장식, 화려한 스테인드글라스 등을 갖추고 있었다.

 새벽 방문 때에 왼편의 작은 성당 문이 열려 있어 그곳에 들어가 잠시 기도했다. 아마도 밤이나 새벽 시간에 기도를 위해

새벽에 찾은 푸르비에르 대성당 옆 소성당

찾는 신자를 고려해 문을 열어둔 것 같다. 그곳 의자에 앉아 조용히 기도한다. "하나님. 새벽시간 조용히 묵상합니다. 발데스의 흔적을 찾아 방문한 리옹에서 하나님을 부릅니다. 방랑자, 순례자, 아니 스스로 가난한 사람이 되어 그들을 돕고자 했던 리옹의 빈자들처럼, 길 위의 순례자로 옛 도시를 걸었습니다. 순수한 마음, 순수한 선택, 그리고 그들의 발걸음을 배우게 해 주십시오."

이 작은 성당은 많은 사람들을 추모하고 기억하는 목적으로 사용하는 듯했다. 예배당 이곳저곳에 죽은 이들의 이름(표지석)이 있었다. 부정적 시각으론 그들의 영혼을 위해 기도하는 장소로 생각할 수 있지만, 긍정적으로 보면 납골당으로, 추모의 공간으로, 언젠가 다시 만날 미래를 생각하는 묵상의 공간으로 볼 수 있다.

그곳을 나와 리옹 시내를 내려다보았다. 선선한 바람과 함께 리옹 시내를 타고 흐르는 두 개의 강과 강 건너 드넓게 펼쳐진 리옹이 보였다. 발데스로부터 800여 년 흐른 지금 리옹은 그때와 마찬가지로 프랑스 남부의 중심 도시이다. 종교적 측면에서도 프랑스 사회 전반에 미치는 영향력이 큰 곳이다. 하지만 고향에 돌아오기를 꿈꾸던 발데스와 동료들은 중세교회의 탄압으로 다시는 이곳에 돌아올 수 없었다. 발데스는 1205년 복음을 전하다가 보헤미아(체코) 어딘가에서 죽음을 맞았다고 한다. 그의 동료들도 하나둘씩 세상을 떠났다. 그들이 언제, 어디서 죽었는지는 불분명하지만 중요한 것은 발데스와 동료들이 가난의 삶과 복음 전도자의 삶을 택한 자로서 말씀을 전하기 위해 최선을 다했다는 사실이다.

'불순종에 따른 추방'으로 발도파를 파문했지만 교회의 탄압이 곧 시작되지는 않았다. 당시 프랑스 남부는 카타리파 이단이 강한 정치적 힘을 가지고 확산됐고 중세교회는 이들의 확산 차단에 집중했다. 설교자였던 발도파 일부는 가난한 삶과 성서적 설교로 카타리파를 반박하는 일에 동참했다. 가톨릭 교회는 이런 활동을 묵인 또는 지원했다. 대표적인 사례가 1207년 발도파 지도자였던 두란두스 폰 오스카(Durandus von Osca 또는 Huesca)가 카타리파 문제를 협의하는 파미에(Pamiers) 회의에 참석한 것이다. 회의의 세부 내용은 알려지지 않았지만, 오스카는 그들이 연구해 온 성서의 말씀을 토대로 카타리파의 신학적 입장을 비판했을 것으로 추정된다. 카타리파에 대항한 이들을 긍정적으로 본 중세교회는 발도파에게 로마교회로 복귀토록 권고했고 1208년 교황 이노센트 3세(Innocent III)는 '가난한 가톨릭(Pauvres Catholiques, 독 Arme Katholiken)'의 설립을 허락했다. 이런 행보는 발도파를 포용하려는 중세교회와 교회의 파문 취소를 기다리며 가난한 삶과 복음전도 활동을 계속하려는 발도파 일부가 공감을 이뤘기 때문이다. 하지만 발도파의 상당수는 오스카를 따르지 않고 중세교회로 복귀할 것을 거부했다. 공동체 내부에 중세교회와 성직자들에 대한 비판적 시각이 점차 확대된 것과 아울러 통일된 지도력을 허용하지 않았던 초기 발도파의 태도가 크게 작용했다.

발도파는 리옹을 벗어나 프랑스 남부를 넘어 독일 남부(현재의 스위스 북부와 독일 남부)와 이탈리아 북부 등으로 확산되었고 이들은 자유로운 공동체를 형성했다. 이들을 부르는 호칭 또한 페트로부르시안(독, Petrobrusianer), 아르날리스틴(Arnalistien), 헨리지엔(Henrizienser), 후밀리티안(Humiliaten) 등으로 다양했다. 처음 발도파는 '가난한 삶'과 함께 성서의 말씀을 문자 그대로 실천하기 위해 힘썼으며, 복음전도에 힘썼다. 그 과정에서 발도파는 성서연구를 토대로 맹세와 사형 거부 등 나름의 신앙적 원칙(교리)을 갖게 되었고 일부 급진적인 그룹에선 세례와 성찬, 즉 타락한 성직자에 의한 성례전 시행을 인정하지 않는 입장을 갖게 됐다. 이러한 신학적 경향성은 중세교회로의 복귀를 거부하는 명분이 됐다.

이를 지켜본 중세교회는 결국 강경한 조치를 택한다. 1184년 베로나공의회(Verona Konzil)에서 발도파를 이단으로 규정하고 탄압을 허가(Ad Abolendam)한데 이어 1215년 4차 라테란 공의회에서 "이단자들은 파문의 단죄를 하고, 형벌은 세속 관리들에게 넘겨 적절히 집행토록 했으며, 이단 척결에 참여한 사람은 성지순례와 동등한 특권을 부여한다"(3조)고 결정했다. 특히 이 회의에서 결정한 '평신도로 설교하는 사람은 파문한다'는 내용은 발도파를 겨냥한 것이며, '이단 척결'을 권고하는 내용은 세속 당국에게 종교탄압을 명령한 것이다. 이제 발도파는 '교회의 명령을 따르지 않고 교회를 분열시키는 자'로서가 아니라 '잘못된 교리를 가진 이단'으로 '척결해야 할 집단'이 되었다. 더 이상 돌아올 가능성이 없다고 본 것이다. 특히 이 결정은 카타리파에 대한 십자군 활동이 성공한 후 이단 척결을 위한 종교재판소를 설치하면서 카타리파와 함께 발도파에 대한 직접적인 박해로 나타났다.

6. 옛 도시 한 쪽에 자리한 프랑스 개혁교회

푸르비에르 언덕을 오가는 기차

푸르비에르 대성당에서 지하철을 타고 리옹 옛 도시로 내려왔다. 언덕과 리옹 옛 도시를 잇는 구간은 매우 짧았지만 기차는 언덕 위 사람들에겐 무척 편리한 교통수단으로 느껴졌다. 그곳을 내려와 대성당을 지나 옛 도시 앞에 펼쳐진 강변과 옛 길을 다시 거닌다. 그리고 매일 언덕 위를 바라보며 묵상으로 기도할 시민들의 모습을 떠올려 본다.

교회의 이단 규정이 계속되자 발도파는 어떤 태도를 취했을까? 여러 기록을 종합해보면 발도파는 이단 규정과 강도 높아진 탄압에도 복음전도를 멈추지 않았던 것 같다. 베로나 공의회 후 20여년이 지난 1204년에도, 4차 라테란 공의회 후 10여년이 지난 1223년, 1227/8년에도 복음을 선포한 발도파가 있었다. 하지만 발도파에 대한 탄압의 광풍은 카타리파 전쟁이 사실상 마무리 된 1230년경부터 종교재판이라는 형태로 시작되었다. 교황은 1231년 처음으로 이단심문관을 임명했고, 이듬해 카타리파를 진압했던 툴루즈(Toulouse), 카라카손(Carcassonne), 프로방스(Provence)에 상설 법정을 설치, 지역 내 이단자 색출에 나선다. 당시 이단심문관은 도미니칸 수도사들이 맡았는데 이들은 카타리파와 발도파를 가리지 않고 체포, 처벌했다.

이러한 박해로 리옹이라는 대도시에서 시작해 인근 중소도시로 나아간 발도파는 도시를 떠나 시골로 도피했다. 또 탄압을 피해 점차 알프스의 깊은 산골, 산악마을로 숨어들었고 여름에는 울창한 숲으로, 겨울에는 눈으로 고립된 그곳에 자신들만의 신앙공동체를 이루며 살아가게 된다. 길과 광장 등 사람이 많이 모이는 곳에서 당당히 말씀을 선포했던 발도파는 말씀선포를 접고 자신들의 공동체를 유지하며 후손들에게 자신들의 신앙을 물려주는 삶에 더 집중했다. 그렇게 그들은 도시민에서 시골사람이 되었고, 상인이었다가 길거리 복음전도자를 거쳐 농부, 화전민이 되었다.

또한 일부 발도파는 남프랑스를 떠나 동쪽으로 길을 잡아 이동했고 1260년경에는 독일을 지나 폴란드와 보헤미아 지방에까지 이르렀다. 발도파 확산은 역설적으로 종교재판 초기 라인란트와 트리어(독일 서부)에서 박해를 받던 발도파가 그해 중반 바이에른(독일 남동부)에서, 1259~66년에는 오스트리아에서, 그리고 14세기 초에는 프라하(Praha), 빈(Wien), 브레슬라우(Breslau), 스타이어(Steyr)에서 박해받은 역사로 확인된다. 그렇게 발도파는 종교재판의 광풍에서 살아남기 위해 노력했고, 수차례의 박해로 많은 공동체가 파괴되었지만 알프스 산 깊은 곳에 둥지를 틀고 종교개혁 소식을 맞게 된다.

발데스와 발도파의 삶을 생각하면서 부랑자처럼 옛 도시를 거닐다 도시 끝자락에 있는 작은 광장에서 웅장한 한 건물을 만났다. 광장을 내려다보는 건물은 마치 작은 궁전이나 공공기관 건물처럼 느껴졌다. 특별한 장식이 없는 이 건물 중앙에 새겨진 글씨에 눈길이 갔고, 그것을 통해 이곳이 '프랑스 개혁교회'(Eglise Reformée)라는 것을 알 수 있었다. 오랫동안 가톨릭이 국교였던 프랑스, 프랑스를 대표하는 대주교가 있는 리옹에 이런 형태로 개혁교회가 있을 것이라 생각하지 못했기에 놀랐다.

위치만을 놓고 보면 마치 옛 도시를 사이에 놓고 대성당과 개혁교회가 줄다리기를 하고 있는 듯한 모습이다. 하지만 교회 주변 어디에서도 교회에 대한 안내나 역사에 대한 설명을 찾을 수 없었다. 자료를 찾다가 이 건물이 원래 상공회의소로 사용되었다가 나폴레옹 집권 시절인 1803년에 개신교회를 위한 예배당으로 넘겨졌음을 알게 됐다. 리옹에 작은 개신교회 공동체가 있었고, 그 공동체를 위한 예배당으로 제공된 것일 수도 있고, 아니면 정부의 정책에 따라 개신교회 예배당으로 선택된 후 개신교회를 세운 것일 수도 있다. 어떤 형태든 리옹 개혁교회는 그렇게 복원되었고 이후 복음교회, 루터교회, 성공회 등 유럽 여러 나라의 선교로 세워진 개혁파 교회들이 리옹에 등장했다.

그 교회 계단에 앉아 리옹 개혁교회의 역사를 추적해 본다. 리옹의 개혁교회 공동체는 발데스와 그를 따르던 사람들에 의해 세워졌다. 발데스와 동료들이 추방되었지만 그의 영향을 받았던 사람들은 남아 있었고, 이 모임이 가정공동체 형태로 존재했을 것이다. 역사적인 리옹 개혁교회의 등장은 종교개혁 시기이다. 1540년 초 리옹에서 3명의 '이단자들'(아마도 종교개혁자들로 추정된

리옹 개혁교회, 옛 상공회의소 건물로 종교 자유 이후 개신교회에 넘겨졌다.

다)이 불태워졌다는 기록이 있기 때문이다. 이후 제네바에서 교육 받은 5명의 목사가 1552년 로잔과 제네바에서 프랑스 남서부로 들어왔다. 아마도 이들은 지역 시민들과 그들의 가족으로 이뤄진 공동체의 초청을 받았을 것이다. 이들 또한 교회를 돌보다가 이듬해 5월 처형되었다. 가톨릭교회와 정부의 강경 탄압은 결국 1562년 4월 29~30일 '개신교 항쟁'(1차 위그노 전쟁)을 불러 일으켰고 12명의 개신교 지도자들이 13개월간 도시를 이끄는 '위그노 항쟁'의 시대를 맞았다. 아마도 이 시기 리옹 대성당의 성상 파괴가 이뤄졌을 것이다.

당시 리옹 개혁교회 지도자는 1563년 8월 10일에 열린 프랑스 개혁교회 4차 총회에 참석했다고 한다. 이 시기 알려진 목회자로는 자크 랑글로(Jacques Langlois)가 있는데, 그를 비롯한 여러 목사들의 헌신으로 도시에 3개의 개혁교회가 세워지기도 했다. 그러나 점차 거세진 가톨릭의 압력 속에 1572년 8월 '바르톨로메오 축일의 대학살'이 있었고 리옹에서도 수백 명이 학살당했다. 비록 가톨릭과 개신교의 합의로 평화는 찾아왔지만 가톨릭은 리옹 시내에서 개신교 예배를 허락하지 않았고 리옹의 개혁교인들은 인근 지역으로 예배

드리러 가야했다. 그러나 어려움 속에도 유지되던 리옹의 개혁교회는 1685년 퐁텐블로 칙령으로 다시 역사 속에서 사라졌다.

종교개혁 시기의 리옹교회를 알 수 있는 그림이 장 페리신(Jean Perrissin)의 'Le Temple de Paradis'(1569~1570, 행복한 예배당)라는 그림이다. 이 그림은 당시 개혁교회 예배의 모습이 어떠했는지, 그리고 예배당 내부 구조가 어떠했는지 보여준다. 원형의 예배당에서 사람들은 설교자가 선 설교단을 중심으로 자유롭게 앉아 예배를 드린다. 이 그림은 개혁교회의

리옹 개혁교회 옛 모습 그림과 모형
(누아용 박물관에서)

핵심이 설교, 즉 말씀의 선포에 있다는 것을 명확히 하고 있다. 하지만 이러한 역사를 반영하고 있을지 모르는(하지만 실제 예배당 내부는 보통의 교회와 같다.) 리옹 개혁교회의 예배당 내부를 볼 수 없었다. 주일의 방문이었다면 교회 내부를 둘러보고 예배도 함께 드렸을 터인데 길거리 순례자 입장에서 기대할 수 없었다. 아쉬움을 뒤로한 채 리옹교회가 칼뱅의 영향 속에 형성된 위그노로부터 출발한 교회였고, 후대에 다시 설립됐지만 이 역사의 원 흐름이 발도파로부터 뿌려진 씨앗이 발아한 것임을 상상해본다.

발데스와 동료들의 흔적을 찾아 다시 길을 떠난다. 지하철에 앉아 현대 프랑스인들이 발데스를 알고 있을까 궁금했다. 출근하는 그들을 보면서 발데스

와 '리옹의 빈자'로 불린 이들의 삶을 떠올린다. 발데스는 둘씩 제자를 파송했던 예수 그리스도의 가르침을 그대로 따랐고 순회설교자로서 복음 전파에 최선을 다했으며 고향 밖에서 죽음을 맞았다. 발데스의 사망 소식을 들은 동료들은 하나님이 그의 영혼을 받으실 것을 믿으며 자신도 그처럼 열정적인 순회설교자의 삶을 살다가 죽기로 다짐했다. 그러다가 발도파의 확산만큼 거세지는 중세교회의 탄압으로 수많은 발도파 사람이 순교의 길을 걸었다.

발도파는 종교개혁 후손들에게 여러 가지 시사점을 준다. 우선 그들은 평신도였다는 점이다. 중세교회는 성직자의 교회였고 말씀의 해석이나 전파, 선포는 성직자들의 권한과 역할이었다. 그런데 성직자가 아닌 평신도가 말씀을 선포하고 이를 통해 일반 시민들의 지지를 얻었던 것이다. 또한 발도파는 성서를 자국어로 번역하고 그 성서의 말씀에 근거해 예배하고 설교하고 가르쳤다. 중세교회는 고급언어, 학문적 언어인 라틴어로만 된 성서를 가지고 있었고 이를 기초로 하늘의 심판에 기초한 교회의 심판과 벌을 강조했다. 글을 모르는 성도들은 교회의 말에 무조건 순종해야만 했고 '신민'처럼 절대적 복종을 강요받아야 했다. 하지만 발도파는 일반 평민들의 언어로 성서를 번역해 읽고 가르치고 설교했으며 사람들에게 알렸다. 성서를 보면서 발도파는 중세교회가 가르치는 교리들 중 일부가 잘못됐고 과도한 해석이 덧붙여졌음도 알게 됐고 조금씩 중세교회의 폐해를 비판하기 시작했다. 이들의 모습에서 하나님의 말씀, 성서를 교회의 전통이나 교리보다 우선시했던 종교개혁자들의 모습을 미리 보게 된다. 그래서 어떤 이들은 발도파를 '종교개혁 이전의 종교개혁', '첫 번째 종교개혁운동'으로 평가한다.

리옹(Lyon) 옛 도시의 4개 지구(Fourvière, Vieux-Lyon, La Croix-Rousse, La Presqu'île)는 1998년에 유네스코 세계문화유산으로 등록되었다. 이 가운데 발데스의 종교개혁과 관련된 장소들은 푸르비에르 언덕과 옛 도시(Vieux-Lyon) 지구이다. 대성당과 옛 도시를 거닐며 발데스의 신앙과 말씀대로 사는 삶을 생각해보자.(리옹 관광 안내 : https://www.lyon-france.com/)

로마시대 원형극장(Théâtres Romains de Lyon)
6 rue de l'Antiquaille
로마 시대 원형극장은 프랑스에서 가장 오래된 큰 극장(1만여 명 수용)과 작은 극장(3천여 명 수용)으로 구성됐다. 여름에는 다양한 공연이나 문화행사가 열린다. 극장 인근에는 루그드눔 박물관(Lugdunum-Musée et Théâtres romains)이 있다.

리옹대성당(Primatiale Cathédrale Saint-Jean-Baptiste)
place Saint-Jean, https://www.primatiale.fr/

리옹대성당은 1180년부터 1480년까지 건축됐고 1차 리옹공의회(1245), 교황 요한 23세 취임식(1316) 등이 열렸다. 현재의 외형은 14세기 초부터이며, 1562년 위그노에 의해 건물 내, 외부 동상 등이 파괴되기도 했다.

푸르비에르 대성당(Notre-Dame de Fourvière)

8 Place de Fourvière, https://www.fourviere.org/
푸르비에르 언덕에 처음 예배당이 건축된 것은 1168년으로, 이후 몇 차례 파괴되어 재건축되었으며, 1896년 현재의 모습으로 새로 건축됐다. 언덕 위 성당은 성모 마리아에게 봉헌된 건물로, 1562년에는 Baron des Adrets가 이끄는 위그노 군대에 의해 도시가 점령된 후 파괴되기도 했다.

리옹개혁교회(Temple lyon Quest Chance)

3 place du change
https://www.eglise-protestante-unie.fr/lyon-ouest-change-p1042C
리옹 개혁교회는 1546년경 설립되었으며 첫 목사는 피에르 푸르네레(Pierre Fourneret)로 알려져 있다. 바시학살에 대항해 일어난 위그노 1차 항쟁으로 1562년 4월부터 13개월간 개신교 세력이 리옹을 이끈다. 1563년 8월에는 프랑스 개혁교회 4차 대회(총회)가 이 도시에서 열렸다. 당시 리옹에는 3개의 개혁교회 사원이 있었다고 한다.(Fleur de Lys, sur les fossés de la Lanterne, Paradis) 현재의 건물은 종교의 자유 획득 후 1803년부터 개혁교회 공동체가 사용하고 있다.

프랑스 종교개혁은 르페브르 데타블을 중심으로 한 '모 그룹'의 활동에서 출발한다. 모는 파리에서 50킬로미터 떨어진 도시로, 종교개혁자들은 대성당을 중심으로 인문주의적 종교개혁 바람을 일으켰다.

02

프랑스 종교개혁의 서장

르페브르 데타블(Lefèvre d'Étaples)과 '모'(Meaux) 그룹

　많은 사람들은 프랑스 종교개혁을 말할 때 칼뱅을 중요하게 언급한다. 그러나 칼뱅은 종교개혁 1세대의 끝자락에 위치한 인물이다. 그가 활동하기 이전 인문주의와 루터에 의해 시작된 종교개혁 사유가 프랑스 땅에 확산됐고, 칼뱅 이전 여러 명의 종교개혁자들이 활동했다. 물론 칼뱅은 제네바를 중심으로 활동하면서 프랑스 종교개혁을 지원했고, 많은 사람이 칼뱅의 영향력과 종교개혁 사상을 수용했다. 그런 과정을 거쳐 프랑스 개혁교회는 칼뱅의 사상 위에 터 잡게 된다.

　프랑스 남부에 자리 잡은 발도파에 이어 루터가 독일에서 종교개혁 활동을 펼치던 시기 파리 지역을 중심으로 확산된 인문주의와 초기 종교개혁자의 활동을 살피려 한다. 먼저 우리가 살필 점은 당시 역사적 상황이다. 종교개혁 한 세기 전 프랑스와 영국의 백년전쟁은 잔 다르크(Jeanne d'Arc)의 영웅적 활동으로 마무리되었고 서유럽의 끝 스페인 땅, 이베리아 반도에서는 레콩키스타(Reconquista)를 통하여 무슬림 세력을 몰아냈다. 백년전쟁으로 '프랑스(인) 정체성'이 명확해지면서 왕실은 안정적인 정세를 바탕으로 왕권 강화에 더욱 집중할 수 있었다. 프랑스는 오랜 경쟁상대인 잉글랜드와 함께 이슬람 세력을 몰

자크 르페브르 데타블

아낸 에스파냐 왕국, 그리고 중부독일을 배경으로 한 제후국들과 경쟁하게 된다. 이런 시대 상황 속에서 파리와 오를레앙 등 도시에는 중세 중후반 '소르본느' 대학이 형성시킨 합리적이고 논리적인 풍토 위에 에라스무스 등의 영향으로 인문주의 경향이 확산되었다.

이런 분위기 속에 프랑스 종교개혁의 서막을 연 인물이 등장하는데 바로 '자크 르페브르 데타블'(Jacques Lefèvre d'Étaples)이다. 그는 프랑스 북부 삐까흐디(La Picardie) 출신으로 파리 대학에서 신학과 철학을 공부한 후 소르본느에서 강사로 활동했고, 이탈리아의 파두아와 파비아 등에서 공부했다. 파리에서 공부할 때 옛 그리스어와 신약성서를 연구한 그는 인문주의가 태동한 북부 이탈리아 대학에서 자연스럽게 르네상스와 인문주의적인 영향을 받게 되었다. 학문적 여정을 보면 그는 에라스무스처럼 인문주의자였고, 성서연구에서도 인문주의적인 태도를 분명히 하고 있다.

1505년 파리로 돌아온 그는 레모네 추기경 대학(Collège du cardinal Lemoine)에서 교수로 활동하였고 이 때 인문주의에 관심을 가진 인물들과 사교 및 학문적 교류 모임을 만든다. 고대문헌을 연구하고 토론하는 모임에는 귀족, 신학자, 법률가들이 참여하였는데, 그가 처음부터 이 모임을 주도한 것인지, 아니면 그리스어를 연구한 신학자요 철학자인 르페브르가 자연스럽게 중추적인 역할을 맡게 된 것인지 불분명하다. 참석자 중에는 나중에 프랑수와 1세가 왕립대학을 설립(1530년)할 때 이를 주도한 기욤 뷔데(Guillaume Budé), 생제르맹 수도원장이 되는 기욤 브리소네(Guillaume Briçonnet)가 있었고, 칼뱅을 제네바로 이끈 기욤 파렐(Guillaume Farel)도 이 모임에 드나들었다고 한다.

1. 인문주의에서 종교개혁으로, 생 제르맹 교회

최초의 프랑스 종교개혁자 모임이 만들어진 모(Meaux)로 가기 전, 르페브르의 흔적을 찾아 생 제르맹 수도원(L'abbaye de Saint-Germain-des-Prés, 생제르맹 교회)을 찾았다. 이곳은 1507년 인문주의 모임에 참여했던 브리소네가 수도원장이 되면서 르페브르를 소속 신부로 임명, 수도회를 복음적 방향으로 운영한 곳이다. 그런 측면에서 이곳은 르페브르가 인문주의자 활동을 넘어 본격적인 종교개혁(갱신) 활동에 나선 첫 장소로서, 프랑스 종교개혁의 첫 걸음이 내디뎌진 곳으로 평가할 수 있다.

파리 생제르맹 수도원 교회

아마도 인문주의자 모임에 참여한 두 사람은 신학을 공부한 사제였고 중세 교회의 큰 문제 중 하나였던 수도사와 신부(목회자)의 자질 향상 문제로 고민이 많았던 것 같다. 그래서 두 사람은 수도사들을 중심으로 인문주의적 성서연구를 실시하려 한 것 같다. 이들이 수도원 내에서 어떤 활동을 했는지, 어떤 모임을 운영했는지는 알려진 바 없지만 수도사를 위한 정기적인 성서연구나 세미나와 같은 모임이 있었을 것으로 생각된다.

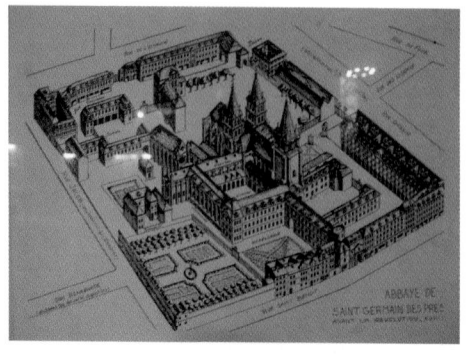

생 제르맹 수도원 옛 구조

이곳에서 신학과 철학을 공부하고 그리스어를 배웠으며 교수로 사역 중인 르페브르는 수도사들에게 신구약성서 원문을 바탕으로 한 교육을 실시했을 수 있다. 어쩌면 수도원장이라는 유리한 조건을 활용해 브리소네는 수도원 건물 중 한 곳에서 파리 인문주의자들과 정기적인 모임을 가졌을 수도 있다.

새벽 이른 시간 파리에 도착한 후 지하철로 수도원 건물(교회)로 이동했다. 하지만 새벽녘 교회의 문은 닫혀 있었고 외부에서 예배당 건물을 살피고 오른편의 공원에서 종탑 건물만 올려다볼 수 있었다. 방문 전 구한 자료를 통해 동시대 수도원 규모를 알 수 있었다. 그림에서 수도원은 성벽으로 둘러싸여 있었고 내부엔 10여개의 건물이 있었는데 작은 궁전과 같은 규모였다. 그러나 지금 수도원은 사라졌고 남은 것은 예배당과 종탑뿐이다. 교회 역사를 통해 건물 대부분이 프랑스 대혁명으로 수도원이 폐지된 후 경매로 넘겨져 정유공장 건물로 사용됐고 19세기 초 철거되었음을 알게됐다. 그렇게 르페브르 등이 활동하고 인문주의적 종교개혁을 시작한 수도원은 사라졌다.

교회 문 앞에서 예배당 건물을 살피며 생각한다. 브리소네나 르페브르는 주 중에는 수도원에서 활동했지만 주일에는 이곳 예배당에서 인근 주민을 위해 미사를 열거나 설교자로서 말씀을 선포했을 것이다. 일반적으로 수도원은 수도사들만의 공간이지만 예배당은 교구 주민들에게 열려 있었다. 또 종교개혁 시기 도시의 예배당은 설교자를 세워 일반 시민들에게 성서교육을 하고 말씀을 가르쳤다. 그렇다면 르페브르는 설교(강론)를 통해 인문주의적 사유나 성서에 대한 새로운 해석, 교회갱신을 언급했을 수 있다. 르페브르는 파리(수도원)에 머물던 이 시기 시편(1509)과 바울서신(1512)을 출간했는데, 이 저술은 대학과 수도원, 인문주의자 모임에서 행한 강연이 반영됐을 것이다. 그는 이들 책에서 인문학자들이 많이 사용하던 본문비평 방법을 사용했고, 이런 점에서 당시 그가 중세교회의 변화를 모색했음을 짐작케 한다. 그런데 르페브르의 저술은 몇 년 후 비텐베르크 대학에서 시편과 로마서 등을 강의하던 마르틴 루터에게 큰 영향을 미쳤다고 한다. 실제로 루터는 로마서 주석(Römerbriefvorlesung)에서 그를 15회 넘게 언급하면서 '자신의 선생'이라고 까지 말했다. 말씀을 깊이 연구했던 르페브르는 결국 중세교회에 대한 성찰을 했고 저술과 강의를 통해 프랑스 종교개혁의 문을 열고 있었던 것이다. 그런 이유로 이곳 생 제르맹 교회는 인문주의를 넘어 성서를 통해 종교개혁이 논의되고 그 내용이 처음 대중에게 전달된 곳일 수도 있다. 비록 수도원 건물은 없어지고 예배당만 남았지만 이곳은 비텐베르크의 성교회와 같은 곳은 아닐까 하는 생각을 하게 된다.(* 교회 내부는 파리 위그노의 역사를 다루면서 다시 설명합니다.)

2. 인문주의적 종교개혁의 출발지 '모'

이른 아침 생제르맹 교회를 둘러본 후 프랑스 종교개혁이 본격화 된 모(Meaux)로 가기 위해 기차에 몸을 실었다. 파리에서 서쪽으로 50킬로미터 떨어진 모는 로마 시대에 '이아티눔(Iatinum)'으로 불렸고 일찍 그리스도교 신앙이 전해져 5세기 이전에 교회(대성당)가 설립되었다. 전설에 따르면 순교자인 생데니스에 의해 전파된 그리스도교 복음이 이곳에도 전해졌고, 여러 명의 주교들이 교회를 세우고 사역을 펼쳤다. 중세시대에 모는 주교의 통제를 받는

대성당을 중심으로 종교개혁이 펼쳐진 모. 이 도시는 주교들 영향력이 컸다.

도시였고, 주교구를 상징하는 '주교 궁전'이 세워졌다.

이 도시에서 브리소네와 르페브르는 루터의 사상이 프랑스에 퍼지던 1520년부터 프랑스 교회가 탄압에 나선 1525년까지 종교개혁 활동을 펼쳤다. 교회역사가들은 이들을 중심으로 형성된 종교개혁자 그룹을 '모 그룹'(Cénacle de Meaux)으로 부른다. 모임에 속한 인물로는 브리소네와 르페브르, 나중에 칼뱅을 제네바로 이끈 기욤 파렐(Guillaume Farel), 파리대학교의 히브리어 교수가 되어 칼뱅에게 영향을 미쳤던 프랑수와 바타블(François Vatable), 그리고 스트라스부르에서 종교개혁자들과 함께 활동하다 프랑스에 속한 나바라의 궁정 설교자가 된 제라드 루셀(Gérard Roussel) 등이 있다. 이들의 영향을 받은 한 젊은 전도자는 모 그룹이 흩어진 후 1525년 순교 당하기도 했고, 20여년 후 1546년 그의 형제에 의해 프랑스 첫 개혁교회가 설립된 후 다시 14명이 종교재판의 희생제물이 되기도 했다. 그만큼 모 그룹은 프랑스 종교개혁 역사에서 매우 중요하다.

기차에 앉아 모 그룹의 첫 출발 역사를 떠올려 본다. 1516년 기욤 브리소네가 모의 주교로 부임하였고 그를 뒤따라 1518년 르페브르가 이곳에 도착했다. 당시 브리소네의 부임에는 프랑수와 1세 주변 인문주의자들의 추천이 크게 작용했을 것이라 생각된다. 그는 파리 출신으로 생제르맹 수도원장으로 여러 인문주의자들과 교류했고 르페브르를 통해 수도사들의 갱신을 추구했다. 그런 그를 누군가가 모 교구에 부임할 수 있도록 추천한 것이다. 이 과정에는 프랑스 왕과 교황청의 왕실 서임권 협약(1516)이 영향을 미쳤을 가능성이 높다. 중세시대 교회와 각 나라 왕실은 고위성직자(대주교, 주교, 수도원장)의 서임권 문제로 오랜 기간 논란을 벌였다. 하지만 백년 전쟁 이후 왕권이 점차 강화되면서 프랑스 왕과 교황 레오 10세는 1516년 볼로냐 협약을 맺게 됐고 추천은 왕에 의해, 임명은 교황에 의해 진행되는 방식을 합의한다. 이후 대주교 등의 임명이 진행되었는데, 브리소네의 부임은 이러한 변화된 상황에서 왕 주변, 특히 인문주의자를 후원했던 왕의 누이 마르가리타의 추천이 있었다고 생각된다.

그런데 르페브르는 어떻게 이곳에 오게 된 것일까? 함께 사역하던 두 사람이 의기투합해 이 도시에서 종교개혁 활동을 펼치고자 했고 이런 과정에 브리소네에 이어 르페브르가 왔을 수 있다. 아마도 형식은 먼저 도착한 브리소네가 자신의 교구의 갱신과 변화를 위해 르페브르를 불렀을 것이다. 특히 르페브르의 모 이동은 프랑스의 수도인 파리의 종교적 상황 변화가 영향을 미쳤을 것이다. 르페브르가 파리를 떠나기 한 해 전인 1517년은 면죄부에 반대하는 '95개의 논제'를 기점으로 루터의 종교개혁이 시작된 때다. 종교개혁이 시작되면서 파리에서는 미묘한 변화가 일어났다. 1517년 르페브르가 저술한 'De Maria Magdalena(De tribus et unica Magdalena Disceptatio Secunda,)'라는 책이 소르본대학의 신학자들로부터 공격을 받기 시작했다. 그의 저술은 인문주의자들이 즐겨 사용한 엄격한 언어학 방법이 반영되었는데 중세교회는 이를 받아들이지 못한 것이다. 당시 인문주의자들의 움직임을 비판적으로 보던 소르본느 등 파리의 신학자들은 루터의 종교개혁과 맞물려 르페브르에게 의심의 눈초리를 겨누었다. 이 때 모의 주교인 브리소네가 르페브르를 자신의 보좌주교로 불렀고, 르페브르는 1518년경 파리를 떠나기로 결정했다. 그렇게 그들은 수도원 보다 더 큰 규모의 교구(한 지역)를 대상으로 종교개혁에 착수할 수 있었다.

모 기차역에 도착해 멀리 보이는 대성당을 향해 걸었다. 대성당을 향해 가면서 보고 느낀 모는 지방 소도시 규모였다. 시청사도 그리 크지 않았다. 시내 중심에 작은 강(Marne)이 흘렀는데, 이 강은 파리의 세느 강(Seine)의 한 지류로 이곳 사람들은 배를 이용해 파리를 오갔을 수도 있다는 생각이 들었다. 10여 분 정도 걸어 대성당 앞에 섰다. 프랑스 교회들이 대부분 그렇든 대성당은 웅장한 느낌을 받게 했고, 교회의 영향력이 인근 지역에 상당히 크게 작용했다는 것을 알게 했다.

3. 종교개혁 사유가 확산된 대성당(Cathédrale Saint-Étienne)

대성당의 이름은 성 에티엔느 대성당(Cathédrale Saint-Étienne de Meaux, 에티엔느는 Stefan의 프랑스식 변형으로, 초대교회의 순교자인 스데반을 의미한다.)이다. 12세기에 착공된 대성당은 스데반의 신앙을 기념하여 그의 이름으로 봉헌된 것이다. 예배당 주변을 한 바퀴 돌며 대성당 건물과 종탑, 주변 건물들을 살핀다. 과거 '주교 궁전(palais épiscopal)'으로 사용된 건물에는 박물관이 들어섰고 그 옆으로는 작은 공원(Jardin Bossuet, 과거 주교의 정원)이 시민들의 쉼터로 사용되고 있었다. 또 옛 건물들이 여러 채 있었는데 언제부터 그 자리를 지키고 있었는지는 알 수 없었다. 대성당 강단부와 다리로 연결된 옛 건물(Vieux Chapitre, 성당 참사회 건물)은 과거 르페브르 등 사제, 수도사들이 머물며 성서연구와 함께 저

모 대성당. 이곳에서 브리소네와 르페브르 등 모 그룹이 활동했다.

술 활동, 종교개혁 모임을 진행한 곳이라는 생각도 해본다.

도시 관광 안내소에 들려 몇 가지 자료를 얻은 후 대성당에 들어섰다. 현재의 대성당은 1175~1180년 로마네스크 양식으로 착공되었고 100여년 후 고딕양식으로 완성되었다고 한다. 물론 이후 몇 차례 확장과 추가 건축, 수리는 불가피했다. 교회 소개 자료를 통해 1793~1794년에 교구 보관소가 불탔고 초기 역사 자료들이 많이 사라졌음을 알게 됐다. 이런 이유로 대성당을 둘러볼 때 옛 역사 자료를 눈으로 만나는 호사는 누리기 어려웠다.

대성당 내부에서 제일 먼저 찾은 곳은 역대 주교 명단이 적힌 돌판이었다. 성당 뒤편에 있는 이 돌 판에는 '생 드니'(성인 데니스, 3세기 중엽 파리에서 활동한 순교자)를 시작으로 1999년까지 주교의 이름이 적혀 있었다. 그곳에서 '기욤 브리소네(Guillaume Briçonnet) 1516-1534'의 이름을 만났다. 그는 이곳에서 르페브르와 함께 인문주의 종교개혁을 실시했고 그의 노력으로 1520년 하나의 개혁 모임(모 그룹)이 만들어졌다. 이들은 이곳 대성당을 중심으로 모를 넘어 프랑스 땅에 종교개혁 이상을 적용하려고 노력한다.

역대 주교 명단. 기욤 브리소네(1516~1534)의 이름을 볼 수 있다.

아마도 주교인 브리소네는 교구 전체를 대표한 인물로서 현장에서 활동하는 것은 적었고 르페브르가 사실상 그룹의 지도자 역할을 했을 것이다. 하지만 그는 학자이고 나이가 많았다. 당연히 그들보다 젊은 기욤 파렐과 제라드 루셀이 대중들과 접촉하면서 종교개혁 활동을 진행했을 것이다. 젊은 그들은 문서와 소문으로 전해진 루터의 종교개혁 활동에 도전을 받았고 보다 적극적으로 종교개혁적인 생각을 사람들에게 전파했다. 또한 모는 파리와 멀리 떨어진 곳이 아니기 때문에 이들은 파리를 오가며 활동했고 왕실이나 파리의 인문주의자나 종교개혁자들과 교류했다.

모에서 활동하면서 르페브르는 1523년 프랑스어로 신약성서(Traduction française du Nouveau Testament)를 번역, 출간한다. 비록 성서 원문인 헬라어가 아니라 라틴어에서 번역하긴 했지만 그의 성서번역은 영어로 성서를 번역한 위클리프와 프랑스 남부 언어로 성서를 번역한 발데스의 움직임과 맥락을 같이한 것이다. 개인적인 생각이지만 에라스무스의 라틴어-헬라어 대조 신약성서가 1516년 출간되었고 르페브르가 그리스어 연구자였다는 점을 고려하면 그가 헬라어 성서도 알고 있었을 것이다. 그래서 그의 번역은 헬라어 원문 성서를 참고했을 수 있다.

신약성서를 번역한 후 르페브르는 바로 구약성서 번역에 착수했고, 1528년 구약성서(외경 포함)의 번역을 마무리하여 프랑스의 남부 네락(Nerac)에 머물던 1530년 출간('Antwerp Bible')했다. 원문(히브리어)에서 번역한 것인지, 라틴어로부터인지 알 수 없지만 그의 번역은 루터에 의한 독일어 신구약성서 번역(1534년)이나 올리베탕의 프랑스어 번역 성서(1535년) 보다 몇 년 앞선 것이다. 이런 점에서 그는 단순한 인문학자가 아니라 말씀을 누구보다 사랑했던 사람이며 비록 죽기까지 가톨릭교회 안에 머물렀지만 종교개혁의 필요성을 자각하고 말씀을 통해 프랑스 교회를 바꾸려는 '첫 번째 프랑스 종교개혁자'였음을 알 수 있다.

대성당 강단을 시작으로 주변 소예배실(소경당)과 그곳의 장식을 차분히 둘러봤다. 그곳 소경당에서 오랜 역사를 가진 대성당이 동시에 오늘을 사는 시민들의 신앙생활 장소라는 사실을 알게 된다. 한 소예배실에는 영국과 프랑스가 협력해 만든 1차 세계대전 희생자 추모비가

다음세대를 위한 한 예배실

있었고, 기사 복장을 한 여성 동상(아마도 잔다르크로 추정된다)과 수녀로 활동한 한 여성(테레사 수녀)을 기념하는 '여성 예배실'도 만났다. 오렌지 색 천으로 장식된 청소년을 위한 예배실을 통해서는 이 곳 교회가 청소년(다음세대)들을 신앙으로 이끌려 노력한다는 것을 알 수 있었다.

교회를 소개하는 독일어 자료를 읽다가 1562년 경 위그노에 의해 일부 파괴가 있었다는 내용을 읽게 됐다. "Die fünf Portale der Karthedrale sind reich dekoriert, aber ihre Skupturen haben wärend der religionkriege des 16. Jahrhunderts sehr unter dem Hammer der Bilderstürmer gelitten. Im Juni 1562 besetzten die Hugnotten die Stadt und köpften bei dieser Gelegenheit die Statuen der Karthedrale. Ihre Wut war die Antwort auf die Repression, unter der ihre Angehörigen 1546 zu leiden hatten, und bei der vierzehn Protestanten aus Meaux auf dem Scheithaufen verbrannt worden waren."(대성당의 출입문 다섯 곳의 많은 장식은 16세기 종교전쟁 중 성상파괴자의 망치로 큰 피해를 입었다. 1562년 6월 위그노들은 도시를 점령했고 이를 계기로 대성당 조각의 머리를 베었다. 그들의 분노는 1546년에 그들의 대표들이 겪은 탄압, 즉 14명의 모의 프로테스탄트가 화형된 것에 대한 응답이었다.) 시의 공식 자료에는 가톨릭교회의 입장과 위그노의 입장 모두 담겨 있었다. 가톨릭교회의 입장에선 '파괴'나 '목 베임'의 기억이지만 위그노(개신교인) 입장에선 '분노'의 행동인 것이다.

1546년 인문주의자들이 뿌려놓은 씨앗과 나중에 시작된 칼뱅의 종교개혁 영향으로 프랑스 땅 최초로 개혁교회가 모에 설립되었다. 하지만 설립된 지 얼마 지나지 않아 이 교회는 탄압에 직면했다. 기록에는 60여명이 체포되어 그 중 14명이 화형당했다고 한다. 당연히 그들의 형제와 친척, 동료들은 분노했고, 위그노 전쟁의 발발과 함께 가톨릭교회에 항거했으며 가톨릭의 상징인

모 대성당 내부. 프랑스 성당은 문화유적이면서 오늘의 성도가 사용하는 건물이다.

대성당에 분풀이를 했다.

대성당 의자에 자리를 잡고 앉아 기도를 한 후 대성당 앞 십자가와 천정 등 이곳저곳을 둘러보며 모 그룹을 향해 다가오는 가톨릭교회의 탄압을 생각해 본다. 모 대성당을 중심으로 펼쳐진 인문주의자들, 초기 프랑스 종교개혁자들의 활동은 자유로웠다. 하지만 중세교회의 탄압은 모의 개혁자들, 특히 그들을 이끄는 르페브르와 브리소네를 향해 다가왔다. 1521년 르페브르는 소르본느의 박사들로부터 이단 선고를 받았고 1523년 신약성서 출간이후 또 다시 이단으로 지목된다. 다행히 그를 아낀 프랑스 왕 프랑수아 1세의 관용으로 르페브르는 탄압의 칼날을 피할 수 있었다. 하지만 가톨릭 교회는 계속해서 종교개혁자들을 압박했고 1523년 8월 아우구스티누스 수도사인 장 발리에르(Jean Vallière)를 '루터파 이단'이라는 이유로 화형시킨다. 이유는 하나다. 그가 루터의 책을 가지고 있었고 그것을 읽었다는 것이다.

발리에르의 죽음과 가톨릭교회의 움직임을 접한 브리소네는 두려움에 사로잡혔고 자신의 교구에서 개혁자들의 설교를 금지하고, 지역 회의를 소집하여 루터의 저작을 정죄한 후 교회를 비판하는 일부 사제를 책망했다. 아마도 그는 가톨릭 지도부의 공격을 피하기 위해 다소 급진적인 행동은 경고하면서 가톨릭교회에 부응하는 조치를 취한 것이다. 하지만 가톨릭교회의 압력은 계속됐고 결국 브리소네는 참회와 화해의 예식을 치렀으며, 나중에는 모 성당의 주교로서 이름을 유지하는 삶을 택하게 된다.

브리소네와 달리 르페브르는 어려운 선택을 해야만 했다. 그를 존중하고 보호한 프랑수와 1세가 1525년 2월 신성로마제국 황제 칼 5세와 벌인 파비아 전투에서 패배하여 포로가 되었기 때문이다. 이 상황을 이용해 프랑스 교회와 소르본느 대학의 신학자들은 왕실의 섭정을 맡은 마르가리타에게 압력을 넣었다. 그들은 '왕실의 재난은 이단 처벌에 국왕이 소홀했기 때문'이라고 주장하며 종교재판을 주도하는 4인 위원회를 구성, 종교개혁 사상을 공격하고 나선 것이다. 당연히 공격의 첫 화살은 르페브르를 향했다. 결국 르페브르는 프랑스를 떠나 신성로마제국 황제의 영향력 아래 있던 스트라스부르로 잠시 피신하게 된다. 안타깝게도 이 탄압 과정에 르페브르가 번역한 신약성서도 불태워졌고, 모 그룹은 흩어지게 된다. 그렇게 브리소네와 르페브르를 중심으로 모에서 전개된 종교개혁 운동은 1525년 중단되었다.

4. 종교개혁이 확산된 도시를 거닐며

종교개혁자들이 거닐었을 모 시내 중심가

모 대성당을 나서 주변 시내를 걸었다. 옛 도심의 모습을 간직한 거리에는 옛 대학 건물, 오래된 성벽, 1800년대 후반 발생한 프로이센(독일)-프랑스 전쟁의 추모비 등을 볼 수 있었다. 반대로 대도시의 번화가처럼 잘 닦인 도로와 가게들, 사람들로 붐비는 거리도 만날 수 있었다. 그렇게 옛 모습을 간직한 공간과 새로운 도시는 대성당을 중심으로 하나의 삶을 이루고 있었다. 과거 모 그룹의 일원들은 신앙 열심을 가진 성도들과 함께 성서의 말씀을 나누며 대성당 주변을 거닐었을 것이다. 또 그들의 영향을 받은 성도들이 모 교구를 통해 프랑스 교회의 갱신을 조망하였을 것이라 생각해 본다.

모 그룹의 리더인 브리소네와 실질적 지도자인 르페브르. 그들과 함께 주목해야 할 인물이 앞서 언급한 제라드 루설과 기욤 파렐이다. 두 사람은 르페브르의 핵심 제자로 볼 수 있고 누구보다 열성적으로 종교개혁 활동을 했을 것으로 추정된다. 모에서 활동할 당시 이들은 20대와 30대 초반이었고, 모를 떠난 후에는 자신이 활동하는 공간에서 누구보다 열심히 활동했다. 제라드 루설은 모 교구의 귀중품 관리 책임자로서 일했고, 탄압을 피해 1524년 스트라스부르로 피신했다. 10여년이 흐른 후 1536년 프랑스로 돌아온 그는 프랑수와 1세에 의해 올레론(Oléron)의 주교가 됐고, 이후 나바라 왕국의 왕비인 마르가리타의 지원 속에 궁중 설교자, 교구 설교자로 활동했다. 특히 그는 성서 연구와 함께 성찬식을 강조했는데 소르본느 신학자들이 이를 금지시킨 것을 볼 때 종교개혁자들의 성찬론과 비슷했던 것은 아니었을까 생각해본다. 아무튼 그는 오랫동안 프랑스 종교개혁을 위해 활동했고 개혁적인 내용을 전하던 설교단에서 가톨릭 광신자의 도끼 공격을 받아 사망했다고 한다.

기욤 파렐은 칼뱅을 제네바로 이끈 인물로 개혁주의 종교개혁 역사에서 매우 중요한 인물이다. 르페브르에게서 배웠을 뿐 아니라 동료 교수(Le Moine 추기경 대학)로 활동한 그는 모 그룹의 일원으로 활동하다 브리소네에 의해 '공격적인 설교'를 이유로 설교자 지위를 박탈당했다. 이후 그는 스위스로 망명하여 제네바와 뇌샤텔을 중심으로 종교개혁 활동을 펼치게 된다. 그는 성서가 믿음의 횃불이며 구원은 오직 그리스도의 피로 말미암아 가능하다고 강조했으며, 행함 있는 믿음의 실천과 함께 세례와 성만찬을 성례로서 강조했다. 무엇보다 그는 칼뱅의 제네바 정착과 활동을 도왔고, 피에르 비레(Pierre Viret) 등을 종교개혁에 나서도록 권면했다. 제네바의 재청빙에도 칼뱅을 제네바의 지도자로 세우도록 하면서 뇌샤텔에 머문 그에게서 바울을 불러내 일하도록 세웠던 성서의 바나바를 만나게 된다.

이처럼 모그룹은 프랑스와 이후 스위스의 종교개혁, 그리고 칼뱅의 종교개혁 사상을 따르는 개혁주의 종교개혁에 큰 영향을 미쳤다. 하지만 중세교회의 탄압으로 모를 배경으로 한 프랑스의 첫 종교개혁은 실패로 귀결된다. 모 그룹의 붕괴로 프랑스 종교개혁 움직임은 중단되었을까? 아니다. 지도자들은 흩어졌을지라도 그들이 뿌린 씨앗은 모를 비롯해 파리, 리옹, 오를레앙, 그리고 프랑스 남서쪽 나바라 왕국에 넓게 확산된다.

프랑수와 1세가 신성로마제국에서 귀환하면서 1526년 르페브르는 파리로 돌아올 수 있었고, 왕의 도서관에서 일하면서 성서 번역과 종교개혁에 대한 연구 활동을 계속한다. 당시 포로에서 풀려난 왕은 강력한 왕권을 위해 가톨릭 교회와 제후들의 지원이 필요했기에 교회에 의한 종교개혁 탄압을 묵인했다. 다만 학자로서 애정을 가진 르페브르는 보호하고 싶었다. 르페브르 또한 이런 왕의 뜻을 존중해 대외적 활동을 자제하고 구약성서 번역에 집중했던 것 같다. 그렇게 그는 구약성서 번역을 마무리했고 1529년 왕의 누나 마르가리타의 초청 형식으로 파리를 떠나 프랑스 남부의 네락(Nerac)으로 떠난다. 마르가리타의 영지에 머물며 남은 여생을 보내려 한 듯하다. 이듬해 그가 번역한 구약성서는 네덜란드 땅 안트워프에서 출간되는데, 즉시 파리 의회에 의해 금서목록에 올랐다. 아마도 그가 파리에 남았다면 구약성서 번역도 출간 못하고 종교재판에 회부되어 죽임을 당했을 것이다. 결국 말씀으로 프랑스를 변화시키려던 그의 여정은 네락에서 마무리되었다.

그의 마지막에 대한 기록은 칼뱅의 방문과 함께 역사에 남았다. 죽기 몇 해 전인 1534년 그는 자신을 찾아온 칼뱅을 만났다. 당시 칼뱅은 파리 왕립대학 학장에 취임한 친구 콥의 연설문 사건으로 도피했고 80세가 된 르페브르를 방문했다. 이 때 르페브르는 칼뱅에게 "당신은 주님의 도구로 선택받았다. 그대를 통해 하나님께서 우리나라에 당신의 왕국을 건설하실 것"이라고 말했다고 한다. 약간은 과장되어 보이는 이 말은 칼뱅의 후계자들이 만든 것으로 보인다. 물론 칼뱅의 활동을 알던 르페브르가 젊은 그를 격려했을 수 있다. 하지만 이 때 칼뱅은 종교개혁에 첫 발을 디딘 젊은 학자였다. 그래서 르페브르가 그 말을 했다고 한다면 죽음을 앞둔 노학자가 프랑스의 젊은이들에게 전하는 유언과도 같은 말일 것이다. 아무튼 칼뱅은 르페브르의 말에서 종교개혁을 향한 부름을 느꼈고, 이후 '기독교 강요'를 저술했으며, 제네바를 거점으로 프랑스와 스위스 종교개혁을 위해 헌신했다. 하나님은 종교개혁 선구자의 격려의 말을 실제 역사로 만드신 것이다. 역사는 그렇게 쓰이고 완성되어 가는 것 같다.

모 대성당 주변을 거닐면서 모 그룹의 영향을 받은 한 인물의 순교를 떠올렸다. 장 르끌렉(Jane Leclerc). 그는 종교개혁 지도자들이 흩어진 후 자신의 삶의 터전인 모에 남았고, 그곳에서 개혁적 신앙 때문에 순교를 당했다. 그가 어떻게 개혁적 신앙을 갖게 됐고, 어떤 이유로 체포되었는지는 불명확하다. 다만 그는 1525년 3월 체포되어 모에서 3일간 매를 맞는 형벌을 받았으며 이마에 죄인의 낙인이 찍혔다고 한다. 끌려가는 그에게 어머니는 "예수와 그의 기에 살아야 한다"(독일어 번역 : Es lebe Jesus und sein Banner!)고 외쳤다고 한다. 메츠(Metz)로 옮겨진 그는 오른 손과 코가 잘리고 머리는 철 고리에 고정되었으며 살아있는 가운데 화형을 당했다고 한다. 고문과 죽음 속에서 그는 시편 115편 "그들의 우상은 금과 은으로 된 것이며 사람이 만든 것"이라는 내용을 낭송했다고 한다.

어쩌면 그는 모 그룹에 속해 활동했을 수도 있고 기욤 파렐 등의 설교를 들으며 복음의 일꾼이 되었을 수 있다. 또 지도자들이 도시를 떠난 가운데 개혁 신앙의 영향을 받은 성도들을 돌보며 목회자의 사명을 감당했을 수 있다. 그러다가 가톨릭교회의 탄압이 강화된 1525년 체포되었고 순교의 길을 걸었다. 당시 파리에서도 종교개혁자들이 체포되었으며 몇 명은 처형됐다는 점에서 장 르끌렉의 순교는 초기 프랑스 종교개혁자의 헌신과 순교 현실을 보여준다. 지도자 중 몇 명은 가톨릭교회의 압력에 굴복해 활동을 중단했고, 다른 지도자들은 모를 떠나 프랑스 밖으로 도피했다. 그러나 그들의 영향을 받은 장 르끌렉과 젊은이들, 여성들은 자신들의 삶의 터전인 그곳에 남았고 그들이 뿌린 씨앗을 틔워 신앙생활을 계속하다 형극의 길을 걸었던 것이다.

5. 프랑스 첫 개혁교회인 '모 교회'와 14명 순교

그의 희생을 생각하면서 시내를 거닐다가 강을 건너 'Place du Marche'(시장광장)으로 향했다. 이곳에 장 르끌렉의 순교가 이후 어떤 결실을 불러 왔는지 알 수 있는 흔적과 역사가 있기 때문이다. 마침 방문했던 토요일 주말시장이 열리고 있었고 차가 다니지 않는 골목길에는 상인들이 과일과 생선, 잡화 등을 팔고 있었다. 좌우로 눈을 돌려 펼쳐진 상품들을 둘러보며 길을 걸었다. 복잡한 이곳 어느 곳에서 중세 시대 프랑스 프로테스탄트 신자들이 살았고 신앙생활을 했으며 순교의 길을 걸어갔음을 떠올려본다.

사실 장 르끌렉의 순교와 함께 가톨릭교회의 탄압은 계속되었고 모의 종교개혁 움직임은 눈에 띄지 않게 된다. 하지만 모의 신자들은 가톨릭교회의 그늘 속에 살아남았고, 아들의 순교를 기억하는 어머니는 헌신의 신앙으로 자녀를 키웠다. 그렇게 20여년이 지난 1546년 40~50여명의 성도들이 함께 모여 개혁교회를 세웠고, 순교자의 동생 삐에르 르끌렉(Pierre Leclerc)을 목사로 선택했다. 그렇게 모 그룹의 활동과 장 르끌렉의 순교, 어머니의 헌신은 개혁교회의 설립으로 결실을 맺게 된다. 삐에르가 어디에서 성서를 공부했는지, 그리고 어떻게 목사로 선택되었는지는 알 수 없다. 또 모 교회 설립에 참여한 성도들이 모그룹으로부터 영향 받은 것인지, 아니면 스트라스부르나 제네바로 망명한 프랑스 신자로부터 영향을 받았는지도 모른다. 나이가 좀 있고 부유한 상인 에티엔 멍정(Etienne Mangin)의 집에서 교회가 시작되었다는 점에서 모 그룹 해체 이후 신앙생활을 유지하던 성도들이 독일이나 스위스 프랑스인 공동체의 영향을 받아 개혁교회 설립에 나선 것일 수도 있다. 어떻든 탄압은 순교를 부르고, 공동체를 위축되게 하지만 그 공동체는 나중에 더 큰 형태로 다시 피어난다는 것을 알 수 있다.

모 옛 교회가 있던 자리에 선 건물

최초의 교회가 설립된 장소를 찾았다. 처음 와 본 도시에, 안내자도 없어 한참을 헤맨 후에야 옛 교회 설립 흔적을 찾았다. 교회가 있었던 터 위에 세워진 건물 벽에는 1985년 제작된 작은 기념명패가 부착되어 있었다. 그 곳에서 '에티엔 멍정'이라는 이름과, '이곳에서 프랑스 개혁교회가 시작되었다'는 내용, 그리고 14명의 개혁자들이 1546년 10월 4일에 파리에서 재판을 받은 8일 후 순교했다'는 내용을 볼 수 있었다. 단 몇 줄의 기록이었지만 가슴 한 쪽이 아려오는 듯 했다.

건물 벽에 있는 기념패

그렇다. 장 르끌렉의 순교를 듣고 성장한 삐에르는 열정적인 사역을 통해 교회를 성장으로 이끌었다. 한 기록에 따르면 '그 공동체는 기도했고, 시편과 신령한 노래를 불렀으며 성서에 따른 성찬식을 거행했다.' 처음 40~50여명이던 공동체는 인근 지역으로 확대됐고 300~400여명에 이르는 큰 공동체가 되었다. 하지만 1년이 흐르기도 전에 모 교회는 탄압의 광풍에 휩싸인다. 60여명(남자 41명, 여자 19명 등)이 체포되었으며 지도자 14명은 파리로 끌려가 재판을 받은 후 수레에 실려 이곳으로 돌아와 화형당했다. 그들이 화형당한 장소는 교회 바로 옆 시장 광장이었고, 이들이 모였던 건물은 불태워졌다. 현재의 건물은 옛 교회의 터전 위에 후대에 세워진 건물인데, 이곳에 역사를 계승한 모 개혁교회가 기념판을 부착한 것이다.

  기념판 글귀를 살핀 후 건물 앞 작은 광장과 인근에 있는 가톨릭교회 등을 둘러봤다. 2개의 도로가 지나가는 사이에 놓인 주차장은 어떠한 기념물이나 안내판도 없는 평범한 주차공간이었고 시장은 사람들로 북적댄다. 프랑스 종교개혁 역사에 매우 의미있는 14명의 순교 사건은 그렇게 잊혀진 것일까? 한편으로 가슴 아프기도 했고, 한편으로 누군가에 의해 철저히 잊히기를 강요받은 듯한 느낌을 지우기 어려웠다. 광장 옆 인도에 털썩 주저앉아 멍하니 하늘을 바라보았다. 다리의 힘이 풀린 것이다.

  순교자의 가족들, 그리고 400여명에 이르는 신자들은 어떻게 됐을까? 체포된 일부는 중세교회의 고문과 강요 속에 자신의 신념을 꺾기도 했다는데 그들은 이후 어떤 삶을 살았을까? 어떤 자료에는 교인 중 일부는 프랑스 남부 오를레앙으로 떠났고 그곳에서 전도자로 종교개혁을 확산시켰다고 한다. 어쩌면 장 르글렉의 순교가 20여년 후 모 교회의 설립과 삐에르의 사역을 가능케 한 것처럼, 14명의 순교는 더 큰 신앙공동체의 설립으로 이어졌을 것이라는 생각이 든다. 이런 생각에 비로소 풀렸던 다리에 힘이 생겼고 다시 순례의 여정을 시작할 수 있었다.

6. 다시 설립된 모 개혁교회

최초의 모 교회의 역사를 잇기 위해 1848년 개혁교회가 다시 설립되었다. 낭트칙령(1598) 시기 프랑스 땅에 제한적이나마 개신교인에게 예배와 교회 설립의 자유가 있었고 프랑스 혁명(1789)으로 종교의 자유가 다시 인정되었다는 점에서 모 개혁교회 재설립은 매우 늦은 것이다. 어쩌면 이 지역에 가톨릭교회와 당국의 탄압이 매우 거셌고 체포되었던 성도 대부분이 도시에서 추방된 때문일 것이다. 그런 어려운 상황을 딛고 다시 재건된 개혁교회를 생각하며 그곳을 찾아 나섰다.

정확한 위치를 알지 못했기 때문에 주변 사람들에게 '개혁교회 예배당(Temple protestant)'이 어디에 있는지 수차례 물었다. 그러나 대부분의 사람들이 잘 모른다고 대답을 했다. 가톨릭교회(세인트 니콜라이 교회, 아우구스티누스 예배당, 노트르담 드 마르세 교회 등) 몇 곳을 둘러 본 후에야 개혁교회를 찾을 수 있었다. 도시 안내지도와 자료를 보면서도 처음 방문한 도시였기에 생소했던 때문인 것 같다. 그런데 교회 주변을 헤매던 나에게 교회의 정확한 위치를 알려준 사람들은 낮 시간 아랍계 레스토랑 앞에서 맥주를 마시던 이들이다. 그들은 교회를 방문하고 돌아갈 때 '잘 찾았느냐'고 물

현재의 모 개혁교회는 1848년 다시 설립됐다.

어보기까지 했다. '이렇게도 교회를 찾을 수 있구나' 하는 생각을 하게된다.

교회 앞에 자그마한 안내판이 개혁교회의 역사를 설명하고 있었다. '1839년 한 개신교인 교사가 은퇴하면서 자신의 재산을 교회와 개신교 학교, 목회자를 위한 숙소를 건축하도록 공동체에 제공했고 1847년 건축을 시작해 1849년 봉헌했다'는 것이다. 교회 건물이 세워지기 전에 이미 모에 개혁교회 공동체가 있었음을 의미하는 설명이다.

교회 문 앞에 앉아 목사님과 약속한 방문 시간이 되기까지 잠시 기다리며 모 교회의 역사를 떠올린다. 사실 오늘날의 모 교회(건물)는 300여년의 역사를 건너서 새로 세운 교회로 처음 모에 설립된 교회와의 관련성은 적다. 또 교회 역사 어디에서도 처음 모에서 활동한 종교개혁자들이나 순교자들과 직접적 연관성을 찾을 수 없었다. 오히려 프랑스 대혁명 이후 개신교의 종교자유가 완전히 허락되면서, 프랑스 남부에 남아있던 '광야교회' 공동체의 활동 또는 유럽 여러 나라의 선교로 모에 신앙공동체가 형성되었을 가능성이 컸다. 그러나 모의 성도들은 프랑스 교회 역사에 새겨진 신앙 선진들의 역사를 알고 있었고 그들의 순교 역사를 가슴에 새겼다. 그렇게 순교자들의 신앙의 토대 위에 교회는 세워졌고, 150여 년 역사를 넘어 오늘까지 신앙공동체를 이루고 있는 것이다.

교회 내부에 들어섰다. 교회 내부는 작고 아담했다. 교회 목사님은 이웃나라 독일에 사는 이방 나라 출신의 방문자를 기쁘게 환영하셨다. 영어와 독일어를 섞어가며 방문 목적과 모 교회의 역사, 오늘의 모 교회 현황 등에 대해 대화할 수 있었다. 그는 모 교회의 역사를 설명하며 오늘날의 '모 교회는 정통적인 칼뱅주의 신앙을 가진 교회'라고 강조하셨다. 객관적 사실을 설명하신 것이지만 모 교회에 대한 자부심이 담긴 표현으로 느껴졌다. 실제로 프랑스 개혁교회는 과거 독일 영토에 속했던 땅에 자리했던 루터파 교회와 영국의 선교

모 개혁교회는 종교개혁자들과 칼뱅의 개혁신앙 토대 위에 서있다. 예배실(왼편)과 종교개혁자 얼굴(오른쪽)

로 세워진 성공회 등 여러 교파로 구성된 연합교회이다. 그들 중 모교회는 교회 역사 측면에서도, 그리고 신앙에서도 르페브르와 파렐 등 모그룹과 칼뱅 등을 잇고 있다는 설명인 것이다. 그 말씀에 감동이 일었다.

  목사님의 말씀을 들으며 교회 내부를 천천히 둘러봤다. 강단에는 십자가와 성서, 성찬을 위한 책상, 그리고 왼편으로 알파와 오메가가 새겨진 설교단이 자리하고 있었다. 코로나 때문에 회중석에는 개인용 의자들이 띄엄띄엄 자리를 차지하고 있었다. 교회 입구 쪽에는 칼뱅과 루터를 중심으로 얀 후스, 위클리프, 멜란히톤, 에라스무스 등 종교개혁에 영향을 준 인물의 얼굴 그림이 전시되어 있었다. 그 그림을 보며 르페브르와 파렐, 장 르끌렉과 삐에르 르끌렉의 얼굴이 그곳에 있었으면 하는 생각이 머리를 스쳤다. 하지만 르끌렉 형제의 얼굴은 알려지지 않았기에 전시할 수 없을 것이라는 생각을 하며 아쉬움을 삼킨다.

  출입문 왼편에는 "Constituee en 1546 l'Eglise Reformée de Meaux est la plus ancienne de France"(1546년 설립된 모 개혁교회는 프랑스에서 가장 오래된 교회이다)라는 문구가 새겨져 있었다. 프랑스 종교개혁, 개혁교회 역사에서 모 교회가 차지하는 위상을 상징적으로 보여주는 글귀다. 모 교회 설립 이전에 프랑스에 종교개혁 교인들이 있었고, 칼뱅이 1538년 프랑스인 망명자를 위한 교회(부끌리에교회)를 스트라스부르에서 세웠다. 하지만 프랑스 땅에 세워진 첫 개혁교회는 모교회이다. 그렇게 프랑스 땅에서 종교개혁 활동이 처음 펼쳐지고, 첫 교회가 세워진 모, 그 자랑찬 역사는 한마디 문구로 압축되어 있었다.

그러나 교회에서 가장 눈길이 간 곳은 출입문 좌우편 벽에 새겨진 14명의 이름이다. "Martyrs bruûlés vifs au Grund Marché de Meaux le 7 Octobre 1546."(순교자들은 1546년 10월 7일 모의 큰 시장에서 산채로 불태워졌다.)라는 문구 아래에는 "Pierre Leclerc, Etienne Mangin, Jaques Bouchebec, Jean Brissebarre, Henri Hutinot, Thomas Honnoré, Jean Beaudouin, Jean Flesche, Jean Piquery, Pierre Piquery, Jean Martellon, Philippe Petit, Michel Caillon, François Leclerc."의 이름이 새겨져 있었다. 그들 중에서 삐에르와 프랑수와가 '르끌렉(Leclerc)'이라는 성을 사용한 것을 보게 됐고 Piquery(피쿼리)라는 이름도 2명이 있었다. 이들은 형제일 수도 있고 부자 관계일수도 있다는 생각이 든다. 어떤 모습이든 르끌렉 가문은 3명의 순교자를 배출한 것이다. 그들 명단 아래에는 프랑스어로 시편 116장 15절(경건한 자들의 죽음은 여호와께 귀중한 것이다)과 마태복음 5장 10

모 개혁교회 출입문 좌우 벽에는 14명 순교자 이름이 새겨져 있다. 성도들의 긍지와 자부심이 묻어난다.

절(의를 위하여 핍박받는 자는 복이 있다.)이 적혀 있었다. 그 성구를 찾아 읽으면서 순교자들은 '경건한 자'로서, '의를 위해 핍박받는 자'로서 '하나님께 귀중'하며 '복되다'는 사실을 떠올리게 된다. 마찬가지로 우리에게도 귀중하며 복되다.

교회를 나서기 전 '잠시 기도하고 싶다'는 요청에 목사님은 '이곳을 방문하는 모든 분들과 함께 각 나라의 언어로 기도를 한다'면서 각 나라와 교회, 복음사역을 위해 함께 기도했다. 목사님은 영어와 프랑스어로, 나는 한국어와 독일어로 기도했다. 그리고 함께 목소리를 모아 그 기도가 이루어지길 소망하며 '아멘'을 외쳤다. "하나님, 순교자에 의해 세워진 교회, 그리고 그들의 정신을 이어 다시 세운 교회. 이 교회에 나오는 모든 사람들에게 은혜를 허락하옵소서. 그들을 통해 많은 사람들이 개혁적 삶, 헌신의 삶을 꿈꾸게 도와주십시오. 이 교회가 종교개혁의 작은 역사적 끈을 붙잡고 오는 모든 사람에게 감격을 느끼는 장소가 되도록 이끄시옵소서. 아멘."

사실 모를 처음 방문했을 때는 교회 내부를 둘러보지 못했고 목사님도 만나지 못했다. 한 가닥 행운을 기대하며 찾았지만 교회 문은 잠겨있었고 문이 열리기만 속절없이 기다리다 그곳을 떠나야 했다. 그래서 두 번째 방문을 앞두고 교회와 목회자 메일을 찾아 이메일도 보내고, 교회로 몇 번 전화를 걸었다. 또 모에 도착한 후 관광 안내소에 들려 교회에 방문이 가능한 지 연락을 요청하기도 했다. 그러나 모두 실패했다. 점심시간 지푸라기를 붙잡는 심정으로 독일에서부터 적어간 연락처로 전화를 했고 통화가 성공, 그렇게 교회를 방문했다. 한 가닥 행운, 아니 하나님의 은혜로 프랑스 종교개혁의 첫 출발지인 모그룹의 역사와 흔적, 순교자의 피 위에 세워진 프랑스 첫 개혁교회인 모 교회를 가슴에 새겼다.

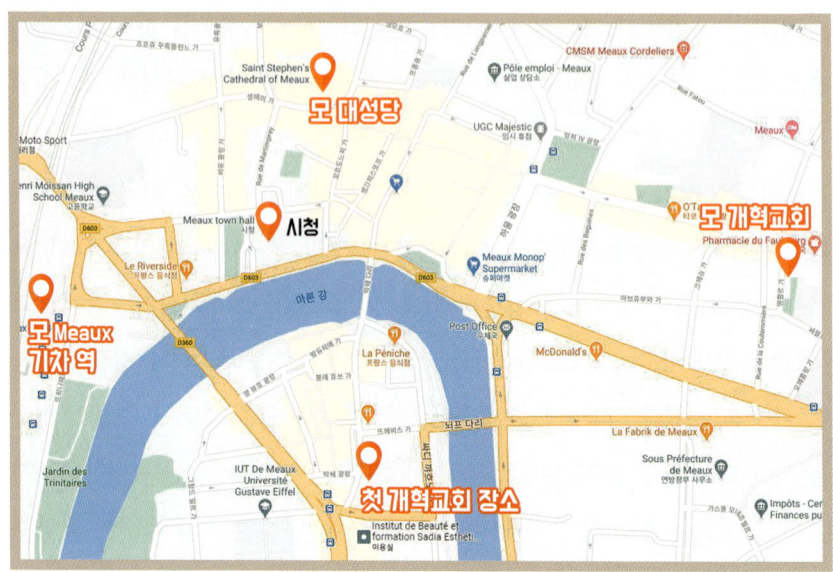

모(Meaux)는 프랑스 첫 종교개혁자들('모 그룹')이 활동했고 프랑스 첫 개혁교회가 설립된 곳이다. 하지만 종교개혁 초기 15명이 순교한 곳이기도 하다. 모 그룹과 순교자들이 열정적으로 활동한 대성당과 옛 골목, 첫 교회와 순교자의 흔적, 그들의 후예를 만날 수 있다.

성 스데반 대성당(Cathédrale Saint-Étienne)

Rue Saint-Étienne

대성당은 12~16세기까지 고딕 양식으로 건축됐으며, 종교개혁초기 브리소네가 이곳의 주교였다. 그의 지원 속에 르페브르와 제라드 루셀, 기욤 파렐 등 종교개혁자들이 활발하게 활동을 했다. 대성당 주변으로 주교 궁전(musée Bossuet), 참사회 건물 등을 볼 수 있다.

첫 개혁교회와 14명의 순교 장소

73 Rue du Commandant Berge

1546년 프랑스 첫 개혁교회가 시작된 에티엔 멍정의 집은 불태워졌고, 후대에 지은 건물에 작은 기념비가 있다. 건물 주변의 시장(Place du Marché, 막쉐 광장)과 주차장은 이들의 순교장소로 알려져 있다.

개혁교회 예배당(Temple Protestant de Meaux)

7 Rue du Temple, https://www.eprem.org/
오늘의 모 개혁교회는 종교자유 획득 후인 1800년대 초 설립됐고, 현재의 예배당은 1849년 봉헌되었다. 1525년 첫 순교자인 르끌렉과 1546년 14명의 순교 역사를 계승하는 전통있는 교회다.

취리히는 츠빙글리를 중심으로 인문주의적 종교개혁이 펼쳐진 도시이다. 리마트 강을 중심으로 오른 편으로 바서교회, 그로스뮌스터가 보이고 왼편으로 페터교회, 프라우뮌스터가 보인다.

03

개혁주의 종교개혁의 출발

츠빙글리와 취리히의 종교개혁

    루터와 동시대에 활동한 대표적 종교개혁자 중 한 사람이 츠빙글리(Huldrych Zwingli)다. 그는 1519년부터 취리히(Zürich)를 중심으로 활동했고 독일 남부와 스위스 동북부 종교개혁에 큰 영향을 미쳤다. 특히 예배당 내 성화나 성상의 제거, 간소한 예배형식 도입, 신앙공동체를 위한 성만찬 운영, 그리고 인문주의적 설교에 이르기까지 개혁주의 종교개혁이 품은 내용이 그에 의해 시작되었다. 그런 면에서 츠빙글리는 개혁주의의 시조라고 불릴만하다.

    그를 찾아 독일에서 스위스 국경을 넘었다. 스위스 대부분의 도시들이 그렇든 취리히는 산과 그 사이를 흐르는 강, 그리고 호수를 끼고 있는 아름다운 도시다. 멀리 보이는 높은 산에는 하얀 눈이 보이고 호수는 푸르른 물로 덮여 사람을 시원하게 한다. 기차역을 나서 리마트(Limmat) 강을 따라 걷는다. 알프스에서 흘러내리는 물길이 리마트로 흐르고 제네바 호수로 모여든다. 그 강 한쪽 편에 로마시대부터 마을이 형성되었고, 계곡과 산중턱에 난 길을 따라 사람들이 오고갔다. 로마의 흔적이 서린 강변 언덕 위에 서서 강가를 내려다봤다. 고대에 형성된 도시들 대부분이 그렇듯 물이 흐르는 언덕에는 사람이 모이고 마을이 형성됐다. 그런 지형이 사람을 가장 편안히 살도록 하기 때문이다.

1. 로마시대 흔적과 페터교회(St. Peter)

로마시대 마을이 있던 곳과 로마유적

강가를 따라 옛 도시를 거닐었다. 좁은 골목에는 옛 모습을 간직한 건물과 최신 유행의 옷과 상품을 파는 가게들이 있었다. 그곳 한쪽 두 사람이 지날 수 있는 좁은 골목에서 옛 로마시대 도시(티브리쿰, Tvricvm)의 유적을 만났다. 벽의 안내문에는 취리히의 역사와 함께 이곳이 과거 로마시대 목욕탕이 있던 곳임을 알리는 그림이 있었다. 벽에 쓰인 설명과 철망으로 덮인 길을 걸으며 작은 유적을 생활 속에서 느끼도록 한 스위스인의 지혜를 알게 된다. 관광객이 많이 찾는 도시란 점도 있지만 작은 것 하나에서도 감동을 받게 하려는 마음, 그것이 오랜 역사가 유럽 사람들에게 준 지혜인 것 같다.

옛 도심을 지나 도착한 세인트 페터교회(St. Peter)는 취리히에서 가장 오래된 교회로, 로마시대부터 있었다고 한다. 아마도 로마인들이 거주하는 곳에 그리스도교 신앙이 들어오면서 세운 첫 교회인 듯하다. 교회의 종탑에는 스위스의 정밀한 기술을 상징하는 큰 시계가 달려 있었다. 교회 자료에는 '유럽에서 가장 큰 종탑 시계'라고 소개되어 있었다. 도시 교회의 종탑을 많이 본 입장에서 그렇게 크다는 느낌은 들지 않는다. 아마도 취리히 사람들의 자부심이 담긴 표현은 아닐까 생각해 본다.

페터교회는 종교개혁 이후인 1700년경에 새로 건축되었기 때문에 조금은 현대식 건물로 느껴진다. 교회 내부도 벽에 놓인 옛 의자를 제외하곤 깔끔한 개혁주의 교회의 예배실 모습을 그대로 보여주었다. 예배실 중앙 2층 높이의 벽에 설교단이 있고, 그 뒤편에는 마태복음 4장 10절의 말씀 "Du sollst anbeten den Herrn, deinen Gott, und ihm allein dienen"(너는 주 너희 하나님께 경배하고 다만 그를 섬기라)는 말씀이 새겨져 있었다. 예배에 참석한 사람들이 예배 중에, 설교를 들으면서 끊임없이 되새기는 말씀일 것이다. 어쩌면 종교개혁을 상징하는 말씀으로도 읽혀진다.

시계가 장식된 페터교회 외부

강단 위의 설교단은 매우 높았는데, 목회자가 그곳에서 설교하는지 궁금해졌다. 독일에서 사람 키보다 높은 옛 설교단에서 설교하는 경우를 심심치 않게 보았기 때문이다. 또 설교할 때를 빼고 보통의 예배 순서를 진행하거나 성찬식을 진행할 때는 어떻게 할까? 예배당 정면에 세례반 이외에 다른 시설이 보이지 않는 것을 볼 때 이동식 강단을 사용할 가능성도 있는 것 같다. 그런데 페터교회는 오랜 역사와 함께 취리히 종교개혁에 관한 의미있는 이야기를 품고 있었다.

종교개혁 당시 이곳에는 츠빙글리의 동료인 레오 유트(Leo Jud)가 목사로 부임했고 1523년부터 42년까지 목회했다. 그는 1523년 9월 이 교회에서 '우상숭배'를 강력히 비판하는 설교를 행한 후 취리히에서 처음 성화와 성상을 철거했다. 아마 그의 행동은 1522년 비텐베르크에서 칼슈타트(Karlstadt)가 주도한 미사 폐지, 이종성찬(이종배찬)의 시행, 성상 및 성화 철거에 영향을 받은 것일

정중앙 벽에 설교단이 있는 페터교회

수 있다. 그런데 그의 행동으로 인해 제2차 취리히 논쟁이 벌어졌고 결국 취리히 시는 성상과 성화를 철거토록 결정했다. 이 때문에 페터교회는 '성상과 성화'를 거부하는 개혁주의 전통이 형성되는 출발 장소라고 볼 수 있다. 또 레오 유트는 츠빙글리가 죽은 후에 취리히 교회에 부임한 젊은 블링거와 협력하여 취리히 시의 종교개혁이 안정적으로 전개되도록 도왔다.

그곳 의자에 앉아 츠빙글리로부터 시작된 취리히 종교개혁 역사를 떠올린다. 츠빙글리는 루터보다 2개월 늦은 1484년 1월 태어났고 바젤(Basel)에서 공부했으며, 22세에 사제로서 사역을 시작했다. 글라루스(Glarus)에서 사역하던 그는 종군사제로 두 차례 전쟁에 참전했으며 설교자로서 아인지델른(Einsiedeln)에서 활동했다. 설교자로 활동할 때 그는 면죄부의 해악성과 교황청의 부패를 고발하는 설교를 한 적 있다. 그래서 어떤 사람은 이때부터 그가 종교개혁을 말한 것이라 평가한다. 하지만 전반적인 상황을 볼 때 당시 그의 설교는 성도들에게 바른 신앙을 권면하고 교회의 갱신을 강조한 것으로 보아야 할 듯하다.

본격적으로 츠빙글리가 종교개혁을 설교한 것은 1519년 취리히 대성당(그로스뮌스터교회)의 설교자가 되면서 부터다. 그는 부임 직후 마태복음을 시작으로 강해설교를 하기 시작했다. 그가 공부한 바젤은 스위스의 첫 대학이 설립된 곳으로 인문주의 영향이 강한 도시였고, 1516년 에라스무스의 헬라어 성서(라틴어 대조)가 출간된 곳이다. 이러한 흐름 속에서 공부한 츠빙글리는 '성서를 유일한 이해의 기준'으로 받아들였고 성서(말씀)를 강조한 인문주의적 설교를 하게 된다.

츠빙글리의 종교개혁 설교는 성서와 함께 페스트에서 치유된 신앙 체험이 크게 작용했다. 그가 부임한 해에 취리히에 페스트가 발생했고 츠빙글리 또한 전염병에 걸렸다가 살아 돌아왔다. 이때 그는 인간의 연약성과 하나님의 은혜를 체험적으로 알게 된다. 이로써 그는 사람 눈치를 보지 않고 오직 하나님 편에서 말씀을 힘 있게 선포하는 일에 집중하였다. 한마디로 두려움이 없어진 것이다. 이 시기(1521년) 그는 글라루스 사제 시절부터 받은 성직자 지원금을 거절하는데, 아마도 이 결단에는 '중세 교회의 개혁'을 원한 마음이 담겼을 것이다.

츠빙글리가 취리히 종교개혁에 나선 과정에는 두 사건이 자리한다. 첫 번째는 용병제도 관련 사건이다. 1521년 신성로마제국 황제인 칼 5세와 싸우던 프랑스 프랑수와 1세는 취리히에 파병(용병)을 요청했고 시의회는 다른 스위스 자치주와 달리 이를 거부한다. 시의회는 취리히가 신성로마제국 황제의 영향력이 상대적으로 강하게 받는 독일어권 도시이기 때문에 파병을 거부한 것이다. 특히 츠빙글리는 프랑스와 동맹관계인 교황의 요청을 '교황청의 권력남용을 비판하는 설교'와 함께 거부하며 용병반대 운동을 이끌었다. 그의 이런 태도는 종군 사제일 때 스위스 젊은이들이 용병으로 동원되어 죽음을 맞는 것을 본 경험 때문이다.

두 번째는 1522년 츠빙글리를 따르던 교회 지도자들이 사순절 금식기간 소시지를 먹은 사건이다. 중세 유럽에선 사순절 기간에 고기를 먹을 수 없도록 했다. 하지만 시민들을 옥죄는 이런 율법에 대해 비판적이던 인물들은 의식적으로 사순절에 고기로 된 소시지를 먹는다. 이를 알게 된 가톨릭교회의 콘스탄츠 교구는 이들의 징계를 시의회에 요구했고 벌금형을 관철시켰다. 츠빙글리는 이들을 변호하며 금식과 관련한 교회법을 비판한다. 그는 '아폴로게티쿠스 아르케텔레스'(Apologeticus Archeteles-Von Klarheit und Gewissheit des Wortes Gottes, 처음과 끝, 하나님 말씀의 명확성과 확실성)라는 저서를 통해 '오직 유일한 권위인 성서의 권위만 인정하겠다'고 대외적으로 선포한다.

이어 그는 '공개적으로 토론할 것'을 시의회에 요청했고 1523년 1월 1차 신학토론이 시작됐다. 이 논쟁에서 츠빙글리는 콘스탄츠의 주교가 파송한 파베르 박사와 사제들에 맞서 '67개 논제(The 67 Articles)'를 발표하고 중세교회 비판과 함께 취리히 교회개혁을 촉구하였다. 종교개혁에 대한 분명한 입장을 제시하며 종교개혁의 바다에 뛰어든 것이다. 1차 토론 결과 시의회는 츠빙글리의 67개 조항에 나온 개혁안을 받아들였고 1523년부터 취리히 지역에 종교개혁을 도입한다. 시의회는 주(Canton, 칸톤) 안에 거주하는 사제들에게 츠빙글리의 가르침을 따르도록 하였으며, 반드시 성서에 근거해 설교하도록 명령했다.

그런데 비텐베르크와 마찬가지로 급진적인 흐름이 취리히 종교개혁에도 존재했다. 츠빙글리는 시의회를 통한 질서 있는 개혁을 강조했지만 개혁세력 일부는 1523년 9월 교회 내에 있는 성상과 성화를 파괴했다. 결국 시의회는 1523년 10월 제2차 토론을 통해 관련 문제에 대한 입장정리를 모색한다. 이 토론에서 '우선 신자들 마음에 팽배해 있는 우상숭배 사상을 타파'키로 한 다음에 '유물 제거 날짜는 시의회에 위임해 처리토록' 결정하였다. 시의회는 일정한 유예 기간을 거쳐 1524년 6월 그로스뮌스터를 비롯해 취리히 지역 교회의 성상과 성화, 성유물을 철거했다. 이러한 취리히의 성상철거는 인근 도시에도 영향을 미쳤고 콘스탄츠, 바젤, 스트라스부르를 비롯해 멀리는 울름과 뮌스터로까지 확대되었다. 그런 개혁교회의 성상과 성화 철거 운동이 이곳 페터교회에서 시작된 것이다.

2. 펠릭스와 레굴라의 순교지, 바서교회(Wasserkirche)

바서교회 옛 모습 상상도

페터교회를 나서 강가에 있는 바서교회(Wasserkirche)로 향했다. '바서(Wasser, 물)'라는 이름은 교회가 물 위에 지어졌기 때문인데, 역사에 따르면 교회는 10세기경 리마트 강가에 세워졌다고 한다. 취리히 그리스도교 역사를 품은 이 교회는 취리히의 수호성인인 펠릭스(Felix)와 레굴라(Regula)의 순교 터 위에 세워졌다. 펠릭스와 레굴라는 남매로 주후 3세기 경 로마 티베리우스 군단에 속한 인물이다. 그들은 로마의 디오클레티아누스 황제에 의한 기독교 박해 때 이곳 취리히로 피신했다가 추격해 온 군인들에게 체포되어 강가에서 목이 잘렸다고 한다.

바서교회에는 프랑크 왕국의 황제 칼 대제(샤를마뉴, 742-814)의 이야기가 함께 전해진다. 당시 아헨을 주거지로 하던 황제는 사냥을 왔다가 취리히까지 오게 되었는데 그의 말이 이곳에서 갑자기 무릎을 꿇었다고 한다. 그 이유가 궁금해진 황제는 주변 사람들에게 물어 순교 이야기를 전해 들었고, 그 이야기에 감동해 그들의 머리 유골이 묻힌 언덕 위에 그로스뮌스터 교회를 세우도록 했다는 것이다. 황제가 취리히를 방문했을 때 순교터에 교회가 있었는지는 불분명하다. 교회 유적을 연구한 학자들이 10세기경 첫 교회가 세워졌다고 하기 때문이다. 그러나 당시 도시민들이 순교자의 이야기를 알고 있었기 때문에 중세 순례자들이 방문하는 이곳에 추모교회가 있었을 것으로 추정된

바서교회 출입문 부분

다. 그렇다면 바서교회는 황제의 방문 이후에 순교자를 기념하는 그로스뮌스터와 함께 새롭게 건축되었을 가능성이 높다.

하지만 두 순교자는 종교개혁 시기를 거치면서 잊히기를 강요받았다. 성상과 성화를 철거키로 한 시의회 결정에 따라 그로스뮌스터 교회의 성물보관실에 있었던 두 순교자 유물은 교회 밖으로 옮겨졌고 파괴되었다. 벽에 그려진 성화들은 지워졌고 교회 내부를 장식하던 그림들은 마당으로 옮겨져 불태워졌다. 바서교회도 마찬가지다. 그렇게 선진의 신앙을 기억하고 배울 수 있는 물건, 중세시대 신자들에게 기적과 치유를 가능케 하는 것으로 숭배받은 신앙 유물은 역사에서 치워졌고 사라졌다.

바서교회는 작은 문화공간으로도 쓰인다.

교회 내부에 들어섰다. 밝은 교회 내부는 현대식의 심플한 강단과 의자를 갖춘 모습으로 탈바꿈되어 옛 흔적을 느낄 수 없었다. 십자가 대신 정면 창문에는 예수 그리스도의 삶을 형상화한 스테인드글라스가 보였다. 교회 내부 전시물을 통해 시대변화에 발맞춰 1632년 바서교회가 시민을 위한 공공도서관으로 탈바꿈됐었다는 사실을 알 수 있었다. 아마도 종교개혁이 진행된 후 시 소유 건물이 된 바서교회는 그로스뮌스터 교회와 가깝다는 점에서 시민을 위한 도서관으로 바뀐 것 같다. 하지만 새로운 도서관이 세워진 1940년부터 바서교회는 다시 교회 건물로, 작은 공연 시설로 사용되고 있었다.

지하 유적 공간

교회에서 가장 인상 깊었던 곳은 지하공간이었다. 교회의 지하실은 옛 교회의 흔적을 발굴한 고고학적 장소로, 십자가를 진 말 장식과 과거 무덤의 흔적들이 전시되어 있었다. 어두운 조명과 함께 소개된 한 무덤은 11~12세기 한 가족이 묻혔던 곳이었다. 주후 4세기에 순교자 펠릭스와 레굴라가 죽은 그곳에 교회가 세워졌고, 그 터 위에 후대의 한 신앙 가족이 묻혔던 것이다. 순교 신앙은 역사 속에 이어져 또 다른 신앙 가족을 만들고, 다시 15세기 종교개혁 신앙으로, 그리고 20세기 새로운 공동체로 발전했음을 알 수 있었다.

교회 의자에 앉아 츠빙글리 종교개혁의 토대가 된 67개 신조의 내용을 읽어본다. 츠빙글리는 이 논제에서 가톨릭교회의 부정부패 원인이 '성서'보다 '인간의 전통'을 강조한데 있다고 지적하고, '성서의 최종적 권위'에 서서 개혁 방향을 제시했다. 앞부분 15개 항이 복음의 본질, 중보자 그리스도, 교회의 의미에 대하여 설명하는 신학적 부분이라면, 뒷 조항은 교황, 미사, 면죄부 등 가톨릭교회의 관행과 제도를 비판하는 내용이다. 특히 츠빙글리는 로마 가톨릭교회의 교황을 '거짓 사도'(55조), '시몬과 발람의 동료이며, 사탄의 화신'이라고 강하게 몰아붙인다(56조). 또 고해성사를 '죄를 용서받는 수단이 아니라 단지 도움을 구하는 것'(52조)이라고 지적하며 '면죄부는 하나님을 대적하는 사탄이 고안해 낸 사악한 제도'(55조)라고 목소리 높인다. 츠빙글리의 67개 신조는 루터의 95개 반박문에 버금가는 것으로 이후 취리히 종교개혁의 근거가 되었다.

그는 또 사제의 결혼 금지에 대해 '하나님이 허락하셨거나 금하지 않은 모든 것은 선하다'는 입장에서 '모든 인간에게 허락된 결혼을 사제에게 금하는 것은 그릇된 것'(29조)이라고 비판했다. 그런 자신의 입장을 실천이라도 하려는 듯 이듬해(1524) 츠빙글리는 안나 라인하르트(Anna Reinhart)라는 과부와 비밀리에 결혼하였고, 콘스탄츠 주교에게 결혼의 권리를 요구하는 데까지 나아간다. 또 주교의 거절에도 가톨릭교회를 향해 보란 듯 1526년 정식 결혼식을 갖는다. 이런 그의 모습은 67개 신조가 단순히 책상 위나 도서관 서가에 보관되는 문서가 아니라 실천의 근거이며 행동 지침이었음을 보여준다.

3. 성서와 칼을 함께 든 츠빙글리 기념상(Denkmal)

바서교회 뒤편에 세워진 츠빙글리의 동상을 찾았다. 3m 높이의 동상은 1885년 하인리히 나터(Heinrich Natter)가 만들었는데 모자를 쓴 채 고개를 들어 리마트 강 쪽을 바라보는 형태다. 목사면서 종교개혁자인 그의 왼손에 성서가 들린 것은 일반적이지만 오른손에 큰 칼을 들고 있는 점은 이채롭다. 아마도 작가는 종교개혁 도시 취리히를 수호하는 그의 모습을 생각한 것으로 보인다. 그런데 동상을 세울 때 검 때문에 논란이 있었다고 한다. 츠빙글리가 용병제도를 반대하고 평화를 강조했다는 점에서 칼이 맞지 않다는 것이다. 개인적으로도 그런 지적에 공감한다. 하지만 당시 사람들은 그가 카펠 전투에 참여하여 개신교를 수호하는 일에 앞장섰다는 점(직접 전투 상황에 참여하여 칼이나 총을 사용했는지 여부는 불분명하지만)에서, 그리고 칼은 높이 들려지지 않고 아래를 향하고 있다는 점은 그의 기념상이 오랫동안 이곳에 세워진 이유일 것이다.

동상 아래에 설치된 안내문에 그의 삶이 간략히 정리되어 있었다. "Huldrych Zwingli 1484-1531. Zürcher Reformator, Humanist, Bibelübersetzer, Vorsteher der Zürcherkirche. Geboren am 1. Januar 1484 in Wildhaus. Pfarrer in Glarus und Einsiedeln. Ab 1519 Leutpriester am Grossmünster. 1524

성서와 칼은 부조화라고 할 수 있다.
츠빙글리 기념상

Eheschliessung mit Anna Reinhard. Gefallen am 11. Oktober 1531 in Zweiten Kappelerkrieg (울리히 츠빙글리 1484-1531. 취리히 종교개혁자, 인문주의자, 성서번역자, 취리히교회의 지도자. 1484년 1월 1일 빌트하우스에서 태어났고 글라루스와 아인지델른의 목사였다. 1519년부터 그로스뮌스터의 설교목사였고, 1524년 안나 라인하르트와 결혼했으며, 1531년 8월 11일 2차 카펠 전쟁에서 사망했다.)"

중세시대 취리히는 교역과 상업이 번창했고 스위스의 중심도시로서 역할했다. 이곳 그로스뮌스터에 부임한 츠빙글리는 루터와는 결이 다른 인문주의적 종교개혁을 시작했다. 루터가 작센 선제후라는 힘 있는 군주의 도움 속에 종교개혁을 했다면 츠빙글리는 자유도시 취리히에서 시의회와 함께 종교개혁을 펼쳤다. 처음에는 논제를 발표하여 논쟁을 통해 시의회를 설득, 견인했고 어떤 때는 시민의 일원으로 직접 총을 들고 전투에 나서 시를 지키는 일도 해야 했다. 그만큼 그는 힘든 상황과 조건에서 활동했다.

그의 활동으로 인해 취리히는 종교개혁을 시작했고, 성상과 성화를 철거했으며, 1525년에 수도원을 폐쇄했다. 종교개혁이 시작되면서 츠빙글리는 '참 종교와 거짓 종교에 관한 주석'(Kommentar über die wahre und falsche Religion, 1525)을 시작으로 개혁교회의 예배 모형을 만들면서 가톨릭교회의 근본적 개혁에 착수했다. 미사를 폐지하고 간소한 예배형식을 도입했으며 성찬식을 1년에 4회 거행토록 한다. 또한 종교개혁 인물 양성을 위해 신학재교육을 위한 학교로서 '선지학교(Prophezei)'를 시작했다. 그가 주도한 취리히 개혁은 이후 베른과 세인트 갈렌(1528), 바젤(1529), 샤펜하우젠, 비엘, 뮐하우젠 등으로 확대된다.

하지만 츠빙글리 등의 움직임을 우려한 가톨릭주의자들은 1524년 동맹을 결성하고 종교개혁에 맞섰다. 이 때 츠빙글리는 '연방들에게 보내는 신실하고 진지한 권면(Eine freundschaftliche und ernste Ermahnung der Eidgenossen)'을 통해 '스위스 사람들이 서로 싸우지 말 것'을 권면했다. 대립이 확대되던 상황 가운데서 츠빙글리는 다른 도시의 종교개혁을 지원했다. 대표적인 활동이 1528년 1월 베른 논쟁에 참여한 것이다. 베른 시가 종교개혁 수용여부를 놓고 마련한 논의에는 베른의 종교개혁자들 외에도 츠빙글리, 외콜람파디우스, 카피도, 부처 등 스위스와 인근 지역 종교개혁자들이 대거 참여했다. 회의 결과 10개조로 된 개혁파의 신앙고백문(베른 신조)이 채택되었고, 시의회는 칙령을 통해 베른 지역에 종교개혁을 확대한다. 츠빙글리의 지도력을 중심으로 한 취리히 시의 종교개혁이 바젤의 외콜람파디우스와 스트라스부르의 마르틴 부처 등의 지원으로 다른 스위스 도시에 확대된 것이다.

그의 동상을 둘러본 후 그가 눈을 들어 응시하는 저 하늘에 무엇이 있을까를 생각해 본다. 그는 성서를 들고 취리히 종교개혁을 위해 온 힘을 다했다. 가톨릭교회의 잘못된 가르침과 부패를 강도 높게 비판했고, 취리히의 개혁을 위해 설교와 저술, 토론으로 시의회와 시민들을 설득했다. 더욱이 종교개혁을 무력화하려는 가톨릭 진영의 공격에 맞서 칼을 허리에 찬 채로 전투에 참여했다. 그는 평화를 위해 '전쟁을 반대'하는 목사였고 시민들을 말씀으로 이끄는 지도자였지만 시의 방어를 위한 군사로 전쟁에 나선 것이다. 물론 그가 참여한 카펠 전투는 방어적 성격이다. 그러나 츠빙글리는 취리히의 한 명의 시민이었고, 신앙인들을 돌보는 종군 목사로서 전투에 참전해 병사와 함께 있었고, 그들을 위해 기도했으며, 나아가 공격에 맞서 싸웠다.

상대방에 대한 다양한 형태의 폭력을 거부하고 전쟁을 반대하는 신앙인의 기본 입장을 가지고 있지만 적극적으로 평화를 실현하기 위해 악, 폭력에 맞서 싸워야 하는 또 하나의 모습을 츠빙글리는 보여준다. 성서와 칼, 그래서 부조화이긴 하지만 츠빙글리의 삶과 죽음의 이야기를 통해 조화를 이룬 모습으로 다가온다. 동상의 츠빙글리는 우리에게 "그런 선택의 상황이 닥쳤을 때 과연 어떻게 행동할 것인지" 묻는 것 같다.

이런 츠빙글리의 고민이 이어지고 이어진 것일까? 스위스는 19세기 초 유럽 주요 국가들에 의해 영세중립국으로 인정받았고, 지금까지 그 전통을 지켜오고 있다. 일찍부터 스위스는 도시와 주를 중심으로 한 느슨한 연방체였고 국가적 구속력은 약했다. 종교개혁시기 스위스는 개혁파연맹과 가톨릭연맹으로 나뉘어 오랜 기간 갈등을 벌였고 수차례 전쟁을 벌였다. 또한 이 땅을 차지하려는 프랑스와 신성로마제국, 스페인 등과 셀 수 없는 전쟁을 벌였을 뿐 아니라 젊은 청년들은 용병으로 이들 국가에 동원되어 희생되었다. 그런 역사로 인해 스위스는 누구도 지지할 수 없는, 또 누구도 지지해서는 안 되는 중립국가로 유럽 사회에 자리매김하도록 만든 것이다. 강대국의 틈바구니에 끼인 스위스 역사에서 오는 비애가 열강의 파워대결로 남북으로 나뉘고 아직까지 강대국의 대결지역이 된 땅의 국민 입장으로서 더 크게 느껴진다.

4. 취리히 종교개혁의 중심지, 그로스뮌스터(Grossmünster)

취리히 종교개혁의 중심지 그로스뮌스터

츠빙글리가 1519년부터 부임해 죽기까지 설교한 그로스뮌스터 교회로 향했다. 교회는 1100년부터 1250년 사이에 건축됐으며 현재 스위스에서 가장 크고 웅장한 로마네스크 양식이라고 한다. 크로스뮌스터에서 맨 처음 눈에 들어온 것은 쌍둥이 탑 한 쪽에 위치한 황제의 입상(칼 대제, '샤를마뉴'로도 불린다)이다. 이 상은 교회 내에 보관 중인 1450년경 작품을 복제한 것으로 교회가 칼 대제에 의해 시작되었음을 알려주고 있다. 그 아래 쪽 1950년대 오토 뮌히(Otto Münch)라는 조각가에 의해 만들어진 남쪽 청동문에 눈길을 두었다. '츠빙글리 문'으로도 불리는 청동 문은 츠빙글리의 삶을 중심으로 스위스 종교개혁의 역사가 담겨 있다.

그의 생애를 떠올리며 청동문 그림들을 꼼꼼히 살폈다. 24개 부조에는 츠빙글리가 14세 때 베른의 도미니칸 수도원에서 악기를 연주하는 모습에서 시작해 그로스뮌스터에서 말씀을 전하는 장면, 그리고 카펠 전투에서 죽는 장면 등이 새겨져 있었다. 또 그의 후계자 블링거의 사역과 취리히 시의 문장, 스위스 종교개혁 초기 인물들도 담겨 있었다. 한 장소에서 한 종교개혁자의 생애와 함께 단편적이나마 스위스 종교개혁 역사 전체를 조망할 수 있는 것은 기쁨이다. 츠빙글리의 생애를 살피다 문 위편의 글귀에 눈길이 갔다. 알파와 오메가와 함께 기록된 문구는 옛 글씨체라 읽기 위해 시간이 필요했는데 "Kommt zu mir alle, die arbeiteten und beladen sind, ich will euch Ruhe geben"(마태복음 11:28, 수고하고 무거운 짐 진 자들아 모두 나에게 오라. 내가 너희에게 쉼을 주리라)는 내용이었다. 예배당에 잘 새기는 문구 중 하나이지만 그 말씀이 '알파와 오메가', 즉 예수 그리스도, 그리고 츠빙글리의 생애와 어울려 여러 생각을 하게 한다. 마치 "이 문으로 나아오는 자는 알파와 오메가인 예수 그리스도를 향한다는 사실을 기억하는 동시에 츠빙글리의 종교개혁 정신을 생각하라"고 말하는 것 같다.

츠빙글리의 삶과 도시 종교개혁 역사가 담긴 청동문

닫힌 남문을 지나 정문 쪽으로 이동, 교회 벽에 있는 하인리히 불링거(Hienrich Bullinger)의 입상을 만났다. 젊은 블링거는 츠빙글리가 전투에서 사망한 뒤 그로스뮌스터에 부임했고, 차분하게 그의 종교개혁을 계승해 낸 인물이다. 특히 그는 칼뱅과 협력해 '제네바 일치 신조'를 만들었고, 1536년에 이어 1566년 두 번째 '스위스 신앙고백'을 작성, 스위스 교회의 신앙적 기초를 튼튼히 한 인물이다. '청출어람(靑出於藍)'인 블링거가 있었기에 취리히의 종교개혁은 더욱 굳건해 졌고, 츠빙글리 종교개혁은 빛을 발할 수 있었다.

블링거의 입상에는 다음과 같은 문구가 새겨져 있었다. "Oberster Pfarrer am Grossmünster nach Zwinglis Tod. Der zürcherischen Kirche wieser Leiter. Berater aller reformierten Kirchen. Urheber der Zweiten helvetischen Bekenntnisses.

하인리히 불링거 입상

Vaterlicher Beschützer und Troster der bedrängtenen Glaubengenossen."(츠빙글리 죽음 후 그로스뮌스터 담임목사. 스위스 교회의 현명한 지도자. 모든 종교개혁 교회들의 조언자. 두 번째 스위스 신앙고백의 작성자. 핍박받은 신앙형제를 위한 아버지 같은 보호자, 위로자) 그렇다. 그는 갑자기 사망한 츠빙글리를 이어 2대 담임목사로 부임했고 현명하게 종교개혁을 이끌었으며 다른 도시의 종교개혁을 조언하면서 스위스 개혁교회를 든든한 반석 위에 세웠다. 취리히의 종교개혁은 츠빙글리에 의해 시작되고 기초가 놓였다면 블링거로 인해 공고하게 만들어져 오늘에 이른 것이다.

정면의 청동문에도 성서의 말씀과 창조로부터 예수님 생애 까지의 내용이 담겨 있었다. 그 내용에서 가장 관심이 간 것은 맨 밑 여인들의 모습이다. '다말'은 빠졌지만 라합, 룻, 밧세바, 마리아 등 4명은 마태복음에 있는 예수님의 족보 속 여인들이다. 왜 이들이 청동문 맨 아래쪽에 새겨진 것일까? 이유는 알 수 없었지만 위편에 새겨진 말씀과 창조로부터 이어지는 예수의 삶의 이야기를 든든히 떠받치고 있다는 느낌을 받는다. '어머니 교회'는 오늘날까지 '어머니', 즉 '여인'들에 의해 든든히 떠받쳐져 온 것을 상징하는 것 같다.

청동문 위쪽에는 츠빙글리가 말한 내용이 기록된 것으로 보이는데 어떤 상황에서 이루어진 말인지 알 수는 없다. 다만 그의 삶에 비춰볼 때 개혁자로서 진리를 말하기를 주저하지 않았던 그의 삶을 담은 말씀으로 읽혀진다. "하나님의 말씀이 너희에게 진실되게 설교되도록 힘쓰라. 그것으로 너희는 아버지의 나라를 지니게 되며 동시에 사탄을 물리치게 된다. 왜냐하면 하나님을 경외하는 곳에서 하나님의 도우심이 있다."(Verschaffen, dass das gottlich Wort trülich bei euch gepredget werde, damit werden ihr über Vaterland behalten und obs gleich dem teufel leid war. Denn Wo Gottesfurcht ist. Da ist die Hilfe Gottes)."

성서이야기가 담긴 그로스뮌스터교회 정문

정문에 들어서다 발걸음을 멈춰야 했다. '사진을 찍을 수 없다'는 문구가 있었기 때문이다. 방문 전 인터넷을 통해 교회 내부를 찍은 사진을 많이 본 터라 사진을 찍을 수 있다고 생각했는데 '플래쉬 금지'가 아닌 '사진 촬영 금지'였다. 츠빙글리가 시작한 선지 모임이 진행된 강단 위도 올라갈 수 없었다. 실망감에 한참 회중석에 앉아 있었다. 어떻게 할 것인가? '도둑 사진'을 찍을까 생각하다 카메라를 가방에 넣고 조용히 교회를 둘러보는 것으로 결정했다.

의자에 앉아 올려다본 교회 내부는 설교단과 강단 앞 스테인드글라스를 제외하곤 검소했다. 독일 옛 교회에서 볼 수 있는 성화나 성상, 교회 장식도 없었다. 시의회 차원에서 성화와 성상을 철거하기로 결정하고 이를 집행한 취리히와 스위스의 신앙적 선택을 눈으로 확인할 수 있었다. 물론 강단은 매우 높아, 가톨릭 예배당으로 사용되던 강단을 그대로 유지한 것 같았다. 아마도 지하에는 옛날 주교의 무덤이 있었던 곳에 작은 예배실이 있는 것 같다.

강단 앞쪽 세례반 위에 놓인 성서와 설교단에 눈길이 갔다. 츠빙글리의 개혁에는 인문주의적 입장이 반영됐는데 말씀에 근거한 강해설교와 성서중심 교육이 그것이다. 그로스뮌스터에 부임한 츠빙글리는 부임 직후 마태복음을 시작으로 사도행전, 서신서 등을 강해했고 1526년부터는 구약성서를 강해했다. 그의 강해설교는 성서의 말씀을 가장 중요하게 여겼던 그의 태도를 분명히 보여준다. 말씀을 중요시 했기에 그는 모든 사람이 쉽게 말씀을 이해하도록 성서 번역에 나섰고 1531년 취리히의 목회자들과 함께 신구약성서를 출간했다. 세례반 위에 놓인 성서는 그 작업을 거쳐 출간된 취리히 성서였다. 그가 독일어로 출간한 신구약성서는 루터를 중심으로 이뤄진 비텐베르크의 신구약성서 보다 3년 빠른 것이다. 이곳에서도 종교개혁은 항상 말씀의 자국어 번역이라는 역사와 함께 하고 있음을 다시 확인하게 된다.

그런데 '성서'가 강단 정 중앙 세례반 위에 놓인 것은 이채롭다. 말씀과 세례는 나뉠 수 없는 것이라는 의미로도 생각된다. 유래를 알긴 어렵지만 츠빙글리의 전통을 이은 스위스 교회는 말씀을 중요시했고, 신자들이 말씀을 중심으로 살도록 권면하기 위해 예배당 중앙에 성서를 놓은 것 같다. 개인적 상상이지만 강단 앞에 십자가와 말씀을 펴놓는 개혁교회 전통은 혹 츠빙글리 때부터는 아닐까? 설교단 또한 츠빙글리의 상징과 같은 장소다. 1526년 그는 기존의 중세교회 제단을 없애고 성화를 철거한 후 당시 제단의 기초석을 가져와 설교단을 세웠다고 한다. 설교단 설치 후 츠빙글리는 도시의 수호성인 펠릭스와 레굴라를 기리는 9월 11일 축제 때 첫 설교를 이곳에서 행했다. 그의 설교와 설교단은 옛 신앙과 새 신앙을 대비하는 상징으로서, 교회의 가르침에 기초한 중세교회의 성인과 성물 신앙에서 '말씀 중심'의 신앙으로 새 출발한 취리히 교회를 의미한다.

종교개혁 시기 그의 강해설교와 성서번역은 취리히 선지학교의 공동 창작물에 토대한 것으로 보아도 무방하다. 츠빙글리는 1520년 여름부터 몇몇 동역자들과 함께 설교를 위한 성서주석을 교회에서 시작했고, 이 모임은 1523년 가르치고 배우는 하나의 학교 형태를 갖추게 된다. 이 모임이 기초가 되어 1525년 6월 교회 강단(Chor)에서 선지학교(Prophezei)가 설립되었고 목회자 재교육과 함께 종교개혁 지도자를 양성하게 된다. 선지학교의 이름은 고린도전서 14장 29~30절을 근거로 한 것으로, 취리히 성직자, 라틴어학교 상급반 학생, 유학 온 학자 등이 참여했다. 이들은 월요일부터 목요일까지 성서 고전과 성경 주석 등을 내용으로 공부했다. 나중에 이 모임이 취리히 신학교가 됐고, 1833년 개교한 취리히 대학교의 모체가 되었다.

5. 츠빙글리와 블링거의 사택, 취리히 신학대학

그로스뮌스터교회 목회자 사택 건물

교회를 나서 건물 옆 블링거가 살았던 그로스뮌스터교회의 목회자 사택을 찾았다. 종교개혁 이전부터 그로스뮌스터교회 옆에는 목회자를 위한 사택이 있었고, 1536년부터 블링거를 시작으로 많은 목회자들이 이곳에서 살게 됐다. 벽에 부착된 기념판에는 "Das Pfarrhaus zum Grossmünster vor der Reformation. Amtswohnung des Custos der Probstel, seit 1536 des Antistes der zürcherischen Kirche Heinrich Bullinger und seiner Nachfolger bis 1833."(종교개혁 이전 그로스뮌스터교회 목회자의 집. 쿠스토스 프로브스텔의 사택, 1536년 이래로 취리히 교회의 목사 하인리히 블링거와 1833년까지 그의 후계자들의 사택)이라고 적혀 있었다. 무슨 이유인지는 모르지만 츠빙글리는 이곳에 살지는 않은 것 같다. 사택의 창문을 살피다가 건물 출입문 쪽으로 다가갔다. 문패에는 이름이 적혀 있었고 누군가 살고 있음을 알 수 있었다. 아마도 츠빙글리와 블링거의 정신을 잇는 목회자가 살고 있는 것은 아닐까?

자료를 통해 목회자 사택 근처에 츠빙글리가 살았던 집을 찾을 수 있었다. '슐의 집(Haus zur Sul)'이라는 이름으로 된 이 집은 츠빙글리가 1522년부터 1525년까지, 그 후에는 선지학교에서 일했던 사역자들이 살았다는 문구가 적혀 있었다. 'Amtswohnung von Ulrich Zwingli 1522–1525 seiner Mitarbeiter Jakob Cedorinus 1526, Conrad Pelicanus 1526–1556 und der Leher am Grosmünsterstift Petrus Marty Vernilius 1556–1562 und Josias Simmler 1563–1576'(1522–1525년 츠빙글리. 1526년 그의 동료인 야콥 세도리누스. 1526–1556년 콘라트 펠리카누스와 1556–1562년 그로스뮌스터의 교사인 페트루스 마르티 베르닐리우스. 1563–1576년 요시아스 짐믈러의 사택) 아마도 교회에 부임했던 초기에 독신이던 츠빙글리는 이 건물에서 살았고, 1526년 안나와 공식 결혼한 후 함께 살기 위해 집을 얻게 됐을 것이다. 그래서 그를 뒤이어 일한 동역자와 선지학교 강사들이 이곳에 거주한 것 같다.

그 건물 인근에는 또 다른 츠빙글리의 집이 있다. "헬퍼라이"(Helferei)라 불리는 이 집은 츠빙글리가 1526년부터 죽기 전까지 가족과 함께 살았던 장소다. 집 앞에는 "Zwinglis Amtswohnung. Am 11. Oct. 1531 mit dem Heere der Züricher nach Kappel aus, wo er für seinen Glauben

츠빙글리가 죽기까지 가족과 살던 집

starb."(츠빙글리의 사택. 1531년 10월 11일 취리히 군대와 함께 그의 신앙을 위하여 죽은 카펠을 향하여 나아갔다.)라는 글귀가 쓰여 있었다. 그렇다. 이곳은 그의 행복한 결혼생활이 이뤄진 공간이면서 동시에 그가 개혁도시 취리히를 지키기 위해 가톨릭의 군대에 맞서 싸우기 위해 나선 출전의 장소이기도 했다.

이곳에서 행복한 가족을 꾸리며 목회하던 츠빙글리는 가톨릭주의자들이 군대를 이끌고 취리히를 향해 온다는 소식을 들었다. 급하게 시민군이 소집되었고, 츠빙글리는 그들의 지도자 중 한 명으로 집을 나선다. 도시 중심교회의 담임목사가, 그것도 선발대로 군대와 함께 나간다는 것은 쉽지 않은 일이지만 당시는 매우 급박한 상황이었다. 기록은 전투에서 25명의 목회자들을 비롯해 수많은 시민들이 사망했음을 알려준다. 이 사실은 츠빙글리와 도시의 목사들이 목숨을 내걸고 도시를 위해, 종교개혁을 위해 헌신했다는 사실을 알게 한다.

츠빙글리는 40세인 1524년 4월 2일 안나라는 여인과 결혼서약을 했고 나중에 그로스뮌스터에서 공개적으로 결혼했다. 사제로 젊은 시절을 보낸 그의 뒤늦은 결혼은 연애나 사랑 때문이라기 보다는 사제의 독신서약에 대해 비판적인 그가 '잘못된 관행을 혁파'하려는 행동으로 행한 것이다. 그러나 사람들은 결혼한 여인이 죽은 남편으로부터 일정한 재산을 상속받은 과부였기에 츠빙글리를 비아냥댔다. '경제적 이익을 위해' 결혼했다는 것이다. 어떤 이유든 이곳에서 짧지만 행복했을 그의 결혼 생활과 그로스뮌스터에서의 설교 사역, 취리히 종교개혁 활동이 어떻게 어우러졌을지 궁금해진다.

그의 결혼 생활은 매우 행복했던 것 같다. 츠빙글리가 자녀를 위해 '어떻게 기품있는 소년을 교육시켜야 하는가'라는 책도 저술했고, 짧은 결혼 생활 기간 2명의 자녀가 새로 태어났기 때문이다. 하지만 카펠 전투로 인해 행복한 츠빙글리의 가정은 깨어졌다. 전투에서 양아들(전 남편 아들) 게롤드 마이

그로스뮌스터교회 뒤편, 오른편이 신학교 건물

어가 전사했고 딸 마르가레타의 남편 역시 죽음을 맞았다. 새로 태어난 막내 딸은 요람에서 죽었고, 츠빙글리의 큰 아들 빌헬름 또한 15세에 흑사병으로, 부인도 츠빙글리가 죽은 7년 후 사망했다. 행복했던 가정은 그렇게 파괴된 것이다.

교회 뒤편 옛 수도원 건물에는 취리히 신학대학 기관 사무실이 있었다. 이곳에는 츠빙글리와 블링거의 책도 보관되고 있다고 하는데 방문 당시 문이 잠겨 있었다. 이곳에서도 수업이 진행되는지 알 수는 없지만 가끔 학생이나 연구원들이 출입하고 창밖으로 보이는 강의실과 책들이 쌓인 책장은 세미나가 이곳에서 자주 열린다는 사실을 짐작케 한다. 츠빙글리가 시작한 취리히의 종교개혁은 이곳을 자양분 삼아 계속 이어지고 있는 것 같다.

6. 프라우뮌스터(Fraumünster) 교회

그로스뮌스터에서 리마트 강 건너편에 있는 교회가 프라우뮌스터(Fraumünster)이다. 이 교회는 853년 황제에 의해 세워진 수녀원의 부속 예배당으로 건축됐다. 교회의 모체가 된 수녀원은 9세기부터 13세기까지 독일 남부 귀족 여성을 위한 수녀원으로 운영되었다. 하지만 종교개혁 초기인 1524년 수녀원장이 시의회에 수녀원과 예배당 건물을 넘기고 문을 닫았다고 한다. 그녀가 시의회의 종교개혁 결정에 따라 수도원을 떠나 다른 곳으로 간 것인지, 아니면 종교개혁에 동참한 것인지는 정확히 알 수 없다.

프라우뮌스터 교회 내부 또한 그로스뮌스터처럼 단순했다. 종교개혁 시기에 이 교회도 개신교회로 바뀌었고 성화와 성상이 대부분 철거된 때문일 것이다. 물론 당시 지워진 그림 중 일부는 최근 복원되어 방문자들에게 과거 화려했던 내부를 상상하도록 돕고 있었다. 또 예배실과 강단과 회중을 가르는 문(Lettner)에 있

프라우뮌스터는 옛 여성수도원 예배당이다.

던 네 개의 인물상이 새로 복원되었고 왼편 벽에는 1300년경의 벽화가 복원 과정을 거쳐 새롭게 자리했다. 그림 중에는 도시의 수호성인이던 펠릭스와 레굴라의 그림들이 많았다. 또 파이프 오르간이 종교개혁 시기에 철거되었다가 1853년 새로 설치되었으며, 5793개의 파이프를 가진 현재의 오르간은 신자들의 경건한 예배를 돕고 있다는 기록도 있었다. 당시 쯔빙글리 종교개혁은 다소 급진적이었고 성화와 성상 뿐 아니라 '성도들의 신앙적 경건을 고취시키는 오르간도 거부했던 것이다. 오늘 생각하면 다소 어리석은 듯 보이는 생각이지만 누구보다도 개혁신앙 위에 서려고 한 쯔빙글리인의 개혁정신이 느껴진다.

현재 프라우뮌스터 교회의 가장 큰 자랑은 예배당을 장식한 마르크 샤갈(Marc Chagall)의 '창문 그림'이다. 샤갈은 피카소와 함께 20세기 최고의 화가로 평가받는 인물이다. 그는

프라우뮌스터교회 내부 그림

프라우뮌스터교회 내부 샤갈 창문

교회의 5개의 창문에 각각 파란색과 노란색, 녹색을 주요 색상으로 그리스도와 야곱, 예언자와 새 예루살렘 등의 이야기를 그려 넣었다. 멀리서 보기도 했거니와 미술 분야의 문외한이기 때문에 그림을 정확히 이해할 수도 없었다. 작품 평가는 더더욱 불가능하다. 다만 본당 정 중앙에 위치한 녹색 창문 위편 예수 그리스도의 십자가는 예배실 십자가를 대신하는 것 같았고 아름답게 느껴진다. 프라우뮌스터 또한 예배당 중앙에 세례반이 놓이고 왼편 기둥에 설교단이 설치됐다는 점은 그로스뮌스터 예배당과 같았다. 이 또한 말씀과 세례를 강조했던 스위스 교회의 모습을 보여주는 것이다.

7. 펠릭스 만츠(Felix Manz)와 재세례파의 흔적

옛 도시의 흔적을 다시 밟으며 강가로 나왔다. 취리히의 마지막 방문지를 찾아 리마트 강가에 있는 한 인물의 흔적을 만나기 위해서다. 그는 취리히에서 순교한 그리스도인 '펠릭스'와 동명이인인 '펠릭스 만츠'(Felix Mantz)로, 가톨릭교회와 개혁파교회 모두에게 버림받은 재세례파 인물이다. 그를 찾아가며 츠빙글리로부터 시작된 스위스 종교개혁의 한 단면, 안타깝고 슬픈 이야기를 떠올린다. 츠빙글리가 이끈 취리히 종교개혁에 함께한 초기 인물들 가운데 콘라드 그레벨(Conrad Greble)을 중심으로 한 이들이 있었다. 그들은 츠빙글리와 함께 성경을 공부하며 도시의 종교개혁을 위해 노력했다. 하지만 그들은 가톨릭교회의 유아세례 인정 문제, 교회와 정치세력(시의회)의 관계를 이유로 츠빙글리와 갈등했다. 마치 비텐베르크의 루터가 칼 슈타트, 토마스 뮌처 등과 갈등했던 상황과 비슷하다.

그레벨과 만츠는 '교회는 자발적으로 모인 신자들의 모임'이라는 원칙에 따라 중생한 신자로 구성된 개혁교회를 세우는 방향으로 교회를 개혁하려했다. 또 그들은 시의회(정부)는 죄 때문에 생겨난 반면에 교회는 구원받은 성도를 위한 존재로, 정교 분리를 당연한 것으로 주장했다. 그들의 주장에 따르면 츠리히는 시의회의 결정으로 교회 개혁을 시도할 것이 아니라 '참된 신자' 중심으로 교회를 구성하고 개혁을 실시해야 한다는 것이다. 하지만 츠빙글리나 시의 지도자들은 시의회를 중심으로 교회를 개혁하는 것을 당연하게 생각했다. 이러한 개혁의 방향과 방법 차이는 유아세례 논란으로 더욱 커졌다.

그레벨은 펠릭스 만츠와 함께 참된 성도로 구성된 교회를 세우려면 전통적인 유아세례 제도를 폐지해야 한다고 주장한다. 세례는 중생과 신앙의 상징이므로 자기 자신의 판단과 책임 아래 신앙고백이 가능한 성인에게 베풀어야 하며, 유아세례는 성경적 근거가 없고 유아세례를 받았다고 교인으로 간주하는 것은 바람직하지 않다는 것이다. 게오르그 블라우록(Georg Blaurock) 또한 저서에서 '유아세례는 성경에 근거하지 않은 교황 제도의 산물'이므로 '미사와 연옥 교리처럼 폐지되어야 한다'고 주장하였다. 츠빙글리는 그들의 생각을 바꾸기 위해 노력했다. '모든 믿는 자의 자녀는 하나님의 자녀이므로 세례를 받아야 하며, 구약 시대에 할례가 은혜 계약의 표시였던 것처럼 세례는 신약 시대의 은혜 계약 표시이므로 어린아이는 나면서 8일 안에 유아 세례를 받아야 한다'고 설명했다. 시의회는 1525년 1월 유아 세례에 대한 공개 토론을 열었고, 그 결과 츠빙글리의 견해를 받아들였다. 이에 따라 시의회는 무자격자에 의한 설교와 불법 예배 모임을 금지하도록 결정한다. 하지만 그레벨과 만츠

신념(신앙)을 지키던 취리히 재세례파는 리마트 강에 수장당했다.

등은 시의회의 결정을 무시했고 1월말 12명의 형제들과 함께 '세상으로부터 분리된 삶', '믿음을 붙들고 복음을 가르치는 삶'을 살기로 선언하며 서로에게 재세례를 행한다.

'스위스 형제단(Swiss Brethren)'으로도 불리는 이들은 이후에도 교회와 시의회의 입장을 지속적으로 비판하고 군대 문제, 그리스도인의 정치참여 등에 이의를 제기했다. 혼란이 계속되자 시의회는 결국 징계의 칼을 빼들었고 '재세례파는 백성의 영혼을 죽이는 자들'이며 '재세례를 주장하는 자는 정부를 전복하는 자'로 정죄했다. 그해 10월에는 이들을 체포하였다. 그들을 이끌던 그레벨은 감옥에서 병으로 죽었으며, 사형판결을 받은 만츠와 몇몇 동료는 1527년 리마트 강에 수장된다.

그들이 수장된 리마트 강가에 도착해 강둑에 있는 순교 기념비를 만났다. "Hier wurden mitten in der Limmat von einer Fischerplattform aus Felix Manz und Fünf weitere Täufer in der Reformationszeit zwischen 1527 und 1532 ertränkt. Als letzter Täufer wurde in Zürich Hans Landis 1614 hinterrichtet."(여기 1527년부터

1532년 사이 종교개혁 시기에 펠릭스 만츠와 다섯 명의 재세례자들이 어부들의 공간인 리마트 강 가운데에 수장되었다. 취리히에서 마지막 재세례파로 한스 란디스가 1614년 처형되었다)라고 쓰인 글귀를 쓰다듬었다.

　기록된 대로 취리히의 재세례파는 1532년 펠릭스 만츠 등 다섯 명이 죽임을 당했고 많은 사람들이 감옥에 갇혔다가 추방을 당했다. 그러나 그들에 대한 탄압은 여기서 멈추지 않았다. 추방 이후 이곳저곳으로 흩어져 신앙생활을 하던 많은 재세례파들이 계속 죽임을 당했다. 뮌스터에서는 '지상천국'을 주장하는 재세례파들이 사실상 몰살을 당하는 사태까지도 발생했다. 물론 그들이 종말론 등 일부 급진적인 주장을 한 것은 분명하지만 그들의 믿음은 순수했고 신앙적 열정 또한 뜨거웠다. 하지만 재세례파는 종교개혁시기에 가톨릭과 개신교 모두에게 박해를 받았고 자신들의 신앙적 확신을 지키다 죽임당했다.

　자유도시인 취리히에서 1세기 가까이 재세례파 박해가 있었다는 현실은 가슴을 먹먹하게 한다. 참된 신앙과 확신, 고백을 강조하고 평화를 주장했던 그들의 목소리, 죽음 앞에서도 자신의 신념을 꺾지 않은 그들은 분명 그리스도인 본연의 모습을 가졌다. 휴지를 꺼내 먼지가 묻은 기념판을 닦고 잠시 묵념

펠릭스 만츠 기념비. 100여 년간 재세례파는 신구교로부터 모두 탄압 받았다.

한다. 종교개혁의 후예로서 그들의 죽음 앞에 미안하다. 죽은 이들 또한 중세의 종교개혁자들이었고, 종교개혁을 펼치다 희생된 사람이라는 생각을 지울 수 없다. 그런데 안타까운 것은 '재세례파에 대한 박해'를 사과하고 그의 죽음을 기리는 이 기념비가 2004년 6월에야 설치됐다는 사실이다. 너무도 늦었다. 아직까지도 재세례파는 종교개혁자로, 종교개혁 신앙의 본류 중 하나로 인정받지 못하고 있는 것이다. 이런 현실은 유럽 사회가 잘못에 대한 사죄와 역사적 반성, 그리고 관용에 대해 앞으로도 더 많이 노력해야 함을 보여준다. 재세례파와 같은 사람들이 있었기에 유럽은 인종과 사상, 이념, 가치관, 종교 등의 자유를 인정했고, 다름으로 인하여 차별 받거나 인간의 권리가 구속되거나 박탈되지 못하도록 했다. 그런 면에서 그들의 죽음은 사회의 변화를 일구는 소중한 희생이었다고 할 것이다.

8. 루터와의 만남과 대화, 츠빙글리의 죽음

강가를 나서 자그마한 수공예품 가게들이 있는 옛 도시를 지나 취리히 호수로 향했다. 그곳 한 곁에 앉아 츠빙글리에 의해 주도된 취리히 종교개혁, 그의 마지막 삶을 생각한다. 특히 비텐베르크를 중심으로 한 독일 중북부와 취리히, 스트라스부르 등 독일 남부와 스위스 종교개혁자들의 만남, '마르부르크 종교회담'을 떠올렸다.

츠빙글리는 가톨릭 주와 프로테스탄트 주의 1차 카펠 전투에서 승리(카펠 평화조약)한 후 만들어진 평화의 시기에 독일 중부 마르부르크를 찾았다. 헤센 영주 필리프의 초청을 받아 루터를 비롯한 독일 종교개혁자들과 대화하기 위해서다. 이 만남에서 종교개혁자들은 종교개혁의 원칙과 방향에 대해 논의했고, 성찬론에 대한 갈등을 조정했다. 이 대화는 종교개혁자들 사이의

마르부르크 종교회담. 희망을 안고 찾은 그곳에서 츠빙글리는 실망감을 느꼈다.

입장 통일에 목적이 있었지만 교황과 황제, 가톨릭 세력의 결집이 가시화되는 상황에서 종교개혁 진영의 단일한 정치군사적 결집의 목적도 있었다. 1차 카펠 전투를 경험한 츠빙글리는 취리히의 종교개혁을 지키기 위해서 강력한 군사력의 보호가 필요했고, 그래서 회담이 성공하길 갈망했다. 그런 다급함을 가지고 그는 다른 신학자들과 함께 먼 길을 달려 독일 중심부까지 나아갔다.

하지만 기대와 달리 1529년 마르부르크 회담은 단일한 합의문을 만들지 못했다. 또 루터의 완고한 태도를 본 츠빙글리와 스위스 신학자들은 진한 실망감을 가진 채 자신의 터전으로 돌아오게 됐다. 이듬해(1530년) 헤센과 취리히, 바젤, 스트라스부르 등이 연대의 틀(Cristlichen Verstädnis)을 만들었지만 스위스 도시들은 든든한 제후의 지원군이 없는 상황에서 외로운 싸움을 해야 했다. 결국 이 결과는 1531년 2차 카펠 전투로 나타난다. 1531년 가톨릭주의자들이 신성로마제국 황제의 지원을 받아 8000여명 규모의 병력으로 취리히를 향했다. 이에 취리히 시민들은 2000여명의 병력으로 방어에 나선다. 하지만 개신교 진영은 패했고, 이 전투에서 츠빙글리를 포함하여 개신교 목사 25명, 의회의원 26명을 포함해 많은 시민이 전사했다. 총력을 다한 방어에 실패한 것이다. 인생의 황금기인 46세에 츠빙글리는 자신의 목숨을 하늘에 맡겼다.

전투에서 부상을 입고 죽임당할 때 츠빙글리는 "너희가 나의 몸을 죽일 수는 있으나 나의 영혼을 죽일 수 없을 것이다"라고 말했다고 한다. 전해진 이야기에 따르면 당시 가톨릭 군대는 츠빙글리의 시체를 조각내어 불태우고 그 재를 공중에 뿌렸다. 죽은 그를 중심으로 뭉칠 개신교 세력이 두려웠기 때문일 것이다. 그렇게 츠빙글리는 알프스의 바람을 타고 스위스 곳곳에 흩뿌려졌고 비와 함께 다시 스위스 땅을 적셨다. 죽이지 못한 그의 영혼 때문일까, 아니면 그의 당당한 죽음을 기억한 동료와 후임자들에 의해서일까? 츠빙글리의 종교개혁, 취리히의 종교개혁은 멈춤 없이 계속된다. 츠빙글리 시대에는 세인트갈렌과 샤프하우젠에선 요아킴 바디안이, 바젤에선 외콜람파디우스가, 베른에선 마이어와 할러, 콜브 등이, 제네바에선 기욤 파렐 등이 종교개혁을 펼쳤다. 또한 츠빙글리 사후에는 취리히에서 블링거와 레오 유트가, 외콜람파디우스 사후에 바젤에서는 오스왈트 미코니우스가, 제네바에서는 파렐에 이어 칼뱅이 종교개혁을 이끈다.

이처럼 츠빙글리의 희생은 스위스 종교개혁을 든든한 반석 위에 세운 초석이 되었다. 특히 블링거는 츠빙글리를 뒤이어 취리히 개혁을 이끌었고, 스위스 종교개혁의 결실인 '헬베틱 신앙고백'(스위스 신앙고백, 1차-1536, 2차-1566년)'과 '취리히 협정'(1549)을 만드는데 기여한다. 이 협정으로 스위스 종교개혁교회는 개혁주의(Reformed)로 나아가게 된다. 만약 츠빙글리가 사망하지 않았다면 독일 남부와 스위스의 종교개혁은 새로운 모습을 띠었을 가능성이 있다.

결국 그의 사망으로 독일 남부는 루터교회로 방향을 틀었고, 스위스는 독일어권인 취리히에서 프랑스어권인 제네바로 무게 중심이 넘겨졌다. 하나님은 츠빙글리의 죽음을 밑거름으로 독일과는 다른 또 다른 종교개혁 전통, 개혁주의 전통을 스위스에서, 네덜란드와 스코틀랜드, 그리고 미국을 넘어 한국 땅에 꽃피도록 이끄신 것은 아닐까! 그런 점에서 츠빙글리, 취리히 종교개혁은 개혁교회의 출발점이며, 개혁교회의 모태라 할 것이다.

취리히(Zürich)는 츠빙글리가 종교개혁에 열정을 쏟은 곳이며 강과 호수, 산이 함께 있는 아름다운 도시다. 옛 도시를 거닐며 쉼과 여유 속에 역사와 신앙, 문화와 자연을 만끽할 수 있다. (취리히 관광 안내 : https://www.zuerich.com/)

그로스뮌스터(Das Grossmünster)

Grossmünsterplatz, https://www.grossmuenster.ch/
종교개혁자 츠빙글리와 블링거가 목회한 교회로 취리히 종교개혁의 중심지다. 예배당 뒤편 건물에는 취리히대학교 신학부 건물이, 또 주변에는 목회자의 사택(Zwingliplatz 4), 츠빙글리가 살던 집(Kirchgasse 13과 20)이 있다. 교회 타워 갤러리에는 종교개혁 시대의 성서와 개혁자들의 저작물을 볼 수 있다.

페터교회(Der Kirche St. Peter)

St. Peterhofstatt 1
취리히의 첫 교회이며, 취리히 성상 및 성화 철거 운동의 출발지이다.

옛 로마시대 유적

Thermengasse, Lindenhof
페터교회 주변은 로마 시대 도시가 있었던 지역이다. Lindenhof 언덕에는 로마의 옛 요새가 있고, Thermengasse에서는 로마시대 목욕탕 흔적을 만날 수 있다.

바서교회(Wasserkirche)

Limmatquai 31, https://www.wasserkirche.ch/
로마시대에 죽임당한 펠릭스와 레굴라의 순교터 위에 세운 교회. 공연장으로도 쓰이는 교회의 지하 무덤과 옛 유적이 인상적이다.

츠빙글리 기념상(Zwingli Denkmal)

바서교회 뒤편에 있는 츠빙글리 기념상은 성서와 칼을 든 모습이다.

프라우뮌스터(Fraumünster)

Münsterhof 2, https://www.fraumuenster.ch/
과거 여성 수도원이던 이곳에는 '색채의 마법사'로 잘 알려진 프랑스 초현실주의 작가 마르크 샤갈의 성서를 주제로 한 창문(스테인드글라스)이 있다.

재세례파 기념비(Täufergedenkplatte)

Schipfe 16-24
종교개혁시기 펠릭스 만츠를 비롯한 재세례파 지도자들은 리마트 강에 수장당했다. 강둑 위에 작은 기념비가 섰다. 원칙주의 입장을 내세운 그들은 분명 종교개혁의 한 줄기이다.

마르틴 부처 등 많은 종교개혁자들이 활동한 스트라스부르는 독일 남부와 스위스 종교개혁에 큰 영향을 미쳤다. 3년간 프랑스 망명자를 위해 목회한 칼뱅은 재충전 후 제네바 종교개혁을 위해 헌신했다.

개혁주의 종교개혁의 본고장

마르틴 부처와 스트라스부르 종교개혁

종교개혁자들은 유럽 여러 도시에서 활동했다. 루터와 함께 독일 비텐베르크에서 멜란히톤, 스위스 취리히에서 츠빙글리, 바젤에선 외콜람파디우스, 그리고 스트라스부르에서 마르틴 부처 등이 활동했다. 이들은 1529년 마르부르크에 모여 프로테스탄트의 하나 됨을 위해 대화를 나눴다. 이들 중 독일 남부 (현 프랑스) 스트라스부르에서 활동한 마르틴 부처는 종교개혁 역사에서 독특한 인물이다. 그는 루터와 츠빙글리로 대표되는 양 진영의 연합과 일치를 위해 노력했다. 더 나아가 가톨릭과 개신교 진영의 신학적 대화에 참여해 상호 존중을 바탕으로 다름 속에서 공통점을 찾으려 힘썼다. 한마디로 그는 개혁 교회 최초의 에큐메니칼 운동가로 평가할 수 있다. 생애 마지막을 영국에서 망명자로 산 그는 독일 남부와 스위스, 그리고 영국 교회에 영향을 남긴 개혁주의 종교개혁자였다.

1. 노트르담에서 개혁을 외친 설교자들 : 가일러(Geiler)와 젤(Zell)

마르틴 부처의 흔적과 종교개혁 활동을 찾아 스트라스부르로 향했다. 차가운 새벽 공기를 마시며 시내를 한 바퀴 돌며 도시의 종교개혁 장소를 살폈다. 중세 스트라스부르는 교통의 요지에 위치했고 일찍부터 상업이 발달했다. 중세 중후반에는 인구 2만 명의 시민이 살았다. 당시 자영업자와 상공인을 중심으로 한 시민 계층이 시의회를 중심으로 자율적인 도시를 일궜고, 시민들은 인문주의에 우호적인 입장과 중세교회 비판의식을 형성했다.

이러한 시민 의식 위에서 종교개혁의 서막을 연 사람은 요한 가일러(Johann Geiler von Kaysersberg, 1445~1510)다. 그는 1478년부터 스트라스부르(성 로렌초교회)에서 사역을 시작했고 1486년부터 '노트르담(Notre Dame, 대성당)'의 설교자가 됐다. 그는 웅변적인 설교를 통해 시민들의 도덕적 갱신을 촉구했다. 바젤에서 박사학위를 받고 프라이부르크 대학의 교수로 활동했던 그는 지역 엘리트 중 한명이었다. 그의 청빙은 성장하는 도시의 시민 의식을 고려한 결정으로, 그는 그 기대에 부응한다. 그는 설교문은 라틴어로 작성했지만 설교시간엔 당시 시민 언어인 독일어를 사용해 자유롭게 설교 했다. 당시 황제였던 막시밀리안 1세도 그의 설교에 관심을 가졌다는 점을 고려하면 대성당을 찾은 시민들 또한 그의 설교에 많은 감동을 받았을 것이다. 물론 가일러를 종교개혁자로 보기는 어렵다. 그가 중세교회의 경건을 유지하고 성서의 자국어 번역을 반대했기 때문이다. 그럼에도 교회 안에 있는 부패를 비판하고 윤리도덕적인 개혁을 언급했다는 것은 교회 개

스트라스부르 대성당

혁의 필요성을 공감했을 가능성이 높아보인다.

가일러가 열정적으로 설교했던 노트르담(대성당)을 찾았다. 교회 자료는 노트르담 전면 조각들과 내부에 있는 옛 시계를 가장 중요하게 소개하고 있었다. 하지만 대성당에 들어서서 제일 먼저 찾은 장소는 설교단이다. 이 설교단은 1485년 한 장인이 만든 것으로 이듬해에 가일러가 설교자로 부임했기 때문에 그의 손때가 묻었을 것이다. 또 그를 이어

스트라스부르 대성당 설교단

많은 종교개혁자들이 이곳에서 하나님의 말씀을 선포했을 것이다. 흰색의 화려한 대리석 설교단은 아름다웠고, 아래쪽엔 4명의 복음사가와 마리아, 세례 요한, 사도의 모습을 형상화한 인물상이 조각되어 있었다.

이곳에 서서 가일러는 그리스도의 말씀을 통해 죄악된 삶을 회개할 것과 중세교회의 나아갈 바를 선포했을 것이다. 그는 1504년부터 5년여 복음서를 기초로 설교했다고 전해지는데, 당시 예수 그리스도의 말씀을 기초로 한 성서강해를 통해 도덕윤리적 삶의 실천을 강조했을 것이다. 그가 어떤 내용으로 설교했을지 궁금하다. 아마도 그는 시대를 앞서 살았고 다가오는 종교개혁 시대를 전망하고 있었을 것이다. 그래서 자신이 서 있는 토대 위에서 중세교회의 갱신과 개혁을 바랐고, 자유도시인 스트라스부르 시민들에게 영적, 도덕적 갱신을 요청했던 것이다. 그는 중세교회를 사랑했던 목회자의 한 사람으로 갱신을 위한 마지막 몸부림을 친 것은 아니었을까?

가일러가 죽고 10여년 후 종교개혁 횃불은 루터에 의해 시작되었다. 이 때 스트라스부르에서 루터의 개혁 움직임에 동조하여 중세교회 개혁을 시작한 인물이 마태우스 젤(Matthäus Zell, 1477~1548)이다. 그는 대성당 설교자로서 도시 종교개혁의 서막을 장식했다. 가일러와 동향 출신인 젤은 가일러의 영향을 많이 받은 것으로 알려져 있으며 마인츠와 에르푸르트, 프라이부르크 대학 등에서 공부한 후 1518년 대성당 설교자로 부임했다. 젤은 부임 후 2년 동안 가일러와 비슷한 도덕적 설교로 도시를 일깨운다. 이때 젤이 루터의 종교개혁에 공감했으나 조심스런 행보를 한 것인지, 아니면 나중에 루터의 영향으로 종교개혁으로 방향 전환 한 것인지는 알 수 없다.

그러나 루터가 파문당하던 1521년부터 젤이 로마서를 설교했고 중세교회 비판을 담은 종교개혁 설교를 시작한 것을 보면 루터의 영향이 있었다고 판단된다. 그의 설교를 들은 교회 지도부는 그를 설교단에 오르지 못하도록 했고, 반대로 시민들은 그의 설교를 더 듣고 싶어 나무로 된 이동식 설교단을 만들어 그가 원할 때마다 대성당으로 옮겨 설교토록 했다고 한다. 물론 종교개혁이 본격화되면서 나무 설교단 대신 젤은 가일러가 선 설교단에서 자유롭게 말씀을 선포했다.

가일러와 젤이 도덕적 갱신, 종교개혁을 언급했을 설교단 앞에 앉아 조용히 눈을 감았다. 가일러의 웅변적인 목소리와 젤의 중후한 목소리는 대성당에 울려 퍼졌을 것 같다. 그들의 목소리를 들을 순 없지만 그들의 외침이 스트라스부르 종교개혁의 기초를 마련했음은 부인하기 어렵다. 사실 젤은 종교개혁이 본격화될 때에도 신학적 논쟁보다 설교와 목회를 통해 교회 공동체를 섬기는 일에 관심 가졌다고 한다. 그녀의 아내 카타리나 쉬츠 젤 또한 봉사활동을 통해 남편의 사역을 도왔으며, 그런 그녀는 '교회의 어머니', '목회적 돌봄의 제공자'로 평가된다. 자녀들이 일찍 죽은 가운데 마태우스는 설교와 목양으로, 카타리나는 섬김과 돌봄으로 교구민과 지역민, 망명자를 섬긴 것이다. 그들의 모습은 현대 목회자 부부의 한 모델임이 분명하다.

그런데 젤은 많은 종교개혁자를 세운 인물로 주목할 필요가 있다. 젤의 영향과 도전으로 도시 성직자회에 속한 피른과 알트비서가 종교개혁에 참여했고, 1523년 도시에 온 볼프강 카피도와 마르틴 부처가 도시 종교개혁의 중추 역할을 감당하게 된다. 또 그는 주변의 우려에도 영성주의로 비판을 듣던 슈뱅크펠트를 자신의 집에 머물게 하며 도왔고 카스퍼 헤디오 등도 일으켜 세웠다. 그가 없었다면 마르틴 부처가 스트라스부르를 대표하는 종교개혁자로서 능력을 발휘할 수 없었을 것이다. 그런 이유로 마태우스 젤은 도시 종교개혁의 불을 밝힌 인물로 평가할 수 있다.

도시 종교개혁은 언제, 어디서부터 시작되었을까? 도시 역사를 보면 1518년 면죄부 판매를 공격했던 한 인물이 투옥되었다가 시민들의 항의로 석방되었고, 이 시기부터 95개 논제를 비롯해 루터의 저술이 자유롭게 출판됐다. 거기에 더해 젤이 1521년부터 로마서 본문으로 설교를 시작했고, 이후 도시를 담당하는 가톨릭교구는 그를 소환하고 의회에 그를 처벌토록 압력을 넣는다. 1523년에는 사제들이 하나둘씩 결혼하기 시작했고, 이듬해 3월 가톨릭교회는 개혁적 설교자들에게 출교를 선언한다. 이런 과정을 보면 도시 종교개혁은 1521년부터 1524년에 이르는 시점에 시작된 것으로 보인다. 자료를 찾다가

종교개혁 예배가 드려진 요한네스 예배실

1523년 연말에 빵과 함께 포도주를 성도들에게 제공하는 개혁교회 방식의 성찬식이 열렸고 1524년 2월 '뮌스터의 요한네스 예배실(Johannes Kapelle)에서 독일어로 예배가 진행되었다'는 내용을 보게 됐다. 아마도 이 내용이 스트라스부르 종교개혁의 첫 걸음일 것이다. 그래서 설교단을 나서 제일 먼저 '요한네스 예배실'을 찾아 나섰다. 하지만 강단 뒤편의 예배실은 출입할 수 없었고 먼 발치서 눈으로 만 바라볼 수 있었다. 아쉽다.

그곳을 뒤로한 채 대성당 내부를 둘러본다. 예배당 뒤편에 있는 큰 원형 창과 좌우편 스테인드글라스는 전통적 교회 모습을 드러내고 있었다. 강단 위편 둥근 원형의 천정에는 천국을 형상화 한 듯 예수 그리스도의 보좌와 천사들, 제자들, 성인들의 모자이크가 그려져 있었다. 기록에 따르면 그림들은 1877년 독일 화가가 신 비잔틴 양식으로 그렸고 2004년에 건축가들이 다시 꾸몄다고 한다. 그런 이유로 수수함보다는 화려함이 묻어나오는 것 같다. 대성당 내부에서 가장 아름다운 장소인 강단 왼편 '천사의 기둥(Der Engelspfeiler)'과 '천문 시계(Die Astronomische Uhr)'로 향했다.

천문 시계는 1574년 콘라드 다시포디우스에 의해 처음 만들어졌는데 현재의 시계는 1842년에 새로 만든 것이라고 했다. 4개의 시계가 자리를 차지하고 있는데 맨 위에는 수탉이, 그리고 예수 그리스도 상과 사람의 일생 중 죽음을 상징하는 해골, 그 아래로 하늘의 태양과 달, 황도 12궁(천문도) 등이 장식되어 있었다. 정해진 시간이 되면 해골이 종을 치면서 사람의 인생을 상징하는 동상, 12제자의 상이 예수 주변을 돌고, 닭 울음소리

스트라스부르 대성당 내부

가 퍼져 나온다. 광장 앞 많은 사람이 볼 수 있는 프라하 천문시계에 비할 수는 없지만 오랜 역사와 정교함에선 견주어 손색없을 듯했다.

개인적으로 시계보다 더 관심이 간 것은 시계 앞쪽에 있는 천사의 기둥이다. 원래 기둥은 1230년 건축될 때부터 이 곳에 있었는데, 어느 시점에 기둥 주변에 예수 그리스도를 정점으로, 고통의 도구를 가진 3명의 천사와 악기를 가진 4명의 천사, 그리고 사복음서의 저자와

천문 시계와 천사의 기둥

그를 상징하는 동물상이 놓였다. 기록에 따르면 동상들은 마태복음 24~25장을 모티브로 했고, 알자스 지방 출신인 니콜라우스 폰 하게나우(Niklaus von Hagenau)라는 작가가 만들었다고 한다. 니콜라우스가 종교개혁 직전 활동했기에 아마 이 작품은 1500년경 전후 작품으로, 대성당에서 도덕적 설교를 했던 가일러 활동시기와 만나고 있었다.

그런 생각을 하던 중 복음설교가 선포된 가일러의 설교단, 마태우스 젤의 인도로 열렸을 종교개혁 예배, 마태복음의 최후심판을 토대로 한 천사의 기둥, 그리고 닭이 맨 위에 자리한 천문시계 등이 동일한 주제로 연결된다는 것을 느끼게 됐다. 바로 사람들에게 '회개'를 강조하고 있는 것이다. 천문시계의 종소리와 함께 온 이 생각에 멍한 표정이 됐다. 종소리가 끝나기까지 한동안 힘 빠진 다리와 떨리는 가슴을 부여잡았고, 그곳을 나서다 만난 예수 그리스도의 십자가와 제자들의 상 앞에서 잠시 고개를 숙였다. "새벽 닭 울음소리에 자신

의 잘못을 깨달은 베드로에게서 나의 모습을 보게 됩니다. 대제사장의 집 마당을 나와 펑펑 울었던 베드로의 눈물이 나의 눈물임을 고백합니다. 그러나 아직 회개보다는 '통곡'에 그치고 있는 것 같습니다. 아 주님, 어떻게 해야 합니까…."

2. 대성당(Carthédrale) 정문 앞, 그리고 종교 박물관

대성당을 나선 후 불어오는 찬바람에 호흡을 가다듬고 대성당을 한 바퀴 돌았다. 하늘 높이 솟은 탑과 교회 외부를 장식한 조각들, 특히 대성당 정면과 북쪽 문 주변 조각들이 시선을 사로잡았다. 솔로몬 왕과 에클레시아(그리스도교)와 시나고그(유대교)를 상징하는 동상이 있는 남쪽 문은 수리 때문에 가림 막에 막혀있었다. 142미터의 탑에 오르기 위해 사람들은 332개의 계단이 있는 종탑 문을 두드리고 있었다. 높은 종탑에 오르고 싶었지만 지친 몸 때문에 교회 앞 광장에 앉아 자료를 살핀다.

대성당은 1190년부터 1439년까지 몇 차례 확장을 거쳐 지금의 외형을 갖추었다. 또 1529년부터 1548년까지는 개신교회로서 마태우스 젤을 비롯한 종교개혁자들이 설교를 했고, 1549년부터 다시 가톨릭교회로 사용되었다. 그런데 안타까운 것은 프랑스 혁명 시기 대성당에 있던 235개의 동상이 심각한 파괴의 아픔을 당했다고 한다. 아! 웅장한 외형에도 예배당 내부는 부유한 스트라스부르에 걸맞지 않다고 생각했는데 그런 이유 때문이구나. 이유를 알고 나니 뭔가 빈 것 같던 느낌이 지워지는 것 같다.

자리를 털고 일어나 대성당 정문 앞에 섰고 중앙과 좌우 문의 조각상을 차분하게 살폈다. 아기 예수를 안은 마리아와 사도들의 동상이 조각된 정문은 파리의 노트르담이나 리옹 대성당에 견줄 만 했고, 현명한 처녀와 미련한 처녀를 조각한 오른쪽 문과 최후의 승리를 상징하는 여성상이 조각된 왼쪽 문은 세월과 파괴의 흔적에도 대성당의 위용을 뽐내고 있었다. 교회를 나서다가 이곳에 다시 선 것은 이 장소에서 종교개혁 역사에 의미 있는 일이 있었기 때문이다.

대성당 정면

스트라스부르 종교개혁의 첫 인물인 젤은 1523년 12월 카타리나라는 시민의 딸과 결혼했는데, 바로 이곳에서 그의 결혼식이 진행됐다. 두 사람은 이른 아침 여섯 시에 몇몇 동료들이 증인으로 참석한 가운데 마르틴 부처의 주례로 결혼서약을 했다. 그리고 성당 아침 미사에 함께 참석해 하나님 앞에 기도하는 것으로 결혼생활을 시작한다. 처음 대성당 설교자인 젤의 결혼소식은 도시를 뒤흔들었다. 하지만 불과 몇 달이 지나지 않아 이는 관심 밖 뉴스가 됐다. 종교개혁자들이 잇따라 결혼하면서 사제의 결혼은 당연한 것이 됐기 때문이다. 사실 중세 중반 교황을 비롯해 권위있는 사제와 신부들이 동거녀를 두고 아들을 조카로 부르며 자신의 뒤를 잇게 한 경우가 있었다. 또 귀족들은 자녀들 중 일부를 교회의 고위직이 될 수 있도록 지원했고, 그렇게 중세 정치권력과 교회는 한 몸을 이루게 된다. 이런 상황 속 종교개혁자의 결혼은 당시 위선적인 교회 모습을 직접적으로 비판하는 행보였다. 더욱이 종교개혁자들은 솔직하게 인간의 한계를 인정하고, 신부(목사)도 인간이며, 과거의 잘못된 견해(결혼은 하나님의 축복이지만, 신부는 결혼해서는 안 된다)를 반박하고 새로운 제도(결혼은 하나님의 축복이며, 사제도 결혼할 수 있다)를 선포한 것이다.

이 곳 사제(신부) 중 첫 결혼자는 부처(1522년)였지만 당시 그는 시민이 아니었고 결혼 후 도시에 정착했다. 도시 사제 중 제일 먼저 결혼(1523년 11월)한 것은 토마스교회의 안토니 피른(Anthony Firn)이며, 다음 달 12월에 젤이 두 번째로 결혼했다. 그를 이어 1월 4명의 종교개혁자들이 잇따라 결혼했고 여름에는 알트비서, 헤디오, 카피토 등 중추적인 종교개혁자들 모두 아내를 맞았다. 6개월 동안 대다수 종교개혁자들이 결혼한 것은 부처와 젤 등의 적극적인 권유도 있었고, 스트라스부르가 다른 도시에 비해 사제나 신부의 결혼에 관대했기 때문일 것이다.

어떻든 마태우스 젤과 카타리나 부부는 아기 예수를 안고 있는 마리아와 12 제자들, 자신의 동료들 앞에서 결혼했다. 당시까지 신부나 사제는 '독신자 예수'처럼 결혼하지 않는 것이 바람직한 것으로 받아들여졌고, 그것이 예수를 잇는 삶으로 생각했다. 그러나 대성당에 조각된 아기 예수와 어머니 마리아는 아기 예수의 탄생이 마리아와 요셉의 결혼(가정 구성)에서 시작되었음을 떠올리도록 한다. 육신의 아버지는 아닐지라도 요셉 없는 예수는 사회가 받아들일 수 없었다. 어쩌면 종교개혁자의 결혼서약을 지켜본 예수와 제자들은 '결혼한 자에게 박수를 보내고 있었을 것'이다.

대성당을 둘러보던 중 남쪽 출입문의 조각과 성당 내부의 스테인드글라스 등이 성당 옆 박물관(중세와 르네상스 시대 문화 박물관, Musée de l'œuvre Notre-Dame)에 보관중임을 알게 됐다. 개인적으로 남문을 장식하고 있던 에클레시아와 시나고그(Ecclesia und Synagoga) 조각상을 반드시 보고 싶었다. 왜냐하면 마그데부르크 대성당에서 만난 같은 조각상에서 받은 인상이 강했고 '루터와 유대교'에 관한 한 세미나에서 '스트라스부르의 조각상이 가장 대표적이다'는 말을 들었기 때문이다. 그렇게 대성당 박물관으로 향했다. 박물관에서 전기 로마네스크 양식(12~14세기), 도시의 황금기였던 14~17세기 금 수공예품, 종교개혁시기를 포함한 중세 후기의 조각과 회화 작품, 르네상스로부터 17세기 후반까지의 다양한 예술 작품을 만났다. 그러나 가장 오랜 시간 머문 장소는 1210년경에 만들어진 에클레시아와 시나고그 전시 공간이다. 원래 두 상은 대성당 남쪽 출입문의 좌우 기둥에 놓였으나 이곳으로 옮겨져 전시되고 있었다. 두 조각상을 호위하듯 많은 조각상들이 방 벽에 배치되어 두 조각이 더욱 부각되어 보였다.

에클레시아(왼편)와 시나고그 동상

시나고그와 에클레시아는 아기 예수와 마리아, 제자들, 현명한 다섯 처녀와 어리석은 다섯 처녀 등처럼 중세 교회에 장식되는 대표적 조각상이다. 시나고그는 유대교 또는 유대인을 상징하는데 한 손에는 모세 율법을, 다른 손에는 부러진 창을 들고 두 눈은 예수의 죽음에 눈감은 것(메시아는 보지 못하고 다가오는 메시아를 기다리는)을 상징하듯 띠로 가리고 고개를 숙인 모습이다. 맞은 편에 배치되는 에클레시아는 그리스도교 또는 그리스도인을 상징하는데 승리의 깃발이 달린 십자가와 성배를 들고 왕관을 쓴 모습으로 그려진다. 예수 부활로 인한 승리를 보여주는 것일 수도 있고, 유대인은 틀렸고 그리스도인은 옳다는 것을 보여주려는 의도일 수도 있다.

어쩌면 이 조각상은 오랫동안 그리스도교가 유대인을 탄압했고, 그리스도교 유럽이 유대인 배척에 앞장섰음을 증명하는 조각일 수 있다. 또 종교개혁자인 루터의 유대인 비난 글을 근거로 들면서 나중에 히틀러와 나치 정권이 유대인 학살을 정당화했다는 점을 생각하면 중세와 종교개혁 시기를 아우르는 유럽의 보편적 생각을 담은 것으로 볼 수도 있다. 그런데 이런 생각이 성서적이요, 옳은 것이었을까? 몇 년 전 마그데부르크 교회는 나치에 의한 유대인 학살을 사죄하면서, 동시에 교회가 그들의 죽음에 눈감았음을 회개하는 의미로 에클레시아의 눈을 검은 띠로 가렸다. 우리의 신앙 안에 자리한 잘못된 사고를 역설적으로 비판한 것이다.

두 조각상을 바라보며 유대인 탄압이 본격화된 중세시대, 오늘날 교회의 잘못을 다시 반성한다. 유대교의 오류를 지적하고 그리스도교회의 참됨을 전하려던 조각상은 언제부턴가 그들을 학살자로 생각하게 했고, 연좌제처럼 후손들을 탄압하고 죽여도 된다는 논리로 나아간 것이다. 신앙고백을 담은 조각이 언젠가부터 교리화됐고 중세교회와 그리스도인들의 잘못을 정당화하는 도구로 역할하게 된 것이다. 그리스도인들은 자기 안에 있는 죄성으로부터 유래한 차별과 증오의 감정을 유대인을 향해 쏟아냈고 해소의 기쁨을 만끽한 것이다. "오, 주여, 우리의 죄악을 용서하소서."

그런데 그런 감정은 오늘날 다른 사람들에게, 다른 민족에게 계속되고 있다. 유대인은 2차 세계대전 이후 수천 년 동안 살아온 팔레스타인 사람들의 삶의 터전을 '하나님 말씀'을 근거로 자신의 땅이라며 점령했고 미국과 유럽은 이를 지원했다. 지금까지도 '자기 편'이라는 이유로 팔레스타인 사람에 대한 차별과 공격, 압박을 묵인한다. 하나님이 택한 백성인 이스라엘 민족, 그리고 예수 그리스도와 성서 속 신앙인들이 유대인이라는 시각에서 '우리는 같은 핏줄을 가진 형제'라는 오류에 빠진 것 같다. 하지만 '유대인은 예수를 학살했던 사람들'이라는 생각처럼 '예수는 유대인이었다'는 생각도 위험하기는 마찬가지다. 예수 그리스도는 유대인의 옷을 입었을 뿐이며 온 인류를 위한 '하나님의 아들'이요, '사람의 아들'이라는 사실이다. 그분은 어느 편도 아니며, 오히려 약자를 편드는 분이다. 그들이 유대인이든 팔레스타인이든, 서양인이든 동양인이든, 백인이든 흑인이든, 시나고그든 에클레시아든…. "오, 주여, 한 쪽을 편들고 있는 우리를 용서하소서."

그런 생각들로 시간을 보내다 시나고그와 에클레시아의 얼굴에 눈길이 갔다. 시나고그는 미안한 듯 고개를 숙였고 에클레시아는 그를 질책하는 듯, 연민어린 눈길로 그를 바라보고 있는 것 같았다. 현실이 어떻든 유대인은 미안해하고 그리스도인은 그런 유대인을 연민의 눈으로 바라보아야 한다. 둘 모두 하늘이 누구보다 사랑한 인간이며, 이 세상을 위해 하나의 아름다운 공동체를 만들어가야 할 책무가 있기 때문이다. 유대인과 그리스도인, 유대인과 팔레스타인 사람(무슬림) 모두 이런 생각에 공감하길 기대한다.

계단을 오르락내리락 하며 여러 전시실을 둘러보았다. 생각하는 한 남성을 조각한 동상 앞에서는 로댕(Auguste Rodin)의 생각하는 사람을 떠올려보고, 뱀에 감겨 해골 모습이 되어가는 나이든 부부의 그림에선 아담과 하와를 상징하는 것은 아닐까도 생각했다. 작은 십자가와 조각 앞에선 자기를 지켜주기를 소망하며 가슴에 품고 다녔을 사람들의 신앙을 생각했고, 마리아의 죽음에선 자식을 먼저 떠나보낸 어머니들의

성 막달레나·성 카타리나 그림

인고의 삶을 반추해 보기도 했다. 성 아우렐리아 그림, 성 막달레나와 성 카타리나를 그린 그림도 색조와 명암 표현 등으로 인해 눈길이 갔다. 미술과 조각 전문가는 아니기에 작품에 담긴 문화사적, 예술적 특징과 기교는 자세히 알 수 없지만 작품에 담긴 신앙적, 종교적 감성은 충분히 느껴졌다.

3. 인쇄술과 종교개혁의 확산, 구텐베르크 광장

종교개혁의 시발점인 대성당을 뒤로 두고 다음 장소로 발걸음을 옮기다가 한가지 궁금증이 머리를 스쳤다. '윤리적 삶, 도덕적 삶을 강조한 요한 가일러의 설교를 시민들이 어떻게 받아들였고, 그 설교는 어떤 행동을 불러일으켰을까?' 종교개혁 전야에 면죄부는 스트라스부르가 속한 알자스 지방에서도 판매되었다. 당시 이 도시는 신성로마제국(독일)의 가장 중요한 마인츠 교구에 속했고, 면죄부는 경제적으로 부유한 도시에서 집중 판매됐다. 중세 사람들은 전염병과 죽음 이후 벌어질 신적 심판을 두려워했는데, 일반적으로 상공업이 발달한 도시일수록 사람들이 도덕적 타락에 더 자주 노출됐기 때문이다. 1500년까지 6만 여 개의 면죄부가 이 도시에서 판매됐다는 기록이 이를 증명한다. 그런 상황 속에서 요한 가일러는 도덕적 설교로 시민들의 죄를 지적하고 중세교회의 도덕적 타락을 비판했던 것이다.

당연히 그의 설교는 시민들에게 회개를 불러 일으켰고, 아울러 중세교회 문제점에 공감을 갖게 했을 것이다. 그런데 도덕적 설교는 윤리적 자각을 불러오기 때문에 가일러의 설교는 시민들에게 자신의 잘못을 용서받기 위한 면죄부 구입을 유발케 했을 수 있다. 대안이 없는 설교, 죄만 지적하는 설교는 결국 면죄부 구입으로 이어졌을 가능성이 높기 때문이다. (그가 면죄부 판매자 같은 설교를 하지는 않았으리라 생각하지만) 어쩌면 중세교회에 비판적이던 사람들은 '그래서 어떻게 하라는 것이냐?'고 가일러에게 되물었을 것 같다. 도시 종교개혁 전개 과정을 보면 가일러는 종교개혁의 문을 여는 역할은 했지만 '은혜로 인한 죄의 용서', '믿음으로 말미암은 구원', 즉 종교개혁으로 나아가지는 못한 것 같다.

종교개혁이 시작되자 이 도시에서도 면죄부에 대한 비판이 거세진다. 1518년 면죄부 판매에 분노한 한스 벤덴쉼프(Hans Wendenschimpf)라는 인물이

구텐베르크 광장. 그는 이 도시에서 인쇄술을 발명했다.

투옥됐다가 시민들의 항의로 석방되었다는 기록이 이를 증명한다. 루터의 면죄부에 대한 95개 논제는 시민들 속에 퍼졌고 면죄부에 대한 반발을 불러왔으며, 체포된 그는 시민들의 항의 때문에 석방된 것이다. 어쩌면 시의회 지도부들도 면죄부를 통해 자신들의 재정을 갈취하고 이를 로마로 보내는 중세교회의 행태에 비판적이었을 것이다. 이때에 마태우스 젤이 종교개혁적인 설교를 시작하였고 시민들은 그의 주변에 모이기 시작했다.

그런데 도시에 전해진 루터의 95개조 논제와 저술은 이 도시에서 개발되어 유럽 전역으로 확산된 구텐베르크(Johannes Gutenberg) 인쇄술의 도움을 받았다. 구텐베르크는 1433년경부터 1444년까지 이 도시에 머물렀고, 가장 왕성한 30~40대의 삶을 보냈다. 그는 이곳에서 일하면서 발달된 도시의 인쇄술을 통하여 납 활자와 포도압착기를 응용한 인쇄방식을 고안, 마인츠로 가서

인쇄소를 설립했다. 그의 인쇄 방식은 대규모 인쇄를 매우 빠르게 할 수 있어 곧 유럽 전역으로 퍼졌고, 종교개혁 전야에 많은 인쇄소들에 도입됐다. 그의 인쇄술로 시민들은 인문주의자들과 종교개혁자들의 저술, 자국어로 번역된 성서를 저렴하게 구입할 수 있었다. 특히 스트라스부르의 출판사들은 1500년대 초부터 많은 팸플릿과 책을 시민들이 쓰는 독일어로 제공했다. 가장 인기 있는 책은 당연히 시대적 이슈가 된 루터의 저술이었다. 루터의 책은 가일러의 설교에 영향 받은 시민들에게 종교개혁을 공감케 했고, 그리스도인의 자유와 은혜로 말미암은 구원 등을 깨닫게 했다. 한마디로 이 도시에 구텐베르크가 머물지 않았다면, 그가 새 인쇄방식을 고안하지 않았다면 종교개혁은 불가능했을 수도 있다. 스트라스부르의 인쇄술이 종교개혁의 든든한 지원자가 된 것이다.

이런 의미있는 사역을 기념해 구텐베르크 동상이 이 도시에 세워졌다. 시청 앞 광장, 구텐베르크 광장으로 불리는 그곳에서 그는 윤전기를 뒤로한 채 인쇄 종이를 펴들고 서 있었다. 새로 개발된 윤전기에서 인쇄된 용지를 펼쳐든

구텐베르크 동상 기단부 그림들. 인쇄술이 세계에 미친 영향을 보여준다.

모습이다. 기록은 불분명하지만 사람들은 구텐베르크가 이 도시에서 새로운 인쇄기술의 아이디어를 얻었다는 점에서 인쇄소에서 일했을 가능성을 생각한다. 동상 기단부에는 윤전기를 중앙에 두고 많은 인물들이 서 있는 부조가 있었다. 인쇄술의 영향을 나타내는 조각이다. 종교개혁 전후를 담은 부조에는 에라스무스와 모차르트 등의 저술가와 예술가들이, 노예해방을 강조한 부조에는 윌버포스와 토마스 클락슨 등이, 프랑스 대혁명과 미국 독립을 담은 부조에는 벤저민 프랭클린 등이 새겨져 있었다. 음악과 예술, 학문적인 출판물, 노예해방선언과 미국독립선언 등은 모두 인쇄술을 통해 가능했다는 것이다. 이처럼 인쇄술은 학문의 발달과 인류의 자유, 정의와 독립에 매우 중요한 역할을 감당했다. 즉 인쇄물을 통해 수많은 사람이 인류의 나아갈 방향을 깨닫고 그 일에 열정적으로 참여하였으며, 역사는 인쇄술을 통해 발전해 왔다고 말하고 있는 것이다.

구텐베르크 동상 앞에 앉아 도시의 역사 자료를 본다. 인쇄술과 관련된 내용을 읽다가 유명한 인문주의자 세바스티안 프랑크(Sebastian Frank)가 종교개혁 시기 도시 검열관으로 있었다는 내용을 알게 됐다. 그런데 그는 상대방을 비방, 중상, 모략하는 출판물을 제외하곤 자유롭게 출간을 허용했다. 당연히 루터의 저술 또한 제재 없이 출간될 수 있었다. 특히 보름스 칙령으로 루터의 책이 금지된 때에도 시의회는 루터의 책이 매진되어 찾아볼 수 없게 된 4~5개월 후에야 금지령을 내렸다. 이 때는 시민들이 이미 종교개혁 사상을 폭넓게 받아들인 후로, 이런 정책은 인문주의자였던 프랑크의 노력에 기인했을 것이다. 종교개혁을 확산시킨 인쇄술, 그리고 자신의 사상을 자유롭게 말하도록 허용한 학자 및 당국자, 시의회의 태도는 진정한 자유와 정의가 어떤 상황에서 확산될 수 있는지 생각하게 한다.

4. 도시 종교개혁을 이끈 마르틴 부처 :
   아우렐리아교회(Aurelie)와 토마스교회(Thomas)

스트라스부르 종교개혁에서 가장 중요한 인물은 마르틴 부처(Martin Bucer, 1491~1551)다. 그는 알자스 지방 슐레트슈타트(Schlettstadt)에서 태어났고 어렸을 때 공동생활형제단이 운영하는 라틴어학교를 다니며 현대적 경건그룹의 영향을 받았다. 15살 때 도미니칸 수도원에 들어갔는데 이곳에서 토마스 아퀴나스, 에라스무스로 대표되는 인문주의 영향을 받았다. 마인츠에서 사제가 된 그는 1516년경 하이델베르크 수도원으로 옮겼고 이곳에서 신학을 공부하던 중 1518년 아우구스티누스 수도회 총회에 참석한 루터를 본 후 종교개혁의 길에 들어선다. 어떤 학자는 그가 루터의 갈라디아서 주석에 심취했다고 하는데, 이 만남을 기점으로 그가 루터 저술을 읽기 시작했고 그 과정에 루터를 '신학자들 가운데 가장 진지하고 그리스도인들 가운데 가장 강력한 존경하는 아버지'라고 부르며 그를 따르는 '마르티안(Martian, 마르틴 루터의 추종자)'이 된 것 같다.

하이델베르크에서 석사학위를 받은 부처는 1520년 11월 평생 수도사로 살겠다고 서약한 수도원을 나섰다. 수도서약 파기 대신 마인츠 대주교를 돕던 친구 볼프강 카피도와 상의, 서약을 면제받는 방법을 택한다. 이후 2년간 세속 사제로 에베른부르크, 팔츠 선제후 프리드리히 궁정, 란트스툴, 바이센부르크 등에서 사역한 그는 1522년 여름 수녀였던 엘리자베트 질버아이즌(Elisabeth Silbereisen)과 결혼하면서 가톨릭교회의 옷을 벗는다. 결혼한 사제로서 교회의 기피인물이 된 부처는 어느 곳에서도 환영받지 못했고, 결국 아버지가 살던 스트라스부르로 발길을 옮겼다. 도미니칸수도회 동료였던 카피도와 헤디오 등이 1523년 3월경 스트라스부르에 부임했는데 아마도 부처는 그들의 이끌림을 받아 5월 이 도시에 들어선 듯하다.

하지만 부처의 스트라스부르 생활은 쉽지 않았다. 교회 지도부는 블랙리스트 인물인 그의 정착을 방해했고, 시의회 또한 성격이 과격한 것으로 알려진 그를 기피했다. 그는 아버지의 지원과 젤의 후원으로 성직자와 평신도를 위한 성서 강해를 하면서 점차 도시에 적응했고 시의 종교개혁에 동참한다. 1523년에 출판된 '누구나 자기 자신을 위해서가 아니라, 남을 위해 살아야 한다'(Das ym selbs niemant, sonder anderen leben soll, und wie der mensch dahyn kummen mog)는 설교 소책자는 시민들의 마음을 사로잡았고, 그는 1524년부터 성 아우렐리아교회(Saint Aurelie, 생트 오렐리)에서 목회를 시작할 수 있었다.

부처의 첫 목회지 아우렐리아교회

중앙역 인근의 아우렐리아 교회를 찾았다. 예배당 문은 열려 있었으나 마당 쪽 철문이 닫혀 있었고 교회에 들어가기 위해 이곳저곳을 오갔다. 교회를 한 바퀴 돌며 옛 예배당과 새 예배당 건물, 주택들이 밀집된 곳 출입문을 살폈지만 모두 닫혀 있었다. 결국 마르틴 부처 길이라 쓰인 곳에 서서 음악이 흘러나오는 교회당을 바라보는 것으로 만족해야 했다. 종교개혁 당시 교회는 정원사 또는 야채상인 조합(길드)에 의해 운영됐다. 그들은 부처를 담임설교자로 요청했고, 시의회의 동의로 부처는 교회에 부임했다.

이미 종교개혁자의 삶을 시작한 부처는 부임 직후부터 교회 갱신에 착수했고 맨 먼저 교회의 성유물과 성상 처리를 시도한다. 원래 이 교회는 1000년경 스트라스부르 베네딕토 수도원에서 은둔 수도자로 삶을 마감한 성녀 아우렐리아로부터 유래했다. 중세 시대 그녀의 신앙을 따라 많은 순례자들이 무덤을 찾아 순례를 왔고 그녀의 유골은 숭배의 대상이 됐다. 하지만 부처와 교회의 중직들은 그녀의 무덤을 열고 유골을 옮긴데 이어 교회 내의 성상을 하나씩 제거해 나갔다.

아쉽게도 교회 주변은 종교개혁 이후 개발되었고 무덤 흔적도 없을뿐더러 교회 건물 또한 파괴되어 1765년 다시 재건됐다. 또 현재 교회는 정기적으로 예배가 진행되긴 하지만 음악 공연 등 다양한 문화 행사의 장소로 사용되고 있다고 한다. 교회 내부에는 제단과 설교단이 있고, 후대에 마르틴 부처를 기념한 작은 동판이 부착되었다. 새로운 예배당 건물 옆에 매우 오래된 옛 건물이 있어 유심히 살핀다. 뒤편 출입문에는 'Gymnase Sainte Aureli'(생트 오렐리 체육관)이라는 명패가, 앞쪽 출입구엔 교회 복지단체의 명패가 있었다. 건물의 형태를 보았을 때 옛 교회의 예배당이거나 수도원 건물인 것 같았다. 어쩌면 부처가 활동했을 당시 이 건물이 옛 예배당이었고, 현재의 교회가 선 곳은 과거 무덤들이 있었던 교회 마당은 아니었을까? 들어갈 수 없는 예배당 철문을 부여잡고 이런 저런 생각을 해본다.

비록 그의 흔적은 찾을 수 없었지만 아우렐리아 교회는 마르틴 부처의 흔적을 정확히 기록하고 있었다. 교회가 강조한 것처럼 부처는 이곳에서 사역하면서 마테우스 젤, 안토니 피른, 볼프강 카피도, 카스퍼스 헤디오 등과 협력, 도시 종교개혁에 적극 참여했다. 1527년에는 '복음서 주석', '에베소서 주석', 1529년에는 '시편 주석'을 발간했는데, 이를 통해 부처가 복음적 설교에 집중하면서 목회자로서 헌신했음을 알 수 있다. 또 그는 1524년 재세례파 논란이 확산될 때에 재세례파에 반대하여 치리와 권징을 강조하는 교회론을 만들어 간다. 또 1529년 마르부르크의 종교회담에 헤디오와 함께 도시 대표로 참석, 중재자로서의 면모도 선보였다. 이처럼 아우렐리아교회는 부처가 첫 개혁교회 목회를 펼친 교회이며, 스트라스부르를 대표하는 종교개혁자로 서게 한 교회이다.

부처의 첫 목회지였던 아우렐리아교회를 나서 도시 종교개혁의 대표 교회인 토마스교회(Église Saint-Thomas)로 향했다. 교회 앞 안내판에서 부처가 1529년부터 1540년까지 이곳 목사로 있었다는 내용과 교회에서 알버트 슈바이처가 파이프 오르간을 연주했다는 기록

토마스교회는 마르틴 부처의 종교개혁 활동 중심지였다.

을 접할 수 있었다. 그러나 기대와 달리 교회 내부에는 부처의 작은 기념비를 제외하곤 이렇다 할 종교개혁 흔적을 찾을 수 없었고, 슈바이처가 연주했다는 오르간만 사람들의 이목을 끌고 있었다. 흔적이 없는 사람보다 사람의 손때가 묻은 유물이 더 기억되는 것은 인간에게 보편적인 것 같다. 그래서 '기억의 유품'을 절대화하고 '숭배'에 까지 이르렀는지도 모른다. 2020년 코로나 상황에서 몇 차례 교회 사무실과 담임목사께 방문 허락 이메일을 보냈고 주일 오전 예배 시간 성도들과 함께 예배를 드릴 수 있었다. 비록 코로나 상황과 휴가 시즌으로 예배 참석자는 적었지만 성찬식에도 참여하게 됐다. 더욱이 목사님은 설교를 마무리하며 독일어로 설교의 핵심을 정리하면서 독일에서 온 여행자를 배려해 주셨다. 예배 후 잠시 교회를 둘러보며 종교개혁자 부처의 삶을 떠올린다.

이미 아우렐리아교회에서 목회하던 때부터 부처는 스트라스부르 종교개혁을 대변하였다. 그런 그가 토마스교회에 부임한 후에 도시 종교개혁의 중추적 역할을 도맡아 하게 된다. 그는 1536년 '로마서 주석'을, 1537년엔 '예식서'를, 그리고 1538년 교회와 목회의 직분과 본질, 실천 등을 자세히 언급한

토마스교회 주일예배. 코로나 상황 속 소수가 예배에 함께 했다.

'참된 목회학' 등을 출간하며 종교개혁 교회의 틀과 사역 방법을 구체화했다. 이를 지켜 본 시의회는 1531년 교회 감독 임명을 모색했고, 도시 목회자들은 1533년 총회(Synode)를 통해 교회법에 의한 교회 감독과 목사회 구조를 정착시켜 나간다. 당시 스트라스부르는 7개 교구가 있었고, 각 교구에 3명의 감독을 선임하였으며 이들이 교인들의 삶을 관리 감독하고, 목사와 조력자, 교구 내 교회와 목회에 관한 문제를 의논, 처리했다. 이렇게 도시의 종교개혁자들은 전체 도시 교회와 성도들의 신앙 문제를 처리하는 치리회(지방회 또는 총회)를 만든 것이다. 이 과정을 통해 스트라스부르의 개혁교회가 공식적으로 조직됐다.

개혁교회의 새로운 제도는 부처 주도로 1530년에 작성한 '4개 도시 신앙고백서'를 시의회가 공식 채택하고 1534년 16개 조항의 새 교회법을 승인하면서 만들어졌다. 다만 시의회는 독립적인 교회 감독회의 운영은 반대했다. 감독회의가 시의회와 다른 독자적인 결정을 내리거나 치리를 시행하는 것을 우려한 것이다. 그러나 이 제도(스트라스부르의 감독회)는 칼뱅에 의해 권한이 보다 강화된 제네바 개혁교회 치리회 제도로 이어졌고, 오늘날 전 세계 개혁교회의 운영형태로 자리 잡게 된다. 결국 스트라스부르에 처음 정착된 교회 제도는 오늘날 개신교회 제도의 뿌리라 말할 수 있을 것이다.

부처의 삶에서 우리가 주목할 부분은 개혁교회 입장을 고수하면서도 형제 사이에 생겨난 차이와 갈등을 중재하려는 에큐메니칼 태도다. 부처는 1530~40년대 종교개혁 진영의 입장차이 조율과 독일 내 가톨릭교회와 개신교회의 대화에 주도적으로 참여했다. 1534년 프랑스 종교개혁 확산을 위해 멜란히톤을 파리로 초청하기도 했고, 1536년 루터와 함께 서명한 '비텐베르크 일치신조'를 탄생시키기도 했다. 또한 1541년 레겐스부르크를 시작으로 개신교와 가톨릭의 대화모임을 이끌었으며 1542년에는 쾰른의 가톨릭교회 갱신을 위해 노력하는 등 개신교와 가톨릭을 넘나들면서 바람직한 교회의 모습, 갱신된 교회를 위해 노력했다.

그러나 안타깝게도 부처의 스트라스부르 사역은 중단돼야 했다. 슈말칼텐 전쟁에서 개신교 제후의 군대가 황제와 가톨릭 제후의 군대에 패배하면서 각 도시에서 가톨릭 복귀 움직임이 전개되었기 때문이다. 전쟁 이후 '설교자의 결혼'과 '이종배찬'(빵과 포도주 모두를 받는 성찬)을 빼고 가톨릭 신앙으로 복귀할 것을 명령한 아우구스부르크 잠정안이 만들어졌고 든든한 제후의 보호가 없던 스트라스부르 목회자들은 도시를 떠나야 했다. 그렇게 1549년 영국으로 망명한 부처는 '그리스도의 왕국론'을 저술하며 교회와 사회 개혁을 위한 포괄적인 청사진을 저술하며 영국 종교개혁을 도왔다. 하지만 고향을 그리던 그는 2년 만에 하늘의 부름을 받았고

교회 한 구석에 있는 부처 기념비

이 땅에서의 사역을 마무리했다.

  열정적으로 유럽 각 나라 종교개혁에 영향을 준 부처의 삶에 비해 토마스교회의 기억은 너무 빈약했다. 교회 한 곳 구석에 그를 기념하는 기념비가 있었다. 오히려 교회 내부에는 1130년대 주교 아델로그(Adeloch)의 로마네스크 석관(sarcophage roman)과 1776년 교회 강단에 세워진 작센의 모리스 백작(Maurice de Saxe)의 영묘(Mausolée)가 더욱 비중 있게 자리하고 있었다. 종교개혁 이후 재가톨릭화 된 때문일 수도 있고, 독일과는 다른 프랑스인의 특성 때문일 수도 있을 것이다. 개신교인으로 프랑스의 유명한 장군인 작센의 모리스가 교회 정중앙에 묻힌 사실로 위안을 삼아야 하는 것은 아닐까.

  아쉬움에 교회 주변을 거닐다 종교개혁과 관련된 또 다른 흔적을 만날 수 있었다. 바로 부처와 카피도가 1523년 스트라스부르 목회자들의 성서연구를 위해 만든 모임 흔적이다. 건물 정문에는 1544년 카스퍼 헤디오에 의해 학생들의 신학공부를 위해 설립된 '콜로키움 빌헬미타눔(Collegium Wilhelmitanum)'이 이곳에 있었다는 안내판이 있었다. 처음 신학연구 모임은 카피도의 집에서 시작되었는데 나중에 도미니칸 수도원으로 옮겨졌고 1538년에는 요하네스 슈투름을 초청해 김나지움으로 발전했다. 이 학교가 1556년 스트라스부르 아카데미를 거쳐 대학이 된다. 그런 역사를 배경으로 토마스교회 옆 건물은 부처를 비롯한 스트라스부르의 종교교육, 교육개혁의 첫 출발지였다고 말할 수 있을 것이다.

  그곳 인근에 있는 '개신교 신학교(Seminaire

토마스교회 옆 개신교 신학부 건물

Protestant)'라고 쓰인 옛 건물에는 대학 신학부 연구소와 알자스와 로트링겐 지방 개신교 본부 등이 자리하고 있었다. 건물에는 1903년부터 1906년까지 알버트 슈바이처 박사가 이끌었다는 작은 기록도 남겨 있었다. 그곳 건물 안에서 종교개혁 관련 자료를 만날 수 있었다. 프랑스어로 된 자료들 중에는 루터의 얼굴이 새겨진 종교개혁 세미나와 행사 책자도 있다. 종교개혁은 언제나 유럽교회의 핵심 관심사이고, 그것은 오늘도 계속되어야 한다는 사실을 느끼게 된다.

그곳을 나서 마르틴 부처가 살았다는 집을 찾았다. 부처는 그의 아내가 도시에 창궐한 페스트로 죽음을 맞은 후 1542년 재혼했는데 그 시기에 살던 집의 흔적이 남겨진 것이다. 물론 골목 안쪽에 있는 현재의 건물은 부처가 살던 당시 형태는 아니지만 오랫동안 목회자 사택으로 쓰였을 가능성이 있는 곳이다. 그곳에 오래되진 않은 듯 작은 기념명패가 부착되어 있었다. "Martin Bucer 1491-1551, Jean Calvin 1509-1564, Résidence du Réformateur Strasbourgeois Martin Bucer qui y Héberge Jean Calvin de 1538 à Septembre 1540 avant son mariage avec Ideltte de Bure. Jean Calvin est appelé à Srasbourg pour être le Pasteur de la communauté des Réfugiés Français.(마르틴 부처 1491-1551, 장 칼뱅 1509-1564, 이들레트 드 뷔르와 결혼하기 전 1538년부터 1540년 9월까지 장 칼뱅

마르틴 부처의 집

마르틴 부처의 집 기념비

이 살았고 그를 그곳에서 초대한 스트라스부르의 종교개혁자 마르틴 부처의 거주지. 장 칼뱅은 스트라스부르 프랑스 난민 공동체의 목사로 부름 받았다.)" 안타깝게도 부처가 아니라 칼뱅이 중심이었다. 도시의 공식 안내판이고 현대에 칼뱅이 더욱 주목받는 인물임은 분명하지만 좀 아쉬움이 든다. 그곳 건물 앞에 서서 칼뱅이 아니라 500여 년 전 어느 날 그곳에서 글을 쓰고 종교개혁 진영의 하나 됨과 그의 도시, 나아가 유럽 전체 종교개혁을 위해 기도했을 부처를 떠올린다. 작은 마당 쪽 출입문을 부여잡고 잠시 눈을 감았다. "하나님, 그처럼 교회의 갱신과 개혁을 위해 기도하는 사람이 되게 하옵소서."

5. 스트라스부르 대학과 오늘의 종교개혁

토마스교회를 뒤로한 채 스트라스부르 대학으로 향했다. 대학은 1621년 설립되었는데 당시 독일 대학들에 비해 매우 늦은 편이다. 중세 대학들이 대부분 교회나 강력한 힘을 가진 제후에 의해 설립됐다는 점을 고려해 볼 때 강력한 정치군사력이 없는 자유도시의 대학 설립은 보편적으로 늦은 것은 아닐까 생각해 본다. 또 그런 이유로 종교개혁 전후 도시 지도부 상당수가 인근 지역 대학 출신, 특히 프라이부르크 대학 출신들이 많았던 것으로 보인다.

그런데 자료를 찾다가 스트라스부르 대학이 '1538년 설립된 루터교회의 김나지움에서 유래하였고, 1566년 김나지움이 아카데미로 바뀌었으며, 1621년 완전한 대학의 지위를 받았다'(Sie ging aus einem lutherischen Gymnasium hervor, das 1538 gegründet wurde. Im Jahr 1566 wurde das Gymnasium in eine Akademie umgewandelt und diese erhielt 1621 den Status einer Volluniversität)는 내용을 확인할 수 있었다. 그렇다면 이 대학 또한 결국은 종교개혁을 배경으로 형성됐고 대학 설립 역사도 더욱 거슬러 올라갈 수 있다. 종교개혁 역사를 밟아오면서 마르틴 부처가 스

스트라스부르대학교. 종교개혁자들에 의해 만들어진 학교에서 대학 역사가 시작되었다.

트라스부르에 온 1523년 마태우스 젤의 집에서 작은 그룹의 학생들을 대상으로 강의했고, 이 모임이 종교개혁이 본격화되면서 카피도의 집에서 진행된 신학연구 모임으로 확대되었다. 이 모임이 나중에 도미니칸 수도원(새교회, 1531년) 건물로 옮겨 운영되었고, 1538년 요하네스 슈투름의 주도 아래 김나지움으로 발전되었다. 이 김나지움이 아카데미로 바뀌었다가 1621년 대학이 된 것이다. 결국 스트라스부르 대학은 성서와 종교개혁에 바탕을 둔 신학 연구모임에서 태동했음이 분명하다.

스트라스부르 대학의 오래된 건물 앞에 서서 건물 전체를 차분히 살핀다. 옛 건물은 궁궐 건물처럼 보였다. 건물 중앙에는 햇불과 승리의 월계관을 든 여성상이 서 있고, 건물 위편에는 여러 명의 인물상이 대학과 옛 도시를 바라보고 있었다. 중앙의 동상은 상아탑으로서 대학을 상징하는 것 같다. 그 아래에는 라틴어로 'litteris et patriae'가 적혀 있는데 '문자들과 나라(땅)'를 의미했다. 왜 이 말이 대학 건물 중앙에 적혀 있을까? 언어가 있어야 나라가 있다는 것인지, 아니면 학문의 영역에서 중요한 것이 언어이고, 이곳에 들어서는 사람들은 학문을 통해 나라(땅)를 위해 일해야 한다는 것을 의미하는 것인지, 정확한 의도는 모르겠다.

건물의 좌우 4명의 동상 아래에는 이름이 새겨져 있었는데 왼편에는 루터,

스트라스부르대학교 건물 인물상

라이프치히, 케플러, 요한 슈투름이, 오른편에는 칸트, 가우스, 요한 뮐러, 사비니라는 이름이다. 모두 독일 땅에서 태어나 각 학문 분야에서 최고의 영향력을 발휘한 사람들이다. 루터는 신학자요 종교개혁자로서, 라이프치히는 철학과 수학자로서, 케플러는 천문학으로, 슈투름은 교육자로서, 칸트는 철학자로, 가우스는 수학자로, 뮐러는 생리학자로, 사비니는 법학자로 일했다. 이들은 자신의 분야에서 헌신적으로 활동해 독일, 나아가 유럽의 학문을 한 단계 발전시킨 인물들이다.

그런데 이들은 스트라스부르 대학 출신도 아니며 요한 슈투름을 빼고는 이 도시와도 밀접한 관련이 없는 사람들이다. 더욱이 현재는 프랑스 땅인 이곳에 독일의 학자들로 알려진 인물이 스트라스부르 대학을 상징하는 건물에 세워진 것은 어울리지 않는 조합이다. 도시가 독일 땅이던 때 건축된 때문일 수도 있다는 생각에 건축시기를 찾아봤다. 인물의 생몰연대를 추정해보면 아마도 독일(프러시아)이 프랑스와의 전쟁에서 이긴 후(1870년대)부터 1차 대전 이후 프랑스 땅이 되기 전(1918년) 시기인 것 같다. 그런데 놀라운 것은 프랑스와 대학 당국, 알자스 지방 사람들이 전쟁의 상처와 아픔 속에서도 독일 학자의 동상을 유지하고 있다는 점이다. 유럽이 기본적으로 '동상 문화'이고 성상을 우상 숭배라는 이유로 파괴해 버린 교회도 나중에 사회 속 위대한 인물을 동상으로 기리는 풍토를 일부 수용했다. 그래도 '주적'인 독일의 인물 동상을 놔둔다는 것은 쉽지 않다. 문화를 중요시하는 프랑스인의 민족성이나 알자스 지방의 독특한 역사, 그리고 프랑스만의 관용정신에 의한 것은 아닐까 생각한다. 유럽, 유럽인의 또 다른 모습이 느껴진다.

대학 건물을 한 바퀴 돌아 건물에 있는 다른 인물들을 살피다가 루터의 옆쪽으로 칼뱅과 츠빙글리, 멜란히톤의 모습을 보았다. 아마도 종교개혁 또는 신학 관련 인물은 이들이 전부인 것 같다. 마르틴 부처를 찾기 위해 노력했지만 그곳 어디에도 없었다. 그는 종교개혁자로서 역할과 도시에 대한 기여도를 고려하면 반드시 있어야 할 인물이다. 부처는 도시의 종교개혁에 힘쓰다 재가톨릭화가 시행되던 시기 영국으로 망명해야만 했다. 그리고 그는 도시 사람들에게 잊혀졌다. 그래서 도시민들은 대학 건물에 종교개혁자들을 세울 때 그를 넣지 않은 것이다. '잊혀진 종교개혁자', 마르틴 부처에 대한 안타까움이 몰려온다.

스트라스부르대학교 신학부 건물 내부

건물 외부를 둘러본 후 한 학생을 따라 건물 안으로 들어섰다. 그곳 건물 1층이 신학부 건물로 사용되고 있었다. 현관을 중심으로 1층 왼편에는 개신교 신학부 강의실과 신학부 도서관이 있었고 오른편에는 가톨릭 신학부 강의실이 있었다. 정확한 구조나 신학부 운영 형태는 알지 못하나 현재 유럽의 대학들처럼 신학부 내에 가톨릭과 개신교 파트가 모두 운영되는 듯하다. 그렇다면 종교개혁의 입장을 분명히 하면서 마르틴 부처가 개혁진영 내의 하나 됨과 가톨릭과의 대화를 포기하지 않았던 것처럼 이 대학에서 부처의 이름과 의미는 더욱 중요하다고 생각된다. 빨리 그의 위상이 이 대학에서 분명해지길 기대해본다.

스트라스부르대학교 중앙도서관

신학부 도서관 앞에 종교개혁(루터) 관련 서적이 전시된 것을 확인할 수 있었다. 종교개혁 500주년(2017년)을 전후로 다양한 세미나와 함께 저술들이 출간되었던 것이다. 유럽에서 이 시기는 사람들에게 종교개혁의 역사, 그리고 오늘의 개혁 과제를 상기시키는 좋은 계기였다. 좁게는 종교적으로 오늘의 교회 상황과 미래 방향성을 논의하고 그리스도교의 범주를 넘어 다양한 종교들이 종교개혁 방향성을 함께 논의할 수 있었다. 또한 사회적으로 루터의 종교개혁이 로마교회 개혁을 넘어 유럽 전체의 정치, 사회, 교육, 학문, 문화 등 모든 부분의 개혁을 추동하는 힘이 된 것처럼 우리 사회의 개혁과제를 함께 만들고 노력하는 계기도 가능했다. 물론 그 성과가 어떻게 나타날지는 좀 더 지켜봐야 하지만 유럽의 합리적 논의나 일희일비가 아닌 미래를 바라보는 심도 깊은 논의 태도는 본받을 필요가 있다.

건물을 나서다가 창밖으로 보이는 도서관 내부와 그곳에서 책을 보는 학생들을 한참 바라봤다. 그리고 그들에게 마음속으로 말을 걸었다. '1517년 루터는 면죄부에 대한 95개 논제로 종교개혁을 시작했다. 그리고 500년 후 우리는 어떻게 개혁되어야 하는지, 우리 사회를 어떻게 바르게 세워야 하는지 생각해야 한다. 다만 우리의 노력은 새로운 교회 설립으로 이어진 분열이 아니라 함께 갱신하고, 다름 속 연합과 일치를 위해 함께 노력하는 형태로 나타나야 한다. 그렇다면 우리는 마르틴 부처를 오늘 더욱 관심갖고 살펴야 한다. 부처의 노력으로 시작된 대학에 재학 중인 그대들, 신학부 도서관에서 열심히 공부하고 있는 그대들의 역할이 크다는 것을 기억했으면 좋겠다.' 그들에게 하는 부탁이 아니라 나에게 외치는 소리이기도 하다.

6. 스트라스부르와 칼뱅의 사역

칼뱅을 말할 때 사람들은 제네바를 떠올린다. 하지만 그의 종교개혁 활동에서 제네바만큼 중요한 곳이 바로 스트라스부르이다. 그는 제네바에서 첫 사역을 펼치다 시의회와 갈등을 겪은 후 추방되었으며 1538년부터 1541년까지 이 곳에 머물렀다. 이 때 도시의 종교개혁자들과 함께 활동하면서 그는 많은 것을 정리했고, 첫 활동의 반성과 향후 활동의 방향성을 깊이 체득했다. 그런 이유로 스트라스부르는 칼뱅의 2기 제네바 활동에 자양분을 제공했다고 말할 수 있다.

1) 새 교회(Temple Neuf)

칼뱅은 1538년 9월 스트라스부르에 도착했고, 부처와 요하네스 슈투름 등에 의해 설립된 아카데미(당시 김나지움) 강사로 활동했으며 프랑스 왕의 탄압을 피해 도망 온 개신교인을 위해 교회(부끌리에교회)를 세워 목회했다. 프랑스 망명자 교회는 도미니칸수도원 교회였던 새 교회(Temple Neuf, Neukirche)에서 시작되었다. (처음 프랑스인 망명자들은 니콜라이교회에서 예

프랑스인 망명자 예배가 처음 시작된 새 교회

배드렸고 새교회로 옮긴 후 본격적인 망명교회가 됐다는 견해도 있다.) 종교개혁자 칼뱅이 도착했다는 소식을 접한 프랑스인들은 그를 찾았고 자연스럽게 프랑스어 예배가 시작됐다. '부끌리에교회'(방패교회)라는 이름이 정확히 언제 붙여진 것

새 교회 내부. 칼뱅은 이곳 어딘가에서 프랑스인 망명교회를 이끌었다.

인지는 불분명하지만 예배공동체는 자연스럽게 교회란 이름을 얻게 되었다.

칼뱅이 스트라스부르에 온 것은 부처에 의해서이다. 그는 왜 칼뱅을 부른 것일까? 우리는 칼뱅이 도시에 온 직후 부끌리에교회를 개척하고 가르치는 사역을 한 것에서 그의 생각을 읽을 수 있다. 종교개혁 당시 프랑스 정부와 가톨릭교회는 프로테스탄트를 탄압했고 많은 프랑스인이 고향을 떠나 독일과 스위스 등으로 피신했다. 당시 국경 밖 도시 스트라스부르에는 400여명이 넘는 프랑스 개신교인들이 피신했고 부처는 이들을 이끌 인물이 필요하다고 생각했던 것 같다. 또한 '기독교강요'를 통해 잘 알려진 칼뱅이 동시에 종교개혁자 양성을 위한 교수로 사역하면 도시 종교개혁에도 큰 도움이 될 것이라 판단한 듯하다.

새 교회 문 앞에 있는 안내판에는 '1531년부터 교육목적을 위해 사용되었고, 장 칼뱅이 1538년 프랑스인 교회를 세웠다'는 내용이 적혀 있었다. 프랑스혁명 시기에 공공도서관 및 자료보관실로 쓰인 교회는 프랑스와 독일의 전쟁으로 파괴되었다가 1871년 새롭게 재건축되었다. 피아노 연주 소리가 들려오는 교회에 들어가 이곳저곳을 살핀다. 마침 교회에는 '150 ans Destruction de L'ancien Temple Neuf,(옛날 새 교회의 파괴 150주년)'이라는 교회 역사 전시가 있었다. 그 자료의 한 장을 차지하는 'Paroisse réformée de réfugiés'(망명자 개혁교회 시대) 부분을 꼼꼼히 살핀다. 읽을 수 없는 프랑스어 대신 1540년 예배 장면을 그린 그림을 보며 칼뱅의 사역을 떠올려본다. 칼뱅은 이곳에서 프랑스 망명자(난민)를 위해 설교했고, 자신의 이름을 널리 알린 저서 '기독교 강요' 증보 개정판과 프랑스어 번역본, 로마서 주석 등을 출판했다. 또 부처와 함께 개신교

전시 중 프랑스 망명자교회 시대 부분

와 가톨릭 대화에 참여하였다. 그는 이 시기를 자신의 인생에 가장 행복한 시기였다고 회고했다. 아마도 부처의 중매로 1540년 이들레트 드 뷔르(Ideltte de Bure)와 결혼한 것과 함께 많은 종교개혁자들과 교류하면서 설교와 저술, 강의로 자신의 생각을 마음껏 피력할 수 있었기 때문일 것이다.

자료를 보다가 이곳에 중세 신비주의자로 루터에게 영향을 끼친 '요한 타울러(Johannes Tauler)'의 석관 덮개(la dalle funéraire)가 있다는 것을 알게 됐다. 마이스터 에크하르트의 제자인 타울러는 '독일신학(Theologia Deutsch)'의 저자로 알려졌는데, 스트라스부르에서 태어나 도미니칸 수도사로 활동했으며 나중에 수도원한 곳에 묻혔다고 한다. 그의 석관 덮개를 살피지만 특별한 것은 느낄 수 없다. 그가 어떤 내용을 썼기에 루터가 큰 관심을 가졌던 것일까? 또 칼뱅은 왜 '교회를 죽이는 숨은 독이 포함된 것'이라고 언급했을까? 혹시나 이곳에서 목회하던 시기 칼뱅은 타울러에 대해 알고 있었던 것은 아니었을까?

2) 부끌리에교회

오늘의 부끌리에교회

부끌리에교회 문 앞 기념비

칼뱅은 새교회에 프랑스인 예배 공동체를 설립했지만 3년 후 제네바로 돌아가야만 했다. 시의회가 제네바 종교개혁을 위해 칼뱅을 필요로 했고, 그를 제네바로 이끈 파렐도 간곡히 부탁했기 때문이다. 제네바 시의회의 요청을 받은 스트라스부르는 조건부로 이를 수용했다고 한다. 그가 사역하던 교회는 칼뱅의 뒤를 이어 피에르 브륄리(Pierre Brully, 1541-1544)가 배턴을 이어 목회를 했다.

하지만 칼뱅이 사역했던 프랑스인 교회는 1544년경 문을 닫아야만 했다. 정확한 역사 기록은 알 수 없지만 슈말칼텐 전쟁에서 개신교 진영이 패하면서 스트라스부르는 재가톨릭화 되었고, 프랑스인 망명자 교회는 폐쇄된 때문일 것이다. 그 시기 프랑스인 공동체는 흩어졌거나 아니면 목회자 추방 후 음지로 숨어들 수밖에 없었다. 하지만 종교의 자유가 이뤄진 이후 칼뱅의 역사를 기억하던 스트라스부르 개신교인들은 1788~90년 사이에 부끌리에교회를 다시 설립하였다.

부끌리에교회를 찾아 가면서 혹시 문이 닫혀있지 않을까 하는 걱정을 하며 걸었다. 그런데 조바심과 달리 부끌리에의 문은 활짝 열려 있었다. 골목 안쪽의 교회 대문만이 아니라 조심스럽게 연 예배당의 문 또한 누구나 찾아올 수 있도록 열려 있었다. 아마도 교회는 부처와 함께 칼뱅을 찾아 온 순례자의 발걸음을 환영하는 것 같다. 교회 정문에서 '프랑스 피난민 교회의 최초 목사를 기념함. 장 칼뱅(1538-1541), 삐에르 브륄리(1541-1544)'라는 기념비를 만날 수 있었다. 이 교회의 역사가 어디에 기초하고 있는지를 상징하는 내용이었다. 비록 후대에 세운 교회일지라도 부끌리에교회는 설립자의 정신을 이어 나가기 위해 노력하고 있다는 점에서 이 명패는 교회의 기초석으로 보아도 무방하다.

교회당 밖을 한 바퀴 둘러본 후 교회 내부에 들어섰다. 자료에 따르면 현재의 교회는 기존 교회를 기초로 1905년에 새로 건축했다고 한다. 당연히 교회 내부는 칼뱅 당시의 것도, 옛 모습을 복원한 형태도 아니다. 그럼에도 예배당 내부는 칼뱅 당시의 모습처럼 성화나 성상, 교회 장식을 찾을 수 없을 정도로 단출했다. 유일한 장식이 있다면 작은 십자가와 성서로 장식된 강단, 설교단이 전부였다. 강대상 위에는 프랑스어 성서가 펼쳐져 있었고, 강단 뒤편 벽에는 설교단이 놓여, 목회자가 성도들을 바라보며 하나님의 말씀을 선포토록 하고 있었다.

사실상 성서와 설교단만 놓인 강단은 개신교회가 지향하는 말씀 중심의 교회를 생각하게 한다. 또한 말씀 이외에 그림이나 장식 등을 우상시하며 반대했던 개혁파 전통을 반영해 교회 내부를 꾸민 것으로 생각됐다. 스트라스

부끌리에교회는 칼뱅의 개혁주의 전통을 지키고 있다.

부르의 종교개혁자들은 말씀을 강조하면서 그리스도 지체로서의 교회, 상호적인 사랑의 공동체로서의 교회를 강조했다. 아마도 칼뱅의 후손, 부끌리에 교회 성도들은 스트라스부르의 전통과 칼뱅의 가르침에 따라 교회 내부를 장식했을 것이다. 그런 때문인지, 아니면 그렇게 생각해서인지 칼뱅 설교단은 그가 직접 설교했던 당시의 것인 양 착각에 빠지게 한다. 두 번째 부끌리에 교회를 방문했을 때는 예배에 참석하여 그곳을 담임하는 젊은 목회자의 설교를 들을 수 있었다. 차분한 그의 목소리와 깔끔한 예배 진행을 보며 부끌리에 교회의 전통과 미래의 모습을 가늠케됐다.

칼뱅은 스트라스부르에 도착한 후 한동안 부처의 집에 머물렀고 결혼하면서 새 집으로 이사해 살게 된다. 부끌리에교회 옆에는 그가 살았던 것으로 추정되는 집이 있었는데 교회 부속 건물로 사용되고 있었다. 칼뱅이 살았을 수도 있지만 이 건물은 후대에 목회자 사택 또는 교회의 부속 건물로 사용되었다는 생각이 든다. 3층으로 된 건물은 많은 방을 가지고 있는 듯 크고 넓어 보였다. 칼뱅 당시에도 사용된 건물이라면 아마도 망명자로서 칼뱅이 다른 망명자들과 함께 삶을 꾸려갔을 가능성이 높기에 그 건물은 프랑스 망명자를 위한 집이었을 것이다. 칼뱅은 이 곳에서 부처를 중심으로 펼쳐진 스트라스부르의 종교개혁을 보며 제네바의 종교개혁, 그리고 나아가 자신의 고향인 프랑스의 종교개혁을 고민했을 것이다. 또한 프랑스 난민들에게 전할 말씀을 준비하면서 성서를 연구했고, 학생들을 가르치면서 '기독교 강요' 개정판과 '로마서 주석' 등을 집필했다. 어쩌면 스트라스부르, 그리고 마르틴 부처가 있었기에 제네바의 칼뱅이 가능했다는 생각이 머리 속에서 지워지지 않는다.

3) 쁘띠 프랑스

종교개혁 당시 스트라스부르는 프랑스 국경지대의 도시, 독일(신성로마제국)

'쁘띠 프랑스'는 프랑스인 망명자들이 살던 곳으로 목조건물들이 아름답다.

의 영토였기에 프랑스인 개신교도들이 많이 망명했다. 이들 망명자들은 도시 운하 주변에 머물렀고, 자연스럽게 집단 거주지가 형성된다. 그들이 머물렀던 곳이 지금 '쁘띠 프랑스'로 불리는 곳으로, 이곳에는 16~17세기에 지어진 전형적인 알자스 지방의 목조 건물과 운하를 보기 위해 수많은 관광객이 찾는다. '쁘띠 프랑스'(작은 프랑스)라는 명칭은 종교개혁 당시 프랑스의 왕인 프랑수와 1세가 명명했다고 한다.

쁘띠 프랑스 입구에서 오래된 교회 건물을 만났다. 1868년 설립된 감리교회로, 다소 의외였다. 독일과 프랑스를 오고 간 도시에, 프랑스 망명자들이 많이 거주했던 쁘띠 프랑스에, 영국 국교회로부터 태동한 감리교회가 있다니. 나폴레옹 시기 프랑스 개혁교회는 다시 자유를 얻었고, 유럽의 다른 나라들은 선교사를 파송해 교회를 설립했다. 감리교회도 그런 과정을 거쳤고 60~70여년이 지난 후 이곳에 교회를 세운 것이다. 교회 안내판에서 이곳에 한국인 공동체(한인연합교회)가 매주일 예배를 드리고 있음을 알게 됐다. 감리교회는 뜨거운 신앙과 복음전도의 열정을 가진 웨슬리로부터 시작된 교회 아닌가? 루터교회와 칼뱅의 개혁교회, 웨슬리의 감리교회 모두 종교개혁 전통

감리교회 1층에 설치된 작은 성서박물관

아래 서 있는 교회다. 그 '연합'의 정신이 오늘 스트라스부르에 펼쳐져 있음이다.

　마침 열려 있는 교회를 둘러볼 수 있었다. 그런데 1층에 성서에 관한 작은 박물관이 마련되어 있었다. 상설적인 전시인지는 불분명하지만 쁘띠 프랑스를 방문하는 도시민들과 관광객들을 위한 선교 목적인 듯 보였다. 그곳에서 성서와 종교개혁, 루터를 비롯해 많은 유명인사들이 성서에 관해 말한 내용을 만났다. 글 중에서 아브라함 링컨이 한 "나는 성서가 하나님께서 우리에게 주신 최고의 선물이라고 믿는다. 이 책으로 세상에 구주의 무한한 선함이 우리에게 전해진다."는 말이 눈길을 끌었다.

　교회를 지나쳐 좁은 길 사이로 펼쳐진 건물들을 살펴 나갔다. 골목 양측에는 3~4층 높이의 집들이 이어져 있었고 1층에는 레스토랑과 수공예품 판매점, 기념품 가게들이 손님을 기다리고 있었다. 과거 프랑스 망명자들은 이곳에서 자신이 가진 기술을 이용해 제품을 만들고 판매했으며 이를 통해 타향살이를 견뎌 나갔다. 이들은 주일에 교회를 찾아 칼뱅의 설교를 들으며 개신교인으로서 신앙을 지켰다. 또한 자신들의 조국 프랑스가 개혁신앙으로 변화되기를 바라며 함께 기도했다. 바로 그 현장의 정취를 느끼며 좁은 골목을 거닌다.

　평일 방문에다 아직 쌀쌀한 날씨 때문인 듯 골목을 거니는 이는 많지 않았다. 조용한 거리를 거닐며 아름다운 목조 건물에 눈길을 보냈다. 귀에 들려오는 물소리를 듣기 위해 조용히 눈을 감기도 했고 숨을 들이마시며 옛 냄새를 맡기도 했다. 아마도 종교개혁 당시 이곳은 매우 시끌벅적 했을 것 같다. 어느 날엔가 칼뱅은 동향의 사람, 성도들을 만나기 위해 이곳을 찾아왔을 것이라는 생각을 해본다. 마태우스 젤과 마르틴 부처의 목회를 본 칼뱅은 아마도 성도들의 삶을 돌보는 목회자로서 이곳을 찾았고, 그들의 삶을 위로하고 격려했을 것이다. 고단한 삶의 한 시점에 이뤄진 목회자의 방문과 기도, 하나님의 말씀은 성도들에게 큰 힘이 되었음이 확실하다.

7. 스트라스부르의 교회들 : 페터교회, 니콜라이교회 등

종교개혁시기 스트라스부르 시내에는 17개의 교회(수도원 포함)가 있었다. 2만 여명이 살던 도시에 대성당을 포함해 17개 교회가 있었다는 사실은 이 도시가 신앙적 열심을 간직한 도시였음을 보여준다. 도시 이곳저곳을 거닐면서 종교개혁 시기에 존재한 여러 옛 교회를 만났다. 비록 종교개혁에서 중심적 역할은 하

옛 페터교회. 가톨릭과 개혁자들이 같은 장소에서 따로 예배드렸다.

지 않았을지라도 이들 교회도 나름대로의 역사의 흔적을 간직한 채 순례자의 발걸음을 기다리고 있었다.

첫 번째로 만난 교회는 '페터'(베드로, Saint-Pierre)로 불리는 2개의 교회다. 한국어로 번역하면 옛(Alt) 페터교회와 젊은(Jung) 페터교회라고 불러야 할 듯하다. 옛 페터교회는 로마시대인 4세기 기독교인 거주 지역에서 기원된 교회로 14세기에 현재의 교회가 설립되었다고 한다. 종교개혁 시기 옛 페터교회는 개신교회가 되었고 종교개혁에 앞장서게 된다. 하지만 교회는 하나의 아픔을 담

고 있었다. 1682년 프랑스 영토가 되면서 가톨릭교회로 되돌려졌고, 개신교회 또한 공동체를 유지하면서 두 개의 공동체(가톨릭과 개신교회)가 한 건물에 공존하게 된 것이다.

기록에는 교회 제단과 회중석 부분에 벽과 문을 만들고 이곳을 경계로 두 공동체가 예배를 따로 드렸다고 한다. 물론 상당한 논쟁과 갈등을 거친 후 분리가 이뤄졌을 것이고 상호 협의를 통해 예배 시간을 조정했을 가능성도 있다. 기록만으로는 정확한 내용을 알기 어려웠다. 다만 교회 안내문에는 2012년 교회일치의 상징으로 그 문이 철거되었다고 적혀 있었다. 예배당 한 쪽 순백색의 마리아상, 본당 정면 쪽 베드로를 상징하는 교황의 관과 열쇠로 장식된 창문이 눈에 들어왔다. 가톨릭교회의 흔적인 듯하다.

사실 스트라스부르는 때론 독일 땅으로, 때론 프랑스 땅에 속했다. 지금은 프랑스 땅이지만 그런 역사로 독일인과 프랑스인으로 불리기보다 '알자스'라는 이름을 더 많이 사용한다. 어느 곳에 속함을 통해 자신의 정체성을 드러내기보다 자신만의 특징과 모습으로 서 있고자 한다. 그렇다. 우리들도 '가톨릭'과 '기독교'라는 소속보다는 '그리스도'의 이름, '교회(그리스도인 공동체)'라는 이름을 더욱 중요시하면 어떨까? 우리의 소속감은 종교적 틀이나 영역보다는 '그리스도인'이라는 정체성에 있기 때문이다. 물론 그렇게 생각한다고 우리가 속한 '개신교회', '카톨릭교회'라는 정체성, '장로교', '감리교', '성결교'라는 정체성은 훼손되지 않는다. 다만 우리가 보다 중요시 여겨야 할 것이 무엇인지 생각하고 그에 집중하는 태도를 갖자는 것이다. 두 개의 공동체를 품었던 페터교회에서 그런 생각이 갑자기 들었다.

옛 페터교회에서 좀 떨어진 곳에 젊은 페터교회가 있다. 처음엔 하나의 '페터교회'가 가톨릭, 개신교회로 나뉜 것 아닌가 하는 생각도 했다. 하지만 두 교회는 종교개혁시기 이전부터 스트라스부르에 있었다. 교회 문 앞 안내문에는 젊은 페터교회가 1250년부터 1320년 사이 건축되었고 1524년부터 종교개혁 입장에 섰으며, 볼프강 카피도가 첫 번째 목사로 사역했다고 적혀 있었다. 볼프강 카피도. 그는 마태우스 젤, 마르틴 부처와 함께 스트라스부르 종교개혁을 이끈 인물이다. 그는 잉골스타트(현 뮌헨대학교)와 하이델베르크에서 공부하고 프라이부르크대학교에서 박사학위를 받은 실력 있는 인물이다. 한 때 그는 루터의 반대편에 선 마인츠 대주교 알브레히트를 보좌하기도 했다. 그런데 그가 1523년 스트라스부르로 왔고, 이후 대학 동문인 마태우스 젤과 수도회 동료였던 마르틴 부처와 함께 종교개혁에 힘썼다. 카피도는 1524년부터 설교자(목사)로서 이 교회에서 헌신적으로 목회했고 1541년 페스트로 죽기 전까지 최선을 다했다.

젊은 페터교회. 볼프강 카피도가 목회했다.

교회 내부에 들어섰다. 아름다웠다. 제단의 성직자 공간과 회중석을 나누는 레트너(독, Lettner, 라틴어 lectorium, 수도원교회에서 성직자 또는 수도사들이 예배드리는 공간과 일반 회중이 있는 공간은 철저히 구분되었고, 두 장소를 구분하는 문이나 벽이 돌과 나무로 설치됐다.)는 화려한 그림으로 장식되어 있었고, 본당 뒤편 벽에는 디베랴 호수의 예수와 제자들, 유럽 각 나라의 깃발을 든 사람들의 행진 모습이 그려진 벽화가 있었다. 강단의 그림, 사복음사가를 동물로 표현한 천정그림, 그리고 많은 이들의 무덤덮개돌로 장식된 깔끔한 수도원 회랑도 아름다웠다. 지금까지 많은 교회를 봤지만 이처럼 다양한 형태의 그림이 화려한 색상으로 벽을 장식한 교회는 많이 못 본 것 같다. 복원 과정을 거친 그림들이겠지만, 중세시

젊은 페터교회는 아름답게 장식된 중세 가톨릭교회의 내부 모습을 느낄 수 있다.

대 벽화에 신앙을 담은 화가들의 열정을 느끼게 된다. 그곳 한 쪽 기둥에 역대 교회의 목회자를 기록한 명단과 사진을 보았다. 그 첫 장에 쓰인 '볼프강 카피도'의 이름을 보며 그가 이곳에서 어떻게 사역했는지 궁금해진다.

　스트라스부르에서 가장 많이 찾은 교회는 세인트 니콜라이교회다. 심야 버스로 새벽에 도착한 후 도시에서 처음 만난 교회이기도 했고 낮과 오후, 그리고 밤에 다시 교회를 찾았다. 교회 앞 안내문을 통해 종교개혁 때 루터교회의 전통을 받아들였고, 알베르트 슈바이처 박사가 아프리카 랑바레네(Lambarene, Cabun)로 떠나기 전, 1900년부터 1912년까지 목사로 사역했다는 내용을 보았다. 그러나 낮 시간 교회 내부를 둘러보기 위해 두 차례나 이곳을 찾았지만 예배당 내부는 볼 수 없었다. 다만 안에서 들려오는 한 음악가의 오르간 소리를 들으며 슈바이처 박사의 삶과 그 행적을 떠올렸다. 그는 이 교회에서 사역하며 아프리카를 마음에 품고 의료 및 선교 사역을 준비했을 것이다. 때론 미지의 삶과 세상을 향해 가진 꿈을 품고 하나님의 도우심을 간구했음이 분명했다. 아마도 하나님은 구체적인 응답을 주셨을 수도, 하지 않으셨을 수도 있다. 그러나 슈바이처는 하나님을 바라보며 아프리카로 나아갔고 의료선교사로 그곳 사람들을 위해 헌신했다. 니콜라이 교회는 바로 선교사가 되기 전, 청춘의 때 슈바이처의 삶과 신앙의 발자취가 남겨진 장소라 할 것이다.

슈바이처 박사의 흔적이 서린 니콜라이교회

도시를 거닐며 1298년 빌헬름수도회 교회로 시작된 빌헬름교회(Saint-Guillaume)도 보았고, 1892년부터 5년간 고딕 형식(중세의 대성당 같은)으로 건축된 개신교회인 파울교회(Saint-Pauluskirche) 등도 둘러볼 수 있었다. 빌헬름교회는 뱃사람들과 어부들의 교회였고 1534년에 개신교회가 되었다는 내용을 접할 수 있었다. 도시가 1524년부터 종교개혁이 시작되었다는 점에서 10여년 후에 개신교회 예배가 드려진 것이다. 이는 교회 공동체 내에 반대가 심했던 때문일 것이다. 부처가 목회했던 아우렐리아교회가 야채상인 또는 정원사 길드에 의해 운영된 것과 빌헬름교회가 뱃사람과 어부들의 교회라는 기록은 상업이 발달한 스트라스부르에 다양한 공동체(길드=상인조합)가 존재했음과 이들이 나중에 종교개혁에 앞장섰음을 깨닫게 한다.

중세 가톨릭교회처럼 건축된 파울(개혁)교회

04 _ 개혁주의 종교개혁의 본고장

종교개혁자 4명으로 장식된 파울교회 현관

파울교회는 스트라스부르 대학을 찾다 만난 교회로 처음에는 웅장한 외부 모습에서 오랜 가톨릭예배당으로 생각했다. 하지만 개신교회로 건축된 이 교회는 100여년이 조금 넘은 역사를 가졌다는 것과 꽤 유명한 건축가가 '전통적 방식'을 이용해 건축했다는 기록을 보게 되었다. 당시 교회 공동체는 왜 전통 방식, 즉 중세교회의 방식을 고민한 것일까? 전통도시로서 스트라스부르를 고려한 것인지, 아니면 교회 건축에 관한 어떤 고민을 가졌던 것은 아닌지. 교회에 들어섰을 때 현관이 종교개혁자 4명으로 장식된 것을 볼 수 있었다. 대학 건물과 마찬가지로 루터, 츠빙글리, 칼뱅, 멜란히톤만 그려져 있었다. 외면당한 부처로 인해 가슴이 아팠다.

8. 남겨진 이야기 : 도시박물관과 알자스의 노래

도시 역사박물관

스트라스부르 방문의 마지막 장소로 도시 역사박물관을 찾았다. 도시에는 12개의 박물관이 있는데 그 중에서 노트르담 박물관과 도시 역사 박물관, 알자스 지방 박물관, 로한 궁전의 문화 예술 박물관 등을 방문지로 압축했다. 종교개혁과 관련해 대성당(노트르담) 박물관은 당연한 방문 장소였고 도시 역사박물관과 알자스 지방 박물관을 놓고 고민했다. 도시의 역사를 깊이 알 것인가, 아니면 이 도시를 품은 알자스 지방 풍습을 보다 깊이 알 것인가? 결국 종교개혁 시기 도시의 역사를 생각해 도시 역사 박물관을 택했다.

박물관에서 처음 접한 것은 도시 연혁이다. 기원전 로마에 의한 군대 주둔지로 시작된 스트라스부르는 4세기경 역사에 본격 등장했고 이후

역사박물관 전시 중 종교개혁 시기

신성로마제국의 자유도시로 번창했다. 박물관은 각 시기별로 역사와 문물, 인물과 문화 등을 전시하고 있었다. 가장 관심 있게 지켜 본 내용은 종교개혁 시기이다. '인쇄술', '인문주의와 종교개혁'이라는 이름으로 전시된 공간은 구텐베르크와 가일러, 헤디오, 부처 등 종교개혁자의 이름과 그들에 관한 자료와 책이 소개되고 있었다. 또한 알림판엔 그들의 간략한 삶과 말이 적혀있고, 신학자와 역사가들이 해당 시기를 설명하는 영상도 있었다.

함께 입장한 중고등학생들과 앞서거니 뒤서거니 하면서 전시관을 둘러본다. 학생들은 질문이 적힌 종이를 들고 다니며 간단한 답을 찾아 적기도 하고 전시물 앞에 앉아 중요 내용을 옮겨 적기도 했다. 아마도 현장학습을 나온 학생들로 보인다. 그들은 과제에 맞춰 박물관을 둘러보고, 때론 친구와 토론하며 자신들의 생각을 공책에 적었다. 과거 중고등학교 때에 1년 한 두 차례 소풍이나 수학여행이 전부였던 입장에서 유럽 학교의 현장방문 학습 방식이 궁금해진다.

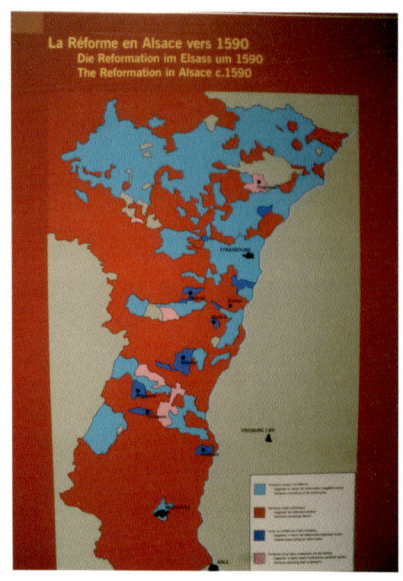

도시 역사박물관 지역 종교개혁 지도

종교개혁 시기 전시실은 비록 작은 공간이고, 압축된 내용만 있었지만 종교개혁이 도시에 큰 영향을 준 사실을 명확히 했다. 그곳에 있는 지역 종교개혁 지도에서 스트라스부르가 다른 몇 개의 도시와 함께 붉은 색의 가톨릭 지역에 둘러싸인 모습으로 표시되어 있었다. 이어진 전시물을 통해 시간의 흐름에 따라 독일 땅에서 프랑스 땅으로, 다시 독일로, 그리고 프랑스로 이어지는 역사의 흐름도 보게 됐다. '알자스 지방'에 속한 스트라스부르는 전쟁의 승패에 따라 소속 국가를 달리하게 된 것이다. 당연히 학교의 중요 언어도 자주 바뀌었다. 이런 역사의 상황을 소재로 알퐁스 도데라는 프랑스 작가는 단편 소설 '마지막 수업(La Dernière Classe)'을 썼다. 한국 교과서에도 실렸던 이 소설은 일제시대 한국어 사용을 금지당한 우리 민족의 비운과 맞물려 큰 인기를 누렸다.

소설은 선생님이 '독일에 귀속된 알자스-로트링겐 지방의 모든 학교는 프랑스어 수업이 아닌 독일어 수업을 하라고 베를린에서 명령이 왔고 오늘이 마지막 수업이다'라고 말하는 것으로 시작한다. 이후 수업에 참여한 주인공은 그동안 프랑스어 수업을 소홀한 것을 반성했고, 수업이 끝나는 12시에 종이 치자 한동안 말을 잊지 못한 교사는 칠판에 'Viva La France!(프랑스 만세!)'라는 말을 쓴다.

소설의 배경은 1871년 프랑스와 프로이센 전쟁에서 프랑스가 패한 후 독일계 주민이 대부분인 알자스-로트링겐 지방을 프로이센(독일)에 넘겨주는 시기를 배경으로 한다. 그러나 '마지막 수업'은 알자스 지방의 복잡한 현실을 제대로 반영하지 못했다. 당시 민족 의식에 충실했던 도데는 '알자스는 독일 땅일 수 없으며, 프랑스어가 세계 언어 중 가장 아름답다'는 것을 주장하고자 '소설'을 쓴 것이다. 도데는 알자스 지방 출신이 아니라 프랑스 남부 님 출신이고, 중학교 교사였다가 파리에서 문학 활동을 했다. 그런 그가 작은 단편을 통해 프랑스인의 민족 감성을 자극하고 싶었고 자신의 교사로서의 경험과 시대적 상황, 민족의식을 '소설' 형식에 담아 '마지막 수업'을 쓴 것이다. 즉 역사적 상황을 문학적으로 형상화한 것이다.

현실은 종교개혁 역사에도 언급되듯 스트라스부르는 오랫동안 신성로마제국에 속했고, 프랑스 개신교인들이 탄압을 피해 망명한 국경도시이다. 언어도 프랑스어가 아니라 독일어를 사용했고 칼뱅은 프랑스어권 사람을 위해 이민목회를 했다. 그런데 이 지방은 30년 전쟁 이후 프랑스 땅이 되고 프랑스의 언어 정책이 강화되었고 학교에서 프랑스어만 가르치게 되었다. 어쩌면 독일어로 된 마지막 수업이 이 때 첫 번째로 이뤄졌다. 그러다가 다시 독일 땅이 되면서 '마지막 수업'처럼 프랑스어 마지막 수업 상황이 전개된 것이다. 프랑스에도, 독일에도 속했고, 아니 스스로 선택하지 않은 자유도시, 국제도시인 스트라스부르가 겪은 아픔이다.

물론 알자스-로트링겐 지방은 어떤 때는 독일어를, 어떤 때는 프랑스어를 배워야 했기에 소설과 같은 상황이 있었을 수 있다. 다만 일제식민지였던 한반도의 고통과 알자스 지방의 역사적 상황은 비교 대상이 안 된다. 그런 생각을 하다가 "이런 복잡한 생각은 이방인이요, '마지막 수업'에 감동받았던 필자의 반성적 성찰일 뿐"이라는 생각이 들었다. 사실 알자스 사람들은 이런 역사에 관심을 두지 않기 때문이다. 알자스는 알자스일 뿐이다. 왕과 황제 등을 정점으로 한 중앙집권적 역사를 가진 한반도와 아시아인 입장에서 '국가'나 '민족'보다 '지역'을 우선시하는 모습은 쉽게 이해되지 않는다. 도시역사박물관에서 자신들의 의지가 아니라 국가와 정권의 변동, 전쟁과 같은 고통을 통해 독일과 프랑스에 속했다고 평가받았던 알자스-로트링겐 사람들의 생각을 읽을 수 있었다.

스트라스부르 방문을 마무리하면서 한 가지 이야기를 더 해야 할 것 같다. 사실 도시를 방문하기에 앞서 종교개혁 시기 한 여성의 흔적을 찾고자 노력했다. 그는 종교개혁자와 결혼했고 '목회자의 부인'으로 살았던 카타리나 쉬츠 젤(Katherina Schütz zell, 1497-1562)이다. 우리는 종교개혁을 말할 때 남성 사역자들에게만 집중한다. 인류 역사의 기록이 남성 중심으로 되었던 때문이다. 그러나 '인류의 절반은 여성'이라는 말에서 확인되듯 종교개혁 또한 수많은 여성의 사역이 있었다. 대표적인 여성이 루터 부인인 카타리나 폰 보라이다. 카타리나는 루터와 결혼한 이후부터 루터의 건강을 챙기고, 자녀를 키우며, 많은 손님을 접대하였을 뿐 아니라 채소를 재배하고 돼지를 키우는 등 집안 경제를 꾸리는 역할에 충실했다. 어쩌면 그녀는 '목회자의 아내' 역할에 충실한 하나의 모델이라 할 것이다. 그런데 그와는 좀 다른 모습이 카타리나 쉬츠 젤에게 나타난다.

시민의 딸인 그녀는 독일어를 유창하게 읽고 쓰는 고등교육을 받았고 루터가 종교개혁을 시작하는 시기에 그의 저서를 읽고 프로테스탄트 신앙을 갖게 되었다. 1523년 그녀는 마태우스 젤과 결혼했다. 그녀의 친구 또한 종교개혁자인 카피도와 결혼했기에 그녀가 종교개혁에 대해 호감을 가졌음이 분명하다. 실제로 카타리나는 '하나님에 대한 자신의 믿음과 다른 사람들에 대한 사랑의 표현으로 마태우스 젤과 결혼하도록 부르심을 받았다고 확신했다'고 한다. 그녀는 특히 마태우스 젤과 결혼한 후 사역에 동참하여 '교회의 어머니'로서 목회적 돌봄에서 자신의 역할을 찾았으며 가난한 사람들과 피난민들을 돌보는 일에 앞장선다. 마태우스 젤이 설교에 집중했다면 그녀는 갇힌 자, 병든 자, 피난민을 자신의 양떼 삼아 이들을 심방하고 돌보는 일에 힘쓴 것이다. 페스트가 창궐했을 때는 병자를 돌보고 병에 걸린 사람들을 찾아다녔으며 종교개혁자 헤디오가 임종했을 때는 설교를 하기도 했다.

또한 그녀는 부처와 헤디오, 카피도, 외콜람파디우스 등 많은 종교개혁자들

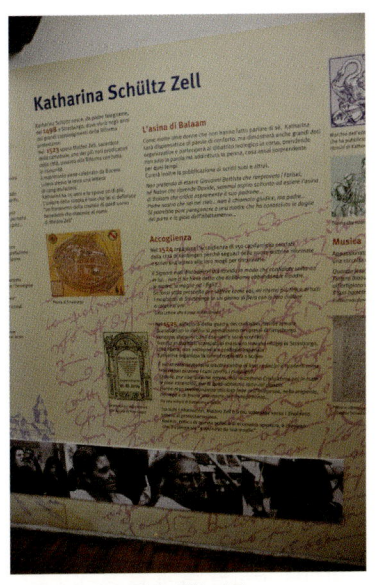

카타리나 쉬츠 젤에 대한 기록
이탈리아 발도파 마을의 여성박물관 전시물

과 편지로 교류하며 종교개혁에 대해 의견을 나누기도 했고 '시편 묵상'과 '주기도문 해설' 등과 소논문을 출판하기도 했다. 이처럼 카타리나 쉬츠 젤은 종교개혁자의 아내 위치에 머물지 않고 목회의 동역자로, 평신도 신학자, 나아가 독립적인 사역자로 활동한 여성 종교개혁자였다. 그녀의 이런 사역은 목회자 부인상의 한 모델로서 가장 적극적인 활동 형태이다.

하지만 스트라스부르에서 그녀의 주 활동 근거지인 집을 찾을 수 없었고, 그녀를 기억하는 흔적이나 기념상, 초상화 한 점도 볼 수 없었다. '교회의 묘지에 교회의 예식대로 묻혔다'는 내용을 좇아 교회의 무덤도 찾았지만 확인할 수 없었다. 그녀에 대한 기억은 희미해졌고 현재 그녀의 이름은 종교개혁 연구자의 책상 위에만 남았던 것이다. 시대의 한계라 생각해 본다.

스트라스부르(Strasbourg)는 한국인에게 '쁘띠 프랑스(작은 프랑스)'와 알퐁스 도테의 '마지막 수업'을 통해 잘 알려진 도시이며, 마르틴 부처 등 많은 종교개혁자들의 흔적을 만날 수 있는 곳이다.

대성당(Cathédrale Notre Dame)과 박물관(Musée)

Place de la Cathédrale(대성당), 3 Place du Châteauq(박물관)
https://www.cathedrale-strasbourg.fr/
https://www.musees.strasbourg.eu/musee-de-l-oeuvre-notre-dame
중세교회의 갱신과 개혁을 촉구한 설교자들의 목소리를 느낄 수 있다. 중세 대성당의 웅장함을 느끼면서 설교단, 요한네스 예배실, 천문시계와 천사의 기둥을 볼 수 있다. 박물관에서는 시나고그와 에클레시아, 아름다운 중세 작품 등을 통해 중세 신앙의 한 흐름을 느낄 수 있다.

구텐베르크 광장(시청앞 광장, Place Gutenberg)

구텐베르크 동상을 통해 그의 인쇄술과 종교개혁의 관계, 그리고 인쇄술이 세계 역사에 어떤 영향을 끼쳤는지 알 수 있다.

토마스교회(Église Saint-Thomas)

11 Rue Martin Luther, https://www.saint-thomas-strasbourg.fr/
마르틴 부처 사역의 중심지. 그의 기념비와 슈바이처가 연주한 오르간, 아름다운 12세기 주교의 석관, 교회 오른편에 있는 교회 및 신학 관련 시설도 볼 수 있다.

새교회(Eglise protestante du Temple Neuf)

Place du Temple Neuf, https://www.templeneuf.org/
칼뱅이 처음 프랑스인 망명자 교회를 설립하고 목회한 장소.

부끌리에교회(Église réformée du Bouclier)

4 Rue du Bouclier, http://www.lebouclier.com/
칼뱅의 사역으로 태동한 교회는 그의 신앙과 사상에 토대하고 있다. 쁘띠 프랑스와 가깝다.

스트라스부르대학교 신학부 건물(Palais Universitaire)

9 Place de l'Université, https://www.unistra.fr/
대학의 건물은 도시 외곽에 흩어져 있다. 신학부 건물에는 신학(개신교, 가톨릭), 역사, 과학 관련 학부가 자리하고 있고 인근에 괴테 공원이 있다.

쁘띠 프랑스(La petite france)

Place Benjamin Zix
아름다운 목조 건물과 운하, 찻집과 식당, 작은 가게 등이 아름답게 펼쳐져 있다.

스트라스부르 역사박물관(Musée historique de la ville)

2 Rue du Vieux-Marché-aux-Poissons
https://www.musees.strasbourg.eu/musee-historique

칼뱅이 태어난 누아용은
그의 신앙의 토대가 형성된 곳이다.
그는 부모의 신앙을 물려받았고
파리, 오를레앙, 부르주 등에서 공부하며
인문주의와 종교개혁의 영향을 받았다.
칼뱅의 생가(큰 사진)와 그의 사인

05 프랑스 종교개혁의 새 토대

칼뱅(Calvin)의 뿌리 '누아용'(Noyon)과 그의 젊은 시절

르페브르를 중심으로 '모'(Meaux)에서 펼쳐진 인문주의적 종교개혁은 가톨릭교회의 탄압으로 1525년경 중단됐다. 르페브르와 파렐 등 종교개혁자들은 흩어졌고 프랑스 종교개혁은 멈춰지는 듯했다. 그러나 인문주의자들에 의해 시작된 종교개혁은 1521년부터 프랑스 곳곳에 퍼진 루터의 저술, 독일 땅 소식에 자극을 받아 정치적 중심인 파리와 남부 여러 도시를 중심으로 확산되었다. 이 흐름에는 많은 시민들이 참여하고 있었다. 파리에는 루터의 소책자를 번역했던 루이 드 베르깽(Louis de Berquin)이 있었고, 모에는 인문주의 종교개혁에 영향 받은 시민들이 있었다. 종교적 열정을 간직한 투르, 리옹 등 남부 도시에서도 종교개혁 사상이 더 확산된다. 1524년 9월 프랑수와 1세의 "5년여 간 루터파가 리옹과 그 인접지역에 창궐하고 있다"라는 말, '왕실 내에도 이단들이 있다'는 소르본느 대학 관계자들의 언급이 이를 증명한다.

종교개혁에 속한 왕실의 대표적인 인물이 바로 르페브르와 모 그룹 인사를 후원한 마르가리타 당굴렘(Marguerite d'Anguleme, 1492~1549)이다. 그녀는 종교개혁 시기 유명 여성 지도자 중 한 명으로 종교적 저술을 썼을 뿐 아니라 르페브르와 칼뱅 등과 서신을 교환하며 종교적 문제를 논의하기도 했다. 나아가 인문주의적인 종교개혁을 지원했고 나중에는 자신의 영향력 아래 있는 나바라 왕국과 그녀의 딸 잔 달브레와 결혼한 부르봉 왕가의 영지에 종교개혁을 확산, 프랑스 종교개혁 세력인 '위그노'(Huguenots)를 형성하는 기초를 놓았다.

실제 인문주의 종교개혁 지도자였던 르페브르는 탄압을 피해 그녀의 영지인 나바라 왕국 도시에서 마지막 여생을 보냈다. 그녀는 1530년대 탄압시기에 종교개혁자들을 이탈리아 페라라(이곳에는 루이 12세 왕의 딸로, 1528년 페라라의 공작과 결혼한 르네 드 프랑스가 있었다)로 피신할 수 있도록 했다. 아울러 독일 종교개혁 군주의 지원을 받고 싶던 프랑수와 1세의 정책으로 1530년대 초반까지 왕실의 탄압은 제한적이었다. 이 때 종교개혁 세력은 프랑스 왕의 영향력이 상대적으로 약한 지역, 가톨릭 귀족의 영향력이 큰 북부 보다는 남부 도시를 중심으로 성장한다. 이렇게 성장한 프랑스 종교개혁 세력은 1530~40년대를 지나면서 종교개혁자로 명성을 알리기 시작한 프랑스인 칼뱅의 영향을 받아들여 새로운 변화를 맞게 된다.

1. 칼뱅이 태어난 누아용

칼뱅은 1509년 프랑스 북부 삐까흐디 지역의 도시 누아용(Noyon)에서 태어났다. 인문주의 종교개혁을 주도했던 르페브르가 북부 지역 출신이고 유명한 학자였다는 점에서 칼뱅이 그의 이름을 접했을 가능성은 있다. 하지만 그의 이름을 알았더라도 칼뱅이 대학에서 공부할 때까지 그의 직접적인 영향을 받았을 가능성은 거의 없다. 칼뱅이 대학 진학을 위해 파리에 간 것은 1523년이고 르페브르는 1525년 모 그룹이 해산당한 후 스트라스부르로 피신했기 때문이다.

아무튼 칼뱅은 당시 북부의 종교적 중심지의 한 곳인 누아용에서 대성당 참사회 간부였던 제라트 코뱅(Gérard Cauvin)과 지방 귀족의 딸인 잔느(Jeanne LeFrance)의 아들로 태어났다. 아버지 코뱅은 가톨릭교회의 충실한 신자였고 어머니 또한 사회적 지위를 인정받은 여성이다. 칼뱅은 어렸을 때 어머니를 따라 자주 수도원을 방문하는 등 경건하게 성장했는데, 이를 통해 중세교회의 경건을 느꼈을 것 같다.

파리 북 역에서 기차를 타고 120킬로미터 떨어진 누아용을 향했다. 이른 아침 도시는 한산했다. 10여명이 기차에 오르고 내렸으며 도심을 향하는 길에도 사람의 이동은 별로 없었다. 출근시간이 지난 때문이기도 했지만 현재 누아용이 큰 도시가 아니기 때문일 것이다. 하지만 로마 시대 누아용은 'Castrum'(카스트룸)으로 불렸던 도시로, 로마의 주요 도로 중 하나(Via Agrippa)가 지나는 길목이었으며, 중세 때는 프랑스 북부의 중심 도시 중 하나였다. 그리스도교가 로마의 길을 따라 전파된 것을 고려하면 이 도시에도 일찍 그리스도교 신앙이 자리 잡았을 것이다. 전해지는 기록에는 531년 베르만드의

칼뱅이 태어나고 어린 시절을 보낸 누아용. 시청사와 광장

주교인 성 메타르두스(Medardus)가 주교 거주지를 누아용으로 옮겼고, 도시에 처음 교회를 건축했다고 한다. 그를 이어 640년에는 왕의 고문인 성 엘리기오스(Eligius)가 주교가 되었다. 도시 역사를 파악하다가 768년 이곳 대성당에서 나중에 로마황제 칭호를 받는 샤를마뉴 대제(칼 1세)가 프랑스 서북부의 왕(Neustrien)으로 취임했음을 알게 됐다. 그가 강력한 프랑크 왕국을 만드는 첫 걸음을 이곳에서 시작한 것은 당시 누아용 대성당이 갖는 지위를 알게 한다. 하지만 중세 중반부터 프랑스 역사는 파리를 중심으로 전개되었고 칼뱅의 시대 때 누아용은 그 영향력을 많이 상실한 상황이었다.

 1509년 태어난 칼뱅은 부모와 함께 어린 시절을 보냈고, 14살 때 파리로 떠나기 전까지 대성당 주변에서 도시의 경건을 배우며 자랐다. 칼뱅이 태어나기 전부터 아버지는 회계사의 자격을 획득하여 성당의 재정 담당자, 주교 비서 등의 역할을 하고 있었다. 그래서 아버지의 일터인 대성당은 그에게 놀이터였고, 주교의 자녀들은 그의 친구였다. 경건한 시대에 대성당 참사회 일을 하던 아버지를 둔 칼뱅은 당연히 주교가 되는 길을 자신의 이상으로 생각했고 훈련도 받고 공부도 시작하게 된다.

2. 칼뱅의 생가 박물관에서

 시청사에서 몇 가지 자료를 얻은 후 칼뱅의 생가를 향해 걸었다. 생가 옆에는 원래 성당이 있었는데 칼뱅은 태어난 직후 이곳에서 세례를 받았다고 한다. 하지만 그가 세례를 받았다는 성 고드베흐프 성당은 시민 혁명 때 파괴되어 없었다. 지금 파괴된 그 곳에는 문화공연장이 들어섰고 시민을 위한 공간으로 사용되고 있었다. 그 옆 광장의 한 쪽에 3층으로 된 아담한 건물이 서 있는데 바로 칼뱅의 생가다.

하지만 칼뱅의 생가는 잊힌 건물이었다. 칼뱅은 아버지가 죽은 후 제네바에서 활동했고 이곳을 다시 찾지 못했다. 또 누아용에는 칼뱅의 아버지가 재혼으로 낳은 딸들이 살았을 뿐 그의 집은 더 이상 칼뱅과 관련이 없었다. 불명확한 전승이긴 하지만 가톨릭이 강한 영향력을 발휘한 16세기 프랑스의 반종교개혁 흐름 속에 그의 집은 파괴되었다고

칼뱅의 생가

한다. 17세기 그곳에 조그마한 마당을 가진 집이 새롭게 신축되었고, 1930년 프랑스 개신교 역사협회가 그 건물을 구입해 종교개혁 박물관을 세웠다. 하지만 2차 세계대전 때 건물은 파괴되었고 현재의 집은 1954년에 박물관으로 다시 복원되었다고 한다.

생가 입구에는 '누아용의 칼뱅 박물관'(Ville de Noyon-Musee Calvin) 이름패와 칼뱅 탄생 500주년인 2009년 세운 기념비가 있었다. 아마도 프랑스 개신교협회가 박물관을 새로 정비하면서 기념비를 만든 것 같다. 박물관 내부를 둘러볼 때 상당수 자료들이 2차 대전 후 새롭게 수집, 정리된 것들이 많았고 복제된 자료(원본은 제네바의 종교개혁박물관 등 여러 곳에 흩어져 있는 것 같다)도 적지 않았다. 이를 보면 칼뱅의 생가는 오랫동안 잊힌 장소로, 오늘날 칼뱅의 손때 묻은 흔적을 만나는데 한계가 있는 듯 보였다. 어쩌면 칼뱅을 찾는 순례를 시작하면서 들리는 첫 걸음의 장소, 그의 종교개혁 여정을 생각하는 작은 공간 정도로 자리매김된 것 같았다.

생가 주변을 둘러본 후 건물 내부에 들어섰다. 건물 안에서 처음 만난 것은

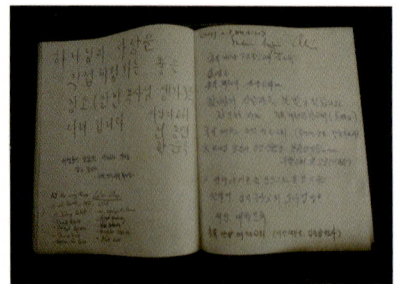

칼뱅 생가의 방명록

생가의 옛 사진들과 전쟁으로 파괴된 직후 사진들, 그리고 방명록이었다. 그런데 건물의 옛 사진보다 방명록에 눈길이 갔다. 수많은 한국인의 방문 흔적이 그것에 적혀 있었기 때문이다. 방명록의 90%가 넘는 한국말은 어쩌면 칼뱅생가의 주 방문객이 한국인은 아닐까 생각하게 한다. '칼뱅의 후손'으로 불리는 한국 장로교회의 성도들이 프랑스 북부의 먼 이곳 작은 도시까지 칼뱅의 흔적을 찾아온 것이다.

방명록을 보면서 장로교인은 칼뱅을 찾아 누아용과 제네바로 향하고, 감리교인은 웨슬리를 찾아 영국 런던과 엡워스, 브리스톨로 향할 것이라 생각해 봤다. 그렇다면 성결교인들은 어디로 가야 할까? 루터의 종교개혁 장소나 보헤미아 형제단과 관련된 헤른후트, 웨슬리와 관련된 장소들, 아니면 만국성결교회(국제성결교회)나 동양선교회와 관련된 미국의 도시를 방문해야 할까?

칼뱅 생가 1층 전시실

모두 가능하다. 성서 말씀에 근거한 경건성 함양과 영성순례는 장소나 방법에 있지 않고 순례자로서 그곳에서 어떤 것을 느끼고 체험하느냐에 달려 있기 때문이다. 그러나 그곳을 다녀간다고 영성이 고취되는 것은 아니란 점을 잊어선 안 될 것 같다.

이단 사형을 결정한 프랑스 왕실회의(1559년)

칼뱅 박물관은 3층으로 되어 있는데, 1층에는 칼뱅과 성서를 주제로 한 전시가, 2층에는 칼뱅과 종교개혁에 관한 자료들이, 그리고 3층에는 프랑스 개혁파(위그노) 총회 등 프랑스 종교개혁 관련 자료가 전시되어 있다. 또한 그곳

종교 간의 대화를 위해 열렸던 푸아시 종교회의(1561년)

에는 칼뱅의 친필 편지와 그의 시편 주석, 그의 후계자인 테어도르 베즈의 책들, 루터와 칼뱅을 비롯해 종교개혁자들의 얼굴이 함께 그려진 오래된 그림, 이단에 대한 사형 조치를 논의한 프랑스 왕실회의(1559년), 종교 간의 대화를 위해 열렸던 푸아시 종교회의(Poissy, 1561년) 등의 그림도 볼 수 있었다.

1층에서 만난 올리베탕과 그의 프랑스어 번역 성서 'La Bible', 칼뱅과 그의 만남을 형상화한 그림, 그리고 위그노 지도자였던 잔 달브레를 그린 그림은 프랑스 종교개혁 과정을 생각하게 한다. 칼뱅의 사촌인 올리베탕은 성서 원문에

칼뱅에게 종교개혁을 말하는 올리베탕

서 프랑스어로 처음 성서를 번역했을 뿐 아니라 그가 파리에 있을 때 칼뱅을 인문주의와 종교개혁으로 이끌었을 가능성이 높기 때문에 주목받는다. 나이차가 크지 않은(3살 차) 두 사람의 모습이 상당한 나이차이를 느낄 정도로 잘못 묘사된 그림을 보면서 아마도 작가는 올리베탕을 중요하게 생각했고 그가 칼뱅에게 매우 큰 영향력을 준 것으로 생각했던 것 같다.

그런데 그의 성서는 무거웠고 사람들이 가지고 다닐 수 없었다. 또 당국의 탄압으로 그의 성서는 프랑스에 널리 퍼지지 못했으며, 번역 이후 그가 2년여 만에 사망, 루터 성서처럼 큰 영향을 남기지 못했다. 다만 성서 번역 비용을 프랑스 종교개혁의 서막을 연 발도파가 지원했고, 성서 출판을 권고하고 시작케 한 것이 모그룹 출신인 파렐이란 점에서 '올리베탕 성서'는 프랑스 종교개혁 역사에 그 의미가 크다. 더욱이 그의 성서 인쇄가 프랑스 왕이 종교개혁을 탄압하게 한 '벽보(플래카드)사건'의 인쇄물과 같은 곳, 스위스 뇌샤텔에서 이뤄진 것은 재밌는 이야기꺼리이다. 기록에 따르면 올리베탕은 알프스 산 속에서 1년여에 걸쳐 신구약성서를 번역했는데, 가톨릭교회의 영향을 받지 않은 단어를 쓰려고 노력했다고 한다. '주교'보다는 '감독자', '교회'보다는 '회중'이라는 표현을 사용한 그의 노력은 이후 개신교 성서 번역에 일정한 영향을 남겼다.

2층과 3층 전시실을 둘러보다 몇

올리베탕의 프랑스어 번역 성서

개의 그림 앞에 한참을 머물렀다. 언제 그려진 것인지는 불분명하지만 종교개혁자들의 얼굴을 한 곳에 모은 그림과 위제 알라드(Huijeh Allardt)가 1562년에 그렸다는 '성서의 무게'라는 제목이 붙은 그림이었다. '성서의 무게'는 교황과 종교개혁자들을 대비시키면서 '말씀이 다른 어떤 것보다 중요함을 강조'하고 있다는 점에서 종교개혁의 모습을 상징적으로 보여주는 것 같았다. 마치 루터와 종교개혁자를 교황과 주교들과 대비해 놓은 비

성서의 무게

칼뱅이 강조된 종교개혁자들 그림

텐베르크 시교회의 '주의 포도원' 그림과 비슷해 보였다. 그러나 루터와 칼뱅을 중앙에 놓고 종교개혁의 선구자들인 위클리프와 후스, 사보나롤라, 츠빙글리 등과 함께 베즈, 낙스 등 개혁주의의 종교개혁자들을 주변에 배치한 그림은 조금 답답해 보였다. 칼뱅을 루터와 대등한 인물로, 사실상 보다 비중을 둔 때문이기도 했고, 시대를 달리한 여러 종교개혁자들을 그들 주변 인물로 생각하게 배치한 것 또한 다소 거북스러웠다. 아마도 칼뱅의 영향 속에 종교개혁을 진행하게 된 프랑스인의 사고나 칼뱅을 추앙하는 개혁교회 입장이 반영된 때문일 것이다.

이밖에도 칼뱅의 생가에는 프랑스 당국의 탄압 시기 들판에서 예배드렸던

칼뱅 생가는 칼뱅의 삶과 프랑스 종교개혁 역사를 조망케 한다. 3층 전시실

'광야교회 시대'를 그린 그림과, 리옹에 세워진 원형의 교회 모형도 있었다. 또 탄압시기 노예로 팔려 갤리선에서 죽음을 맞은 위그노를 떠올리도록 한 범선도 있었다. 박물관을 둘러보며 프랑스 종교개혁과 개혁교인들, 즉 위그노의 신앙을 깊이 생각하게 된다. 그들은 프랑스 종교개혁을 위해 노력했고, 결국은 왕실과 가톨릭교회의 탄압 속에 스러져 갔을 뿐 아니라 나중에는 갤리선에 팔려 평생 노예노동에 시달려야 했다. 범선은 어쩌면 파도 위에 유랑하는 위그노의 삶과 처지를 보여주는 장치인 것 같았다.

3. 칼뱅의 어린 시절과 누아용 대성당

칼뱅의 흔적을 찾아 대성당을 향했다. 아무래도 칼뱅의 어린 시절을 알기 위해서는 그의 아버지가 일한 곳으로 어린 칼뱅의 신앙이 형성된 대성당이 중요하기 때문이다. 대성당 앞에 섰을 때 거대한 위용 앞에 위축되는 느낌이 들었다. 두 개의 높은 종탑과 함께 십자가 모양의 대성당(본당)도 컸고 수도원 건물, 참사회 건물, 도서관, 그리고 주교의 예배당과 주교관이 하나의 작은 단지와도 같았기 때문이다. 만약 후대에 만들어진 성당 부속 건물까지 포함한다면 그 규모는 더 클 것 같았다. 이는 이곳 주교의 영향력이 중세시대 매우 강했음과 당시 도시민의 신앙심이 매우 남달랐음을 보여준다.

기록에 따르면 누아용 대성당은 1131년 화재로 파괴된 후 새로 건축되었다고 한다. 제단과 날개 부분, 주교 예배당, 본당 등이 차례로 건축되었고 나중에 주교의 궁전과 십자회랑 등이 건축됐으며 14세기경에 현재 모습이 완성되었다고 한다. 그렇다면 칼뱅의 어린 시절 대성당은 현재와 비슷했을 것이다. 칼뱅은 이곳을 아버지와 함께 찾기도 하고, 어머니와 함께 주일 미사에도 참석했을 것이다. 또 참사회원들이 주로 대성당 주변에 살았기 때문에 주교의 자녀들과 어울려 대성당 안팎을 놀이터 삼아 뛰어 놀았을 것이다.

누아용 대성당

또 칼뱅은 어머니와 함께 가까운 지역의 유명 성지(엘루이 수도원, 성 마르틴 성당, 아미엥 성당과 욱스껭 수도원 등)를 방문했다고 하는데 어린 나이지만 경건한 신앙생활을 알게 되었을 것이다. 여섯 살 때 어머니가 죽었기 때문에 그는 우울할 때도 있었겠지만 친구들과 함께 교구에서 운영하는 학교(콜레주 드 카페트)에서 교육받았고, 1521년 성직록에 이름을 올렸으며 성가대원과 예배를 돕는 일도 하게 됐다. 그렇게 칼뱅은 사제나 주교가 되는 꿈을 꾸며 중세의 경건을 몸에 익혀 나갔다.

대성당과 인근 지역은 칼뱅의 어린 시절 뛰놀고 활동한 장소다. 대성당 내부

　대성당에 들어섰다. 성당은 중앙에 본당과 주교와 사제들이 자리하는 제단, 그리고 본당과 제단 주변에 작은 소예배실이 자리했다. 프랑스의 성당 대부분은 현재도 사용되고 있고, 소예배실은 다양한 모습으로 장식된다. 어떤 예배실은 교회의 역사 속 여성을 기념하기도 하고, 어떤 곳은 지역 출신 1차 세계대전 희생자를 추모하기도 한다. 또 베드로 사도의 동상과 함께 교황의 사진이 전시된 곳도 있다. 누아용 대성당 또한 마찬가지다. 어떤 이들은 이 공간이 '죽은 자를 위한 기도의 공간' 또는 '성인 숭배의 전통을 잇는 공간'이라 말하겠지만 순례자의 눈에는 그들의 삶과 신앙을 기억하는 공간, 그들을 따라 자기 신앙을 다잡는 공간으로 느껴졌다.

　성당 옆으로 난 작은 문을 통하여 옛 수도원이 있었던 곳을 둘러보았다. 비록 수도사와 그들이 머문 방들은 없었지만 회랑도 있고 작은 마당도 있었다. 지금은 폐허처럼 방치되는 곳을 보면서 과거 언젠가 수도사들이 거닐며 신앙을 다잡았을 때를 떠올렸다. 대성당으로 돌아와 의자에 앉아 잠시 눈을 감았다. 아마도 칼뱅은 어린 시절 이곳 어딘가에 앉았고, 성가대로서 목소리 높여 성가를 불렀을 것이다. 그 과정을 통해 그는 신앙을 배웠고, 부모의 신앙은 어린 자녀의 가슴에 남아 미래에 큰 인물이 되게 했다. 그의 신앙이 이곳으로

부터 시작되었다는 점에서 누아용은 칼뱅의 마음 속 토대였음이 분명했다.

성당 주변에서 어린 시절을 보낸 그는 누아용 참사회가 운영하는 소년학교에서 공부했다. 당시 라틴어 학교에서는 라틴어와 수학, 음악 등을 가르쳤는데, 칼뱅은 이런 교육을 충실하게 따라 공부했다. 이렇게 자란 칼뱅은 몇 년 후 파리로 사제가 되기 위해 유학을 떠나게 된다. 고향을 떠났던 칼뱅이 이후 몇 차례 누아용을 방문했는지는 불분명하다. 다만 아버지가 위독하다는 소식을 접한 1531년 5월 도시를 찾았다고 한다. 또한 성직록 반납이나 스위스로 떠나기 전에 아버지 유산 처리를 위해 잠시 방문했을 수도 있다. 고향을 잠시 찾은 칼뱅의 마음은 어떠했을까?

그런 생각을 하다가 한 소예배실에서 칼뱅의 기록을 만날 수 있었다. 방문자를 위해 만든 안내판에는 교회의 역사를 소개하면서 '1509년 종교개혁자 칼뱅이 누아용에서 태어났다(1509, Jean Calvin, le réformateur, nait à Noyon.)'는 내용이 프랑스어와 독일어, 영어, 네덜란드어로 쓰여 있었다. 단 한 줄의 기록이고 치울 수도 있는 안내판이지만 '종교개혁자 칼뱅'이라는 문구는 그가 누아용 역사의 한 장을 장식하고 있는 인물임을 분명히 하고 있었다. 하지만 '한 줄'의 기록은 아쉬움을 갖기에 충분하다. 그의 어린 시절 신앙이 나중에 칼뱅의 신앙 활동을 가능케 했음을 부인할 수 없다면 대성당 지도자들이 이를 강조하고 교회갱신의 입장을 긍정적으로 수용할 필요가 있어 보인다. 중세 교회가 잘못한 부분이 있었기에 종교개혁자들의 활동이 가능했고, 그들의 지적을 받아 중세교

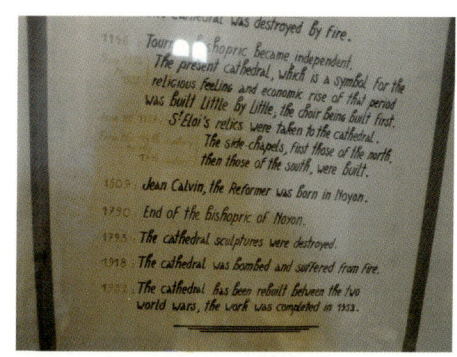

칼뱅의 태어남을 기록한 누아용 대성당의 글

대성당 도서관 건물

회가 많이 변화된 점을 부각한다면 현대 가톨릭교회에도 유의미하기 때문이다. 역사는 그렇게 새로운 해석의 방향으로 정리될 필요가 있다.

성당을 나서 칼뱅의 아버지가 근무했을 참사회 건물과 나무로 된 오래된 도서관 건물, 외벽만 남은 주교의 예배당 등을 돌아봤다. 나무로 된 오래된 도서관 건물은 독특했다. 건물 1층은 통풍이 되도록 중앙 기둥받침 이외에 양 쪽은 비어 있었고, 2층에 도서관이 자리하고 있었다. 아마도 한국의 팔만대장경과 실록을 보관하는 서고처럼 습기를 줄여 책을 보관하려고 이런 구조를 택한 것이라는 생각이 들었다. 자료 사진으로 내부 서고를 볼 수는 있었지만 직접 그곳 내부에 들어서 교회가 보관하고 있는 옛 서적들과 그 공간의 향취를 느끼고 싶다.

허물어진 후 방치된 주교의 예배당에 이어 지금은 박물관으로 사용하는 대주교의 궁전을 둘러봤다. 그곳을 둘러보며 칼뱅의 아버지와 주교의 갈등, 그리고 그 갈등으로 인해 칼뱅의 인생행로가 바뀌게 된 과정을 떠올렸다. 앞서 언급한 것처럼 칼뱅의 아버지는 처음에는 아들이 사제가 되길 소망했고, 어릴 때부터 성직록을 받도록 했다. 파리에서 유학하는 동안 경건

허물어진 후 방치된 주교의 예배당

한 신앙분위기 속에서 공부하도록 몽테규 대학에 진학시킨 것 또한 그런 이유에서다. 하지만 칼뱅의 아버지는 1526년 직무 유기로 인한 공금횡령을 이유로 출교를 당했다. 이런 상황에서 아버지는 칼뱅에게 신학이 아닌 법률을 공부하도록 권고했다. 어쩌면 아버지는 너무 억울했고 법적인 지원을 받지 못했던 것을 안타까워했을 수도 있다. 무엇보다 출교당한 자의 자녀인 칼뱅의 미래를 걱정했을 수도 있다. 그렇게 칼뱅은 아버지의 뜻을 순종해 파리를 떠나 오를레앙으로, 그리고 부르주로 가서 법학을 공부했고 법률가 또는 인문주의자의 길을 걷게 된다. 물론 칼뱅은 나중에 제네바에서 성서 교사로, 목사로 교회를 이끌었고 신학자로서 제네바 아카데미를 통하여 많은 목회자를 양성하는 일을 감당했다. 법률가적 태도와 지식이 이러한 사역의 밑거름이 되었다. 그렇게 생각하니 어린 시절 어머니의 경건한 신앙 뿐 아니라 아버지의 영향력이 칼뱅의 미래를 일군 바탕이었음이 분명하다.

대성당 주변 칼뱅의 이름이 붙은 도로들을 둘러본 후 기차역으로 향했다. 그곳에서 기차를 타고 500여 년 전 칼뱅이 걷거나 마차를 타고 이동했을 파리로 향했다. 당시 칼뱅의 나이는 14살. 루터가 고향 만스펠트를 떠나 마그데부르크로 유학을 떠난 것처럼 그도 고향 누아용을 떠나 파리로 향했다. 꿈 많았을 청소년 시절, 미래를 향해 가는 칼뱅의 마음은 어떠했을까? 이미 파리에는 그의 큰 삼촌과 사촌들이 살았고, 성직록에 이름을 올려 교회의 '장학금(?)'도 받았기에 그의 파리행은 기대감 속의 여정이었을 것이다. 또 대도시, 그리고 대학에서 공부할 수 있다는 점도 칼뱅을 들뜨게 했을 것이다.

그는 프랑스의 정치, 경제, 사회, 문화, 그리고 학문의 중심지인 파리에서 어떤 꿈과 미래를 가꾸려 했을까? 학문에 대한 꿈, 공부를 통해 새로운 미래를 떠올린 칼뱅에게 파리는 분명히 새로운 도전이다. 그런데 그곳에서 칼뱅은 자신이 알던 경건에 대해 도전을 받았고, 자의반 타의반으로 종교개혁자의 길을 걷게 된다. 그리고 이후 '기독교 강요'라는 저서를 통해 사람들에게 큰 영향을 주면서 제네바의 종교개혁을 이끌었을 뿐 아니라 제네바 아카데미를 통해 프랑스, 네덜란드, 영국과 스코틀랜드 등에 종교개혁을 불러일으켰다. 그의 영향은 이후 미국을 거쳐 19세기 말 한국에까지 전해져 오늘날 한국교회에 큰 영향을 남기게 된다. 그는 그것을 예상이나 했을까?

4. 파리 학문의 중심 소르본느 대학과 팡테옹(Panthéon)

칼뱅은 14살 때인 1523년에 파리로 유학을 왔고, 삼촌의 집에 머물며 공부할 학교를 찾았다. 그가 처음 입학한 학교는 라 마르세 대학(Collège de la Marche)으로, 그는 이곳에서 문법과 수사학, 음악과 천문학 등 일곱 개 기초 과목을 수강했다. 자료에 따르면 그는 라틴어 문법을 마튀랭 꼬르디에르(Marthurin Cordier)에게 배웠고 깊은 인상을 받게 되었다고 한다.

칼뱅의 파리 시절을 찾는 발걸음은 파리대학교의 역사를 담은 소르본느 대학교(Universite Paris Panthéon-Sorbonne)를 찾는 것으로 시작했다. 원래 파리대학교는 12세기 초 설립되었는데 1200년 프랑스 왕 필립 2세와 1215년 교황의 공식 인정을 받았다. 이후 파리 시내에 여러 대학들이 차례로 생겨났고, 프랑스 혁명기인 1793년 폐쇄되었다가 1896년 문과 대학과 과학, 법, 의학, 신학, 약학 등 대학이 연합하여 종합대학으로 재탄생한다. 현재 파리대학교는 파리 시내와 근교의 13개 대학에 숫자를 붙여 '파리 1대학', '파리 7대학' 등으로 불린다. 그래서 파리에 사는 사람도 어느 대학이 어떤 역사를 가지고 있는지, 어떤 대학이 무엇을 가르치는지 정확히 구분하지 못한다. 다만 신학대학 건물(학사)은 1257년 왕실사제였던 로베르트 드 소르본(Robert de Sorbon)에 의해 마련되었는데 이로 인해 '소르본느'로 불리기 시작했다. 결국 대학교를 찾는 작업은 파리 1대학(팡테옹-소르본, 법학부)과 파리 4대학(소르본느-고전어와 철학 등)을 찾는 것으로 대신했다.

대학 건물 내부를 들어갈 수 없는 여행객으로서, 외부(소르본느 대학)에서 건물 이곳저곳을 살폈다. 학생들이 점심을 먹으며 이야기를 나누는 분수대에서 바라본 대학 건물에는 4명의 인물 동상이, 옥상에도 4명의 인물상이 서 있었다. 물론 현재 건물이 처음 소르본에 의해 시작된 것도 아니며 어느 시점에 새로 건축됐을 것이다. 그런 점에서 조각된 인물들 또한 훨씬 후대 인물일 것이다. 그런 생각을 하다가 혹시나 두꺼운

소르본 대학 옛 정문과 현재 파리1대학 건물

책을 든 신부는 중세시대 유명 신학자인 토마스 아퀴나스는 아닐까 하는 추측을 해봤다. 하지만 동상 주변에 새겨진 이름이나 관련 자료를 확인할 수 없었다. 어떻든 이곳은 중세시대 가톨릭 신학 발전을 이끈 최고의 대학이었고 프랑스 땅 이단(?) 척결의 중심이었다. 또한 종교개혁 시기에 프랑스 인문주의자인 르페브르를 공격하고 프랑스 종교개혁 탄압을 주도한 가톨릭교회의 신학적 중심이었다.

그 곳에서 '신학이 교회와 사회에 어떤 역할을 해야 하는가?'를 고민했다. 탄압자의 역할을 할 것인가, 아니면 올바른 방향을 제시하고 선도하는 역할을 할 것인가? 오늘 한국교회와 신학은 사회에 어떤 역할을 하고 있는지, 어떤 역

할을 하는 곳으로 비춰지는지 궁금하다. 교회의 영향력이 강한 상황 속에서 신학(신학대학)이 중세시대와 같은 모습은 아닐까? 즉 교회에 종속되어 개혁적 견해를 탄압하거나 교회의 필요에 따라 자신의 신학적 입장을 굽게 하고 있는 것은 아닐까? 또한 '실용'이라는 이유로, '교회를 위한 신학'이라는 이유로 '성서'로부터 일탈하는 것을 정당화하고 있는 것은 아닐까? 마찬가지로 교회도 우리 사회를 죄악 된 곳으로 보고 가르쳐야 할 곳, 선도해야 할 곳, 아니면 개종해야 할 대상으로만 보고 있는 것은 아닐까? 여러 생각이 머릿속을 맴돈다.

소르본느를 보고 나서 도착한 팡테옹 광장에서 파리대학교를 상징하는 파리 1대학의 본부 건물과 법학과 건물을 만났다. 그곳에서 학생들은 악기를 연주하며 작은 길거리 공연을 하고 있었고, 그들을 지나쳐 들어선 건물 마당에는 학생들이 책을 든 채 바쁘게 움직이고 있었다. 어느 나라나 대학 모습은 비슷한 것 같다. 젊음의 여유로움과 함께 학문에 대한 열정이 있기 때문이다. 그렇기 때문에 대학은 미래사회를 선도하는 일꾼을 양성하고 나아가 다음 시대를 만들어내는 저력이 되는 듯하다.

이런 모습은 중세시대에도 비슷했다. 대학이 있었기에 인문주의가 발전할 수 있었고 교회의 가르침이 성서의 빛에 비추어 연구될 수 있었으며 종교개혁이 태동할 수 있었다. 에라스무스, 루터, 칼뱅 모두 대학에서 배움을 통하여 참된 이치를 깨달았고, 교수로서 가르치는 과정에 몸부림쳤으며, 종교개혁에 대한 결단과 함께 나아갔다. 오늘날 대학이, 그리고 교수들이 어떤 역할을 해야 할까? 그것도 인문학, 특히 신학(종교학)을 가르치는 대학들이 어떤 방향에서 학문과 시대를 선도해야 할까? 만약 대학에서 교수와 학생이 참된 연구와 문제 제기를 통하여 교회와 그리스도인을 올바른 방향으로 이끈다면 오늘 한국교회와 한국사회의 문제 또한 쉽게 극복될 수 있지는 않을까? 신학대학과 대학의 중요성을 세계 대학 역사의 한 획을 긋는 파리대학교에서 고민해 본다.

대학을 나서 잠시 여유를 부리며 팡테옹(Panthéon)에 들어섰다. 팡테옹은 원래 성 제네비에브(Sainte Geneviève) 교회가 있던 자리에 1757년부터 세운 건물이다. 건물 전면은 로마의 판테온에서 따온 것으로 고딕 성당의 밝은 모습을 반영하여 건축하였다. 하지만 지금 이곳은 교회가 아니라 프랑스 위인들의 묘지

팡테옹은 프랑스 유명 인물의 묘지로 쓰인다.

로 사용되고 있다. 입구 삼각형 부조 아래에는 "조국이 위대한 사람들에게 감사를 표한다."(AUX GRANDS HOMMES LA PATRIE RECONNAISSANTE)는 내용을 볼 수 있었다. 그 표현처럼 지하 묘지에는 볼테르, 루소, 에밀 졸라, 퀴리 부부 등 문학가와 과학자, 정치가 등 프랑스 대표 인물들의 무덤이 자리하고 있다.

팡테옹의 복잡한 지하 내부 이곳저곳을 오가며 그들의 무덤과 장식들을 살핀다. 한국의 국립묘지와 같은 장소에서 한국과는 다른 느낌을 받았다. 사회 각 부문에서 활동한 위대한 인물들이 대학가 건물이 몰려 있는 도심의 중심에 묻혀있다는 점에서 팡테옹은 그들은 추모하면서 그들과 같은 인물이 될 것을 다짐하는 산 교육장이 될 수 있기 때문이다. 물론 교육의 내용은 자유와 정의, 평등을 꿈꾼 관용의 나라 프랑스답게 자유롭게 이뤄질 것이다. 어떤 내용이든 그것은 프랑스를 더욱 강한 나라로 만들 수 있다는 자부심

팡테옹 지하 볼테르의 묘와 동상

팡테옹 1층, 프랑스의 중요한 역사가 새겨져 있다.

이 있기 때문이다. 팡테옹은 바로 그것을 알게 하는 것 같다.

지하 묘지를 나서 건물 1층에 들어섰다. 넓은 내부는 마치 로마의 거대한 성당에 들어선 것 같았다. 성당 건물로 건축되었으니 당연하다. 또 돔을 통해 들어오는 빛과 대리석으로 만든 내부는 조명 없이도 밝게 빛나고 있었다. 그곳에 있는 거대한 조각들과 샤를마뉴와 성 제네비에브, 잔 다르크의 이야기 등 프랑스 역사의 중요 장면을 기록한 대형 그림을 살폈다. 그림 하나하나를 살피며 이야기의 내용과 의미를 추측해 보지만 익숙한 잔 다르크의 그림을 제외하곤 자세히 이해하기 어려웠다.

5. 칼뱅이 공부한 파리 몽테규 대학(Montaigu)

칼뱅을 찾아 서둘러 팡테옹을 나섰다. 팡테옹 옆에는 칼뱅이 파리에서 공부했던 몽테규 대학(Collège de Montaigu)이 있기 때문이다. 물론 칼뱅 당시 몽테규 대학 건물은 없어진 지 오래다. 건물이 있었던 장소는 후대에 새로운 건물이 들어섰고, 지금 그곳은 제네비에브 도서관으로 사용되고 있다. 건물 외벽에는 우리가 익히 들어본 수많은 유럽의 위대한 인물의 이름이 적혀있었다. 알고 있는 인물의 이름을 찾아보며 그들의 생애를 짧게 떠올려 본다. 그곳에서 몽테규 대학 졸업자인 에라스무스와 칼뱅, 로욜라 등의 이름을 확인할 수 있었고 위클리프나 루터 등과 같은 종교개혁자의 이름도 볼 수 있었다. 특히 에라스무스(1495-1496)의 이름은 건물 벽 옆에 학교 설립(1314) 역사와 함께 별도로도 기록되어 있었다. 건물 맞은편 계단에 앉아 파리에 유학 온 칼뱅의 삶을 떠올린다.

옛 몽테규 대학. 지금은 제네비에브 도서관

파리에 도착한 후 칼뱅은 라 마르세 대학에서 라틴어 등을 공부한 후 5개월 후 몽테규 대학에 진학했다. '소르본느 대학'이 아니라 '몽테규 대학'을 택한 이유는 확실하지 않다. 이곳이 에라스무스가 공부했고 종교개혁 직후 가톨릭 갱신과 수호의 깃발을 높이든 예수회 창립자 로욜라(1528년 입학)가 다닌 점에 미루어 짐작할 뿐이다. 아마도 칼뱅의 입학

몽테규 대학 건물에 있는 위대한 인물들의 이름

과정에 누아용 대성당 참사회가 사제 후보생인 그를 몽테규 대학으로 이끌었을 가능성도 높다. 칼뱅이 진학했을 당시 대학의 학장은 피에르 탕페트(Pierre Tempête)라는 인물로, 그는 유명한 보수적 학자인 노엘 베다(Noël Béda)의 계승자였다. 그들에 의해 대학은 금식훈련과 밤중까지 진행하는 영성훈련 등으로 엄격하게 운영되었다. 에라스무스 등의 언급에 따르면 학생들은 대화를 귓속말로만 하도록 했고 때때로 회초리가 사용되었으며, 식사는 금식을 명분으로 빈약할 정도였다고 한다. 이런 이유로 대학은 보수적인 교회 지도자들에겐 인기가 있었던 것 같다.

이곳 몽테규 대학에서 칼뱅은 5년여 공부하여 인문학 석사학위를 취득하였다. 정식 절차대로라면 이제 그는 신학을 공부하거나 수도원에 들어가 사제가 되어야 했다. 하지만 모든 준비를 마친 그가 갑자기 방향을 바꿔 법학자의 길, 나아가 종교개혁자의 길에 들어섰다. 몇 년 후배인 로욜라가 7년간 신학 등을 공부한 후 사제가 됐고, 종교개혁 시기 가톨릭의 수호자요, 새로운 방향을 제시하는 역할을 감당한 것과 비교해 아이러니다. 같은 장소에서, 같은 교수에게서, 같은 학문과 신앙을 배운 그들이 전혀 다른 길을 간 것이다. 결국 학문은 가르치는 사람이 중요한 것이 아니라 배우는 사람, 가르침을 받는 사람이 어떤 생각을 하느냐가 중요하다.

　개인적으로 몽테규 대학에서 중세교회의 경건을 배운 칼뱅이 나중에 종교개혁자가 된 것은 두 가지 배경이 있었을 것이라 생각한다. 첫째는 파리에서 만난 사람들을 통해 인문주의나 종교개혁 사유에 눈 뜨게 된 때문일 것이다. 그는 사촌인 피에르 로베르 올리베탕(Pierre Robert Olivétan)과 왕실 의사로 기욤의 아들인 니콜라스 콥(Nicolas Cop)과 교류했다. 칼뱅보다 3살 많고 동향인 올리베탕은 칼뱅에 앞서 파리에 도착해 공부하고 있었다. 그는 나중에 프랑스어 성서 번역 과정에 기욤 파렐 등과 협력했는데 아마도 파리에 있을 때 모 그룹과 관계가 있었던 것으로 보인다. 그와 칼뱅은 자주 어울렸다. 또 칼뱅은 몽테규 대학 동료인 콥의 집에 자주 놀러갔는데, 이 때 인문주의와 종교개혁에 우호적인 감성을 형성했을 것이다. 왕실 의사인 기욤은 당시 인문주의자와 활발한 교류를 펼치고 있었고, 이 때 칼뱅도 루터 저작을 접했을 것으로 추정된다. 비록 칼뱅이 종교개혁 입장을 수용하진 않았을지라도 인문주의적 입장에는 충분히 공감했을 것으로 보인다. 정확한 시기는 알려지지 않았지만 칼뱅이 파리에 머물던 때 이름을 요아니스 칼비누스(라틴어: Ioanis Calvinus)로 정했기 때문이다.

　두 번째는 칼뱅이 몽테규 대학 졸업 후 법학 공부를 위해 오를레앙(Orléans)

과 부르주(Bourges)로 옮겨 공부하게 됐고 이곳에서 종교개혁의 영향을 받은 것 때문이다. 그가 대학을 졸업하기 전 부터 아버지는 누아용 참사회와 갈등했고 아들에게 법학을 공부하라고 권유했다. 칼뱅은 이를 수용해 1528년 파리로부터 남쪽으로 130킬로미터 떨어진 오를레앙 대학교(université d'Orléans)로 진학, '시민법'을 공부하기 시작한다. 그가 오를레앙을 택한 것은 이 대학의 유명세도 있었지만 이곳에 먼저(1526년) 와서 법학을 공부하던 올리베탕의 영향 때문일 것이다.

그런데 당시 오를레앙은 루터의 사상을 받아들인 독일 유학생들이 학교 홀에서 자체적으로 예배를 드리는 등 종교개혁 영향을 받았다. 이곳에서 칼뱅은 르페브르의 제자요, 루터에 정통한 볼마르 교수를 만나 그리스어를 배우고 익혔고, 그의 밑에서 공부하던 테어도르 드 베즈(Théodore de Bèze)를 만나 나중에 종교개혁을 함께하게 된다. 오를레앙에서 칼뱅은 유명한 법학자 피에르 드 레스뚜왈(Pierre Taisan de l'Estoile, Petrus Stella)로 부터, 그리고 1529년 여름 친구들과 함께 부르주 대학교(université de Bourges)로 옮긴 후에는 법학자요 인문주의자인 이탈리아 출신 안드레아 알시아티(Anfrea Alciati)로부터 법학을 배웠다. 법학 공부와 함께 오를레앙과 부르주의 자유로운 학문풍토, 종교개혁에 개방적인 조건 속에서 칼뱅은 법학 뿐 아니라 인문주의와 종교개혁 사상에도 자신의 문을 활짝 열게 된다.

6. 인문주의의 산실 파리 왕립대학(Collège royal)

몽테규 대학을 나서 종교개혁 시기 왕립대학(Collège royal)으로 설립된 '콜레쥬 드 프랑스(Collège de France)'를 찾았다. 이 대학은 인문주의자인 기욤 뷔데(Guillaume Budé)의 제안에 따라 1530년 프랑수아 1세가 설립한 대학으로, 인문주의자들이 자유롭게 강의하고 공부할 수 있는 학교였다. 이곳에선 그리스어를 비롯해 고전어를 가르쳤는데, 모그룹에 속했던 바타블(François Vatable)이 히브리어를 가르치는 등 인문주의의 산실 역할을 했다.

이 대학은 전통적인 가톨릭교회 입장을 강조한 소르본느와는 여러모로 대비된다. 왕립대학은 인문학자로서 에라스무스, 토마스 모어 등과 교류한 기욤 뷔데의 설립 취지에 맞게 교수진들이 구성됐다. 또 고전학문에 대한 자유로운 접근을 위해 처음에는 그리스어와 히브리어 등 언어 교육에 집중했고 파리 지식인들에게 다양한 학문적 교육을 제공했다. 현재도 이런 옛 전통은 계승된다. 이곳에선 시민들에게 다양한 무료 강좌를 개설하고 있는데 프랑스 고등교육을 위한 특별한 장소 역할을 하고 있다.

그곳으로 걸어가면서 오를레앙과 부르주에서 공부하던 칼뱅이 언제, 어떻게 종교개혁 사상을 받아들였는지, 즉 '종교적 회심이 언제일까' 생각해 본다. 몽테규 대학에 다니던 때는 인문주의적 사유에 호감을 갖는 정도였을 것이다. 칼뱅이 파리에 도착한 1523년은 루터의 출판물이 프랑스에 퍼지고 있었고 인문주의적 종교개혁이 시도되던 때다. 하지만 왕실과 가톨릭 세력에 의해 프랑스 최초로 루터주의자인 쟝 발리에르 등이 화형당하고 모 그룹이 탄압받았다. 무엇보다 그가 다닌 몽테규 대학이 보수적인 입장이고 학교 운영이 엄격했기에 칼뱅이 종교개혁 사상을 수용했을 가능성은 낮다.

그렇다면 칼뱅은 오를레앙이나 부르주에서 종교개혁 사상을 수용했을 것이다. 오를레앙은 루터의 영향을 받은 독일 출신 학생들이 자체 예배도 드렸고 독일인 교수들도 학생을 가르쳤다. 또 부르주 대학은 인문주의자와 종교개혁자를 도운 마르가리타가 후원한 대학으로, 인문주의적인 교육이 실시됐다. 칼뱅의 동료요 후계자인 베즈는 칼뱅 전기에서 부르주에서 칼뱅이 회심한 것으로 언급한다. 프랑스 학자들도 이곳에서 칼뱅이 개혁적 설교를 시작했다고 평가하고 있다. 실제로 부르주 시내 한 광장에는 그가 설교했다는 '칼뱅의 돌'이 있고, 그가 말씀을 가르쳤다는 '칼뱅 홀', 그리고 예배를 인도했다는 '꼴라동의 집'이 남아 있다. 이런 정황을 고려하면 파리에서 인문주의에 우호적 입장을 갖게 된 칼뱅이 오를레앙과 부르주에서 종교개혁 사상을 수용했을 것이다.

왕립대학 건물

칼뱅은 1557년 저술한 '시편주석'(livre des Psaumes)의 서문에서 자신의 갑작스런 회심을 간증한다. 당시 그는 아버지의 뜻에 따라 법률가로 방향을 바꾸고 나서 이 회심이 있었음을 언급했는데 오를레앙에서 부르주로 이어지는 시기일 가능성을 높인다. 넓게 보면 그가 파리에 도착한 1523년부터 개혁신앙을 담은 기독교 강요를 출간한 1535년 시기일 수도 있다. 일부 학자들은 대학 교육 이후로 보는 듯하다. 법학 석사 학위를 취득한 칼뱅은 1530년경 파리로 돌아왔고, 포르테 대학 기숙사에 머물며 히브리어를 공부하고 인문주의적 연구에 힘쓴다. 이 때 그는 콥 등 동료들과 자주 시간을 보냈고 종교개혁에 공감하던 상인 에띠엔느 드 라 포르쥬(Etienne de La Forge)의 집에 드나들었다. 이곳에서는 비공개적인 모임이 열렸다고 하는데, 아마도 교회공동체와 같은 모임이었을 것이다. 일부 학자들은 이 시기에 주목하는 것 같다.

콜레쥬 드 프랑스에 도착했다. 건물 내부, 한 경비원의 도움으로 문이 열린 대학 안뜰과 건물을 잠시 둘러볼 수 있었다. 안뜰은 대학을 상징하는 장소로 정중앙에는 대학 설립에 기여한 기욤 뷔데의 동상이 서 있고 주변으로 몇

왕립대학 광장 기욤 뷔데 동상

명의 얼굴상이 조각되어 있었다. 인물상 아래 이름 바타블(Vatable), 터네베(Turnèbe), 라무스(Ramus) 등을 확인해 본 결과 그들은 왕립대학 초기의 교수였다. 그들은 인문주의적인 입장에서 히브리어와 그리스어, 철학 등을 가르치며 대학의 이름을 빛냈다. 이들이 설립 당시 대학이 지향하는 가치를 그대로 드러내는 인물이라는 점에서 동상은 지금까지의 대학의 방향을 상징하는 것 같다. 500여년의 역사 속 변화에도 불구하고 대학 설립의 취지와 의미를 기억하며 그 가치를 지키는 프랑스인의 '문화적 고집'이 느껴진다.

그런데 이들 중 기욤 뷔데와 바타블은 칼뱅과도 연관이 있다. 칼뱅이 파리로 돌아온 시기에 대학이 설립됐을 뿐 아니라, 인문학자인 기욤 뷔데가 오를레앙 대학 법학 출신이었고, 파리에서 칼뱅이 히브리어를 공부했기 때문에 바타블과 만났을 수 있다. 오를레앙과 부르주 대학에서 공부한 후 1531년 3월 파리로 돌아 온 칼뱅은 아버지의 사망으로 누아용을 잠시 방문했으며 파리에서 연구를 계속해 이듬해(1532년) 4월 '세네카의 관용에 관하여'(De Clementia de Sénèque)를 주석, 출판한다. 그는 이 저술에서 세네카와 키케로를 비롯해 56명의 라틴 저자와 22명의 헬라 저자들을 인용했으며 아우구스티누스를 비롯해 7명의 교부, 뷔데와 에라스무스 등 당대의 인문주의자를 인용한다. 그런데 이 책에서 칼뱅은 뷔데를 "문학 세계에 있어서 첫 번째 장식이며 기둥"이라고 평가했다. 당시 칼뱅은 인문주의자로서 자신의 이름을 알리며 활동하기를 원했기에 당연히 이 대학을 드나들며 인문주의자들과의 교류에 힘썼을 것이다.

그런데 칼뱅의 대학 동료였던 니콜라스 콥(Nicolas Cop)이 1533년 왕립대학 학장에 선임되었다. 대학 설립에 관여한 기욤 뷔데 등의 추천도 있었을 것이고 왕립대학인 만큼 당연히 왕실의 결정이 뒤따랐을 것이다. 왕실과 밀접한 관련이 있던 아버지의 영향력도 부인하긴 어렵다. 당시 칼뱅은 법률가로 활동하기 위해 오를레앙으로 돌아가 박사학위를 마무리하고 다시 파리로 돌아온 상황이었다. 콥은 11월 1일 '콜레쥬 드 프랑스' 학장으로 취임하며 취임 연설을 하게 되었다. 인문주의의 산실 학장이 된 만큼 콥은 취임 연설에서 자신이 생각하는 대학의 방향성을 이야기하고 싶었다. 당연히 그는 인문주의자로서 당대에 가장 유명한 에라스무스, 교회에 대한 비판적 입장을 제시하던 루터의 사상에 일정한 공감대를 가지고 있었을 것이다. 그런 배경에서 콥은 몽테규 대학 선배인 에라스무스의 자료를 인용했고 나아가 복음과 율법을 대조시키고, '값없이 주어지는 은혜'를 강조한 루터의 설교(1522년)를 출처 없이 인용하여 연설한다. 그런데 이 연설은 가톨릭교회의 분노를 샀고 관여한 인사들은 피신해야만 했다. 사건에 연루된 칼뱅도 마찬가지였다.

7. 마튀랭교회 흔적과 옛 포르테 대학 기숙사

콥의 연설이 행해진 마튀랭교회의 흔적 앞에 섰다. 지금은 돌로 된 벽의 일부만이 흔적으로 남은 그곳에는 작은 기념판이 있었다. 기념비에는 '(프랑스) 혁명이 있기 전까지 13세기에 건축된 마튀랭 삼위일체 수도원의 흔적'이라는 문구가 적혀 있었다. 당시 마튀랭교회에서 학장 취임 연설이 있었던 것은 마튀랭교회가 학교와 가장 가까웠고 대학교회로 사용되었기 때문일 것이다. 교회의 흔적을 손으로 만지며 당시 콥의 연설과 그 행사에 참석한 다양한 사람을 떠올려본다. 왕립대학으로 설립된 학교 책임자의 취임식이기에 당시 행사에는 왕

마튀랭교회 흔적

실 관계자를 비롯해 가톨릭교회의 지도자, 소르본느 대학의 학자들, 파리 시내의 이름 있는 인문주의자와 칼뱅을 비롯한 콥의 동료들이 참석했을 것이다. 칼뱅과 친구들은 연설에 공감하며 고개를 끄덕였을 것이다. 하지만 그의 연설을 듣는 가톨릭교회 지도자들은 당혹감을 느꼈을 것이다. 그의 연설에서 가톨릭교회에 대한 비판이 담긴 종교개혁자의 목소리, 즉 이단의 목소리를 들었기 때문이다.

가톨릭교회의 성직자와 귀족들은 당시 의회에 이의를 제기했고, 결국 콥은 법원에 의해 소환된다. 프랑수와 1세 또한 항의를 접한 후 서한을 보내 "우리는 우리의 사랑하는 도시, 파리, 우리 왕국의 수도에서 일어난 사건에 의해 심히 불쾌하고 심기가 불편합니다. 우리 왕국의 최고의 대학에서 저 저주받을 루터파 이단들이 득실거리고 있습니다. 우리는 있는 힘을 다하여 그것이 확산되는 것을 막기 위하여 모든 대책을 강구해야 하겠습니다."라고 언급한다. 사실상 교회에 의해 이단적 사상을 가진 자로 규정된 콥은 탄압의 광풍을 예견하고 도시를 떠났고, 얼마 후에 그의 동료였던 칼뱅 또한 파리를 떠나야만 했다.

일부에선 이 연설문의 작성자를 칼뱅으로 규정하지만 이는 칼뱅에 대한 지나친 애정 표현이라 생각한다. 콥 또한 인문주의자로, 몽테규 대학을 졸업했으며 철학 교수로서 학문적인 입장과 태도를 가지고 있었다. 그런 그가 자신의 가장 중요한 취임 연설문을 다른 사람에게 작성시키지는 않았을 것이다. 설사 초고를 작성토록 했더라도 최종 연설문은 콥의 것이라고 보는 것이 올바른 견해다. 다만 콥의 연설은 당시 젊은 지식인의 일반적인 생각으로, 동료들과 공감대가 형성된 내용이며, 칼뱅 등 동료들과 연설 내용(향후 대학의 방향)을 논의했을 것이다. 더하여 초고 작성이나 최종 연설문 작성 과정에 칼뱅이 크게 기여했을 수도 있다. 그런 점에서 칼뱅저작설을 반영한다고 해도 연설문은 콥과 칼뱅을 비롯한 당시 개혁자들의 공동 작품으로 보는 것이 보다 설득력 있다.

칼뱅과 관련한 파리 시내 방문의 마지막 장소로 몽테규 대학 옆 건물에 있는 포르테 대학 기숙사를 찾았다. 포르테 대학은 1394년 세워졌는데 파리로 돌아온 칼뱅이 이곳에 머물렀다. 그러나 니콜라스 콥의 연설이 문제가 되고 그를 체포하기 위해 사람들이 몰려오자 칼뱅은 창문과 옆집 지붕을 통해 도망쳤다고 한다. 건물 입구 쪽에 있는 작은 안내판에는 '이곳에 포르테 대학이 있었고 칼뱅이 머

칼뱅이 도피한 포르테대학 기숙사

물렀다'는 간략한 기록이 적혀있었다. 잠긴 문 앞에서 잠시 서성이는 사이 출입문 안으로 한 대학생이 들어서는 것을 볼 수 있었다. 그를 따라 마당 안으로 들어섰다. 아마도 안쪽 건물은 파리대학교의 학생 기숙사로 사용되는 듯했다. 3층 높이의 창문은 높았는데, 다가오는 위협 속에 다급하게 창문을 넘었을 칼뱅의 모습이 연상되었다.

중앙이 팡테옹, 오른편이 몽테규 대학, 그리고 왼편에 포르테 대학 건물이 있다.

건물을 빠져 나간 칼뱅은 처음에는 파리 근교의 한 동료의 집에 머물렀다고 한다. 아마도 파리의 소식을 들으면서 향후 대책을 모색하려했을 것이다. 그런데 파리의 분위기는 점차 나빠져 갔고 결국 칼뱅은 탄압을 피해 푸아티에를 거쳐 프랑스 남부로 피신했다. 그리고 이곳에서 인문주의적 종교개혁에 힘쓴 르페브르와 제라드 루셀 등 종교개혁 선배들을 만났다. 칼뱅은 젊은 인문주의자로, 선배들을 만나 종교개혁의 방향성이나 자신의 진로에 대해 이야기를 나누려 했다.

떠돌던 칼뱅, 잠시 탄압의 광풍이 잦아들었던 시기 파리로 돌아온 그는 1534년 10월 가톨릭 미사를 모독하는 포스터가 파리 시내에 나붙은 '벽보사건'으로 파리를 영원히 떠나야만 했다. "교황과 그의 모든 기생충들"을 신랄하게 공격한 벽보, 즉 플래카드는 왕의 궁전 내부에도 붙었고, 이에 위협을 느낀 프랑수와 1세는 분노했다. 그는 추기경 및 다른 성직자와 협의한 후 개신교에 대한 박해의 칼을 꺼냈고, 이 탄압으로 4백여 명이 체포되어 23명이 화형을 당했다. 희망을 찾지 못한 칼뱅은 결국 스트라스부르를 거쳐 바젤로 피신했다. 자신의 조국 프랑스와 공식적인 이별을 하게 된 것이다. 몇 년 후(1536년) 칼뱅은 바젤에서 그의 이름을 세상에 알린 '기독교 강요'를 출간했으며, 세상에 종교개혁자로서 자신의 이름을 알리게 된다. 인문주의와 루터의 저술, 모 그룹 등으로 촉발된 프랑스 종교개혁은 이를 기점으로 칼뱅의 강한 영향을 받으면서 새 방향을 형성하게 된다.

오를레앙 개혁교회 인근의 칼뱅 동상

※ 칼뱅의 흔적이 새겨진 오를레앙은 잔 다르크로 유명한 도시로 칼뱅이 공부한 오를레앙 대학교의 건물(Thesensaal, 칼뱅이 법학 학위를 받은 장소로 알려진 곳)이 있으며 개혁교회 앞마당에 칼뱅의 동상이 세워져 있다. 또한 부르주에는 부르주 대학 건물과 칼뱅이 종교개혁 설교를 했다는 '칼뱅의 돌', 가르쳤다는 옛 아우구스티누스 수도원의 건물 '칼빈 홀', 예배를 인도했다는 '꼴라동의 집(Maison Colladon)', 칼뱅 동상 등이 있다. 푸아티에에는 칼뱅이 친구들과 예배를 드리고 성찬식을 했다는 '동굴'과 가르쳤다는 '생 브누아 성당' 등이 칼뱅 관련 장소로 알려져 있다.

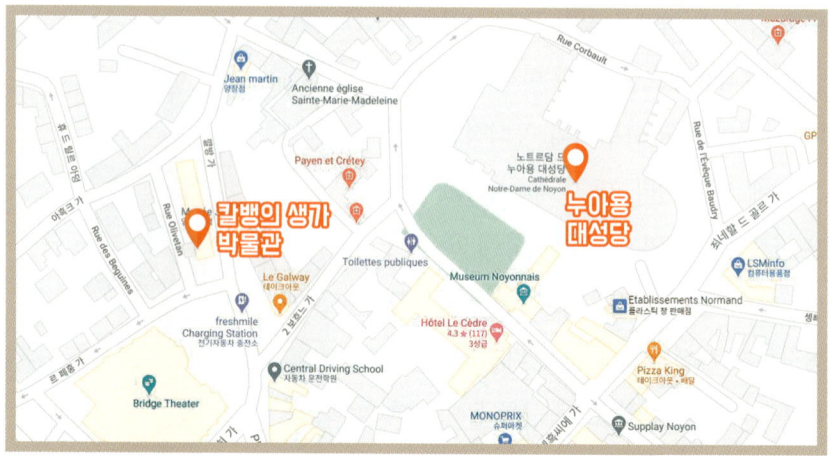

누아용(Noyon)은 칼뱅의 태어나고 어린 시절을 보낸 곳이며, 그의 신앙의 기초가 형성된 곳이다.(누아용 관광 안내 : https://noyon-tourisme.com/) 고향을 떠나 칼뱅은 파리(Paris)와 오를레앙, 부르주에서 공부했으며, 이 시기 인문주의와 종교개혁 사상을 수용한다.

칼뱅의 생가, 박물관(Musée Jean Calvin)

6 Place Aristide Briand, 칼뱅과 프랑스 종교개혁의 역사를 알 수 있는 곳. 한국 그리스도인 방문자가 가장 많다.(한국어 해설서가 있다.)

누아용 대성당(Cathédrale Notre-Dame)

3 Parvis Notre Dame, https://noyon.paroisse.net/, 어린 시절 칼뱅의 신앙이 형성된 곳. 도서관 건물과 허물어진 주교예배당, 고고학 및 역사박물관 등도 둘러볼 수 있다.

파리대학교(Université Paris)

- 파리1대학(팡테옹-소르본, 12 Place du Panthéon, https://www.pantheonsorbonne.fr/)
- 파리4대학(소르본느, Place de la Sorbonne, https://www.sorbonne-universite.fr/)

팡테옹 옆에 파리1대학 건물이 있으며, 예배실과 도서관이 있는 파리4대학 건물은 일반인이 들어가는 것이 거의 불가능하다.

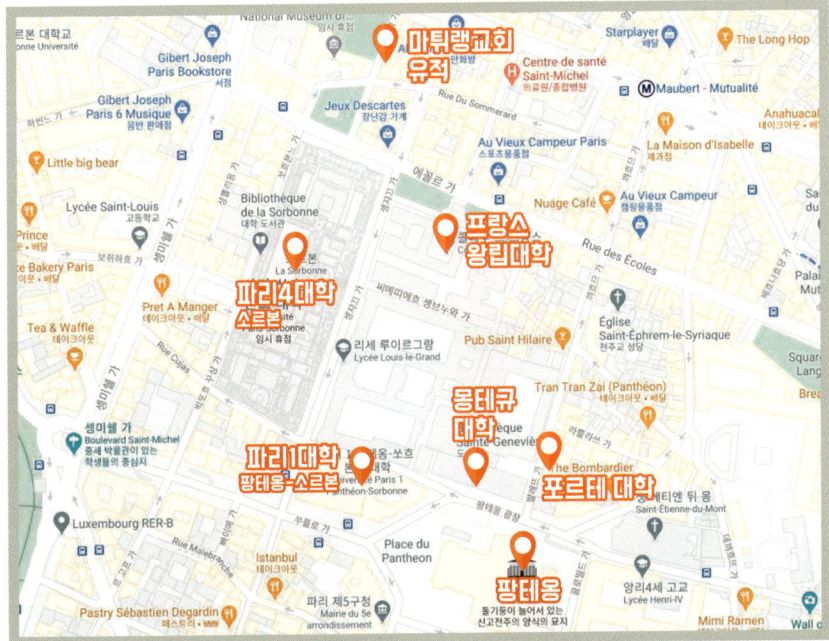

파리 왕립대학(Collège de France)
48-50 Rue Saint-Jacques, https://www.college-de-france.fr/
대학 건물 왼편 쪽 마당에는 기욤 뷔데의 동상이, 건물 벽에는 초기 교수의 흉상이 있다.

마튀랭교회 유적(Mur des Mathurins)
3 Rue de Cluny 옆, 칼뱅의 동료 콥이 왕립대학 학장 취임 연설을 한 곳. 이 연설 파동으로 칼뱅은 파리를 떠나 피신해야 했다.

몽테규 대학
10 Place du Panthéon, 칼뱅이 5년 대학 과정을 공부하고 인문학 석사학위를 취득한 곳. 현재는 도서관(Bibliothèque Sainte-Geneviève) 건물.

포르테 대학
21 Rue Valette, 연설문 사건 후 칼뱅이 대학(기숙사) 건물에서 창문과 벽을 타고 도피한 곳.

중세교회의 탄압을 피해 알프스 서쪽 산악지대(코티시 알프스)에 터 잡은 발도파는 험준한 산악을 일구며 신앙을 지켰다. 종교개혁이 시작되면서 발도파는 '개혁교회'임을 분명히 했다. 발도파 마을 중 한 곳인 프라리 전경

06
종교개혁에 동참한 발도파 교회

샨포란 회의(Chanforan), 메린돌 학살, 생존과 자유 획득

발데스와 그의 동료들('리옹의 가난한 자들')은 리옹에서 쫓겨났다. 하지만 추방을 계기로 그들은 프랑스 남부 지역을 자유롭게 돌아다니며 길거리 복음전도자의 삶을 시작했다. 그들의 노력으로 발도파 신앙은 13세기 초부터 프랑스 남부와 이탈리아 북부, 나아가 스위스와 독일(신성로마제국) 서남부 지역에 확산되었다. 그들의 신앙 흔적을 찾아 이탈리아 북부와 프랑스 남부지역 여정을 계획했고 한 걸음 한 걸음 그들의 흔적에 다가섰다. 독일에서 비행기를 타고 발도파의 중요 회의가 열린 이탈리아 베르가모(Bergamo)를 거쳐 종교개혁 시기 발도파의 흔적이 서린 샨포란(Chanforan), 대규모 학살을 당한 메린돌(Merindol), 그리고 오늘날 발도파 신앙의 중심지 토레 펠리체(Torre Pelice) 등을 방문했다.

1. 발도파 확산과 다가오는 탄압, 베르가모(Bergamo)

베르가모를 향해 가면서 리옹에서 추방된 후 프랑스 남부와 이탈리아 북부 마을을 떠돌던 발데스와 동료들을 떠올렸다. 1183년 리옹 대주교에 의해 추방된 발데스와 동료들은 안타까움과 실망감이 교차했을 듯하다. 하지만 신발의 먼지를 떨어버리라는 예수님 말씀처럼(마 10:14), 옷깃을 여미고 자신들의 외침에 귀 기울이고 복음을 받아들이는 사람을 찾아 나섰다. 길 위에서 먹고 자며 방랑자처럼 떠돈 그들은 '말씀(성서)'과 '가난하지만 경건한 삶'을 실천했으며 '오직 복음전하는 일'에 최선을 다했다.

추방 후 그들이 복음 전파에 힘쓴 첫 지역은 프랑스 남부일 것이다. 당시 프랑스 남부는 그리스도교 신앙 운동의 중심지 중 하나였다. 한 두 세기 전 (10~12세기) 수도회 개혁을 내건 시토회(Ordre Cistercien)와 클뤼니 수도원(Ordre Clunisien) 중심의 개혁운동이 리옹 인근에서 전개됐고 12~13세기 카타리파 (Katharer) 운동이 알비와 툴루즈를 중심으로 펼쳐졌다. 발데스 보다 후이긴 하지만 프랑스 출신 교황에 의한 아비뇽 교황청 시대(1307~1377)가 프랑스 남부에서 펼쳐졌다. 이런 신앙 분위기에서 발데스와 동료들은 순수한 복음운동을 전개했고 프랑스 남부 주민들의 신앙심을 자극했다. 방랑자가 된 리옹의 빈자들 중 일부는 가톨릭교회와 협력하며 당시 카타리파의 이단적 주장에 대응해 싸우기도 했다. 발데스와 동료들의 헌신적인 활동으로 11세기 초 발도파 신앙은 프랑스 남부 랑그도크(Languedoc)지역과 이탈리아 북부 롬바르디아 (Lombarei) 지역에서 지지자를 얻게 된다. 또 한 세기가 가기 전 스페인과 프랑스 북동부, 남부 독일, 오스트리아 북부로도 확산됐고 한 세기 후에는 폴란드와 보헤미아(체코), 슬로바키아, 헝가리 등 동유럽에도 신앙공동체가 만들어졌다.

이러한 발도파 운동 확산에는 복음전도자의 삶을 산 발데스가 큰 역할을 했는데, 그는 프랑스와 이탈리아, 스위스 지역에 걸친 알프스 산악 지대를 지나 오스트리아, 그리고 보헤미아(체코)에까지 이르러 복음을 전했으며 그곳에서 죽었다고 한다. 그러나 그의 행보를 있는 그대로 믿기는 어려워 보인다. 그가 전도자의 삶을 시작했을 때는 40대로 당시엔 적지 않은 나이였고 프랑스 남부 지

베르가모는 오랜 옛 도시로 언덕 위에 형성되었다. 중세 옛 도시 지역(도시 홍보 사진)

역어로 말씀을 번역케 하는 등 언어적 한계도 가지고 있었기 때문이다. 이를 볼 때 발데스의 직접적인 활동은 프랑스 남부에 한정됐을 가능성이 높다.

발도파의 삶과 가르침을 떠올리다가 '말씀 그대로의 삶인 청빈과 가난에 착목하고 직접 복음을 전하려는 행동이 발데스와 리옹의 빈자들만의 것이었을까?' 하는 궁금증이 일었다. 답은 당연히 '그렇지 않다'는 것이다. 발도파와 같은 시기(12세기)에 '가난'(청빈)은 교회의 중요 관심이었고 이를 실천하려는 단체들이 많았다. 이런 흐름을 대표한 가톨릭교회 단체는 프란치스코 수도회와 도미니크 수도회다. 이들 단체 창립자는 발데스와 동시대의 인물이었고 가톨릭교회의 허락을 얻어 수도회를 만들었다. 청빈한 삶과 가난한 사람들 속에서 복음을 전한 그들의 모습은 리옹의 빈자들과 다르지 않았다. 다만 발데스와 동료들은 교회에 의해 버림당했고 프란치스코와 도미니크는 교회가 받아들였다는 점이 다를 뿐이다. 어쩌면 이런 결과는 발데스와 동료들이 평신도에 머물렀고, 발도파가 중세교회에 순종하지 않고 비판했던 때문은 아닐까? 만약 발도파가 중세교회에 좀 더 우호적인 입장을 드러내고 수도자나 신부로서 사역을 했다면 어땠을까?

베르가모 공항에 도착해 자동차를 빌려 시내로 향했다. 베르가모는 이탈리

베르가모 옛 지도.
발도파 회의가 이 도시에서 열렸다.

아의 중세 도시 중 하나로 옛 도시는 산 위에 자리했고, 근대에 산 아래와 주변에 신도시가 형성되었다. 두터운 성벽으로 둘러싸인 산 위의 도시는 좁은 길과 오래된 건물 등 중세의 모습을 느끼도록 한다. 옛 길을 거닐며 도심 중심에 자리한 시청사와 광장, 중세시대 대성당의 역할을 한 산타 마리아 마조레(Santa Maria Maggiore)와 근현대 신앙 중심지인 대성당 등을 둘러봤다. 원래 베르가모엔 5세기 초 작은 성당이 세워졌고, 12~13세기 대성당 역할을 했던 마조레 성당(1273년 봉헌)이, 그리고 17세기에 새로운 주교좌 대성당이 건축됐다. 특히 이곳 출신의 교황(요한 23세)이 배출될 정도로 도시의 가톨릭 신앙은 그 역사와 전통이 깊다.

도시를 거닐다 발도파 활동 시기 건축된 마조레 대성당 주변에서 중세시대 옛 지도를 보게 됐다. 지도에서 방금 걸은 길을 찾아보니 길의 폭이나 형태가 중세 시대와 다르지 않았다. 다른 것이 있다면 오랜 역사로 단층이 2~3층 건물이 되고, 나무에서 돌로 바뀌었으며, 작은 돌로 만든 길바닥은 반듯한 석회석 돌이 되었을 뿐이다. 그렇게 시내를 거닐다 이 도시 어딘가에서 발도파 역사에서 매우 의미있는 회의가 열린 사실을 떠올렸다.

운동이 확산되면서 두 개의 발도파 신앙 그룹이 형성됐다. 두 그룹은 알프스 산맥을 경계선 삼아 프랑스 쪽 그룹과 이탈리아 북부 롬바르디아 지역 빈민공동체로 구분된다. 이들은 말씀 중심, 가난한 삶 실천 등 근본적인 정신은 동일했지만 지도자 선임을 포함해 조직 운영, 가톨릭교회의 성사(세례나 결혼예식 등) 수용 여부에서 일정한 차이가 나타난다. 프랑스 쪽이 설교자 공동체 형태로, 탁발수도회처럼 구걸을 통한 생계 유지와 복음 전도에 집중했다면 이탈리아 쪽은 섬유산업이 발달한 지역 특성에 맞게 공동 생활과 협동 노동을 통해 자립형 공동체를 지향한 것으로 보인다.

성례전 시행에서도 가톨릭 사제에 의한 성찬을 인정하고 비상시에만 '봉사자(Diener)'를 세워 안수와 성찬을 하던 프랑스 쪽과 달리 독립적 성찬례 시행을 위해 사실상의 사제를 세운 것이 이탈리아 쪽 특징이다. 독립적인 교회의 운영과 질서를 만든 것이다. 더욱이 이탈리아 롬바르디안은 합당하지 않은 삶의 방식을 가진 성직자(중세교회)의 성사는 인정하지 않는 강경 입장을 드러낸다. 또한 이들은 발데스가 죽음을 맞은 시점 전후로 지오바니 드 론코(Giovanni de Ronco, 그를 이어 Oto de Ramazello)를 지도자로 선출하는 등 일정한 지도체계를 구축했다. 반면 프랑스 쪽은 '예수 그리스도가 공동체의 지도자'라는 입장에 서서 별도의 지도자를 선출하지 않았고 중세교회의 세례와 성찬식을 일부 인정하는 입장이었다. 아마도 발도파의 신념이 조금씩 차이가 나기 시작한 것은 발도파가 각 지역별로 일정한 규모로 성장했고, 말씀을 연구하면서 나름의 신학적, 신앙적 입장을 형성했으며, 이에 따라 공동체 운영방식에 대해 고민을 했던 때문이라고 생각된다.

1218년 5월 두 발도파 공동체는 의견 통일을 위해 이탈리아 베르가모(Bergamo)에서 회의를 열었다. 당시 회의는 발데스가 죽고 10여년 후에 열렸는데, 프랑스 측에서 6명, 롬바르디아에서 6명 등 12명의 대표가 참여했다. 12명의 대표단은 예수님의 열두 제자 표본을 따른 것으로, 발도파가 얼마나 성서의 말씀, 즉 복음서의 말씀에 충실하려했는지 보여준다. 이 회의에서는 9가지의 문제가 다뤄졌는데 7가지의 문제는 논란의 여지는 있지만 나름의 일치를 이뤘다고 한다. 대표로서 감독 또는 교장을 선출하는 것, 노동공동체를 허용하는 것, 사도를 따라 복음 설교자의 삶을 살아야 하는 것 등은 '공통적 관심과 일반적인 평화를 고려하여 경우에 따라 숙고하는 것'으로 의견을 모았다. 또 물세례 받음 없이는 누구도 구원받을 수 없음과 결혼한 사람은 상호 합의(사역을 위해)나 또는 혼외관계 등의 경우에 분리될 수 있다고 정리한다. 공동체에서 잘못한 사람은 내부 재판 기구에서 다루도록 했고 성서는 신앙과 도덕의 최고의 규범으로서 각 지역의 규율 또는 전통에 이를 적용하도록 했다.

하지만 두 부분에서 최종 의견 일치가 이뤄지지 못한 것 같다. 발데스와 그의 제자들이 영원에서 어떤 운명을 갖게 됐느냐의 문제와 성직자의 성례가 어떤 조건 아래에서 유효한지에 관한 문제다. 첫 번째 문제는 '구원은 하나님이 아시는 문제'란 점에서 그리 큰 차이는 아니라 생각된다. 하지만 성찬례는 중세교회에 대한 입장과도 연결되어 있어 향후 발도파 행보에 중요한 문제였다. 프랑스 쪽은(중세교회) 성직자의 선포는 전체적으로 유효하며 성찬례도 어떤 경우에도 그에 의해 좌우되지 않는다고 주장한 반면 이탈리아 쪽은 적합한 성직자에 의해 그리스도의 몸이 봉헌되었을 때에만 유효하며, 다른 경우엔 말씀은 의미가 없고 성찬례 또한 유효하지 않다고 주장했다. 물론 우리는 회의의 최종 결론과 이후 몇 차례 더 있었을 것으로 보이는 양측의 논의를 더 이상 알지 못한다. 다만 양측은 상호 차이를 인정하면서 공통의 활동을 모색하기 위해 노력하기로 의견을 모았음은 분명하다. 아마도 이후 회의 등을 통해 양측은 행정적인 일을 담당하는 조직의 필요성을

마조레 대성당, 왼편에 조금 보이는 곳이 새 대성당

공감해 상황에 맞춰 비밀스런 목회 조직을 추진했던 것 같기 때문이다.

마조레 대성당은 하얀색의 대리석으로 장식된 성당 외부도 아름다웠지만 다양한 성화와 조각, 장식으로 구성된 교회 내부 또한 아름다웠다. 상당수 그림과 조각은 중세 말 만들어진 것들이지만 1347년 그려

마조레성당의 생명나무 그림

진 '생명나무(albero della vita)' 프레스코화는 매우 독특한 형태로 눈길을 끌었다. 그림에는 나무에 달린 그리스도를 중심에 두고 그의 삶의 여러 장면이 그려져 있고 아래쪽에선 수도사들이 그를 바라보았다. 아마도 그리스도 삶을 묵상하도록 이끄는 그림인 것 같다. 웅장하고 화려한 마조레 성당을 둘러본 후 밖으로 나와 현재의 대성당에 들어섰다. 앞 성당과 비교해 본당 규모만 더 커졌을 뿐 내부는 소박했다. 큰 그림들이 소예배실에 걸려 있을 뿐 화려한 프레스코화, 투박한 옛 그림, 조각들은 거의 없었다. 근현대 이탈리아 가톨릭교회의 입장이 담긴 것은 아닐까 생각해본다. 다만 가톨릭 개혁의 정점인 2차 바티칸공의회를 소집한 교황 요한 23세를 기념한 작은 공간이 대성당을 의미있게 하고 있었다.

교황 요한 23세는 베르가모 출신으로, 이곳 대성당에서 20여년 가까이 주교로 사역했다. 그는 교황이 된 후 현대 가톨릭교회 갱신에 획을 그은 제2차 바티칸공의회를 소집,

새로운 대성당에 있는 교황 요한 23세의 기념 장소

핵심 논의를 이끌었다. 제2차 바티칸 공의회는 중세 말 종교개혁에 맞서 연 트리엔트 종교회의 결정의 핵심 중 하나인 '라틴어 미사'(Missa Tridentina) 형식을 400여 년 만에 근본적으로 개정했다는 점에서 의미가 크다. 종교개혁에 맞서 가톨릭은 트리엔트 미사 형식을 통해 사제 중심, 라틴어 미사를 강조했다. 하지만 시대가 바뀌면서 일부 국가에서 자국어로 미사를 드리기 시작했다. 그러나 미사의 원칙은 바뀌지 않다가 바티칸공의회를 통해 '모국어를 사용해도 무방', '주교가 회중을 보며 전례를 거행', '평신도들도 성서 낭독에 참여케 허용' 등을 결정했다. 성서의 자국어 번역, 평신도의 자유로운 복음 선포를 강조한 것이 발데스요. 그를 따른 발도파가 베르가모에서 회의를 가졌다는 사실을 교황은 알았을까? 바티칸 공의회의 결정을 볼 때 21세기 가톨릭 개혁을 시작한 교황이 이곳에서 종교개혁의 한 생각을 피부로 느꼈던 것은 아닐까 하는 생각에 흠칫 놀랐다.

2. 탄압과 생존, 숨어 사는 삶 : 앙그로냐(Angrogna) 계곡

베르가모를 떠나 이탈리아 북서부 토리노를 수도로 한 피에몬테(Piemonte) 지방으로 향했다. 종교개혁 시기 발도파의 흔적을 찾아 나선 것이다. 북서부 이탈리아 지역과 남부 프랑스 지역은 중세 초부터 19세기까지 사보이 왕가에 속한 땅이다. 종교개혁을 탄압한 프랑스 왕실의 영향을 많이 받았던 이 지역은 현재는 알프스 산맥을 경계선으로 이탈리아 땅이 됐다. 하지만 역사적으로 사보이의 땅은 프랑스에 더 가까웠다. 발도파는 이곳 산악지대에서 중세교회의 탄압에서 생존했고, 현재는 이탈리아 발도파교회(Chiesa Evangelica Valdese)를 이루고 있다. 자동차로 3시간 넘는 먼 거리를 홀로 이동하며 발도파를 향한 중세교회의 탄압과 생존에 몸부림친 그들의 행보를 떠올렸다.

1) 종교재판을 통한 발도파 탄압

종교재판의 처형 형태를 알 수 있는 목판화(1508)

베르가모 회의 직후 발도파를 향한 중세교회의 탄압은 심화되었다. 당시 가톨릭교회는 이단 심문관을 선임해 종교재판을 진행했는데, 초기 남 프랑스 지역 이단심문관은 카타리파와 함께 발도파를 탄압했다.

탄압을 피해 발도파는 알프스 산악지대로 피신했고, 독일 땅을 거쳐 동쪽 오스트리아와 보헤미아로 흩어졌다. 초기 종교재판의 역사를 통해 우리는 프랑스 남부지역 발도파의 흔적은 알 수 있다. 이들은 가톨릭 군대에 맞서 싸운 카타리파보다 규모는 작았지만 그 다음 가는 탄압대상이였다. 1241년부터 1242년 사이에 퀘시(Quercy) 지방 심판관인 페트루스 세일라(Petrus Seila, 영 Peter Cellas)에 의해 700여 명이 심판을 받는데, 이들 중 구르동(Gourdon, 219명 중 55명), 몽쿠크(Montcucq, 84명 중 44명), 몽토방(Montauban, 252명 중 175명) 지역 발도파가 많았다. 아마도 이들 지역에서 카타리파에 대항한 발도파 설교자들이 많이 활동한 때문일 것이다.

어떤 이들은 발도파 사람들이 종교재판에서 사형선고를 받고 대부분 세속 당국에 넘겨져 사형 당했다고 생각할 것이다. 하지만 카타리파처럼 군사력으로 대항한 전쟁 때는 집단학살이 이뤄졌지만 13세기 중반까지 교회의 종교재판은 최대 파문, 즉 공동체로부터 추방되는 조치가 전부였다. 앞서 언급한 페트루스 세일라의 판결만 해도 징역형이나 사형은 없었고 이단 십자가(옷) 착용, 성지 순례, 가난한 사람을 위한 기부 명령 등이 처벌 내용의 전부였다. 비슷한 시기(1245/46) 프랑스 로라가이스(Lauragais) 지역에서 활동한 이단심문관(Bernard de Caux와 Jean de Saint-Paul)의 207건 판결을 보아도 23건의 징역형으로 조금 강력한 조치가 내려졌지만 노란색 회개십자가 착용 명령이 상당했다. 물론 예외는 있었다. 한 심문관이 1236년 프랑스 북부인 Chalons-sur-Marne에서 몇 명의 이단을, 1239년 샹파뉴에서 187명의 이단을 화형 및 처형한 일이 있었다. 하지만 사건 이후 그가 지방 귀족과 성직자들의 항의를 받고 교회로부터 조치 당한 것을 볼 때 과도한 권한 남용을 행한 것으로 보인다.

하지만 발도파에 대한 탄압은 시간이 가면서 체포나 심문, 종교재판과 파문이나 추방 등을 넘어 점차 징역형과 사형선고로 강화되었다. 중세교회는 13세기 중반 고문을 통하여 자백을 강요하는 방식을 허용했고, 세속당국은 감옥형과 사형을 확대 실시했다. 처음에는 회개 명령과 신앙적 권고, 파문 등을 주로 판결했던 교회는 감옥형과 사형을 빈번하게 선고하고 세속당국은 신속히 이를 집행한 것이다. 그렇게 발도파는 13세기 중반부터 종교개혁이 시작된 16세기 초까지 유럽 곳곳에서 색출, 심판, 처형으로 죽임을 강요당했다. 이런 상황에서 길거리 복음 전파를 포기한 발도파는 점차 도시에서 시골로, 그리고 산골짜기로 숨어들었으며, 서유럽에서 교회와 세속 당국의 탄압이 약한 동유럽으로 나아갔다. 그렇게 발도파는 농사꾼이 됐고 화전민이 됐으며, 착한 보통 이웃 사람으로 살아남았다.

2) 알프스 산악지대에 숨어 생존한 발도파

이 시기 대표적인 이단심문관으로 프랑스 출신인 베르나르도 기(Bernard Gui, 1261/2-1331)라는 인물이 있다. 그는 1308~1323년 남 프랑스 툴루즈(Toulouse)와 카라카손(Carcassonne) 등에서 활동하며 930여건의 이단 심판을 했는데 처형 42건, 무기감옥형 307건, 3분의 1은 공적 참회나 노란색 십자가 낙인을 부과했다. 그의 심판 대상 중에는 발도파도 많았는데 1319년 26명이 감옥형, 3명이 화형을 받았고, 1321년에는 2명이 감옥형, 6명이 화형을 당했다. 그는 이단 심문관들을 돕기 위해 'Practica inquisitions heretice Pravitatis'(이단심문 실무)를 저술하였고, 교회가 생각하는 중요 이단의 가르침과 조직 형태, 전형적인 행동 정보와 심문 방법 등을 기록했다. 이 글에서 그는 첫 장 카타리파(Cathars)에 이어 두 번째 장에 발도파(Waldensians)를 서술, 당시 프랑스 남부에 발도파가 매우 확산됐고 영향력을 발휘했다는 사실을 보여준다.

여름이 지나 가을에도 산 정상에 눈이 쌓여 있는 알프스 산악지대에 발도파는 숨어 살았다. 그곳 산악지대에 마을을 세우고 계곡의 물로 농사 지으며 신앙을 지켜나갔다.

교회의 강화된 탄압 때문인지, 아니면 유럽 전역에 확산된 발도파 가르침 때문인지 단정할 순 없지만 프랑스와 이탈리아 북부, 독일 남부와 중북부, 오스트리아, 보헤미아, 헝가리 등지서 발도파에 대한 이단 심문과 처벌이 잇따랐다. 특히 14세기 끝 무렵 오스트리아 북부 지역에서 진행된 페터 츠비커(Peter Zwicker)에 의한 발도파 탄압은 가장 엄혹했다고 한다. 그의 탄압 이후 더 이상 발도파가 오스트리아 역사에 등장하지 않는다는 사실은 그의 탄압이 지역 발도파의 멸문으로까지 이어진 것이다.

토리노를 경유하여 오늘날 발도파의 본고장이 된 토레 펠리체에 도착해 시청 앞 광장 옆 숙소를 찾았다. 숙소를 안내받은 후 주인집 아주머니와 잠시 이야기를 나눌 수 있었다. '발도파의 여정을 찾아 왔고 샨포란 등을 방문하려고 한다는 설명을 들은 그분은 자신도 발도파라며 커피 한 잔을 대접해 주셨다. 늦은 저녁 숙소 앞 찻집에서 그 분과 짧은 대화의 시간을 가졌다. 궁금한 내용이 참 많았는데 서로 '짧은 영어'로 대화하다보니 아쉬움이 많이 남는다. 어쩌면 발도파의 후손인 그녀는 성서의 말씀에 충실하고자 했고, "남에게 대접을 받고자 하는 대로 너희도 남을 대접하라(마 7:12, 눅 6:31)"는 말씀을 따른 것인지 모른다. 늦가을 비가 내리는 가운데 숙소에서 시청 앞 광장을 바라보며 여러 생각을 하게 된다. 특히 교회와 세속 당국의 탄압에 숨어든 '코티시 알프스'(알프스 서부 산악지대)에서 무

토레펠리체 시청 앞, 그곳 한 곳에 숙소를 정하고 하루를 묵었다.

수한 탄압을 당했고, 종교개혁 시대까지 살아남았던 발도파 사람들의 여정을 떠올려 본다.

오스트리아를 거쳐 체코에까지 이른 발도파가 탄압으로 거의 파괴되는 동안 프랑스와 이탈리아 국경 지역 '코티시 알프스'에서도 탄압이 시작된다. 이곳 지역에서는 약 30여건의 탄압과 학살이 기록되었다. 14세기 끝 무렵 프란치 보렐리(Franz Borelli)라는 이단심문관은 150여명의 발도파 남성을 다른 여성, 아이들과 함께 그로노블(Grenoble)로 데려왔고 산채로 화형시켰다고 한다. 특히 그는 1400년 성탄절을 며칠 앞둔 어느 날 군대를 이끌고 프라겔라 골짜기(Valley of Pragelas)의 발도파 마을을 공격했고 주민들은 급하게 눈 덮인 산으로 피해야 했다. 준비도 없이 도망쳐야 했던 발도파 사람들은 군대의 추격으로, 추위와 굶주림으로 죽음을 맞았다. 추위 속에 맞이한 성탄절 아침, 50여명의 어린아이들이 추위로 얼어 죽은 것이 발견됐다. 한 아이는 얼어붙은 어머니의 팔에 갇힌 채로 발견되기도 했다. 이 성탄절의 비극 이야기는 계곡 사람들의 입에서 입으로 전해져 역사에 새겨졌다.

하지만 발도파를 향한 가장 큰 탄압은 1487년 교황 인노첸시오 8세가 피에몬테(Piedmonte), 도피네(Dauphine) 지역 발도파 토벌을 위해 십자군 조직을 요청하면서 시작됐다. 교황은 십자군에게 "악의적이고 가증한 종파를 뱀처럼 짓밟으라"고 명령했고 그의 조치에 호응해 프랑스 왕실과 사보이 공작, 주교와 수도사들, 그리고 면벌을 노린 불한당과 깡패 등 1만 8천여 명이 십자군에 참여했다. 교황대사인 알베르토(Alberto de' Capitanei)를 중심으로 한 군대는 프랑스 남부 도피네와 피에몬테의 발도파를 공격하기 시작했다. 공격을 피해 발도파 마을 사람들은 더욱 깊은 숲으로, 더 높은 산 위로 피신했다. 여름에는 우거진 숲이, 겨울에는 눈으로 인해 사실상 고립되는 알프스 깊은 산악지대의 환경을 이용해 방어에 나선 것이다.

한 마을의 발도파 주민들은 가파른 산길을 오르면서 찬송을 불렀고, 산 속 절벽의 동굴 속에 피신처를 마련했다고 한다. 하지만 학살자들은 밧줄을 내려 절벽을 내려오고 동굴 앞에 불을 질러 연기로 동굴 안 사람들을 공격했다. 그렇게 동굴 안팎에서 3000여명의 마을 사람들이 죽임을 당했다고 한다. 학살만 당한 것은 아니다. 한 지역의 발도파를 공격했던 700여명의 군대는 발도파 주민들의 강력한 저항에 막혔고 1명을 제외하곤 대부분 죽임 당하기도 했다. 전쟁 중간 발도파는 대리인(John Campo, John Besiderio)을 보내 교황대사의 마음을 돌리기 위해 노력하기도 했다. 그들은 '우리의 말을 듣지도 않고 정죄하지 말아 달라'면서 그들의 지도자들을 만나줄 것을 요청하기도 했다. 하지만 그들의 평화 요청은 거부되었다.

한 옛 기록은 발도파의 승리를 아름답게 기록하고 있다. 산 위로 피신해 바리케이트를 치고 활을 든 발도파 주민들은 군대에 맞서 싸웠다. 그들은 "O, God of our fathers, help us! O, God, deliver us!"(오 우리 아버지 하나님, 우리를 도우소서, 오 하나님, 우리를 구하소서.)라고 기도했고, 그 때 교황의 군대를 이끄는 장군이 발도파 화살에 쓰러졌다. 또 교황의 군대가 발도파를 공격하려고 들어오던 때 산 위에 흰 구름이 몰려오고 점차 커지더니 검게 변하기 시작했다. 점차 이 구름이 낮아지더니 안개가 짙게 깔렸고, 이 때를 이용해 발도파는 군대를 패퇴시킬 수 있었다. 두 전투 모두 숫자와 무기의 절대적인 열세에도 발도파는 군대를 물리칠 수 있었다. 그들은 이 사건 모두를 '하나님의 도우심'으로 고백한다.

하지만 일부 전투에서 승리했어도 전쟁에서 승리하는 것은 불가능에 가까운 일이다. 발도파는 평화의 노력을 포기하지 않았고 12명의 대표단을 토리노로 보내 전쟁을 이끄는 사보이 공국의 왕자를 접견, 평화를 요청했다. 이 때 왕자는 발도파 아이들을 보고 싶다는 뜻을 표명했고 발도파는 12명의 어린

이들을 어머니들과 함께 왕자에게 보냈다고 한다. 당시 20세로 결혼해 아이를 가지고 있던 사보이 공작(Charles I, Duke of Savoy)은 소문을 통해 들은 '발도파 아이들은 괴물이고, 이마 중앙에 한 쪽 눈이, 검은 이빨 네 줄 등을 가졌다'는 내용을 확인하고 싶었던 것 같다. 발도파를 만난 공작은 발도파를 인정하고 미래에 해를 입지 않게 하겠다는 약속과 함께 군대를 철수시켰고 전쟁은 끝났다. 일 년 가까이 진행된 십자군 공격으로 발도파는 많은 고통을 당했다. 집은 불태워지고 밭은 황폐해졌으며 사람들은 죽임을 당했다. 그러나 공격한 사람들도 큰 피해를 입었고 많은 사람이 정복해야 할 산에 뼈를 묻어야 했다. 하늘은 그렇게 발도파를 지켜냈고 그렇게 살아남을 수 있었다.

　물론 중세 교회와 세속 당국의 탄압이 일상화된 것은 아니었다. 14~15세기 영국과 프랑스는 백년전쟁으로 크고 작은 전투를 펼치느라 다른 일에 힘을 기울이기 어려웠고, 중세 최악의 전염병이라 불리는 페스트는 때때로 한 마을, 한 지역의 사람들을 죽음으로 몰아넣었다. 이런 상황으로 세속 당국의 탄압은 때때로 무뎌지기도 했다. 중세교회 이단 심문관과 주교구의 지속적인 감시와 처벌에 발도파는 감시의 눈이 적은 시골이나 산악지대로 피하면서 자신들의 신앙을 지켜냈다. 가장 큰 위기였던 대규모 십자군을 통한 말살 시도는 발도파의 마지막 피난처인 산악지대에 큰 피해를 남겼지만 발도파의 생명은 지켜졌다.

　밤새 중세교회의 탄압과 더 깊은 산속으로 피신해 생존을 얻은 사람들, 그리고 군대의 무차별 공격으로 희생당한 사람들의 아픔을 생각했다. 생존케 하신 하나님의 은혜를 떠올리면 감사하지만 삶의 터전을 잃고 가족을 잃어야 한 사람들의 고통을 생각하면 '하나님, 왜 그러셨습니까?'라는 질문이 절로 나왔다. 그렇게 밤새 잠을 이루지 못하다 새벽녘이 되어서야 눈을 붙일 수 있었다.

3) 발도파 설교자 바르베스(Barbas), 바르베스 학교(Coulège di Barba)

산속 깊은 곳에 자리한 바르베스 학교

아침 일찍 차 한 잔으로 몸을 깨운 후 숙소를 나섰다. 오늘 하루 산속에 있는 여러 발도파 마을을 둘러본 후 프랑스로 이동해야 했기 때문이다. 좁은 산속 길을 달려 제일 먼저 찾은 곳은 앙그로냐(Angrogna) 계곡 깊숙이 자리한 '바르베스 학교(Coulège di Barba)'다. '바르베스(독:Barben, 이:Barbas)'는 발도파 설교자를 부르는 칭호로 '삼촌'을 의미하는 말이다. 이는 발도파가 중세교회 성직자 칭호인 '아버지(Vater)'를 대신해 쓴 표현으로, 이들은 겨울 한곳에 모여 성서를 연구하고 서로의 사역을 공유했다. 이들 설교자 훈련 시설은 14세기부터 세워졌다고 한다.

일반적으로 설교자들은 초대교회 제자들처럼 2명씩 짝을 지어 발도파 마을과 신자 가정을 방문했다. 중세교회의 이단 규정과 탄압으로 발도파는 도시를 떠나 시골과 산악지대로 피신했고 가정공동체와 소규모 마을공동체를 이뤘다. 이들의 신앙을 유지시키기 위해 설교자들은 가정 방문 예배와 말씀 사역을 통해 신앙을 가르쳤다. 설교자들은 감시자들의 눈길을 피하기 위해 등짐장수나 봇짐장수처럼 소규모 잡화를 파는 상인(보부상)으로 위장했다. 설교자 중 한 사람은 선임자로 사역 경험이 풍부했고 다른 사람은 사역의 초입에 들어선 학생인 경우가 많았다. 이들은 날씨가 풀리는 봄부터 가을까지 발도파 마을을 순회하며 말씀을 전하고 성례전을 행했으며 겨울이면 인적이 끊기고 눈이 뒤덮인 산 속에 모여 성서를 공부했다.

바르베스 학교는 매우 오래된 돌로 만든 건물이다. 그곳에 사는 사람도, 건물을 관리하는 사람도 없었다. 산속 깊숙한 곳에 찾아오는 이도 많지 않지만 누구나 자연스럽게 둘러보도록 운영하기 때문이다. 주변을 둘러본 후 3개의 건물 내부를 살폈다. 한 건물은 일부 벽이 허물

바르베스학교 내부 모습

어진 듯 보였고, 두 번째 건물은 빛이 거의 들지 않는 작은 방에 돌로 된 책상이 놓여있고 그 위에 성서가 있었다. 그곳 벽에는 두 개의 작은 기념석판이 있었는데 바르베스 학교에 대한 간단한 설명이 쓰여 있었다.

교육은 겨울 시즌 약 3~4개월 동안 함께 먹고 자며 진행됐는데 경험이 풍부한 선임 사역자들이 강사가 되어 젊은 사역자들을 교육했다. 훈련의 핵심은 성서에 대한 것이었다. 첫 겨울 학기를 마치면 교육생들은 선임자와 함께

바르베스학교 전시실

한 조를 구성해 사역했고, 겨울에는 다시 이곳에 모여 사역을 평가하고 성서를 연구했다. 이 사역은 그들이 나이 들어 활동할 힘이 있거나 체포되어 순교할 때까지 계속됐다. 훈련생들은 약 3~4년간 이곳에 머물렀다고 하는데 아마도 현대의 목회자 양성 과정과 비슷한 것 같다. 방 한 가운데 있는 책상과 성서, 주변에 놓인 긴 의자는 이곳이 설교자 양성을 위한 옛 강의실 같다는 느낌을 받게 했다. 그곳에서 '유일한 (교육)원천은 성서'라는 말과 '활동할 힘이

있거나 순교할 때까지 사역했다'는 말을 깊이 묵상했다.

그 옆 건물 내부는 높은 천정과 투명한 유리창 등 현대적인 인테리어로 발도파의 역사를 생각할 수 있는 전시 공간으로 꾸며져 있었다. 이탈리아어로 된 전시물을 읽을 수는 없었지만 사진과 간단한 단어를 통해 발도파의 역사를 다시 생각했다. 이곳에서 발도파 확산 초기인 13세기에 발도파를 위한 학교(Schola)가 밀라노에 있었다는 것과 이곳 뿐 아니라 다른 계곡들에도 바르베스를 위한 시설(학교)이 운영되었음도 알게 되었다. 발도파는 가톨릭교회와 사실상 분리된 직후부터 성서의 말씀으로 자신들을 이끌어갈 '바르베스'를 양성하기 위해 힘썼다. 춥고 먹을 것도 부족했지만 말씀에 파묻혀 행복했을 그들의 겨울이 부러워진다. 어쩌면 척박한 상황에서 말씀을 연구했기에 중세 말 종교개혁은 든든한 터 위에 세워질 수 있었다고 생각든다.

바르베스 학교를 둘러본 후 그곳 아래에 위치한 발도파 교회 예배당(Tempio di Paradeltorno)에 잠시 들렸다. 절벽 위에 세운 듯한 예배당은 돌로 된 낡은 바르베스 학교와 대조적이었다. 교회 입구에는 '발도파 복음교회 예배당'(Tempio Evangelico Valdese)이라는 작은 표식과 발도파 로고(촛대), '빛이 어둠에 비춘다'라는 발도파 상징 글귀가 적혀 있었다. 본당에 들어섰을 때 처음 마주한 것은

바르베스학교 아래에 위치한 발도파 교회 예배당

강단 중앙 칼뱅의 전통을 따르는 개혁교회 설교단이다. 19세기 후반 교회가 건축될 때 칼뱅주의적 전통을 반영해 만든 것 같다. 그곳 예배당 내부에서 발데스와 17세기 발도파 항쟁을 이끌었던 지도자들의 얼굴을 담은 작은 액자를 만났다. 발도파와 개혁교회 전통의 만남과 그 역사가 궁금해진다. 이단 규정과 종교재판의 탄압에서 살아남은 발도파가 종교개혁 교회와 어떠한 만남을 가지게 되었고 종교개혁교회는 발도파를 어떻게 바꾸었을까? 이런 궁금증을 머릿속에 간직한 채 샨포란으로 향했다.

3. 종교개혁 참여를 결정한 샨포란(Chanforan) 회의

샨포란(Chanforan)은 발도파 역사에서 가장 중요한 장소 중 한 곳이다. 종교개혁이 확산되던 1532년 발도파는 이곳에서 회의를 열어 개혁교회로서 자신의 방향성을 분명히 했다. 또한 이단 규정과 가톨릭교회의 종교재판, 군대를 통한 학살 위협으로 산속에 숨어 가정이나 마을공동체 형태로 신앙생활 하던 그들이 더 이상 숨지 않고 교회를 세우고 목회자가 이끄는 예배공동체로 자신을 드러내기로 결정하였다.

종교개혁 소식은 유럽 곳곳에 퍼졌고 발도파들이 사는 마을까지 전해졌다. 발도파는 종교개혁을 확인하고 로마교회의 멍에로부터 얼마나 벗어났는지 알기 위해 칼라브리아의 구이도(Guido)와 앙그로냐 계곡의 마르틴 고닌(Martin Gonin)을 파송한다. 마르틴은 정보 수집을 위해 스위스와 독일을 여행했고 1526년 많은 양의 종교개혁 저술과 함께 돌아왔다. 그는 "옛 복음의 빛이 독일, 스위스, 프랑스에서 깨졌고, 발도파가 고대로부터 증거 해 온 것과 동일한 가르침을 공개적으로 고백한 사람의 숫자가 매일매일 늘어나고 있다"는 놀라운 소식을 전한다.

하지만 그가 가져온 소식과 종교개혁 저술은 발도파 지도자들에게 기쁨과 함께 논란도 가져온 듯하다. 발도파는 중세교회와 세속당국의 탄압으로 가톨릭교회의 그늘이나 산골과 같은 고립된 지역에서 살았다. 신앙적 열심은 있었지만 발데스로부터 시작된 성서에 대한 문자적 이해와 전문적인 신학교육의 부재로 인한 한계도 가지고 있었다. 당시 학식 깊은 종교개혁자들의 글은 발도파 지도자들에게 궁금증을 불러 일으켰고 종교개혁 사상을 보다 깊이 이해할 필요성을 느끼게 한다. 그래서 프로방스와 도피네 지역 발도파 지도자들은 1530년 메린돌에서 열린 회의에서 2명의 설교자를 개혁교회에 파송한다. 스위스와 독일의 종교개혁자들을 만나 자신들의 신앙과 교회에 대한 궁금증을 해결하려고 한 것이다.

1) 샨포란 기념비

그렇게 메린돌(Merindol) 출신 게오르그 모렐(Georges Morel)과 부르고뉴(Burgund) 출신 삐에르 마송(Pierre Masson)은 스위스 뇌샤텔(Neuchatel)과 무어텐(Murten), 베른(Bern)을 찾았고 베르히톨드 할러(Berchtold Haller)와 기욤 파렐(Guillaume Farel) 등 종교개혁자와 대화했다. 이어 바젤로 이동한 그들은 외콜람파디우스(Oekolampadius)에게 자신들의 교회 규율, 예배, 교리 및 관습 등을 설명한 라틴어 문서를 제시하고 그 교회의 질서와 교리를 공감하는지, 문제점이 있다면 어떤 것이 있는지 등을 알려달라고 요청했다.

옛 교회 설교자의 방문은 바젤의 종교개혁자에게 기쁨을 주었고, 그는 13일 '프로방스교회에 보낸 편지' 형태로 답장을 보낸다. 이 글에서 외콜람파디우스는 "우리는 최고로 자비로운 아버지께 감사를 드린다. 우리는 당신을 형제(동역자)로서 사랑한다"라는 말과 함께 "박해에 대한 두려움이 당신들을 훼

손하고 당신들의 믿음을 은폐하게 만들었다는 소식을 들었다. 나는 당신들의 약함을 알지만 그리스도의 피로 구속받은 사람들로서 더 용기 있는 사람이 되자. 유혹에 압도되는 것보다 죽는 것이 우리에게 낫다."라고 조언한다.

모렐과 마송은 이어 스트라스부르로 갔고, 그곳에서 도시 종교개혁자인 마르틴 부처와 볼프강 카피도를 만났다. 이 만남에서 그들은 자신들의 신앙에 대해 설명하고 조언을 구한다. 개혁자들은 발도파가 오랜 탄압으로 신앙이 많이 약화된 것을 보았지만 근본적 가르침과 교리의 원천이 성서로부터 온 것임을 확인했다. 두 교회가 다르지 않고 하나라는 것을 확인한 것이다. 박해의 불길 속에서도 발도파 교회가 보존된 것은 개혁교회에, 종교개혁 불길이 새롭게 활활 타오른 것은 발도파 교회에 큰 감동을 주었다. 또한 종교개혁자들은 원시 개혁교회의 음성을 통해 신앙 열정을 갖게 됐고, 발도파 교회는 성서의 음성, 개혁자의 말을 듣고 그들의 지적에 공감했다.

그렇게 종교개혁자들을 만난 두 설교자는 종교개혁자의 편지와 음성을 가지고 귀로에 오른다. 하지만 그 길은 험난했고, 삐에르 마송은 디종에서 체포되어 죽임을 당했다. 다행히 모렐은 개혁자들의 답변, 종교개혁자들의 편지를 가지고 프로방스로 돌아올 수 있었다. 종교개혁자들의 답변을 접한 발도파 교회는 신중하게 관련 내용을 논의했다. 말씀 중심의 신앙생활에도 불구하고 가톨릭교회의 영향을 받았고, 자신들의 부족으로 성서해석이나 신앙생활에 오류도 있음을 인정했다. 또 오랜 역사를 가진 교회로서 이제 시작되는 개혁교회를 미덥지 않게 여기는 목소리도 있었다. 결국 종교개혁자들과 의견 교환한 발도파는 1532년 피에몬테 계곡 깊숙한 곳에서 회의를 소집하고 종교개혁자 몇 명을 초청한다.

하지만 아쉽게도 회의가 열렸던 샨포란 마을은 없어졌고 집들이 있었던 곳은 작은 언덕으로만 남아 있었다. 아마도 옛 마을은 종교개혁 이후 탄압과 전

샨포란 기념비

쟁, 망명 등의 과정에 모두 파괴되고 터전만 남은 것 같다. 현재 인근에 집 몇 채가 세워져 있는데 주민들 일부가 다시 터 잡고 살고 있다. 그곳에는 회의를 기념하는 기념비와 안내판이 세워져 있었다. 안내판에는 "1532년 9월 이 장소에 바르베스들이 주민들과 함께 모였다. 6일 동안 함께 머물렀고 그곳에서 자신들의 운동을 재인식하고 종교개혁에 참여하기로, 그리고 올리베탕을 통하여 프랑스어로 첫 전체 성서번역을 실행하도록 결정했다.(Im September 1532 versammelten sich an diesem Ort die Barben mit dem Volk. Sechs Tagelang blieben sie zusammen und beschlossen sich der Reformation, in der sie ihre Bewegung wiedererkannt, anzuschließen, und die erste vollständige Übersetzung der Bibel ins Französische durch Olivetan ausführen zu lassen.)"라는 내용이 4개 언어(이탈리아, 프랑스어, 영어, 독일어)로 적혀 있었다.

계곡을 내려다볼 수 있는 언덕 중앙에 돌무더기가 쌓인 듯한 십자가 모습을 닮은 기념비가 서 있었다. 멀리서 보면 누군가의 무덤은 아닐까 착각할 수 있는 모습이다. 가까이 다가가 기념비를 살핀다. 기념비에는 발도파를 상징하는 로고(촛대와 일곱 개 별)와 펼쳐진 성경책에 'La Bible(성서)'과 'Sois Fidele(충실하라)'라는 문구가 새겨져 있었다. 그리고 그 아래 바로 샨포란 총회가 열린 지 400여년이 지난 날 후손들이 함께 모여 선조들의 정신을 기념하며 비를 세운다는 글귀가 새겨져 있었다.

"Qui dove or sono quattro secoli L'antica Chiesa Valdese raccolta nel Sinodo di Chanforan consacrava la propria solidarieta con le Chiese Della Riforma e offriva lord in dono regale La Bibbia tradotta da Olivetano. Le unioni Cristiane del piemont a ricordo solenne del fatto questo monumento elevano e dedicano."(4세기 전 옛 발도파교 회가 이곳에서 샨포란 총회로 종교

산포란회의 장면 상상도

개혁교회와의 연대를 결정하고 올리베탕이 번역한 성서를 귀한 선물로 바쳤다. 이 사실을 엄숙하게 기억하는 피에몬테의 기독교 연합은 이 기념물을 세우고 헌납한다. 1532년 9월 11일-1932년 9월 11일)

　글귀를 해석하고 생각하며 몇 번이나 기념비 주변을 어슬렁거렸다. 그리고 그곳에 있던 집들과 9월의 어느 날 함께 모여 회의를 했던 바르베스를 떠올렸다. 회의를 위해 12일 120여명의 발도파 설교자와 지도자들이 샨포란에 모였고, 17일까지 엿새 동안 회의가 계속되었다. 이미 중요 안건을 다루기로 한 만큼 회의에는 알프스 산악지대, 즉 피에몬테(Piemont) 발도파를 비롯해 프로방스의 루베론(Luberon)과 이탈리아 남부 칼라브리아(Kalabrien) 지역 대표들이 참여했다. 또 스위스 지역 종교개혁자로는 기욤 파렐과 앙투완 소니에(Antoine Saunier) 등이 이들과 함께 한다. 아마도 발도파의 주 무대인 프랑스 남부 출신인 파렐은 뇌샤텔과 제네바 등 회의 장소와 가까운 곳에서 종교개혁 활동을 했기에 초청되었을 것으로 보인다.

　회의에서는 바젤과 스트라스부르에서 종교개혁자들과 대화한 내용이 자유롭게 논의되었고, 논의를 통해 발도파는 믿음과 행함(구원), 예정 교리, 세례와 성만찬 등에 관한 20여개 조항을 결정한다. 이 조항에는 종교개혁자들의 권고를 토대로 설교자의 결혼과 소유 인정, '맹세하지 말라'는 신앙 원칙의 변

화, 오랜 경건의 전통과 관습을 바꾸는 내용도 담겼다. 이 결정을 기초로 발도파는 가톨릭교회 그늘 밑에 숨었던 세월을 끝내고 공개된 개혁교회로서 자신의 방향을 분명히 했다.

그런데 참석한 사람 모두가 이 결론에 동의한 것일까? 그렇지는 않았다고 한다. 매우 격렬한 논쟁이 펼쳐졌고 다수결과 같은 방식으로 결론이 내려졌다. 하지만 일부 참석자들은 '오랜 전통을 지켜야 한다'면서 끝까지 승복하지 않았다. 아마도 그들은 '오랜 탄압으로 외소해졌지만 선조들이 목숨으로 지켜온 전통을 지켜야 한다'고 생각한 것 같다. 어쩌면 '종교개혁자들이 성서의 말씀을 강조하고 가톨릭 교황 및 교회 질서와 싸우는 등 우리와 비슷하지만 불과 10여년 역사를 가진 그들의 입장과 권고를 수용하는 것은 성급하다'는 생각도 있었을 것이다.

아무튼 이 결정에 따라 발도파는 공개적인 예배와 함께 개혁도시인 제네바 등의 도움을 받아 목회자 교육에 힘썼다. 그러나 변화, 즉 발도파 지도자 바르베스의 결혼이나 정주, 개혁교회의 설립, '맹세의 수용' 등과 같은 변화는 천천히 시작되었다. 회의가 열린 피에몬테를 넘어 Dauphine, Provence, Kalabrien, Apulien 등 발도파 정착지에 이 결의가 알려졌고 조금씩 변화를 이끈다. 이 과정에 발도파는 파렐과 칼뱅 등 제네바 종교개혁자들과 지속적으로 교류했고 점차 프랑스 언어권의 종교개혁을 받아들여 그들의 신학과 신앙, 교회제도 등을 변화시켰다. 이런 발도파 교회의 변화는 1540~50년경 신앙고백, 1555년 최초의 교회 설립 등으로 나타났다. 또 1558년 제네바 모델에 따라 피에몬테 개혁교회를 조직하는 형태로 완성된다. 샨포란 회의 이후 20~30여년 만에 발도파는 선조들의 역사를 계승한 개혁교회, 새로운 프로테스탄트(개혁교인)가 되었다. 샨포란 회의에서 자신들의 신앙고백을 분명히 한 후 교회 운영과 신앙적 삶까지 변화시킨 것이다.

2) 동굴교회와 발도파 여성박물관

기념비가 있는 곳을 나서 19세기 초 발도파 어린이를 교육하기 위해 설립된 '베윅 학교(Beckwithschule)'를 살펴본 후 'Gueiza 'd la tana'(동굴교회)를 찾았다. 암벽동굴은 탄압시기 발도파들이 숨었거나 함께 예배 장소로 사용했던 곳으로 추정된다. 마을에서 산길을 따라 한참 걸어야 했고 처음 온 길이라 정확한 위치를 찾기 위해 노력해야 했다. 산길을 걸으며 발도파들이 동굴로 향하던 모습을 떠올린다. 자유로운

동굴교회

시기에는 예배를 드린다는 기쁜 마음으로, 탄압의 광풍이 다가올 때는 생명을 보존하기를 간절히 소망하며 기도하는 마음으로 향했을 것이다. 가을비에 젖은 낙엽으로 가득한 산길은 질척거렸다. 암벽 옆으로 난 길 옆에서 발견한 동굴은 오랜 세월로 무너진 듯 보였다. 규모도 10여명이 간신히 숨을 수 있을 정도로 협소했다. 그 곳 동굴교회 앞 바위에 앉아 샨포란 회의의 또 다른 중요 결정을 생각했다.

회의 결정문에는 없지만 가장 중요한 결정은 전체 성서를 프랑스어로 번역, 출판하고, 그 비용을 발도파가 부담키로 한 것이다. 왜 그들은 성서 번역과 출판을 결정했고, 산골에 사는 가난한 그들이 무슨 돈이 있어 비용을 부담키로 한 것일까? 당시 발도파 순회 설교자들은 작은 책(쪽 복음)을 들고 다니며 말씀을 전했다. 바르베스들은 마태와 요한복음, 사도들의 서신(야고보서, 베드로전후서, 요한1·2·3서, 유다서), 바울의 목회서신을 우선시했다. 예수님과 함께 살았

던 제자(사도)와 관계된 책이며 목회와 관련된 책이기 때문이다. 반면 종교개혁자들은 로마서와 갈라디아서 같은 바울의 교리서신에 가치를 더 부여했다. 날 것 그대로의 예수의 가르침과 그 말씀을 그대로 실천하는 것을 중요시 했던 발도파와 중세교회의 교리를 반박하며 개혁교회를 세워야 했던 종교개혁자들의 입장이 만들어낸 결과다. 그런데 발도파는 과감하게 종교개혁자의 입장을 수용했고, 전체 성서의 말씀을 토대로 자신의 교회를 세우려 한 것이다. 또한 성서말씀을 종합적으로 배우도록 하려는 파렐의 권면, 그리고 프랑스의 영향력이 강한 지역 상황이 프랑스어 성서 번역으로 이어진 것이다.

번역은 피에르 로베르 올리베탕(Pierre Robert Olivétan)에게 맡겨진다. 아마도 파렐이 그를 설득했던 것 같다. 올리베탕은 자신의 스승인 르페브르 데타블이 라틴어에서 번역한 신약성서 개정 작업을 진행하는 한편 발도파 산골에 머물며 히브리어 원문으로부터 구약성서를 번역하였다. 발도파는 이 작업을 위해 자신들이 조상들로부터 받은 성서 자료와 자신들이 가진 성서번역 등을 제공했다. 그렇게 1535년 '올리베탕 성서', '발도파'와 '프랑스인을 위한' 성서가 삐에르 빙겔(Pierre de Wingle)에 의해 뇌샤텔에서 인쇄된다. 물론 발도파에게 이 성서는 아쉬움이 들었을 것이다. 올리베탕 성서는 바르베들이 사용하는 작은 책이 아니라 큰 성서(24.5x35cm, 416쪽)였고 가지고 다닐 수 있는 책이 아니

발도파 여성 박물관. 발도파는 여성의 사역을 중요시 여겼다.

선조들이 피신처 계곡에 세운 교회는 오늘까지 이어져 온다. Serre의 발도파교회

었던 것이다. 당시 인쇄기술의 한계요, 전체를 담은 '하나의 성서'를 펴내야 한다는 생각과 함께 교회를 위한 예배용 성서를 만들려는 의도가 작용했기 때문이다. 하지만 이 성서는 이후 다른 프랑스어 성서의 기초가 됐고 프랑스 언어권 종교개혁에 크게 기여한 책이 된다.

산길을 다시 내려와 샹포란 아랫마을 Serre(세레)를 찾아 발도파 여성 박물관과 발도파 교회(Tempio del Serre)를 둘러보았다. 박물관에선 이탈리아어로만 된 전시내용을 이해할 수 없어 사진 속 인물과 그들의 이름, 몇 개의 단어를 기초로 내용을 파악해 갔다. 그곳에서 발도파 초기 여성들의 설교 사역, 종교개혁 시기 여성들의 활동, 그리고 근래 선교사로, 교육자로, 발도파 지도자로 살다간 여성들의 이야기에 눈길을 돌렸다. 전시물을 통해 여성 사역을 강조했던 발도파의 모습과 자녀들을 키우며 발도파 역사를 이끌어온 여성들의 고단했던 삶을 느낄 수 있었다. 또 산골 작은 가정집 건물을 찾는 사람이 얼마나 된다고 어떤 이가 이렇게 충실하게 내용을 정리하고 작은 박물관에 전시한 것인지 궁금해졌다.

박물관 앞에 있는 교회, Tempio del Serre를 찾아 그곳에 앉아 잠시 기도했다. "하늘이시여. 그곳과 가까운 이곳에 터 잡은 발도파 사람들을 생각합니다. 그들은 가파르고 돌들로 가득한 척박한 땅과 살을 에는 듯한 추위, 그리고 당신의 이름으로 행해진 종교재판과 군사적 힘을 마주해야 했습니다. 그들은 말씀과 '당신을 향한 충실'로 버텼고, 바르베스의 영적 지도력과 여성들의 헌신으로 이겨냈습니다. 종교개혁에서 자신들을 향한 하늘의 뜻을 깨달은 그들은 샨포란에서 말씀 중심의 개혁교회로 재출발합니다. 아마도 말씀이 없었다면, 자신을 낮추는 겸손함이 없었다면, 그리고 결단력이 없었다면 불가능했을 것입니다. 아, 그러나, 하나님. 높은 산 검은 구름처럼 그들에게 드리워진 어둠의 기운은 무엇이란 말입니까?…" 갑자기, 가슴이 먹먹해 기도할 수가 없다. 발도파를 향한 탄압이 검은 먹구름처럼 개혁교회로, 공개적인 활동에 나선 발도파를 향해 몰려왔기 때문이다.

4. 종교개혁 시기 루베론(Luberon) 발도파 박해 : 메린돌(Merindol) 학살

프랑스로 가기 위해 앙그로냐 계곡을 나서 높은 알프스 산악지대를 넘었다. 프로방스(Provence) 발도파의 흔적, 또 종교개혁 시기에 일어난 발도파의 가장 큰 학살 역사를 회상하기 위해서다. 중세 말 피에몬테(Piemont)의 발도파는 높은 봉우리 사이의 좁은 산길을 걸어 알프스를 넘었고, 도피네(Dauphiné)와 프로방스의 형제들과 소통했다. 그들은 우거진 수풀이나 눈 덮인 산을 사나흘 이상 걸어야 했다. 그 길을 지금은 차를 타고 넘는다. 2000미터 가까운 고지대 길을 통과하면서 차창 밖 우뚝 솟은 산봉우리와 험준한 능선, 그 산 정상에 쌓인 흰 눈을 본다. 산속 깊은 곳에 숨어 살고 때때로 공격을 피해 더 깊은 곳에 숨거나 눈 덮인 산을 넘어 피신했던 그들의 고통이 떠오른다.

이탈리아를 출발해 알프스 산의 한 자락을 넘어 프랑스로 가는 길은 많은 시간을 필요로 했다. 낮에 출발했지만 어둔 밤길을 달려 숙소에 도착할 수 있었

발도파는 알프스 산을 넘어 프랑스와 이탈리아 땅(당시 두 지역은 모두 사보이 공국의 땅이었다.)을 오갔다.

다. 늦가을 밤 숙소 주인의 초청으로 한 프랑스인 부부와 함께 저녁 식탁을 나눴다. 그들과 자연스럽게 여행에 대해 이야기를 나눴다. '중세시대 발도파 역사를 공부하며 그들의 옛 흔적을 찾아 메린돌(Mérindol)에 간다'고 말하자 그들은 '그러면 순례여행을 하는 것이냐'고 물었고 '그렇다'고 답변했다. 유럽 사람에게 과거 역사의 흔적, 종교적 흔적을 찾는 일은 모두 순례로 여겨진다. 그리고 그 여행객에겐 행운을 빌어 준다. 주인 부부와 손님 부부 모두 나의 여정에 행운을 빌어줬고 많은 것을 경험하길 기원해주었다.

그날 밤 인적 없는 숙소에서 밤을 보내며 종교개혁 시기 발도파 교회의 활동을 떠올렸다. 샹포란 회의 후 발도파 교회는 더욱 확장되었다. 교회(예배당)가 하나둘씩 세워지고, 공개적인 예배와 설교가 이뤄졌다. 제네바 등에서 교육받은 목사들로 인해 말씀 선포에 힘이 실렸다. 하지만 발도파를 향한 중세 교회의 탄압은 멈추지 않았다. 사보이 공작의 위임을 받은 피네롤로 한 귀족이 군대를 이끌고 앙그로냐 계곡의 발도파를 공격하기도 했고, 자신의 거주지 주변 발도파를 붙잡아 감옥과 종교재판에 넘기기도 했다. 그들 중 많은 사람이 화형대에서 죽음을 맞았다. 1536년에는 피에몬테 발도파의 지도자 역할을 하던 마르틴 고닌(Martin Gonin)이 제네바를 방문했다 돌아오는 길에 스파이 혐의로 체포되어 그로노블 의회에서 사형선고를 받고 죽임을 당했다. 또한 제네바에서 온 두 명의 목사와 3명의 프랑스인이 체포되어 샹베리(Chambery)에서 화형대 위에 세워졌고, 계곡 출신으로 장학금을 받으면서 제네바에서 신학을 공부했던 니콜라스(Nicolás Sartoire)는 휴가 중 가족과 시간을 보내다 체포되어 아오스타(Aosta)에서 죽음을 맞았다. 특히 눈길을 끄는 인물이 15세기 후반 발도파 십자군에 참여했던 이의 아들인 게오프리 바라일레(Geofroi Baraile)다. 그는 피에몬테 출신 수도사로 뛰어난 웅변실력을 갖췄다고 한다. 그런 그가 종교개혁의 영향을 받았고 제네바로 가서 목사가 된 후 계곡으로 돌아와 사역하였다. 하지만 잠시 고향을 방문했던 그는 체포되어 토리노에서 종교재판을 받은 후 장작더미에서 불태워졌다. 화염 속에서 그는 찬양을 불렀고 광장 주변의 많은 사람들이 눈물을 흘렸다고 한다.

그렇게 종교개혁 이후 많은 목회자들이 제네바에서 발도파 계곡으로 왔다. 이들 중 상당 수는 발도파 계곡 출신으로, 신학교육을 위해 제네바로 향한 이들이기도 했다. 그만큼 발도파는 제네바와 긴밀한 협력관계를 갖고 있었다. 아마도 이 첫 단추는 두 명의 발도파가 스위스를 찾아 종교개혁자를 만났고, 이후 파렐과 앙투완이 샹포란 회의에 참석한 것에서 시작됐을 것이다. 이후 수차례 발도파는 종교개혁자와의 편지 교환과 만남, 그리고 목회자 교육과 파송에서 협력했고, 이런 만남은 발도파가 제네바 중심의 개혁주의 종교개혁 신앙과 신학을 수용하는 밑거름이 됐다.

1) 메린돌(Merindol)의 발도파 학살

하루 밤을 묵은 후 모두가 잠든 새벽녘 숙소를 나섰고 해가 떠오를 때 쯤 메린돌에 도착할 수 있었다. 넓게는 프로방스에 속한 메린돌은 루베론 지방의 도시다. 멀지 않은 곳에 한 때 교황청이 있었던 아비뇽이 있다. 그만큼 가톨릭교회의 영향력이 상당한 지역이다. 하지만 이곳은 14, 15세기 백년전쟁과 전염병 등으로 황폐화되었고 주민의 60%가 감소됐다. 버려진 땅을 일굴 사람이 필요했던 지역 영주들은 무상으로 토지를 제공하며 이주민들의 정착을 유도했다. 열악한 산악지대에 사는 발도파에게 이 소식은 복음이었다. 그들은 그렇게 몇 가정씩 이곳을 찾아 정착했고, 땅을 일구며 집을 지었다.

영주나 교구 관계자들은 이주민 중 상당수가 발도파와 같이 죄(?)를 짓고 자기 땅에서 추방된 사람이라는 것을 알고 있었다. 그럼에도 좋은 농업기술을 가진 발도파의 정착은 영주에게 큰 이득이 되었고 점차 더 많은 이들을 받아들였다. 그렇게 1490년부터 1520여년 사이에 6000여명의 발도파들이 루베론 지역에 정착했고, 40여 곳에 마을이 세워진다. 이 마을 중 메린돌은 루베론 발도파의 중심지로, 종교개혁 시기에는 발도파 회의(1530)가 열리기도 했다. 그만큼 발도파가 많이 거주하고 영향력이 컸던 것이다.

메린돌에 도착한 후 빵 한 쪽과 커피 한잔으로 아침 식사를 한다. 밝아오는 새벽 알프스 산악지대를 출발한 순례자에겐 달콤한 여유였다. 식사를 하면서 여유롭게 작은 동네 골목들을 거닌다. 회색 톤의 낡은 건물들과 좁은 골목은 전형적인 프랑스 시골 마을 모습이다. 10시가 다가오자 마을 한 곳에 있는 작은 박물관으로 향했다. 'La Muse'는 한 역사학자의 헌신으로 설립된 박물관으로, '발도파 역사와 루베론과 1545년 메린돌 대학살의 기념센터'라는 이름이 붙었다. 그 말

메린돌 박물관

메린돌박물관 옆 공원

에 걸맞게 지역 발도파의 역사를 종합적으로 알 수 있는 곳이다. 하지만 박물관은 시간이 지나서도 열리지 않았다. 주 2회 박물관이 개관된다는 것으로 알고 찾았지만 주 1회(목요일)만 문을 연다는 것이다. 관계자와 통화했지만 먼 곳에 있어 올 수 없다는 말과 나중에 방문해달라는 말만 들어야 했다. 그는 박물관 뒤편 산에 있는 발도파 유적을 소개하면서 그곳을 둘러볼 것을 제안했다.

아쉽게 박물관은 볼 수 없었지만 그 옆 공원에 마련된 작은 안내판을 통해 발도파의 삶을 떠올렸다. 작은 공원에는 3개의 전시판이 세워져 있는데 발데스로부터 시작해 유럽 각 지역 확산, 중세교회의 탄압, 후스파 종교개혁 동참, 학살과 생존 등의 내용이 적혀 있었다. 물론 프랑스어로 된 자료라 이방인이 읽을 수는 없었다. 그러나 작은 공원에 설치된 간판은 주민이나 방문자들이 발도파를 쉽게 만날 수 있게 한다는 점에서 박물관을 세운 이의 마음을 느끼게 된다. 박물관 옆으로 난 길을 따라 산을 오른다. 이탈리아 앙그로냐 계곡에 있는 발도파 흔적을 둘러보다 다친 발이 아파온다. 평지를 걸을 때는 덜하지만 언덕이나 자갈밭을 걸을 때는 통증이 오는 것 같다. 30~40여분을 걸어 허물어진 성의 입구에 다다랐다. 메린돌 언덕에 있었던 성은 발도파 학살 당시 주민들의 피난처 역할을 했던 장소로 추정된다. 메린돌 전경이 한 눈에 들어오는 이곳에 시는 메린돌 평야를 조망할 수 있도록 지도와 안내판을 설치해 두고 있었다.

돌로 된 알프스 산은 오랜 세월이 흘러 자갈이 되고 흙이 되었다. 산등성이 아래 계곡을 따라 물은 흘렀고 평야에 풍족한 영양을 공급했다. 그렇게 펼쳐진 평지는 발도파 사람들에게 큰 풍요를 허락했다. 도시를 떠나 시골로, 상인에서 농부가 된 그들은 척박한 산지를 일구며 실력을 갖춘 농사꾼이 됐고 전쟁과 전염병으로 폐허가 된 황무지를 일구었다. 중세교회의 탄압을 피해 그들은 때때로 가톨릭교회의 미사에 참여했고, 평일에 발도파 설교자와 함께 가정이나 지도자의 집에 모여 말씀을 들었다.

메린돌 산성으로 가는 길

그런데 평온함은 얼마 지나지 않아 깨어진다. 프랑스 땅에 종교재판이 다시 전개되고 가톨릭교회가 왕실을 압박해 탄압에 나선 것이다. 1530년 이단심문관(Jean de Roma)이 인근 지역에 상주하여 박해활동을 강화하여 10여 년 동안 400여명을 이단으로 처벌한다. 한 걸음 더 나아가 그는 메린돌의 한 발도파 지도자(Colin Pellenc)를 처형하고 그의 재산을 몰수했다. 박해를 견디다 못한 주민들은 그의 조치에 강력히 항의했다. 이런 움직임에 쐐기를 박으려는 듯 1540년 11월 프로방스(Aix) 의회는 체포된 22명의 주민을 반란 혐의로 심판하면서 '이단으로 판결 받은 모든 사람은 산 채로 화형시켜야 하며 재산 몰수, 가족 추방, 메린돌의 성과 집들은 철거되어야 한다'는 내용을 공포한다. 학살의 토대가 마련된 것이다.

다행히 왕은 정치적 이유로 이 결정을 보류하였고 학살은 미뤄졌다. 그러나 4년이 지난 1545년 1월 왕은 메린돌 판결의 집행을 명령했다. 그렇게 4월 중순 메린돌 지역에 대한 군대와 용병의 공격이 시작되었고, 11개 마을이 황폐화되었고, 12개 마을이 약탈당했으며, 2~3000여 명의 주민들이 학살되었다. 여성들은 능욕당한 후 죽임을 당했고, 700여명의 남성들은 갤리선으로 보내져 노

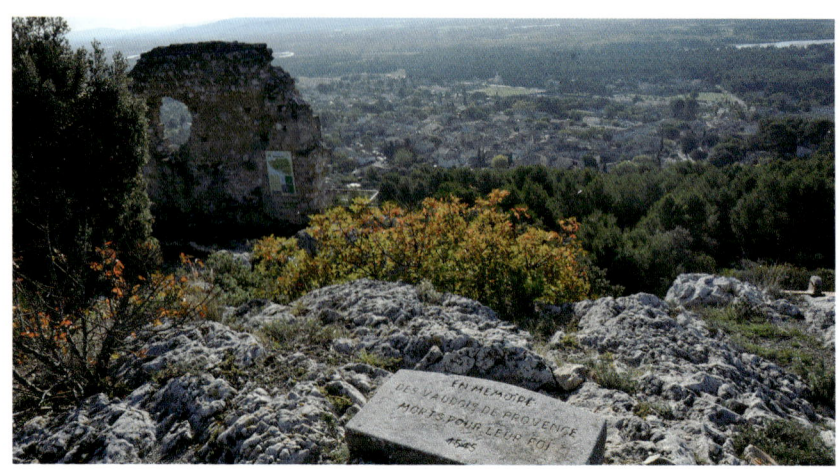
메린돌 산성의 흔적과 발도파 학살을 추모하는 비석

예노동을 강요당했다. 또 주민들의 재산은 압수되어 처분된 후 용병들의 급여로 지급되었다.

폐허의 흔적 한 쪽 바닥에 세워진 오래된 돌판이 눈길을 끈다. "En Mémoire des Valdois de Provence Morts Pour Leur Foi 1545."(1545년 자신들의 믿음을 위해 죽은 프로방스 발도파를 기억하며)라는 글귀다. 정확히 언제, 누구에 의해 만들어진 것인지는 알 수 없지만 발도파 후손들이 만든 기념비이다. 대학살 이후 10여 년이 지난 1557년 생존자들에 의해 마을이 재건되고 3년 후인 1560년 프로방스 지역의 60곳 개혁교회가 메린돌에서 만남을 가졌다고 한다. 대학살의 큰 고통에도 불구하고 발도파는 프랑스 개혁교회의 구성원으로서 자신들의 사명을 다시 수행해 나간 것이다.

그곳에서 잠시 고개를 숙인다. "자갈밭 산지와 달리 비옥한 토양이 있었던 메린돌은 발도파 사람들에게 가나안과 같은 곳이었습니다. 열심히 일하면서 토양을 일구고 풍요를 만끽할 수 있었습니다. 새로운 고향에서 발도파는 샹포란 회의 결정에 따라 자유로운 신앙생활을 꿈꾸게 됩니다. 자신의 신앙을 자유롭게 말하고 말씀과 찬양, 그리스도의 성찬이 어우러진 예배를 소망했습니다. 그러나 그들에게 탄압의 폭풍, 학살의 광풍이 몰려왔습니다. 또 다시 마을은 황폐화되었습니다. 하지만 그들은 다시 일어섰고 개혁교회를 프랑스 땅에 세우기 위해 헌신합니다. 아, 반복된 역사 속에서 발도파는 신앙을 붙잡고 나아간 것입니다."

2) 루마렁(Lourmarin)의 발도파 개혁교회

메린돌 같은 학살은 인근 마을에서도 발견된다. 그런데 자료를 읽다가 발도파가 학살에 맞서 요새에 들어가 강력히 싸운 곳이 있음을 알게 됐다. 바로 카브리에르 데비뇽(Cabriéres d'Avignon)이라는 마을이다. 1545년 발도파를 공격하는 군대가 쳐들어오자 유스타시 마롱(Eustache Marron)이 이끄는 300여명의 발도파는 성으로 피신해 포위한 군대에 맞서게 된다. 그러나 그들은 순수했다. 격렬한 전투 후에 '발도파들이 종교적 자유를 누리는 독일 땅으로 갈 수 있도록 자유로운 퇴각을 허용'하는 내용이 카바용(Cavaillon) 주교의 보증과 함께 전해졌고, 이에 따라 발도파는 성을 나섰다. 하지만 그것은 거짓말이었다. 성을 나온 마롱과 기욤 세르(Guillaume Serre) 목사는 체포되어 아비뇽에서 재판받은 후 화형당했고, 나머지 사람들도 현장에서 대부분 죽임을 당했다. 여성들은 헛간에 몰아넣은 후 불태워졌고, 교회로 도망친 사람들은 종탑에서 떨어뜨려졌다. 살아남은 몇몇 여성과 어린이들은 노예로 팔렸다. 성 입구 돌에 새겨진 발도파 문장과 "En ce lieu de Cabrières du Comtat, 19 et 20 avril 1545, les troupes du Roi et les mercenaires du Pape, diriges par Maynier d'Oppède, s'unirent pour exécuter les populations Vaudoises du Luberon, retranchées dans ce château sous la conduite d'Eustache Marron, Cabrièrois."(1545년 4월 19, 20일, 이곳

Cabrières의 성에서 메니어 도베드가 이끄는 왕의 군대와 교황의 용병들이 연합하여 유스타시 마롱이 이끄는 성에 진을 친 루베론의 발도파를 처형했다.)라는 작은 안내판 기록이 그 날의 역사를 기록하고 있다.

어떤 사람은 발도파를 중세교회의 탄압과 박해를 견디기만 하던 사람들, 무저항의 사람들로 생각하는 것 같다. 틀린 말은 아니다. 발도파는 교회와 세상의 박해가 몰아칠 때 참고 견디며 산속으로 숨었고 가톨릭교회의 그늘에서 자신들의 신앙을 유지했다. 하지만 교황이 십자군을 소집해 발도파를 공격했을 때 그들은 저항했다. 속수무책으로 당할 수만은 없었던 것이다. 종교개혁 시기에 마롱이 이끌던 카브리에르의 발도파도 생존을 위해 항거한 것이다. 저항, 그것은 그들이 선택할 수 있는 유일한 방법이었다.

메린돌을 나서 발도파의 흔적을 찾아 루마렝(Lourmarin)으로 향했다. 학살과 저항의 장소 카브리에르가 아니라 루마렝으로 향한 것은 발도파교회를 방문하기 위함도 있었고 그곳이 '프랑스에서 가장 아름다운 마을' 중 하나이기 때문이기도 했다. 제일 먼저 찾은 곳은 마을 서쪽에 위치한 루마렝 성이다. 과거 성터가 있었던 곳에 15세기에 지어진 루마렝 성은 학살이 있기 20여 년 전

가장 아름답다는 루마렝에서도 학살은 자행됐다. 루마렝 개혁교회.

확장되었다. 그러나 지역 귀족 소유였던 이 성의 역사 어디에도 발도파 학살의 기억은 찾기 어려웠다. 독일어로 된 관광안내서에서 '루베론의 다른 많은 마을과 마찬가지로 15세기 말에서 16세기 초 많은 발도파들이 루마렁에 정착했고, 1545년 이 신앙공동체의 많은 신자들이 종교전쟁에서 살해됐다(Wie in vielen anderen Dörfern des Luberon wurden Ende des 15., Anfang des 16. Jahrhunderts zahlreiche Waldenser in Lourmarin angesiedelt. Im Rahmen der Religionskriege wurden dann 1545 viele Anhänger dieser Glaubensgemeinschaft umgebracht.).'는 내용을 발견했다.

루마렁 개혁교회 안내문

성 옆에는 발도파 교회가 세워져 있었다. 넓은 풀밭을 가진 교회는 크고 웅장해 보였다. 이 건물은 1806년에 지어지기 시작해 12년 만에 완공되었다고 한다. 건축 시기와 규모를 볼 때 이 건물은 종교의 자유가 허락된 후 정부나 지자체의 지원 아래 개혁교회 신자들이 건축했을 가능성이 높다. 도시에 머무는 동안 몇 차례 교회를 방문했지만 내부를 둘러볼 수는 없었다. 옛 교회가 역사적인 건물로 관리되는 독일과 달리 프랑스는 주일이나 사전 약속이 아니면 교회 내부를 보는 것이 거의 불가능하다. 그곳 건물 앞에서 '프랑스 개혁교회' 간판과 함께 루마렁 발도파의 역사를 알 수 있는 기념비를 볼 수 있었다.

그 내용을 요약하면 "1474년 지역 영주와 첫 번째 발도파 가정이 정착을 합의했고, 1523년 이후 80여명의 가정이 도시에 정착했다. 1545년 발도파 학살 때 Bailly의 집을 제외하곤 모두 파괴되었고, 일부 주민은 이주했다. 낭트칙령 후 1601년 마을 중심부에 첫 번째 예배당을 건설했으며, 1663년 왕실의 칙령

루마렁 가톨릭교회

으로 예배를 금지당하면서 해외로 출애굽했다. 루이 16세의 관용령과 프랑스 혁명의 인권 선언 후 지역에서 가장 큰 예배당을 건설했으며 1818년 성전이 봉헌됐다. 당시 1100여명의 개혁교회 신자가 있었다."는 내용이다. 모든 역사를 담은 것은 아니지만 루마렁 발도파의 역사를 한 눈에 알 수 있는 내용이다. 학살, 파괴, 이주, 망명, 그리고 다시 이뤄진 신앙공동체. 한 가정에서 시작된 발도파 공동체는 탄압의 기나긴 터널을 통과한 후 1100여명이 넘는 큰 공동체를 이루었다. 기적이 아닐 수 없었다.(루마렁 관광안내소에서 받은 교회 소개 자료에 따르면 '17세기 1300여명의 주민들 중 가톨릭교인은 단지 80명이었다'는 내용도 있었다.)

개신교회를 나서 아름답다는 도시 옛 길을 거닐었다. 도시는 크거나 웅장함은 없었다. 그러나 돌로 된 옛 도시는 작은 길과 문화 공간들, 길거리 카페 등이 어우러져 아기자기함을 간직하고 있었다. 토요일 낮, 두 손을 잡고 그 길을 거니는 사람들을 많이 만날 수 있었다. 그들을 따라 그렇게 정처 없이 거닐다 한 가톨릭 성당 앞에 멈춰 섰다. 마을 중심부에 위치한 성당은 12세기로 역사가 거슬러 올라간다. 건물은 증개축 됐겠지만 이 성당은 발도파 학살 당시에도 이 자리를 지켰을 것이다.

아마도 루마렁은 발도파가 다수를 차지했던 메린돌과 달리 기존 마을에 발도파 사람들이 정착한 형태였을 것이다. 그랬기에 발도파는 그들만의 신앙공동체를 가꾸었다. 물론 영주나 이웃, 성당 관계자들은 발도파의 움직임에 주목했을 수 있다. 그래서 루마렁은 발도파 주민에 대한 '선택적 학살'이 자행되었을 것이다. 군대가 주둔한 후 이웃들은 발도파를 지목했을 가능성도 있다. 그런 생각을 하다 보니 사람이 참 초라한 존재란 것을 새삼 느끼게 된다. 자기의 문제가 아니기에, 자기와 다르기에 그들의 위기 앞에 침묵하고 방관하며, 오히려 학살을 동조했을 것이기 때문이다.

3) 카브리에레 다이게스(Cabrières d'Aigues)의 발도파

루마렝을 나서 인근에 있는 또 다른 옛 발도파 마을, Cabrières d'Aigues(카브리에레 다이게스)를 찾았다. 좀 더 작은 발도파 마을과 그곳의 교회를 보고 싶기도 했고, 다른 마을은 어떤 역사를 갖고 있는지 알고 싶었기 때문이다.

차로 20여분을 달려 마을에 도착했고, 개혁교회를 찾았다. 작고 아담한 마을의 한 쪽에 교회가 서 있고, 교회 벽에는 발도파의 역사가 새겨진 기념비가 있었다. "1495년 78가정 발도파들이 프레이시니에르(Freissinières)에서 도

카브리에레 다이게스 교회

착했고, 1540년에 150가정이 거주했으며 1545년 약탈과 학살이 일어났다. 2년 후 60여 가족이 마을로 돌아왔고 낭트칙령(1598)으로 기름공장 위에 예배당을 만들었다. 하지만 왕실의 명령으로 1663년 예배당이 파괴됐고 1685년 낭트칙령 폐지와 함께 448명이 (개신교 신앙을) 철회했고 다른 사람은 프랑스를 떠났다. 종교자유가 이뤄진 후 신앙공동체가 회복됐고 1849년에 이곳에 현재의 교회가 세워졌다."는 내용이다.

이 자료에 따르면 루베론 발도파 상당수는 1488년 십자군 공격을 받은 도

피네(Dauphiné) 지역 발도파들이 산악지대로 숨었다가 1490년부터 이곳에 정착한 것임을 알 수 있다. 산악지대에서 평지로, 좀 더 나은 삶을 찾아 내려온 것이다. 그러나 종교개혁이 시작되면서 발도파는 프랑스 왕실과 교회에 의해 다시 박해 받았다. 학살에서 살아남은 발도파와 위그노들은 낭트칙령으로 잠시 자유로운 신앙생활을 하다가 얼마 지나지 않아 가톨릭 신앙을 강요당하게 된다. 결국 일부는 종교의 자유를 찾아 프랑스를 떠났고 대다수 성도는 가톨릭교회의 그늘에 숨어야 했다.

교회는 그들을 기억하며 1995년에 교회 옆에 작은 정원을 조성했다. 그곳에는 루베론의 바위로 만든 기단 위에 코티시 알프스 산악지대의 현무암이 놓였다. 심장 모양인 듯한 돌에는 문양들이 조각되어 있었는데 풀로 기단부가 덮여 있어 작품 의도를 정확히 알 수 없었다. 그러나 두 땅의 돌은 루베론 발도파가 두 개의 고향을 가졌다는 사실은 보여준다. 발도파 산악지대에서 출발한 그들은 루베론 개혁교회로서 자신들의 신앙 정체성을 지키며 박해와 학살을 뚫고 자리 잡은 것이다. 그것은 그들의 고향, 그들의 이름을 상징하는 것이었다.

카브리에레 다이게스 교회 옆 공원 기념비

교회 옆에는 발도파와 관련된 또 다른 장소가 있다. 바로 포도주 보관과 판매를 하는 작은 가게다. 루베론 발도파는 자갈밭을 일구어 농사를 지었고 포도원을 만들어 포도주를 생산했다. 이런 조상의 노력은 후손들에게로 이어졌고, 일부 후손들은 지금까지 루베론 언덕에 자리한 포도원에서 포도주를 만들고 있다. 그들 중 한 발도파 후손은 선조의 역사를 기억하며 발도파의 이름을 새

발도파 포도주 생산 판매처

긴 와인, 'Domaine des Vaudois'을 생산하고 있다. 그곳에 들려 가능하다면 시음의 기회를 얻고 메린돌 방문을 기념하며 작은 기념품을 구입하려 했다. 하지만 오후 가게가 문을 열기까지는 1시간 넘게 기다려야 했다. 문 앞을 서성거리다가 그곳을 나섰다.

발도파는 밀과 감자 재배 등 농업 기술과 함께 직물을 생산해 옷을 만드는 수공업 기술을 가지고 있었다. 그래서 산악지대의 척박한 환경에도 살아남았고 루베론 지방의 황폐화된 땅을 개간하고 언덕에 포도를 심는 등 경제적인 풍요를 만들어가고 있었다. 그런데 학살과 약탈 속에 그들은 다시 피신해야 했고 일부는 가까운 인근 마을로, 멀리는 알프스 산악지대로 피신해야 했다. 그들 중 소수는 종교의 자유를 찾아 제네바로 나아갔다. 하지만 낭트칙령으로 찾아왔던 종교의 자유도 잠시, 제2의 고향에서 개혁교인(위그노)으로서 삶을 가꾸던 이들은 다시 쫓겨나야 했다. 1620년대에 영국 청교도들이 메이플라워호를 타고 신대륙으로 떠난 것처럼 루베론 발도파는 독일 남부 뷔르템부르크 지역과 남아프리카로 긴 여정을 떠났고 그곳을 제3의 고향으로 삼아 포도를 심고, 포도주를 생산하게 된다. 그렇게 새 땅에서 발도파는 이주민으로,

개혁교인이라는 새로운 신앙공동체로서 살아가게 되었다. 이들에 의해 남아프리카에 포도주 제조 기술이 전해졌다고 한다.

　루베론처럼 발도파가 집단 학살당한 곳이 한 곳 더 있다. 바로 이탈리아 남부 칼라브리아(Calabria) 지역이다. 피에몬테에 살던 발도파는 14세기경(1340년대)부터 칼라브리아에 정착한 것으로 추정된다. 한 자료에 따르면 토리노에서 만난 한 신사가 척박한 토지를 고민하던 발도파 청년들에게 '비옥한 땅을 주겠다'고 제안한다. 처음 보낸 조사팀으로부터 '풍요로운 약속의 땅'이라는 보고를 들은 지도자들은 이주민을 보냈고, 그렇게 그들을 실은 배가 칼라브리아로 향했다. '그들의 손에는 프로방스어 성서가 들려 있었고, 그곳에선 자유롭고 방해받지 않는 예배를 위한 안전이 제공되었다'고 한다. 그렇게 발도파는 몬탈토(Montalto), 산 섹스토(San Sisto), 구아르디아(Guardia Piemontese) 등에 정착했고, 나중에 프로방스에서 온 이민자들이 풀리아(Puglia)에 정착했다. 이주는 오랜 기간 몇 차례에 걸쳐 이뤄졌는데, 도피네와 프로방스의 이주민들이 1477년에도 배를 타고 향했다고 한다.

　칼라브리아는 알프스 산악지대와 계속 소통했고, 피에몬테는 2명의 설교자들을 매년 파송했다. 1532년 '종교개혁 참여'를 결정한 샹포란 회의가 알려진 후 피에몬테 출신으로 로잔에서 신학공부를 한 장 루이 파샬레(Jean Louis Paschale)가 목사로 파송된다. 그에 의해 두 곳의 마을에 교회가 세워졌고, 발도파는 개혁교회로서 공개적인 신앙공동체를 이룬다. 이런 '루터교 활동'은 가톨릭 신부들을 자극했고, 우려를 전달받은 영주는 그를 체포했다. 1년여가 지난 1560년 그는 로마에서 화형대 위에 올려졌다. 그가 감옥에 있을 때 약혼자에게 보낸 편지에는 이런 글귀가 쓰여 있었다고 한다. "나는 주 예수께 희생을 바칠 시간이 가까울수록 매일 기쁨이 커지는 것을 느낀다…그리스도를 위해 한 번이지만, 가능하다면 만 번이라도 죽을 준비가 되어 있다." 순교를 각

오한 그의 마음은 초대교회, 초기 종교개혁자의 그것이었다.

하지만 칼라브리아의 박해는 지도자를 체포하고 죽이는데 그치지 않고 군대를 동원한 박해로 전개된다. 1560년 말 가톨릭 추기경은 이단심문관을 파견했고 이단 진압을 나폴리 왕국에 명령했다. 맨 처음 발도파의 주 거주지였던 산 시스토에서 많은 사람들이 죽음을 당했고, 구아르디아로 도망친 발도파들이 성 안에서 항전을 했지만 1561년 6월 다시 학살당했다. 2주 동안 2개의 마을을 포함해 2000여명의 발도파들이 희생됐다고 한다. 체포된 이들은 몬탈토 감옥으로 보내졌는데 88명이 잔인한 고문으로 죽임 당한 후 뾰족한 창에 찔려 길 좌우에 내걸렸다. 남성들은 갤리선으로 끌려갔고, 일부는 탈출해 고향 발도파 계곡을 향한 여정에 나섰다. 그렇게 '칼라브리아 교회는 더 이상 존재하지 않으며 완전히 멸절되었다'는 소식이 고향 형제들에게 전해졌다.

칼라브리아와 달리 풀리아 지역은 온건한 정책이 집행됐다고 한다. 1561년 6월 나폴리로부터 온 편지에 '4곳 마을이 이단자에 오염됐다'고 한다. 당시 이곳의 주교는 이단을 반대했지만 신중한 접근을 원했다. 1563년부터 교구에 속한 발도파들은 난민으로서 제네바로 넘어갔고, 남은 사람들은 "30년 후 '프로테스탄트'는 '프로방스 사람'으로 불리게 되었다."고 한다. 보통은 다시 같은 범죄를 행한(다시 이단 활동을 한) 사람은 죽여야 하는데, 주교는 다시 기회를 부여했고, 온건한 재가톨릭화 정책을 진행한 것이다. 어떻든 그렇게 이탈리아 남부의 발도파는 가톨릭 신앙의 그늘에서 고향의 문화와 관습을 유지하며 살아남았다.

발도파 학살의 현장을 뒤로 한 채 루베론을 떠나 이탈리아로 출발했다. 종교개혁 시기 피에몬테 발도파의 박해와 근현대 발도파의 여정을 쫓기 위해서다. 어둠이 몰려오는 늦은 저녁 이탈리아 국경 근처, 과거 발도파의 주 거주지 중 하나인 도피네의 숙소에서 하룻밤을 청했다. 그곳에서 유명한 20세기 발도파 역사가의 저술(Gabriel Audisio의 「Die Waldenser」)을 읽어간다. 그의 글을 읽다 갑자기 머뭇거릴 수밖에 없었다. "카브리에르와 메린돌의 학살이 종교개혁에 동참한 결과라는 주장은 명백히 잘못된 것이며, 16세기 박해는 새로운 차원과 성격을 띠게 되었다."는 내용 때문이다. 그는 발도파가 종교개혁에 동참해서 탄압받은 것이 아니라 당시 가톨릭교회와 세속 당국이 '모든 종교적 일탈자'를 구별하지 않고 탄압했고, 그 과정에 루터교인과 발도파 모두 희생됐다는 것이다. 한마디로 그들은 프로테스탄트로서 희생양이 되었다는 것이다.

그는 한걸음 더 나아가 "1560년경에 리옹의 가난한 사람들은 전적으로, 결론적으로 프로테스탄트가 되었다. 사람들은 대규모 개혁주의 가족 내에서 비교적 자율적인 발도파 하위그룹을 형성했을 것이라 상상할 수 있지만 그런 일은 일어나지 않았다. 그들은 가장 중요하지 않은 교리와 그들의 고대 신념, 전통적인 신념에 완전 모순되는 교리를 포함해 모든 교리를 수용했다. 신학적인 측면 뿐 아니라 조직적인 면에서도 그들은 종교개혁에 통합되었다. 프랑스 왕국의 모든 개혁주의 지역에서와 마찬가지로 칼뱅주의적 신앙 방향이 승리했다."고 설명한다. 이는 루베론을 포함한 프랑스 지역에 근거한 분석이요, 저자의 연구 결과이지만 나름 설득력이 있어 보인다.

실제로 학살 이후 돌아온 생존자들 일부는 다시 마을을 세웠고, 프로방스의 60여개 교회가 1560년 메린돌에서 만남을 갖고 제네바 교회의 제도에 맞춰 교회를 운영키로 했다. 이 만남 한 해 전 파리에서 프랑스 개혁교회 총회가 열렸고, 프랑스 개혁교회는 칼뱅주의 신학과 교회제도를 채택했다. 아마도 이 회의 이후 프로방스 교회들이 지역 모임을 갖게 되었을 것이다. 이 시점부터 발도파는 사실상 프랑스 개혁교회(위그노)로 통합되었다고 볼 수 있다. 이처럼 발도파는 취리히나 스트라스부르, 바젤 등 독일어권 종교개혁에 비해 다소 급진적인 제네바의 입장을 받아들였다. 또한 그들의 권고를 무비판적으로 수용한 발도파는 '예수의 가르침, 즉 말씀을 그대로 믿고 행한', 즉 '믿음과 행함'을 모두 중요시한 자신들의 전통과 관습을 바꾸었다.

'말씀 그대로 믿고 실천'했던, 어떤 면에서 원리원칙주의자였던 발도파들이 선조들처럼 다시 가톨릭이나 개신교회의 그늘로 숨어들어 자신들의 전통을 지켰다면 어땠을까? 그랬다면 그들은 재세례파처럼 모두에게 버림받고 내팽개쳐지지 않았을까? 선조들의 신앙전통과 관습(문화)을 지키면서, 시대의 변화에 발맞춰 가는 것은 쉽지 않은 길이다. 더욱이 종교재판과 함께 한 박해와 군대의 학살, 약탈과 능욕의 긴 터널을 지났던 발도파에게 이러한 방식은 더욱 힘든 것임이 분명했다. '그러나 다른 선택의 길이 없지 않았을까?' 하는 생각에 밤새 뒤척인다.

5. 종교개혁 이후 피에몬테 발도파 학살, 프라리(Prali)에서

아침 일찍 알프스 산길을 타고 국경을 넘었다. 해발 2000미터의 높은 고지대를 넘는 길은 굽이굽이 곡선을 타고 흘렀다. 바람소리와 물소리를 벗 삼아 때론 산등성을, 때론 계곡 좌우 길로 한참 달렸다. 알프스 산을 두 발로 걸었던 발도파 설교자처럼은 아니지만 그들이 오갔던 길을 그렇게 넘었고, 주일예배를 앞둔 시간 게르마스카 계곡의 프라리 지고(Prali Ghigo)라는 발도파 마을에 도착할 수 있었다.

1) 프라리(Prali) 'Tempio Valdese'(발도파 사원)

중세 말 발도파의 주 거주지로는 알프스 산악지대와 프랑스의 프로방스 지역, 이탈리아 남부 칼라브리아, 그리고 보헤미아 등이 있었다. 보헤미아의 발

프라리 발도파 교회

도파는 종교개혁 시기 전후로 후스파와 보헤미아 형제단에 통합되었고, 프로방스의 루베론과 칼라브리아 지역은 학살 당했다. 알프스 산악지대는 크게 프랑스 쪽의 도피네, 이탈리아 쪽은 피에몬테가 있는데, 도피네는 1488년 발도파 십자군에 의해 파괴됐다. 그렇게 피에몬테는 발도파의 최후 거주지로 남았다. 피에몬테는 크게 펠리체, 앙그로냐, 게르마스카, 시손네 계곡 등으로 구성된다. 이중에 프라리는 게르마스카 계곡의 제일 안쪽에 위치한 곳으로, 발도파 탄압이 극에 달하는 시기 최후 피신처 중의 한 곳이다. 이곳에는 옛 발도파 교회를 개조한 발도파 박물관, 1962년에 건축한 현대식 예배당, 그리고 국제적인 만남과 교류를 목적으로 한 '국제 아가페 에큐메니칼 센터'(Centro ecumenico Agape)가 있다.

프라리에 처음 개혁교회가 세워진 것은 1556년이라고 한다. 샨포란 회의의 결정에 따라 개혁교회로 전환한 발도파는 공개적 활동을 펼치게 되고, 1550년대 중반부터 각 마을에 예배당을 세우기 시작했다. 아마도 이 때 프라리에도 교회가 세워졌을 것이다. 그러나 발도파 교회의 시대는 순탄치 않았다. 박해와 탄압이 심한 때는 가톨릭교회가 되기도 했고, 종교적 관용이 이뤄진 시기에는 다시 개혁교회 예배당이 되기도 했다. 그렇게 개혁주의 신앙을 지켜오던 프라리 교회는 1962년 새 예배당을 짓게 되었다. 오랜 역사를 이어온 발도파 교회를 상징하듯 'Tempio Valdese'(발도파 예배당)라는 나무 간판이 달린 교회는 아름다웠다. 그런데 '가는 날이 장날'이라고 주일 예배를 앞둔 개혁교회 문앞이 시끌벅적했다. 작은 산골교회의 예배를 생각했던 입장에선 어리둥절했다. 마침 종교개혁주일을 맞아 인근 지역 발도파 개혁교회 연합으로 특별예배가 드려진다는 것이다. 그렇게 그곳에서 예배자로서, 발도파 교회에 애정을 가진 한국 프로테스탄트 교회에 속한 형제로서 함께 했다.

개인적으로 2017년 독일 비텐베르크에서 열린 종교개혁 500주년 기념예배에 참석한 바 있다. 참여 인원이 제한된 성교회와 시교회는 들어갈 수 없었지만 비텐베르크 대학 마당에서 열린 기념예배엔 참여할 수 있었다. 그러나 낯선 땅, 이탈리아에서 드리는 발도파교회의 종교개혁주일 예배는 남다른 경험이다. 예배는 4명의 지역 목회자들이 공동으로 순서를 맡아 진행했다. 또한 아이들이 성서봉독과 함께 종교개혁의 상징 문구인 'Sola Gratia, Sola Scrittura, Sola Cristo, Sola Fide, Soli Deo Gloria(오직 은혜, 오직 성서, 오직 그리스도, 오직 믿음, 오직 하나님께 영광을)'를 카드섹션으로 들어올렸다.

성찬식에 참여해 빵과 잔을 받았다. 말은 안 통하지만 그들이 읽는 성서 본문과 종교개혁 모토를 들은 후 그리스도 안에서 한 형제임을 경험하게 됐다. 순례자가 되어 유럽 여러 나라의 주일예배와 성찬식에 가끔 참여한다. 그 때마다 다른 나라, 다른 신앙공동체에 속하지만 그리스도 안에서 한 형제임을 경험한다. 더욱이 가장 오랜 역사, 박해와 탄압의 역사를 가진 발도파 형제들과 예

프라리 개혁교회에서 열린 종교개혁주일 기념예배

배와 성찬을 함께한다는 생각에 울컥해졌다. 예배 후에는 목회자들을 만나 한국인으로, 독일에서 살고 있다며 인사했다. 또 성도들과 야외에 마련된 열린 식탁교제에도 참여했고, 그곳에서 인근 교회에서 사역하는 젊은 목회자와 대화도 했다. 언어능력이 갖춰졌다면 좀 더 깊은 대화가 가능했을 텐데 하는 아쉬움은 컸다. 물어볼 내용이 많았기 때문이다.

2) 발도파 박물관과 아가페 센터

옛 교회 건물에 있는 발도파 박물관

예배 후에 발도파 박물관을 담당하는 성도의 도움으로 옛 발도파 예배당과 박물관을 둘러볼 수 있었다. 이탈리어로만 된 전시 자료는 읽을 수 없었고 관람이 끝나길 기다리는 분께 미안한 마음에 서둘러 제목과 사진을 중심으로 박물관을 살폈다.

높지 않은 천정에도 불구하고 2층으로 된 박물관 내부는 설교단과 긴 장의자 등 옛 예배당 모습을 그대로 유지하고 있었다. 전시는 건물 내부의 벽과 좌우, 뒤편의 공간을 활용해 이뤄지고 있었는데 작지만 아담했다. 가장 중요한 전시 내용은 발데스의 신앙적 결단이 있었던 1170년대부터 1980년대까지 발도파 역사다. 또 주민들이 어떻게 살았는지를 알 수 있는 물품들과 한 때 광산이 있었던 역사 또한 전시되어 있었다.

전시물에서 가장 눈길이 간 부분은 목회자 복장을 한 여성이 강단으로 오르는 모습과 아이들을 가르치는 여성, 예배를 지켜보는 듯한 여성들의 모습을 형상화한 전시 내용이었다. 발도파는 여성의 목회사역을 인정했고 그들의 활발한 활동은 발도파 부흥에 크게 기여했다. 그런 의미가 이곳 전시에 담긴 듯 보였다. 강단 중앙 벽의 설교단은 칼뱅주의 전통을 담은 형태로, 가톨릭교회에서 개신교회로 바뀌던 19세기 언제 쯤 이곳에 만들어진 것 같다.

옛 교회 건물에 있는 발도파 박물관 내부

자료를 보다가 이곳 예배당이 아이들을 가르치는 학교로도 사용됐음을 알게 됐다. 주일학교를 의미하는 것인지, 아니면 어린이집이나 유치원, 초등학교였는지는 불분명했다. 그러나 산골 마을임을 고려할 때 어린이와 청소년을 위한 학교교육이 이곳에서 이루어졌고, 발도파는 신앙이 통합된 교육으로 자신들의 아이를 가르쳤다는 생각이 든다. 또 교사의 역할을 발도파 여성들이 맡아했던 것이다. 발도파 여성들의 삶과 역할을 보여주는 사진들과 자료들 앞에서 생각에 잠겼다.

박물관을 나서 산 중턱에 있는 아가페 센터를 향했다. 오랜 기간 탄압을 받았던 발도파 교회가 교회의 일치와 화합을 추구하는 에큐메니칼 센터를 짓고 운영하는 점이 특별했기 때문이다. 자료에는 3개의 숙소동과 종탑, 그리고 건물로 둘러싸인 공터 같은 '야외 예배당'이 있다고 했다. 그런데 실제 모습은 그에 못 미쳐 보였다. 작은 한국의 교회 수양관이라고 할까. 100여명이 머물 수 있는 숙소와 함께 식당과 행사를 위한 모임 공간이 있으며 자연친화적 활동이 가능한 넓

아가페 센터

은 야외공간이 있었다. 하지만 늦가을이라 그런지 인적이 거의 없고, 4인용 탁자와 의자가 놓인 공간도 스산해 보였다. 야외 예배당 한 곁에 앉아 오후의 따뜻한 햇살과 함께 종교개혁 시기 피에몬테 발도파에게 불어온 광풍을 떠올린다.

종교개혁 초기 프랑스에 의해 합병되었던 사보이 공국은 1559년 카토 킹브리지 조약(Pace di Cateau-Cambrésis)으로 잃어버린 영토와 재산, 특히 피에몬테의 지배권을 되찾게 된다. 이는 신성로마제국 황제의 편에 서서 싸운 에마뉴엘 필리베르트(Emanuel Philibert)가 있었기 때문이다. 경건한 황제의 편에 선 그는 기본적으로 가톨릭을 지지하는 입장이었다. 또 사보이 공국을 강화하려는 지도자로서 과거 사보이 땅이던 제네바의 종교개혁에 비판적이었다. 특히 프로테스탄트를 이단으로 규정하고 반종교개혁적 입장을 논의한 트리엔트 공의회(1545~1563년)의 영향도 1560년 그가 피에몬테 발도파를 탄압하게 된 배경이 된 것 같다.

탄압은 먼저 개혁파가 소수이고 흩어져 살던 곳에서 추방이란 형태로 시작된다. 이후 발도파가 다수를 차지한 알프스 계곡에는 중재인을 내세워 가톨릭 신부와 개신교 목회자를 통한 논쟁을 유도했다. 그러다 그는 1560년 9월 트리니타의 영주에게 '계곡 마을에서 가톨릭 질서를 회복하라'고 명령했고, 발도파는 무기를 들고 저항에 나섰다. 이 때 발도파를 지원한 것이 프랑스 개혁교회이다. 당시 프랑스는 왕실 주도로 가톨릭교회와 개혁교회간 종교적 대화의 장(푸아시 회담)을 갖고 있었고, 군사적 힘을 가진 프랑스 개혁교회는 피에몬테의 발도파를 지원한다. 이들의 압력으로 정치적 해결책이 모색되었고, 1561년 6월 사보이 공작은 발도파와 카부르 평화조약(Pace di Cavour)을 체결한다.

이 조약을 통해 앙그로냐와 보비오 펠리체 등 14개 마을에서는 합법적으로 개혁교회 예배를 드릴 수 있게 되었다. 그렇게 피에몬테 발도파는 루베론,

칼라브리아와 풀리아와 달리 종교개혁 시기 학살 없이 살아남은 지역이 되었다. 하지만 군대를 동원한 학살이 없었다고 탄압이 없었던 것은 아니다. 사보이 공작이 1561년 임명한 세바스티아노 그라치올리 데 카스트로카로(Sebastiano Grazioli de Castrocarro)를 비롯한 지역 통치자는 폭군처럼 발도파를 탄압했고, 가톨릭교회도 카푸친 수도회를 내세워 계곡 주민을 가톨릭으로 개종시키려 했다. 발도파는 그런 압박 속에서 살아야 했던 것이다.

프라리를 나서다가 현대식으로 건축된 가톨릭교회 예배당을 보았다. 발도파 마을에 세워진 가톨릭교회. 오랜 탄압과 피에몬테를 향한 재가톨릭화 역사를 생각하면 이해가 된다. 아마도 이 교회는 개혁교회 예배당을 차지한 가톨릭교회가 종교 자유 이후 역사적 예배당을 개혁교회에 넘기면서 시작됐을 것이다. 어떤 형태든 오랜 역사 속에 양측은 탄압과 박해, 가해와 희생의 한 축을 이루었다. 하지만 아가페 센터가 말해주듯 서로 형제인 두 교회는 250여명 주민이 살고 있는 마을에서 에큐메니칼 신앙공동체를 이루고 있음을 믿는다.

6. 알프스 산악지대에 살아남은 발도파

프라리를 나서 오늘날 발도파 역사의 중심지인 펠리체 계곡(Vall pellice)으로 향한다. 발도파를 찾아 떠난 여정의 끝자락에 피에몬테에 살아남은 발도파가 오늘까지 어떤 삶을 살았는지 뒤쫓기 위해서다. 그곳을 가는 길에 피네롤로(Pinerolo)에 잠시 들렸다. 중세 말 종교재판소가 세워졌던 이 도시는 발도파가 가장 큰 고통을 당한 곳으로, 21세기를 맞아 발도파 학살을 기억하는 특별한 조형물이 세워졌다. 기록에 따르면 이 도시에는 1312년 발도파 여성이 처음 화형대 위에서 죽임을 당했고, 종교개혁 시기까지 수차례 발도파 지도자들이 화형대 위에 세워졌다고 한다.

1) 희생자를 추모하며, 피네롤로(Pinerolo)

학살에 희생된 이를 추모하는 기념비

발도파 교회 근처 공원에는 "폭력과 편협함의 희생자들을 기억하는 에큐메니칼 기념비(Il monumento ecumenico alle vittime della violenza e dell'intolleranza)"가 있는데 종교적, 정치적인 이유로 희생된 사람들에게 헌정된 것이다. 특히 이 기념비는 로마 가톨릭 교구와 개신교회가 공동으로 논의하고 공공 및 민간 기관들의 지원을 받아 건립된 것이며, 이탈리아 에큐메니칼 기념물의 첫 사례라고 한다. 이 조형물은 오스트리아에서 학살당한 발도파를 기념해 스타이어에 세운 기념비를 모델로 만들어졌는데 2000년대를 앞두고 논의를 시작해, 2005년 현재의 위치에 세워졌다.

조형물은 한편으로는 뒤틀린 얼굴들, 불길에 고통받는 모습을 그리고 있어 마치 화형대 위에 죽임당한 이들을 형상화한 듯 보였다. 하지만 그들은 하나의 횃불이 되었고, 그 앞에는 하늘을 향해 무언가를 간구하는 두 손을 높이 든 여성의 모습이 조각되어 있다. 폭력과 학살, 불길 속의 고통, 마치 우리에게 다시 그런 일이 발생되지 않기를 바라며, 그런 고통이 오지 않도록 기도하는 것 같다. 아울러 하나의 횃불은 부활의 횃불이며 우리에게 소망으로 다시 올 것을 의미하는 것 같아 보였다.

조형물 앞 쪽에는 아우슈비츠(Auschwitz)를 시작으로 히로시마(Hiroshima), 소웨토(Soweto), 뉴욕(New York) 등 20세기 중후반에 발생된 무고한 시민이 학살당한 도시의 이름이 새겨져 있었다. 나치 독일에 의한 유대인 학살, 핵폭탄을 이용한 시민에 대한 폭격, 아파르트헤이트(Apartheid, 인종청소)와 관련된 남아공 학살, 9.11 테러 등은 다시 일어나서는 안 될 사건임은 분명하다. 물론 더 많은 소규모 학살도 있었고, 지금도 이와 비슷한 사건들이 계속 일어나고 있지만 인류, 아니 그리스도인들은 이런 사건을 용납해서는 안 된다. 그런 마음을 담아 희생자들과 가해자, 방관자 입장에 선 모두가 마음을 모은 것이다. 이런 마음에 감동받은 것일까? 2015년 프란치스코 교황은 토리노의 발도파 교회를 찾아 '가톨릭교회가 비그리스도교적이고 때로는 비인간적 태도와 행위를 했다'며 '예수 그리스도의 이름으로 용서해 주기를 청한다'고 말하기도 했다. 그의 사과를 듣고 옛 프랑스어 성서를 선물로 전하며 화답한 후손들을 선조들은 어떻게 여길까?

종교재판과 군대를 통한 학살과 함께 발도파는 척박한 땅에서 굶주림과 추위로 고통당했다. 1629년 그들은 연속된 홍수와 냉해로 추운 겨울을 겪었다. 거기에 더해 이듬해(1630년)에 이탈리아 땅에 닥친 전염병으로 인해 수많은 사람이 죽음을 피할 수 없었다. 5월부터 시작된 전염병은 모든 계곡에 빠르게 퍼졌는데 사람들은 그 해에 프랑스 군대가 마을에 주둔했기에 '군대가 가져온 역병의 씨앗이 빠르게 자라났다'고 말하기도 했다. 목회자들은 약을 사고 가난한 사람을 위하여 식량을 모았으며, 병든 사람을 방문하고 죽은 사람의 가족을 위로했다. 그래서 전염병은 목사들이라고 예외일 수 없었고, 그해 여름 20여명이 넘는 목회자들이 죽음을 맞았다.

살아남은 3명의 목사는 교회 대표들과 상의해 제네바와 도피네의 개혁교회에 편지를 보낸다. 발도파 계곡의 교회들이 사라지지 않도록 목회자 파견을 요청한 것이다. 이듬해에 전염병은 다시 힘을 발휘했고 1명의 목사를 포함해 많은 사람이 죽었다. 그렇게 2년간 1만 명이 넘는 인원, 즉 계곡 인구의 2/3 가까이 죽음을 맞았다. '부모에게는 자녀가 없었고 자녀에게는 부모가 없었다'는 말은 그 아픔을 절절히 표현하고 있었다.

꺼져가는 발도파교회를 위해 제네바는 목회자들을 보냈고, 이들은 계곡에서 헌신적으로 사역한다. 하지만 문제가 있었다. 당시 발도파 교회는 이탈리아어로 예배를 진행했지만 새 목회자들은 프랑스어만 할 수 있었던 것. 물론 피에몬테는 얼마 전까지 프랑스 남부 언어를 사용했기 때문에 주민들에게 이는 큰 문제는 아니었다. 그렇게 프랑스어는 이후 발도파 교회의 공식 언어가 됐고 2세기 가까이 사용되었다. 또한 새로 부임한 목사들은 대부분 칼뱅주의 신학과 교회 운영, 신앙적 입장을 갖고 있었고 발도파 교회는 칼뱅주의 영향을 크게 받게 된다. 이러한 변화를 상징하는 것이 발도파 설교자를 일컬었던 바르베스(Barbes)가 'Monsieur le Ministre'(프랑스어, 목사)로 바뀐 것이다. 발도파는 제네바 출신의 목회자들에 의해 선조들의 전통에서 조금 더 벗어나 개혁교회로 더 나아간다.

그렇게 다시 회복된 발도파는 20여년이 지난 후 거대한 학살의 광풍을 겪어야 했다. 바로 역사에 '피에몬테의 부활절(Pasque piemontesi)'로 기록된 1655년 4월 학살이다. 어쩌면 이 학살은 종교개혁 시기엔 피했던 것이 100년이 지난 후 피에몬테에 몰아닥친 것이라 생각되기도 한다. 제한적인 자유를 인정받았지만 발도파를 향한 세속 당국의 탄압과 재가톨릭화 시도가 계속됐고 30년 전쟁이 끝난 직후 위기감이 고조된다. 1650년과 1655년 두 개의 칙령이 공포되는데 사실상 발도파를 피에몬테에서 추방하려는 의도가 담겨 있었다. 첫 칙령은 허용 이외 지역에 생긴 교회 폐쇄와 외국인 목사의 정착을 금지하는 내용이었다. 하지만 두 번째는 평야지대에 살던 발도파에게 산악지대로 떠나도록 명령했다. 제한된 시간에 재산을 처분하는 것은 쉽지 않았고, 추운 겨울 떠나야 하는 명령은 따르기 어려웠다. 그런 발도파 사람은 약탈을 당한 후

집이 불태워졌고 강제추방이 진행됐다. 이어 발도파 계곡마을에 주둔하기 위해 1만 5천여 명의 병사가 파견되었다. 이들 군대는 30년 전쟁으로 단련된 군인들과 프랑스 출신, 잉글랜드 크롬웰 정권에 의해 추방된 아일랜드 가톨릭 출신자로 구성됐다. 특히 가톨릭 출신자들은 개신교에 대한 적개심을 가지고 있었고, 개혁교인인 발도파를 끊임없이 위협했다.

결국 1655년 4월 17일부터 발도파에 대한 공격이 시작되었다. 발도파는 지리적 조건을 이용해 저항에 나섰지만 정규군과의 전쟁은 쉽지 않았다. 결국 발도파는 군대의 계곡 마을 주둔을 허락한다. 아마도 발도파는 일부 처벌은 있겠지만 끔찍한 학살은 면할 것이라 생각했던 것 같다. 고난주간 목요일과 성 금요일, 같은 식탁에서 함께 먹고 같은 지붕아래 잠을 자면서 긴장도 일부 이완됐다. 하지만 발도파가 탈출할 수 있는 국경 통로를 장악한 군인들은 토요일 새벽 발도파를 학살하기 시작했다. 집에 불을 지르는 등 무차별적인 학살 행위로 루체르나와 앙그로냐 계곡은 당황, 공포, 고통, 슬픔에 사로잡힌다. 그날의 학살은 프랑스로 망명한 발도파 목사 레거(Leger)에 의해 증언된다.

"어린 아이들은 어머니의 팔에서 잡아 뜯겨졌고, 작은 발에 걸쇠를 채웠으며, 바위에 던져졌다. 또 두 군인이 혼신을 다한 떨리는 팔다리로 찢어졌다. 난도질 된 몸은 짐승의 먹거리로 큰 길과 들판에 던져졌다. 병자와 노인들은 그들의 집에서 산 채로 불태워졌다. 어떤 이는 손과 팔과 다리를 자르고 출혈을 막고 고통을 연장시키기 위해 절단된 부분에 불을 가했다. 어떤 이는 산 채로 피부가 벗겨졌고, 어떤 이는 산 채로 구워졌으며, 어떤 이는 창자가 꺼내졌다. 일부는 자신의 정원에 있는 나무에 묶여 심장이 꺼내졌다. 어떤 이는 팔다리가 잘리고 다른 일부는 식인종에 의해 뇌를 끓이고 먹임 당했다. 어떤 이는 자기 밭의 고랑에 고정되고 거름에 쟁기질 하는 것처럼 쟁기질 당했다. 다른 이들은 산채로 묻혔다. 아버지들은 자기 아들의 머리를 목에 매달고 죽음의 행진을 했다. 부모는 자신이 죽기 전에 자녀들이 폭행당하고 학살당하는 동안 지켜보도록 강요당했다…."

무슨 말을 할 수 있으랴. 학살자들은 전쟁에 눈 멀고 인간이기를 포기한 존재들이었다. 그들에게 주민들은 사냥감일 뿐이며 짐승보다 못한 존재였다. 더 잔인한 학살법을 찾아 시행한 그날 그들은 악마의 모습을 했다. 학살의 날은 예수가 무덤에 머물던 어둠의 날이었다. 어둠이 승리를 선언한 그날, 예수 그리스도는 어둠에서 발도파와 함께 계셨다. 학살이 끝나고 부활의 새벽이 밝아왔다. 이 부활절 학살로 4천~6천여 명의 발도파 주민이 희생되었다. 이 소식을 접한 영국, 네덜란드, 독일, 스위스 등 개신교 국가는 슬픔을 넘어 분노했고, 외교적 압력을 강화했다. 특히 청교도가 다스리던 영국은 크롬웰이 슬퍼하며 금식을 선포하고 군사적 공격을 위협했으며, 대사(Samuel Morland)를 토리노로 보내 항의했다. 이러한 압력으로 발도파 학살은 멈췄다. 당시 피에몬테 학살을 다룬 글 중 가장 잘 알려진 것은 영국 극작가인 밀턴(John Milton)의 글이다.

> Avenge, O Lord,
> thy slaughter'd saints, whose bones
> Lie scattered on the Alpine mountains cold;
> Even them who kept thy truth so pure of old,
> When all our fathers worshipt stocks and stones,
> Forget not: in thy book record their groans
> Who were thy sheep, and in their ancient fold
> Slain by the bloody Piedmentese, that roll'd
> Mother with infant down the rocks. Their moans

The vales redoubled to the hills, and they

To heaven. Their martyr'd blood and ashes sow

O'er all the Italian fields, where still doth sway

The triple tyrant; that from these may grow

A hundredfold, who, having learned thy way,

Early may fly the Babylonian woe.

되갚아 주소서, 오 주여

학살당한 주의 성도들의 시체가

알프스 산 위에 차갑게 흩어져 있습니다.

오래되고 순수한 당신의 진리를 지켜온 그들

모든 선조들이 돌과 나무를 숭배할 때

그들을 잊지 마소서, 당신의 책에 그들의 신음을

당신의 양, 고대로부터 섬겨온 공동체를

피의 피에몬테 군대에 의해 잔혹하게 학살된

엄마와 함께 암벽 아래로 굴려진 아이들의 고통을

계곡은 언덕으로 두 배가 됐고, 그들은 하늘로 향했습니다.

그들의 순결한 피와 재는 아직도

폭군이 지배하는 이탈리아 땅에 뿌려졌습니다.

삼중관을 쓴 폭군(교황), 이것들로부터 점차 멀어지고

백배나 많은 사람들이 당신의 길을 배워

곧 바빌론의 비애를 날릴 수 있을 것입니다.

2) 영광의 귀환, 보비오 펠리체(Bobbio Pellice)

보비오 펠리체 영광의 귀환 기념비

펠리체 계곡에 들어서서 계곡 맨 안쪽 마을인 보비오 펠리체(Bobbio Pellice)를 찾았다. 이곳은 오늘의 발도파 역사가 새로 시작된 시작점과 같은 곳이며 17세기 발도파 역사의 극적인 사건을 품은 곳이다. 이 사건이 있었기에 오늘의 발도파가 피에몬테에 다시 뿌리 내릴 수 있었다. 바로 오늘까지 기억되는 사건 '영광의 귀환(Glorioso rimpatrio)이 그것이다. 800여명의 발도파 용사들이 제네바를 출발해 14일간 산길을 헤치며 피에몬테로 향했고, 그 영광의 귀환 종착지(1689년 9월 11일) 보비오에 도착했다. 제네바로 쫓겨난 발도파가 그들의 고향을 찾아 다시 돌아온 것이다.

그들이 도착해 하늘에 감사하며 단합하고 투쟁할 것을 다짐한 장소를 향했다. 그곳은 마을의 뒤편 언덕에 있었다. 200년 후 후손들은 이 언덕 풀밭에 선조들의 정신을 기리며 '시바우드 기념비(Monumento di Sibaud)'를 세웠다. 기념비는 발도파 주요 마을들의 이름을 새긴 돌로 기단부를 만들고 그 위에 '토리노, 로마, 제네바'의 이름을 새겼으며, 그 위에 1689~1889라는 숫자와 발도파 로고를 새겨 넣었다. 마치 각 마을 출신들이 한 마음이 되어 귀환했고, 그들이 발도파를 이뤄 오늘에 이르렀음을 상징하는 듯 보였다. 그런데 기념비는 종교개혁 참여를 결정했던 1532년의 샹포란의 기념비와 많이 닮아 있었다. 그것은 두 역사가 결코 다르지 않다는 것을 암시하는 것 같다. 선조들처럼 말씀 중심의 개혁신앙을 지키기 위해 종교개혁에 참여했고, 자신들의 고향에서 선조들처럼 개혁신앙을 지키며 살기 위해 영광의 귀환을 선택했기 때문이다. 그런 정신은 '세르망 드 시바우드(프, Le serment de Sibaud, 시바우드의 맹세)'라는 발도파의 찬양 속에 담겨져 있다. 기념비 앞 풀밭에 앉아 가사를 읊조리며 그날의 역사를 떠올린다.

너의 손을 하늘을 향해 들어라.
여기 당신의 조상들이 하나님 앞에서 맹세했다.
그를 배신하지 않고, 이 위대한 성전으로 그의 제단을 돌려드리며
이 성스러운 일을 위해 죽기 위하여 도착한 곳에서

오, 시내 산의 하나님, 첫 그리스도인의 하나님,
순교자의 하나님, 우리 조상의 하나님!
과거의 야곱처럼 당신은 우리 민족에게 상속된 땅을 주신다.
우리에게 당신의 법의 어떤 것도 버리지 말게 하소서.
당신을 위해 싸우는 우리와 함께 싸우소서.

발도파, 이 맹세를 통해 하늘은 우리 조상을 축복하고
오늘도 늘 우리를 축복할 준비가 되어 있다.
우리는 함께 쓰고 형제로서 결의한다.
'나는 하나님의 제단에서 살고, 죽고 싶다.'

17세기말 발도파는 또 한 번의 위기를 겪게 됐다. 프랑스 루이 14세가 1685년 개혁파를 인정했던 낭트칙령을 폐지하고 개신교를 금지시켰으며, 이 조치에 따라 사보이 공국도 개혁교회의 모든 활동을 중단시킨 것이다. 이 조치에 항의하는 발도파를 향해 군대가 동원됐고 피에몬테 주민들은 무기를 들고

저항했다. 가족을 지키려고 몸부림친 3000여명의 발도파 병사들. 하지만 그들에겐 변변한 무기조차 없었다. 결국 양 방향으로 공격해 오는 프랑스와 사보이 군대의 양동작전에 2000여명이 죽었고, 주민 대부분은 체포됐다. 이들 중 어린이들은 침례를 통한 강제 개종을 거쳐 가톨릭 가정 또는 수도원에 넘겨졌고 어른 8500여명은 여러 요새에 수감되었다가 죽거나 갤리선 노예로 팔렸다. 개종을 통해 일부 살아남은 주민들 주변에는 정부 정책에 따라 가톨릭 이주민들이 들어와 정착했다. 1687년 1월 스위스의 중재로 감옥에 있던 2700여명의 발도파 주민들은 감옥에서 풀려나 제네바로 추방됐다. 그러나 고문과 기아에 지쳤던 사람들 중 200여명은 살을 에는 추위 속 망명을 가는 도중 숨졌다. 이제 발도파 산악지대에서 더 이상 발도파를 찾아볼 수 없게 되었다.

이러한 프랑스의 개신교 말살은 유럽 각 나라의 반발을 불러왔다. 특히 네덜란드와 영국은 프랑스에 항의했고, 제네바에 거주하는 발도파의 고향 귀환을 지원한다. 1689년 목사와 장교, 의사 등 800여명이 앙리 아르노(Henri Arnaud) 목사의 지도로 250킬로미터가 넘는 귀환의 길을 떠났다. 추방됐던 그 길을 거슬러 다시 고향으로 향한 것이다. 돌아오는 길은 쉽지 않았고, 그들은 귀환 과정에, 그리고 귀환 이후 군대에 맞서 목숨을 걸고 싸워야 했다. 전투에서 승리해 산 정상에서 감격의 예배를 드릴 때도 있었지만, 어느 때는 대포를 동원한 포격에 요새는 무너지고 바람 앞에 촛불처럼 위기도 맞았다. 다행히 계곡에 안개가 자욱하게 깔리고 감시병들의 시야가 가려진 사이 귀환자들은 그들 사이를 지나 절벽을 내려섰고 탈출에 성공한다. 하늘의 도움으로 생명을 구함받은 것이다.

거세진 개신교 국가의 압력으로 발도파는 고향에 다시 정착했고, 그들을 뒤이어 추방과 망명으로 고향을 떠난 사람들이 돌아와 황폐된 땅을 일궜다. 그렇게 영광의 귀환 3년여 만에 발도파 계곡은 다시 활기 넘치는 곳이 되었

 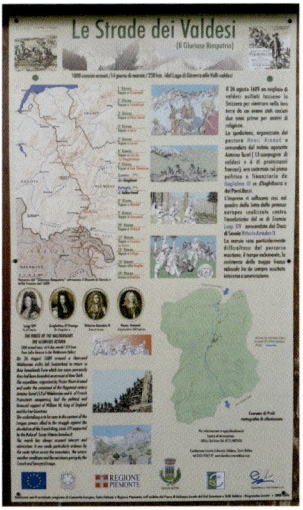

영광의 귀환 내용을 담은 포스터. 경로와 귀환자의 복장, 역사를 알 수 있다.

다. 프랑스 정부의 탄압을 받았던 위그노들도 발도파 마을로 피신했고, 이곳에서 개혁주의 신앙을 지키며 함께 살게 된다. 그러나 프랑스의 압력으로 귀환을 이끈 앙리 아르노를 비롯해 13명의 목사 중 7명과 많은 프랑스 개혁교인은 그곳을 떠나야 했다. 프랑스 출신이었기 때문이다. 그들은 고향으로 돌아갈 수 없었기에 1698년 독일 땅으로 망명을 떠났다. 때때로 계곡에는 가톨릭 교회의 개종 압력이 전개되었다. '게토(Getto)'의 유대인처럼 2등 국민으로 정치적, 시민적 권리도 제한받고 계곡을 떠나는 것이 금지됐다. 발도파는 그 속에서 그들이 지켜온 신앙을 유지하며 살아갔다. 그렇게 영광의 귀환은 오늘날 발도파 교회를 이 곳에 다시 뿌리내리게 한 전환점이 되었다.

기념비를 둘러본 후 발도파 교회를 거쳐 시청사 앞 광장에 잠깐 멈췄다. 그곳 안내판에서 '영광의 귀환'에 관한 포스터를 보았기 때문이다. 포스터에는 14일간의 일정과 경로, 두 차례의 전투, 관계된 인물들, 그리고 당시 그들을 상상한 그림이 있었다. 지도 위로 손을 짚어가며 그들이 지나간 경로를 떠올려 본다.

산에서 맞이한 첫 주일, 국경을 넘어 첫 발도파 마을에 들어섰을 때의 감격, 전투에서 승리한 후 산 정상에서 느낀 기쁨, 프라리 발도파교회에서 드린 예배, 그리고 목적지인 보비오 펠리체에 도착한 후 행한 결단과 다짐. 그들의 귀환이 성공했기에 오늘의 발도파가 있음을 생각하며 박수를 보낸다.

3) 근현대 발도파의 중심지, 토레 펠리체(Torre Pelice)

토레 펠리체 카사 발데제 (발도파 본부건물)

발도파의 중심지인 토레 펠리체에 도착했다. 앙그로냐, 펠리체, 루체르나 계곡이 만나는 이 도시는 과거 라 토레(La Torre)로 불리던 곳이다. 발도파는 19세기 후반부터 이 곳을 자신들의 중심지로 만든다. 제일 먼저 교회(Tempio Valdese)가 세워졌고 회의장을 갖춘 발도파 본부(Casa Valdese), 발도파 학교(Collegio Valdese)가 들어섰다. 최근에는 발도파 본부 건물에 설치됐던 박물관을 확장하면서 발도파의 역사적 자료 관리와 연구 활동 공간으로서 발도파 문화센터(Centro Culturale Valsdese)가 들어선다.

제일 먼저 발도파 본부 건물로 사용되는 '카사 발데제(Casa Valdese)'를 찾았다. 건물 맨 위쪽에는 발도파 문장과 함께 1689~1889년이 적혀 있었다. "Lux lucet in tenebris."(빛이 어둠 속에서 빛난다.)는 요한복음의 말씀과 촛대와 일곱 개의 별은 1640년경부터 발도파를

발도파 문장

상징하는 문장이 되었다. 촛대는 어둠 속에서 빛을 밝히는 발도파를 상징하며, 일곱 개의 별은 요한계시록의 일곱 교회를 의미한다. 물론 개인적인 생각이지만 발도파가 확산되고 활동했던 피에몬테, 도피네, 프로방스(루베론), 칼라브리아, 보헤미아, 독일 망명지, 그리고 남미 발도파 교회를 상징하는 것으로 해석해도 무방해 보인다. 발도파는 고난과 역경에도 복음에 충실한 교회이고자 했고 그런 교회였음을 상징하는 문장이다. 그 빛의 든든한 기초는 촛대의 밑에 놓인 성서이다. 성서의 말씀은 발도파의 뿌리였으며 오늘에까지 이르게 한 든든한 한 토대였기 때문이다.

  건물 내부로 들어서 1층에 있는 대회의실, 총회장(aula sinodale)에 들어섰다. 2층 구조의 예배실 공간은 그리 큰 규모는 아니었다. 이곳에서 발도파는 매년 8월 총회(Synod)를 열고 발도파의 사역을 평가하며 다음 해 방향을 논의한다. 회의장 앞에는 알프스 산악지대를 배경으로 암석 위에 뿌리내린 큰 떡갈나무가 그려져 있고 나무 중앙에는 'sii fedele fino alla morte(죽기까지 충성하라)'는 성서의 말씀이 펼쳐져 있다. 아래에는 발도파의 문장, 영광의 귀환(1689)과 250주년인 1939년이라는 날짜, 그리고 시바우드의 발도파 맹세의 내용("우리는 살아

발도파 총회본부 예배실 내부 모습. 바위에 뿌리내린 나무의 끈질긴 생명력은 발도파를 상징한다.

06 _ 종교개혁에 동참한 발도파 교회   **263**

계신 하나님 앞에서 맹세하고 약속하며, 우리 가운데 단합과 질서를 유지하며, 하나님이 우리를 살아있게 하는 한, 우리는 우리의 피의 마지막 한 방울에 충실함을 약속한다."(Noi giuriamo e promettiamo al cospetto dell'Iddio vivente, di mantenere tra noi l'unione e l'ordine, di non disunirci finché Dio ci conserverà in vita, promettiamo fedeltà fino all'ultima goccia del nostro sangue.)이 적혀 있다. 그 맹세가 아직도 유효함을 발도파는 고백하고 있는 것이다.

어쩌면 이 맹세와 기억이 고대 발도파와 종교개혁 이후 발도파를 구분하는 것일 수 있다. 발데스로부터 시작된 발도파는 "도무지 맹세하지 말지니 하늘로도 하지 말라 … 땅으로도 하지 말라 … 예루살렘으로도 하지 말라 … 네 머리로도 하지 말라 … 오직 너희 말은 옳다 옳다 아니다 아니라 하라"(마 5:33-37)는 말씀을 그대로 믿었고 따랐다. 하지만 종교개혁 이후 발도파교회는 더 이상 '말씀 자체(문자적 의미)'에 얽매이지 않았고 쉰바우드 맹세처럼 '하나님 앞에서, 사람들 가운데서, 죽기까지 하나님께 충실할 것'을 서약한다. 이를 보면 중세 발도파와 종교개혁 이후 발도파는 분명 다른 견해를 가지고 있다. 그렇다면 그들이 변한 것인가? 아니다. 발도파는 처음이나, 종교개혁 시기나, 지금이나 800여 년 간 변함없이 '하나님 앞에 충실'했다. 맹세를 하고 안 하고와 하등 상관없이 말이다.

그곳 예배실 의자에 앉아 근·현대 발도파의 역사를 떠올려 본다. 영광의 귀환 후 발도파는 척박한 고향 땅에서 제한적이나마 신앙의 자유를 누렸다. 학살과 같은 조직적 탄압은 없었지만 '게토'의 열악한 삶을 견뎌야 했다. 그들은 자신의 지역 밖에는 한 뼘의 땅을 가질 수도 없었고 농사를 짓거나 일을 할 수 없었다. 의사나 변호사, 공무원 등 전문적인 직업에 진출할 수도 없었고, 별도의 매장지를 소유할 수 없었으며, 죽어도 묘비를 세울 수 없었다. 심지어 인쇄기를 소유할 수 없어 성서와 찬송가 등은 영국 등 해외에서 인쇄해야 했고, 이를 반입할 때 대리자가 관공서에서 가톨릭 교인에게 팔거나 빌려주지 않는다는 약정서에 서명해야 했다. 그렇게 그들은 150여년의 세월을 보냈다.

발도파를 향한 탄압이 언제 없어졌을까? 그것은 19세기 중반 이탈리아 왕국이 역사에 떠오르면서다. 역사적으로 발도파의 주거지는 프랑스와 이탈리아 국경에 속한 사보이 공국에 속했다. 중세 이후 사보이는 사르데냐 왕국으로, 그리고 나중에 사보이-피에몬테 왕국으로 바뀐다. 그리고 이 왕국이 이탈리아 반도에 있는 여러 나라들을 합병하면서 1861년 이탈리아 왕국이 된다. 신성로마제국(독일)과 프랑스의 영향력을 지속적으로 받던 이탈리아 땅에 하나의 통일된 나라가 세워진 것이다. 이 역사적 과정에 피에몬테의 발도파는 이탈리아 시민이 되었고 양심의 자유, 신앙의 자유를 획득하였다.

이 역사의 출발점에는 1848년 사보이-피에몬테 왕국의 카를로 알베르토(Carlo Alberto) 왕이 발도파에게 시민적, 정치적 권리를 인정하는 칙서를 보낸 사건이 자리한다. 프랑스 혁명(1789) 이후 유럽 각 나라에서는 인권과 자유, 평등의 가치가 강조됐고 1848년 유럽 각 나라의 혁명으로 이어진다. 이 시기 사보이-피에몬테 왕국을 중심으로 이탈리아 통일운동이 시작됐고 '양심(신앙)의 자유'를 용납하는 새로운 법이 제정된다. 이를 통해 발도파도 새로운 이탈리아 시민으로 받아들여진 것이다. 물론 교황청의 영향력이 큰 이탈리아에서 발도파는 소수였고, 완전한 권리는 시간이 더 필요했다. 하지만 이 조치로 인해 발도파는 게토에서 벗어날 수 있었고, 600여 년간의 탄압은 종료됐다. 청년들은 고립된 피에몬테를 벗어나 도시로 나갈 수 있었고, 발도파 교회는 이탈리아 전체를 향한 사역을 시작할 수 있었다. 발도파 교회는 선조들의 역사를 계승한 '이탈리아 개혁교회', 유럽 각 나라 개신교회와 어깨를 같이하는 '발도파 교회(Chiesa Evangelica Valdese)'로 새 출발을 하게 된 것이다.

이 일에는 19세기 영국에서 온 헌신적인 개신교인의 후원과 도움이 있었다. 발도파를 알게 된 그들은 피에몬테를 방문했고, 그들의 역사와 삶에 감동

발도파 본부 앞에서

남아메리카 발도파가 세운 기념비

을 받았다. 이 감동을 책으로 써 알리면서 많은 영국 개신교인들이 그들을 지원했다. 그렇게 토레 펠리체에 대학이 세워졌고, 어린이들을 위해 각 마을에 현대식 학교가 설립되었다. 또 그들은 토리노에 있는 사보이-피에몬테 정부를 설득하였고 발도파는 이탈리아 시민으로서 권리도 인정받게 된다.

평일의 방문이었다면 총회본부 건물도 들러보고 관계자들도 만나고 싶었지만 주말 방문이라 대회의실 이외 공간은 둘러볼 수 없었다. 아쉬운 마음에 고개를 숙인 채 건물을 나서다 바닥에서 특별한 것을 만났다. 흡사 발도파 교회의 문장을 그려놓은 듯 본부 건물을 촛대 삼아 일곱 개의 별이 바닥에 새겨졌고, 붉은 십자가 형태의 벽돌에는 발도파 역사의 중요한 연도(1174 1532 1561 1689 1848 1975)가 적혀 있었다. 이 연도는 발데스의 신앙적 결단과 종교개혁 참여, 카부르 평화조약, 영광의 귀환, 종교적 자유 인정, 그리고 발도파 800주년을 맞은 해 등이다.

건물 왼편에서 남아메리카에 자리한 발도파 교회가 만들어 세운 조형물을 만날 수 있었다. 19세기 중반 발도파 계곡을 비롯해 이탈리아 땅에 경제 위기가 닥쳤고 발도파 일부는 남아메리카(우루과이, 아르헨티나)로 이민을 떠났다. 그들은 그곳에 교회를 세웠고 자신들의 신앙을 지키며 오늘에 이르고 있다. 조각에는 한 가정 구성원들이 촛불 앞에서 할아버지가 읽고 있는 성서의 말씀을 듣고 있는 모습이 새겨져 있고, 그 아래에 'Al Fratelli delle valli I valdesi del sud america'(계곡의 형제들에게 남아메리카의 발도파, 1964)라는 말이 적혀 있었다. 비록 어려운 시절 남아메리카로 이주했지만 그들 또한 그곳에서 선조의 신앙을 계승해 나간 것이다.

발도파는 신앙의 자유를 인정받은 후 계곡을 근거지로 전체 이탈리아 땅에 개혁 신앙을 전하기 위해 노력한다. 신학교(1855)를 세웠고, 출판사(1858)도 설립해 자신들의 역사와 사상을 알려 나간다. 또 학교와 병원, 요양원, 문화센터 등을 통하여 사회적 책임도 다했다. 이 과정에 발도파들은 개혁교회의 선교를 통해 개척된 침례교회와 감리교회, 성공회 등과 함께 '복음주의자'(evangelista)로 불렸고 남아메리카에도 자신의 교회를 설립했다. 현재 발도파 개혁교회는 1981년부터 감리교회와 연합하여 하나의 교단(Chiesa evangelica valdese—Unione delle chiese metodiste e caldesi)을 만들어 운영하고 있다. 또 에큐메니칼 대화에도 적극 참여하는데 이탈리아 복음주의 교회연합(Federazione delle chiese Evangeliche in Italia), 세계교회협의회(Consiglio Ecumenico delle Chiese), 세계개혁교회연맹(Alleanza Riformata Mondiale) 등의 회원으로 활동하고 있다.

발도파 교회는 현재 피에몬테에 1만 5천명을 포함해 이탈리아에 3만여 명의 신자가 있고, 남아메리카에 1만 5천여 명의 신자가 있다고 한다. 이들을 이끄는 목사는 100여명이며 대부분 로마의 신학교와 외국에서 훈련을 받았다. 평신도 사역을 인정하는 발도파는 총회 행정을 책임지는 위원회에 평신도 대표들이 참여해 자신의 역할을 하고 있으며, 여성의 참여 비율이 30%라고 한다. 무엇보다 발도파 교회는 국가로부터 분리되어 독립적으로 운영된다고 한다. 그들은 1984년 정부와 어떠한 특권도 보장하지 않는다는 내용의 조약을 체결하는데, 이는 교회의 독립성을 위한 것이었다. 이에 따라 발도파 교회는 독일교회나 이탈리아 가톨릭교회와 다르게 회원의 자발적 헌금과 기부금 등으로

발도파 문화센터 건물

운영된다. 개혁교회의 본 모습이라고 할 것이다.

발도파 여정의 마지막 장소로 발도파 문화센터 내에 있는 박물관을 찾았다. 이 건물에는 16~17세기 발도파 옛 문서들과 19세기 영어권 방문자의 여행기, 3만 5천여 점이 넘는 사진 자료를 포함해 다양한 발도파 역사 자료 등을 보유한 도서관이 있고, 800여년의 발도파 역사를 간직한 박물관이 들어서 있다. 개인적으로는 도서관에서 옛 자료에 파묻혀 학자처럼 연구에 빠져들고 싶지만 여행자에겐 박물관이 최고의 행복이기에 몇 가지 자료를 구입한 후 박물관에 들어섰다.

박물관은 발도파 역사를 일곱 개 장으로 구분해 전시하고 있는데, 전시 언어 대부분이 이탈리아어로만 되어 있어 아쉬움이 컸다. 발데스부터 시작된 리옹의 빈자들과 중세교회의 종교재판을 통한 탄압, 종교개혁 참여와 박해와 학살, 영광의 귀환과 알프스 게토 시대, 그리고 이탈리아 부흥운동과 개혁파로서의 활동 등 800년 발도파의 역사를 조망할 수 있었다. 특히 그동안 자료를 조사하고, 발도파와 관련된 독일어 책을 읽으면서 파악한 역사를 종합적으로 정리할 수 있었다.

발데스의 신앙적 결단으로 '리옹의 가난한 자들'이라는 이름을 얻은 신앙공동체는 가톨릭교회 이단심문관이 주도한 종교재판으로 유럽 전역에서 탄압받으면서 '발도파'라는 이름을 얻었다. 알프스 산악지대에

발도파 박물관 내부 모습

숨어든 발도파는 샨포란 회의를 통해 개혁교회로서 자신의 정체성을 분명히 했으며 도피네와 프로방스, 칼라브리아 등에서 집단 학살을 겪고 멸문됐지만 피에몬테에서 살아남았다. 피에몬테에서 쫓겨난 발도파는 일부는 독일 땅으로 망명해 새로운 터전을 일궜고, 일부는 '영광의 귀환'을 통해 그들의 고향, 피에몬테로 돌아가 선조의 역사를 계승했다. 그렇게 재출발한 발도파는 신앙과 양심의 자유, 시민의 권리를 인정받았고 오늘까지 토레 펠리체를 중심으로 이탈리아 개혁교회 역사를 써가고 있다.

무엇보다 발도파는 성서의 말씀을 믿었고, 말씀 그대로의 실천을 추구했다. '오직 하나님께 충실하라'는 신념을 지킨 것이다. '그리스도의 완전'을 갈망하며 성결한 삶을 추구하는 성결교인, 웨슬리안으로서 발도파에게서 많은 것을 배우고 느낀다.

토레 펠리체를 떠나기 전 발도파 교회를 찾았다. 교회 내부는 수리로 인해 들어갈 수 없었기 때문에 밖에 서서 건물을 올려다봤다. 건물 앞에는 종교개혁 500주년(2017년)에 만든 플래카드가 걸려 있었다. 'Sola Fide'(오직 믿음), 'Solus Christus'(오직 그리스도). 종교개혁의 핵심 구호 중 하나인 이 글은 선조들로부터 이어져 온 신앙이며, 오늘의 발도파가 지키려는 가치다. 그곳에 서서 잠시 고개를 숙인 후 기도한다. "하나님. 발도파는 박해와 학살 가운데서도 자신들의 믿음을 지키며 헌신했습니다. 또한 오직 그리스도, 말씀을 바라보며 나아갔습니다. 사랑하는 한국교회가 800여 년 동안 그 누구보다 많은 탄압과 박해, 순교를 경험한 발도파 교회를 배우게 하옵소서. 아멘."

토레 펠리체 발도파 교회

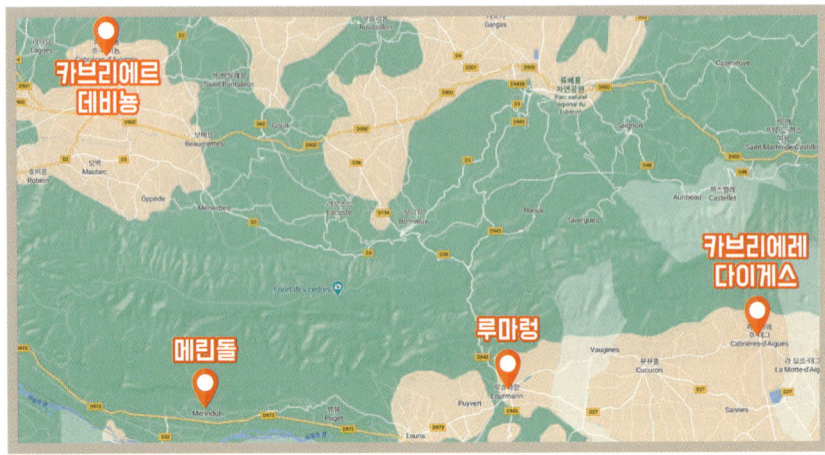

프랑스 루베론 지역

베르가모(Bergamo)

베르가모에서는 옛 도시와 함께 마조레 성당(Basilica di Santa Maria Maggiore)과 대성당(Cathedral, Piazza Duomo)을 둘러볼 수 있고, 발도파 교회(Chiesa Valdese, Viale Roma 2)와 개신교문화센터(Centro Culturale Protestante, Via Torquato Tasso 55, http://www.protestanti.bergamo.it/)를 방문할 수도 있다.

프랑스 루베론(Luberon) 지역

메린돌(Merindol) 박물관(La Muse)

300 Rue de la Muse, https://www.vaudoisduluberon.com/

메린돌 산성 흔적(Vieux château de Mérindol)

박물관 왼편으로 조금만 가면 산성으로 오르는 길이 있다.

카브리에르 데비뇽(Cabrières-d'Avignon) 성 Château de Cabrieres

루마렁 개혁교회(Temple de Lourmarin)

Avenue Raoul Dautry, 개혁교회 왼편에 루마렁 성, 오른편에 옛 도시가 있다.

카브리에레 다이게스(Cabrières-d'Aigues) 개혁교회

31 Rue du Temple(교회), 인근 11번지 부근에 포도주 가게가 있다.

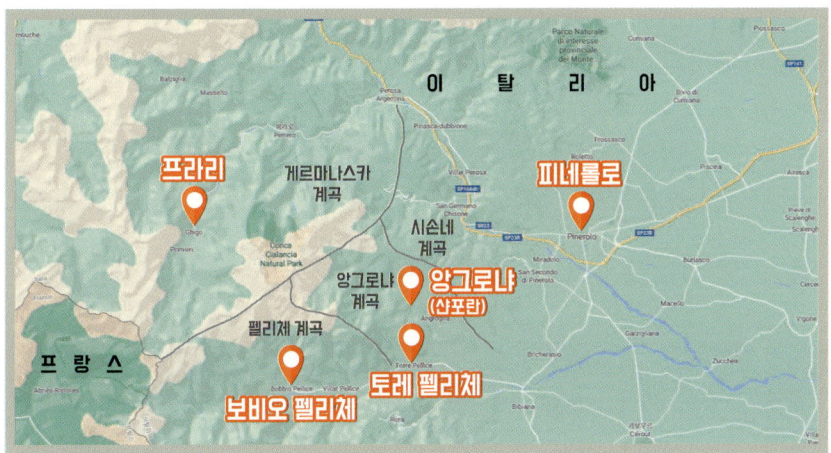

이탈리아 발도파 계곡

이탈리아 발도파 계곡

이탈리아 발도파 계곡은 크게 게르마나스카, 시손네, 펠리체, 앙그로냐 계곡으로 구분되며, 프라리(Prali), 세레(Serre, 옛 샨포란), 토레 펠리체(Torre Pellice) 등을 방문할 수 있다.

프라리(Prali) 게르마나스카 계곡(Val Germanasca)의 깊은 산속 마을로 발도파교회, 발도파 박물관, 아가페 센터가 있다. 인근 Rondoretto, Balsiglia에도 발도파 관련 장소와 박물관이 있다. 27 Borgo Ghigo(교회)

바르베스 학교(Coulège dei Barba) 앙그로냐 계곡(Val d'Angrogna)의 가장 깊숙한 곳 마을 Pra del Torno에 바르베스 학교가 있다. Località Prà del Torno.(교회)

샨포란(Chanforan) 기념비 Serre 마을 인근에 샨포란 기념비와 학교 건물(박물관), 동굴교회, 여성박물관 등이 있다. Frazione Odin 121(기념비)

토레 펠리체 현대 발도파교회의 중심지. 발도파 총회(Via Beckwith 2, https://www.chiesavaldese.org/), 문화역사박물관(https://www.fondazionevaldese.org/), 개혁교회, 영광의 귀환을 이끈 아나우드 목사의 동상 등이 있다.

보비오 펠리체 영광의 귀환 기념비는 교회(Piazza XVII Febbraio 3) 옆 길을 통해 5분여 언덕을 올라야 한다.

제네바는 칼뱅이 혼신의 힘과 열정을 다해 종교개혁 활동을 펼친 도시이다. 국제도시 제네바는 칼뱅의 영향으로 유럽, 미국, 아시아로 확대된 개혁주의 종교개혁 역사를 품고 있다.

칼뱅의 도시, '개혁된 도시' 제네바

칼뱅의 헌신으로 개혁파 종교개혁 중심지가 되어

칼뱅은 1536년 바젤에서 그의 이름을 알린 '기독교 강요'(초판)를 출판했다. 아마도 이 책은 프랑스 남부에서 종교개혁자들을 만나며 구상했고 바젤에서 본격적으로 집필한 것 같다. 이후 잠시 프랑스를 방문한 그는 더 깊은 연구를 위해 종교개혁 도시인 스트라스부르를 가려고 제네바를 경유하게 된다. 당시 프랑스와 신성로마제국은 대립하고 있었고 프랑스에서 독일 땅 스트라스부르로 가는 길은 막혔다. 결국 칼뱅은 제네바를 통한 우회로를 택하게 되었다. 그런데 그가 제네바에 왔다는 소식을 들은 파렐이 칼뱅을 설득했고, 칼뱅은 자신의 계획을 수정해 제네바에 머물게 된다. 그렇게 그는 제네바의 종교개혁자로 이름을 알리게 되었으며, 나중에 프랑스와 스위스 종교개혁, 네덜란드와 스코틀랜드, 영국 청교도에게 지대한 영향을 끼친다. 칼뱅이 지났을 길을 버스를 타고 가며 그의 제네바 행을 떠올린다.

1. 칼뱅의 활동 무대, 삐에르 교회(Saint-Pierre)

칼뱅의 제네바 사역을 이끈 파렐은 1520년대 초 인문주의 종교개혁을 이끈

'모 그룹'의 일원이었다. 그러나 그는 스위스로 망명했고, 제네바에 정착해 도시의 종교개혁을 선도한다. 당시 제네바는 사보이 공국에서 독립한 뒤 스위스 연맹에 속한 도시가 됐고, 파렐의 노력과 종교개혁을 수용한 베른의 도움을 받아 1536년 5월 종교개혁을 도입키로 결정했다. 그런데 이런 때에 파렐은 같은 프랑스인으로 '기독교 강요'의 저자인 칼뱅이 제네바에 왔다는 소식을 듣게 됐다. 열정적으로 도시 종교개혁을 추진해 온 파렐에게 칼뱅의 방문은 기쁜 소식이다. 파렐은 '칼뱅이 제네바 종교개혁에 큰 도움이 될 것'이라고 생각했고 제네바에 남아 줄 것을 요청하게 된다. 자신의 계획이 있었던 칼뱅은 거절했으나 파렐에 설득됐고 제네바에서 일생을 마치게 된다.

그런데 파렐은 어떤 말로 칼뱅을 설득했을까? 나중에 칼뱅은 자신의 시편 주석 서문에서 이와 관련해 이렇게 밝힌다. "파렐은 조언과 간곡한 경고가 아니라 무시무시한 저주로 나를 제네바에 붙들어 두었다." 아마도 파렐은 간곡한 요청에도 고집을 꺾지 않는 칼뱅에게 언성을 높여 악담과 저주의 말을 쏟아낸 듯하다. 그 만남에서 칼뱅은 '하늘에 계신 하나님께서 자신의 손을 나에

제네바 옛 도시 출입문. 칼뱅은 이 문을 통과했을까?

게 없어 잡으시려는 것'으로 느꼈고 바젤을 방문해 몇 가지 문제를 처리한 후 제네바로 되돌아온다. 그렇게 그는 1536년 9월부터 삐에르교회에서 바울서신을 강의하는 성서 교사(사실상 목사)로 활동하기 시작했다.

칼뱅의 사역지 삐에르교회(Saint Pierre)를 찾았다. 삐에르교회는 12세기에 처음 건축된 건물인데 로마의 판테온처럼 교회 전면에 큰 돌 기둥이 서 있어 로마 시대 건물인 듯 착각을 불러온다. 그러나 기록에 따르면 종교개혁 시대 교회는 고딕 양식이었고, 기둥이 있는 전면은 18세기 중반 만들어진 것이라고 한다. 사람들이 출입하는 왼편 문을 통해 교회 내부에 들어섰다. 개혁교회로 바뀐 중세교회였기에 교회 내부는 어두웠고, 익숙해 질 때까지 교회 뒤편 의자에 앉아 교회당 내부를 살폈다. 웅장한 외부에 비해 교회 내부는 소박했다. 예배당 앞 쪽이나 벽, 지붕을 받치는 기둥에는 조각이나 장식이 전혀 없었다. 이는 종교개혁 시대 성상과 성화를 철거했고, 이후 교회를 보수할 때 개혁교회 입장에 따라 과거의 흔적을 모두 정리했기 때문일 것이다.

삐에르교회. 돌기둥 부분은 칼뱅 사후에 만들어졌다.

교회 내부를 둘러보다가 설교단(La chaire)과 그 옆에 놓인 나무로 된 작은 의자(Chaise de Calvin)를 꼼꼼히 살폈다. 이 두 부분이 종교개혁자 칼뱅과 관련됐기 때문이다. 물론 현재의 설교단은 칼뱅 당시의 것이 아

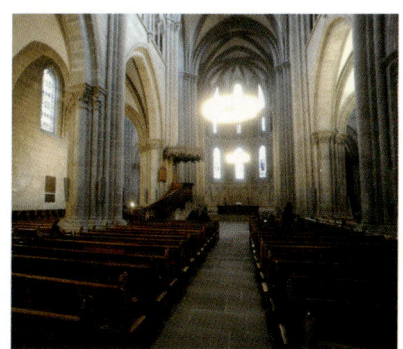
삐에르교회 내부

삐에르교회 설교단

니라 1864년에 만들어진 것이다. 그러나 설교단의 위치와 형태는 칼뱅이 목회하던 1543년부터 유래하기 때문에 설교단은 그곳에서 종교개혁 사상을 설교한 칼뱅의 설교를 떠올리게 한다. 성서 교사로서 바울서신을 가르친 칼뱅은 처음부터 설교단에 오르지 않았을 것이다. 하지만 칼뱅이 도시에 들어오기 몇 달 전인 1536년 5월 제네바는 파렐의 지도 아래 종교개혁을 수용키로 결의했고, 오래지 않아 파렐처럼 칼뱅도 설교단에 올라 종교개혁이 담긴 말씀을 선포했을 것이다.

 자료에 따르면 칼뱅은 제네바에서 사역한 25년 간 4000여회 이상을 설교했다고 한다. 스트라스부르에 머물던 3년여를 제외한 분석이지만 실제 칼뱅의 설교나 연설은 더 많았을 것이다. 그곳 설교단에서 칼뱅은 자신이 기도하고 묵상한, 연구와 성찰을 통해 깨달은 말씀을 선포했다. 그는 설교단에 오르기 전 뒤편에 놓인 작은 설교자용 의자(칼뱅의 의자)에 앉아 하나님의 도우심을 구하며 기도했을 것이다. 자신이 준비한 설교가 성도들을 깨우고 제네바가 말씀에 사로잡힌 도시가 되길 소망하면서 두 손을 모았을 것이다.

 그곳에서 칼뱅의 설교 장면을 상상한다. 하나님을 높이고 그분의 권능과 능력을 강조하는 그의 목소리는 성서 본문의 내용을 타

칼뱅의 의자

고 흐른다. 십계명을 통해 하나님의 율법과 신자의 신앙을 강조하는 그의 목소리가 귓가를 스치는 듯하다. 사실 칼뱅은 법학을 공부했고 인문주의 종교개혁자들처럼 강해설교를 했다. 그래서 그의 설교는 지적이고 논리적이었다. 하지만 과거 그의 설교를 읽었을 때 다소 의외라 생각들 정도로 명쾌한 느낌을 받았다. 아마도 처음 강단에 섰을 때는 논리적이고 주석적인 방법에 치우쳤지만 나중에는 성도들의 삶과 신앙적 실천을 강조한 것이 아닐까 하는 생각이 스친다.

칼뱅의 흔적을 뒤로 한 채 예배당 내부를 둘러 봤다. 오래된 '강단용 장의자'(Les stalles)에 눈이 간다. 15세기에 만들어진 이 의자는 신부나 수도자, 도시의 귀족, 그리고 교회에 재정적으로 기여한 사람에게 제공된 좌석이다. 나무 좌석에는 성서의

옛 강단의 의자

사도와 예언자를 테마로 한 인물들이 부조되어 있고 모양을 낸 글씨도 새겨져 있어 매우 아름다웠다. 조각된 인물이 누구인지 알 수 없고 글씨 또한 멋을 낸 터라 읽을 수 없었지만 한참 '아름다움'을 만끽했다.

강단 오른 편 공간에 있는 로앙 공작(1579~1638, Henri II de Rohan)의 동상과 무덤을 살폈다. 그는 루이 13세 때 프랑스 위그노 지도자였고 30년 전쟁에 참전한 인물이다. 또한 개신교를 탄압하는 프랑스 왕실에 맞서 위그노 항쟁을 이끌었고 제네바 인근에서 사망했다. 그런데 삐에르교회 내부에 프랑스와 위그노를 위해 일했던 그의 무덤과 동상이 조성된 것은 의외다. 종교개혁자들은 일반 시민처럼 공원묘지에 묻히는 경우가 많았고 칼뱅 또한 그렇게 묻혔

다. 그런데 칼뱅 사후 불과 50여년 후에, 그것도 성상과 성화 파괴가 강조된 스위스 종교개혁의 중심지에 유명한 귀족 무덤이 만들어진 것이다. 칼뱅의 후예들과 제네바 개신교 지도자들은 어떤 생각을 한 것일까?

예배당을 나서기 전 '마카베언 예배실(Chapelle des Macchabées)'에 들렀다. 1400년 경 마련된 공간은 당시 대주교가 자신의 무덤 공간으로 예비했다고 한다. 하지만 종교개혁 이후에 한 쪽은 소금창고로, 다른 쪽은 아카데미에 의해 사용되었다고 한다. 하지만 1878년 다시 소 예배당으로 사용되면서 설교자용 강단과 회중 의자, 화려한 벽 장식과 스테인드글라스로 장식되었다. 어쩌면 이 예배실은 칼뱅이나 스위스 개혁주의 종교개혁 변천을 보여주는지 모른다. 종교개혁 초기에는 '우상숭배 금지'를 모토로 성상과 성화, 오르간 등을 모두 철거하는 강경한 태도를 보인 스위스의 개혁교회는 19세기 들어서 교회당 내부를 장식하는 것을 일부 허용했고, 창문 그림과 오르간 설치도 허용했다. 이는 초기에 가톨릭과 싸워야 했던 개혁교회가 스위스 독립과 종교 자유를 획득한 후에 좀 더 여유로워진 때문인 것 같다.

2. 칼뱅의 강당과 제네바 종교개혁 박물관

교회를 나서 예배당 오른편에 자리한 '칼뱅의 강당'(Auditoire de Calvin)을 찾았다. 이곳은 칼뱅이 젊은 신학생들과 성도들에게 강의했던 장소 중 하나로 그의 흔적을 찾는 방문객들이 많이 찾는 곳이다. 그런데 이곳은 '낙스 채플'(John Knox Chapel)로 사람들에게 더 잘 알려져 있다. 스코틀랜드 출신인 낙스는 칼뱅의 영향으로 '장로교회'를 창립하고 스코틀랜드 종교개혁을 위해 힘쓴 인물이다. 그는 제네바에 5년여 머물렀는데 이곳에서 칼뱅이 주도하는 제네바의 종교개혁을 배웠고, 그와 함께 활동하며 성서 번역(1560년, 제네바 성서)에도 참여했다. 특히 그는 이곳 삐에르교회에 모인 200여명에 이르는 영어권 출신자를 위한 망명교회를 이끌었다.

그런데 낙스가 영어권 망명자를 위한 교회를 설립한 과정에는 칼뱅의 후원이 크게 작용했을 것이다. 칼뱅 또한 프랑스 출신 망명자였고, 이미 스트라스부르에서 망명교회를 목회한 경험이 있다. 특히 망명자 교회가 설립된 시점에 칼뱅은 삐에르교회를 비롯해 제네바 종교개혁의 리더로서 역

칼뱅의 강당

할 했다. 여기서 한 가지 생각해 볼 문제는 1536년부터 제네바에 머문 칼뱅은 1559년에 가서야 제네바 시민이 되었다는 내용이다. 시의회를 중심으로 펼쳐진 제네바 종교개혁을 선도했기에 시민이 되는 것은 그리 어렵지 않았다. 하지만 그는 스스로 상당기간 프랑스인으로, 망명자로 남았다. 이는 다른 이유도 있었겠지만 그는 어쩌면 제네바의 종교개혁이 일정한 단계에 이른다면 나중에 고향 땅 프랑스의 종교개혁을 위해 돌아가려고 했을 수도 있다. 아무튼 망명자로서 망명자의 입장을 누구보다 잘 이해한 칼뱅은 잉글랜드와 스코틀랜드 망명자를 위한 교회를 이끌도록 낙스에게 권면했을 것이다.

출입문 앞의 안내문을 통해 이곳에 3개의 이방인 공동체가 예배를 드린다는 것을 알 수 있었다. 스코틀랜드 장로교회, 네덜란드 개혁교회, 이탈리아의 발도파교회 등이 주일에 '낙스 채플'을 사용했다. 국제 도시 제네바의 당연한 모습이겠지만 이들 3개 교회가 오랜 종교개혁 역사를 가진 교파란 점에서 묘한 느낌을 받았다. 비록 그들은 탄압으로 인한 망명은 아니지만 고향을 떠나 이국 땅에 사는 사람으로서 이방인 느낌을 갖고 있을 것이기 때문이다.

그런데 문을 열다가 멈칫했다. 문이 닫혀 있었던 것이다. 아직 점심시간 (12~2시)이 되려면 10여분 남짓 남았기에 내부를 둘러볼 수 있다고 생각했는데 예정보다 문이 일찍 닫힌 것이다. 강당 내에는 낙스의 목회 사역(1556-1559)을 언급한 기념판 외에 특별한 역사의 흔적은 없지만 아쉬움이 크다. '10여분이면 되겠지'라고 다소 여유를 부린 것이 문 앞에서 돌아서야 하는 아쉬움을 갖게 했다.

그런데 그 아쉬움은 우연히 들어선 교회 지하 공간(고고학 유적, Fouilles archéologiques)에서 잊혀졌다. 그곳에서 이 교회의 오랜 역사를 보여주는 유적을 만났고 제네바 그리스도교 역사를 알게 되었기 때문이다. 처음 제네바에 교회가 설립된 것은 4세기경(350년경)이라고 한다. 현 교회의 북쪽에 첫 교회가 세워졌고 몇 차례 다시 세워지기를 반복했으며 현재의 교회는 12세기에 새로 건축되었다는 것이다. 그런 역사의 흔적을 자랑하듯 교회 지하에는 벽, 방, 모자이크가 있는 바닥 등 고고학 유적이 발굴, 전시되고 있었다.

그곳을 둘러본 후 삐에르교회 왼편에 있는 국제 종교개혁 박물관을 향했

지하 고고학 유적 전시 공간

다. 10여 개 전시 공간으로 구성된 박물관은 성서, 칼뱅과 제네바, 프랑스의 종교개혁 등과 함께 17~18세기의 종교개혁, 그리고 19, 20, 21세기 자료도 볼 수 있도록 구성되어 있었다. 성서 전시공간에는 올리베탕이 번역한 1535년 '프랑스어 성서(La Bibel)'도 볼 수 있었고, 칼뱅의 동료요 후계자인 베즈의 신학 책도 만날 수 있었다. 프랑스 종교개혁 역사와 관련된 사진도 볼 수 있었는데, 한 수집가(장 파울 바르비어 뮬러)가 기증한 자료라고 한다. 프랑스 방문을 통해 이미 알고 있는 내용이지만 1562~1598년까지 펼쳐진 위그노 전쟁 역사와 자료는 칼뱅과 위그노의 연관성을 생각해 보는 계기가 됐다.

제네바 종교개혁 박물관

이곳에서 칼뱅의 흉상과 기독교 강요 초판본, 죽음을 앞둔 칼뱅이 병상에서 동료들에 둘러싸여 누워있는 그림을 보며 그의 삶과 활동, 죽음을 떠올린다. 언제나 그렇듯 언어적인 한계(전시물 대부분이 프랑스어로만 되어 있는데다, 영어 책자는 너무 두꺼웠다) 때문에 자료에 대한 이해는 제약받을 수밖에 없었다. 더욱이 전시실 내부를 사진 찍을 수 없어 나중에 자료를 읽으며 다시 공부할 수 있는 기회도 봉쇄되어 있었다. 어쩔 수 없이 더 많은 시간을 투자해 손으로 중요 내용을 적으며 자료와 역사적 내용을 정리했다.

박물관을 둘러보다 20세기 교회를 언급하는 부분에서 한국의 여의도순복

칼뱅의 초상화　　　　　　　칼뱅의 마지막 유언 관련 그림

음교회와 정현경 교수가 언급된 내용을 접하게 됐다. 정 교수는 1991년 세계교회협의회 총회 기간에 열린 한 회의에서 '초혼제' 퍼포먼스를 했고 세계 신학계 및 한국교회에 논란을 불러왔다. 한국교회 주류에선 종교다원주의라고 비판의 날을 세웠지만 세계적으론 젊은 신학자의 '퍼포먼스를 통한 도전적 강연'으로 긍정적 평가도 있음을 부인할 수 없다. 한국인이라면 모두 인정하듯 여의도순복음교회는 조용기 목사에 의해 설립되어 세계 최대 규모 교회로 성장했고 한국교회 주류에선 존경과 성장의 한 모델로 받아들인다. 반면 조 목사 개인이나 가족의 행보, 교회 운영에는 비판의 목소리도 높다. 긍정과 부정의 시각을 떠나 두 한국인이 세계교회협의회 본부가 있는 국제도시 제네바 종교개혁 박물관에 20세기 교회 역사의 한 장면으로 소개되고 있음은 긍정적이라 할 것이다.

　전시장들을 둘러보다 잠시 의자에 앉아 쉼을 가졌다. 그리고 칼뱅의 초기 제네바 사역을 떠올려 본다. 뻬에르교회의 성서 교사가 된 칼뱅은 그 해(1536년) 10월 파렐과 뻬에르 비레(Pierre Viret) 등과 함께 로잔의 종교토론에 참여했다. 로잔 시의회가 종교개혁을 수용하기 위해 인근 도시 종교개혁자들을 초청한 것이다. 이 때 칼뱅은 교부들의 글을 구체적으로 인용하면서 가톨릭교회 입장을 반박, 강한 인상을 남겼다고 한다. 이어 칼뱅은 1537년 1월 16일 시의회에 제출한 '제네바 교회의 조직과 예배에 관한 조례', 그해 2월 출판된 '제네바교회를 위한 신앙지침과 신앙고백서'를 통해서 파렐과 함께 제네바 종교개혁의 리더로 부상했다. 첫 번째 제네바교회 조직에 대한 내용은 당시 개혁자들의 개혁 이념과 교회 조직에 대한 입장을 밝힌 것으로, 바른 성찬의 매주일 시행과 더불어 교회를 유지하기 위한 엄격한 치리('출교의 권징')를 담았다. 또 청소년의 신앙 교육과 예배 때 시편 찬양, 결혼법의 개혁 등도 포함했다. 시의회는 성찬식은 월 1회 시행하는 것으로 정리했고 출교권은 시의회와 갈등하게 된 한 원인이 되기도 했다. 특히 1536년 11월 출간된 21개조의 신앙고백서와 청소년 교육을 위해 작성한 '제네바 신앙문답서' 등은 시민교육의 자료가 된다.

그러나 열정적으로 시작한 칼뱅의 첫 번째 제네바 사역(1536~8)은 실패했다. 시민에게 신앙고백서에 서명토록하고 거부할 경우 시를 떠나도록 요구한 내용이 불만을 불러왔고 종교개혁자들(목사들)과 시의회는 치리권 문제로 대립했다. 시의회 입장에서 교회의 치리권 인정은 시민들을 징계할 수 있는 시의회 권한 일부를 빼앗기는 것이기 때문이다. 결국 1538년 2월 종교개혁자들에게 반대하는 인물들이 시의원에 선출되고 4월 부활절 성찬식 거부가 계기가 되어 파렐과 칼뱅은 사흘 안에 도시를 떠나라는 추방령을 받게 됐다. 그렇게 22개월 만에 파렐과 칼뱅은 도시를 떠나야 했고, 칼뱅은 바젤을 거쳐 스트라스부르로, 파렐은 과거에 사역하던 뇌샤텔로 옮겼다.

3. 칼뱅의 집과 시의회

칼뱅의 집

파렐과 칼뱅이 떠난 이후 제네바의 종교개혁은 표류했다. 종교개혁을 선도하던 지도자들, 목사들이 떠난 상황에서 시의회 리더십은 발휘되지 못했던 것이다. 결국 시의회는 파렐과 칼뱅을 다시 제네바로 초빙한다. 이미 뇌샤텔에서 안정적인 사역을 하던 파렐은 그곳에 정착했고, 칼뱅 또한 마르틴 부처 등 종교개혁자들이 함께 활동하는 스트라스부르에서 결혼도 했고 교수로, 목회자로 사역했기에 귀환을 주저했다. 그렇지만 칼뱅은 시의회의 초청에 '제 심장을 도살된 것 같은 희생 제물로 주님께 바친다'는 말을 하며 1541년 제네바로 돌아왔다. 칼뱅을 환영하듯 시의회는 종교개혁자들이 제출한 교회법을 승인했고, 그를 하나님의 사람으로 인정하며 종교개혁 지도자로 받아들인다. 그렇게 칼뱅의 두 번째 제네바 사역(1541~1564)은 시작되었다.

뻬에르교회 인근에 있는 칼뱅의 집을 찾았다. 이 집은 칼뱅이 두 번째 제네바 생활을 시작한 후(1543년) 입주했다. 처음 제네바 생활을 했던 때 칼뱅은 혼자였기에 누군가의 집에 세를 얻어 살았거나 종교개혁 이전 주교들이 머물던 곳에 살았을 것으로 추정된다. 그러나 1541년 제네바로 온 그는 결혼도 했고 2명의 자녀(부인이 전 남편과 사이에 나은 아이 2명, 이듬해 7월 출생한 그의 아들은 일찍 죽었다.)가 있었다. 아마도 이런 상황을 고려해 시의회 또는 뻬에르교회는 칼뱅에게 목회자 사택을 제공한 것 같다. 이곳에서 칼뱅은 1549년 부인 이들레트가 죽기까지, 그리고 자신의 생을 마감할 때까지 기도하고 헌신했다.

집 앞에는 칼뱅의 옆 모습이 담긴 작은 기념비가 있었다. 그곳에는 '칼뱅이 여기에서 1543년부터 1564년 죽을 때까지 살았다. 그가 살던 집은 1706년 철거되어 현재의 건물로 바뀌었다.(Jean Calvin vecvt ici de MDXLⅢ a MDLXⅣ annee de sa mort. La Maisonqu'il fut demolie en 1706 et remplacèe par l'Immeuble actuel.)'라고 쓰여 있었다. 그렇다. 칼뱅 당시의 집은 세월의 흐름에 따라 헐렸고 새롭게 건축되어 그의 흔적은 사라졌다. 그것을 아쉬워한 뻬에르교회와 시 당국은 새 건물 벽에 작은 안내판을 붙여 칼뱅의 흔적을 기억하고 있었다. 사실 유럽은 로마의 영향으로 일찍부터 건물을 돌로 건축하는 경우가 많았고 몇 백 년 이상 된 건물이 많이 있다. 그런 점에서 칼뱅의 집은 그의 영향을 고려할 때 보존가치가 충분했을 것이다. 그러나 18세기 초에 왜 그의 집을 허물었을까? 안전 문제가 있었기 때문일까? 아니면 성상과 성화 공경을 반대했던 칼뱅이 자신이 그들처럼 기억되길 반대했고, 그의 사상을 계승한 후배들이 집을 허무는 것을 방치한 것은 아닐까? 아마도 그런 이유가 없진 않았을 것이다. 그런 이유로 칼뱅이 살던 집은 나중에 개인 소유로 넘겨졌고 자연스럽게 허문 후 옛 터 위에 새 집이 세워졌다.

앞서 언급했던 것처럼 22개월간 이어진 칼뱅의 1차 제네바 사역은 실패했다. '씨앗을 뿌리고 물을 준 것'은 분명하지만 '추방'으로 결론지어졌기 때문이다. 추방되어 스트라스부르에 머문 칼뱅은 종교개혁자들을 통해 이후 사역을 위한 충전과 함께 종교개혁 사상을 더욱 다듬었다. 그곳에서 그는 결혼도 하는데, 다른 종교개혁자의 결혼이 그렇듯 그의 결혼 또한 독특하다. 부인 이틀레트는 원래 재세례파 인물의 아내(그녀 또한 재세례파였을 수 있다)였고 남편이 흑사병으로 죽은 후 두 자녀를 돌보는 상태였다. 기록에 따르면 칼뱅은 도시에 온 이듬해 파렐에게 결혼 생각을 밝혔는데, 주변 종교개혁자들의 권면이 크게 작용했을 것이다. 그렇게 '결혼 압박'(?)에 시달리던 칼뱅은 1541년 이틀레트 드 뷔르와 결혼을 한 것이다.

행복했던 스트라스부르의 삶을 떠올려보면 제네바 시의회가 귀환을 간곡하게 요청했을 때 칼뱅은 돌아가기 싫었을 것이다. 파렐 등과 편지에서 제네바 종교개혁을 걱정하긴 했지만 스트라스부르 사역도 중요했기 때문이다. 또한 제네바나 스트라스부르 모두 칼뱅에겐 망명지로 같은 장소였다. 다른 것이 있다면 제네바는 프랑스어를 사용하는 지역이란 점 뿐이다. 귀환을 요청받았을 때 칼뱅은 명확한 답변을 하지 않은 채 제네바를 방문했다고 한다. 스트라스부르에 가족을 남겨둔 상태였다. 아마도 시의회 관계자도 만나고 시의 상황도 직접 파악하려는 의도였던 것 같다. 그런데 시의회는 칼뱅의 뜻을 반영한 교회법 초안을 받아들이기로 결정했고, 변화된 분위기를 느낀 칼뱅은 '언제나 최선을 다해 제네바의 종이 되겠다'고 약속하며 2차 제네바 사역을 시작한다. 그런 그에게 시의회와 교회는 가족과 함께 거주할 수 있는 집을 제공했고, 나중에 이들레트 등의 일행은 제네바로 향했다.

시의회 건물

그의 집을 나서 때때로 반대 입장에도 섰지만 칼뱅 종교개혁의 든든한 후원자요, 도시 종교개혁의 방향을 결정한 시의회 건물을 찾았다. 그가 말씀을 전하고 선포한 곳이 삐에르교회고, 삶을 꾸려나간 곳이 집이라면, 종교개혁을 놓고 치열한 논쟁과 활동을 펼친 곳은 시의회였다. 1450년경 시청사가 세워졌다는 기록을 고려하면 현재 시청사는 칼뱅이 활동했던 시의회 건물일 가능성이 높다. 열린 문을 통해 건물 마당에 들어섰고 이곳저곳을 기웃거려 본다. 좁은 마당과 계단은 마치 수도원 마당에 들어선 것 같았다. 오래된 건물을 둘러보면서 이곳 어딘가에서 열린 시의회와 소위원회에 참석, 종교개혁을 역설했던 칼뱅의 모습을 떠올려 본다.

시의회 건물 내부

칼뱅은 20여 년 간 뻬에르 교회에서 설교했고, 시의회를 통해 시민들의 삶의 변화를 이끌었다. 교회법에 담긴 규정에 근거해 예배 의식과 교회 제반 관습을 개혁했고 시민법을 통해 제네바를 종교개혁 도시로 만들려 했다. 제네바 아카데미를 설립하여 유럽 종교개혁을 이끌 일꾼을 양성하고 프랑스에 목회자를 파송하여 종교개혁 확산(선교)을 위한 활동도 했다. 또 종합구빈원 등을 설치하여 제네바 시민을 위한 복지 활동에도 힘을 기울였다. 이처럼 칼뱅은 온 힘을 다해 종교개혁과 하나님의 주권을 제네바 땅에, 그리고 제네바를 거점으로 스위스와 유럽에 펼치기 위해 온 힘을 다했다. 그런 그의 활동의 중심지 중 한 곳이 바로 이곳 시청사였다.

칼뱅은 시의회의 중심 인물로, 시민법 제정 소위원 등으로 활동하면서 시민들의 삶과 도덕의 변화를 추구했다. 이런 그의 노력으로 1549년 제네바 시의회는 포고문을 통해 시 전체가 복음에 따라 개혁주의를 표방하는 종교법을 지키도록 요구한다. '종교자유 도시'가 아니라 '종교개혁 도시' 제네바를 만들기로 한 것이다. 시의회의 협력에도 칼뱅의 제네바 사역이 항상 평탄했던 것은 아니다. 그의 사역은 끊임없이 반대에 부딪혔고 시의회는 정치적 파워 게임 속에 있었다. 교회법 제정에 따라 새로 도입된 엄격한 생활방식을 자유를 원하는 시민들은 반대했고, 영향력 있는 전통적인 가문 지도자들 또한 그의 활동을 못마땅해 했다. 더욱이 프랑스 망명객 50여명이 시민권을 획득할 때 선거권 제약을 요구하는 시위가 격렬하게 전개되기도 한다. 한 자료에는 칼뱅 사역 시기 제네바에서 추방당한 사람이 76명, 이단과 신성모독으로 처벌당한 사람도 60여명에 이를 정도였다고 한다. 그러나 동료들과 시의회의 지원 속에 칼뱅은 도시를 위한 헌신을 계속했고, 1555년에 이르러 제네바는 사실상 칼뱅의 지도에 도전하는 사람이 없었다고 한다. 그렇게 칼뱅의 지도력은 제네바를 종교개혁 도시로 바로 세운 것이다.

시청사 옆 건물에 작은 기념공간이 하나 있었다. 그곳에는 대포 3개와 함께 3개의 모자이크가 전시되고 있었다. 시 자료에 따르면 이곳은 옛 무기고 건물이었고, 3대의 대포는 나폴레옹 전쟁 때 사용된 것이다. 벽 뒤 모자이크는 시이저의 제네바 입성과 14세기 상업풍경, 16세기 종교개혁 등을 묘사한 것이라고 하는데 어떤 그림이 '종교개혁'을 이야기하는 지 알 수 없었다.

4. 아카데미를 통한 인재양성 : 제네바 아카데미

그곳을 나서 칼뱅이 제네바, 나아가 프랑스와 이웃 나라 종교개혁을 생각하며 만든 제네바 아카데미(Académie de Genève) 옛 건물을 찾아 나섰다. 제네바 아카데미는 1559년 신학교육 뿐 아니라 실력있는 인재양성을 위해 설립되었고, 로잔 아카데미에서 교수로 사역하던 베즈가 교장으로 취임했다. 현재 그 때 세운 옛 건물이 남아 있으며 근래에 새롭게 수리한 후 '칼뱅 대학'(Collège Calvin)이라는 이름으로 언어 교육 등이 이뤄지고 있다. 일종의 시민대학 형태로 운영하는 것 같다.

칼뱅은 제네바에 돌아온 직후 교회법(1541)에서 고등교육기관의 필요성을 밝힌다. 교회법 서문에서 칼뱅은 "우리 주의 거룩한 복음 교리의 순수성이 보존되어야 하며 교회는 젊은이들을 충실하게 가르쳐야 한다"면서 학교 설립을 제시하였다. 아마도 칼뱅은 츠빙글리에 의해 시작됐던 취리히 선지모임을 알고 있었을 뿐 아니라 스트라스부르의 김나지움과 아카데미에서 가르친 경험을 토대로 효과적인 인재양성 시스템을 생각하고 있었을 것이다. 특히 1차 사역 실패에서 얻은 교훈을 통하여 바른 교육을 통해 제네바 종교개혁을 든든히 세우려 한 것이다.

제네바 칼뱅 아카데미

원래 종교개혁 직후 제네바는 효과적인 교육을 위해 '콜레주 드 라 리브(Collège de la Rive)'를 운영했다. 이곳에는 앙투안 소니에(Antoine Saunier)가 교장으로 있었고, 꼬르디에(Mathurin Cordier)가 라틴어를 가르쳤다. 파렐과 칼뱅 또한 구약과 신약을 상급반에게 가르쳤다. 그러나 두 사람이 제네바에서 추방된 후 학교 기능이 마비됐다가 1541년 칼뱅이 돌아온 후 세바스찬 카스텔리오(Sebastian Castellio)가 교장 직을 맡게 되었다. 그후 실제적인 고등교육기관 설립은 칼뱅이 반대세력을 설득하며 종교개혁에 집중하면서 미뤄진다. 1555년 마침내 정치적 상황이 바뀌고 칼뱅은 제네바 아카데미 설립을 추진한다. 그렇게 학교 건물 마련과 교수진 선임에 이어 1559년 6월 아카데미의 정식 개교식이 생 삐에르교회에서 열린다. 초대 교장은 테오도르 베즈(Théodore de Bèze)가 맡았고, 삐에르 비레(Pierre Viret), 앙투안 셔발리에(Antoine Chevalier) 등이 교수로 임명되었다. 아카데미 교육은 학교 건물이 1562년 완공되면서 더욱 내실있게 진행될 수 있었다.

칼뱅이 세운 아카데미 건물은 깔끔한 외형을 갖추고 있었다. 중앙과 좌우 건물, 그리고 그 사이에 마당이 있었다. 이들 건물 주변에도 여러 개의 건물이 있었는데 방문기간이 방학기간이라 텅 비어 있었다. 칼뱅 당시의 기록과 이후 그림 자료를 보면 옛 학교는 현재의 중앙건물과 왼편 건물만 있었다. 이 두 건물은 그 기초가 500년 가까이 된 건물이다. 아카데미는 크게 초등교육(초중등 과정, schola privata)과 고등교육(대학과정, schola publica)으로 구분되었는데, 칼뱅 당시 이곳 건물에서는 주로 초등교육 과정이 이뤄진 것으로 보인다. 그런 점에서 이곳 건물을 '제네바 아카데미'로 말하는 것은 다소 어폐가 있다고 생각된다. 왜냐하면 우리가 아카데미로 부를 수 있는 고등교육 과정은 1562년 '칼뱅의 강당'에서 진행되었기 때문이다.

초등교육은 6세에서 16세까지로, 라틴어를 시작으로 학생들에게 인문주의 학문, 특히 고전 언어와 히브리어의 기초를 심어 주며 대학 공부까지 진급하는 데 목적을 두었다. 5년 후 천 여 명의 학생이 재학했다고 하니, 당시 제네바 시민들의 높은 교육열을 짐작하게 한다. 라 리브의 교사들이 이곳에서 사역한 것을 볼 때 초등교육은 라 리브와 통합하여 운영한 것으로 생각된다. 고등교육 과정은 사실상 신학대학 형태다. 학생들은 5명의 교수가 진행하는 27개 강의를 수강해야 했는데, 신학과 구약, 윤리와 수사학과 논리학 등을 배웠다고 한다. 모든 입학생은 제네바 신앙고백에 서명해야 했고, 신학생은 매주 토요일 1시간씩 목사회 주도로 실시한 성서주해에 참여했다. 개교 첫 해에 339명이 등록하였는데, 대부분이 프랑스 출신이었고 스위스, 독일과 네덜란드, 스코틀랜드의 학생들도 입학했다. 또 동유럽 출신들도 칼뱅의 명성을 듣고 입학하였다고 한다. 이런 점에서 제네바 아카데미는 칼뱅주의 확산의 주춧돌과도 같은 역할을 한 곳임이 분명하다.

그렇다면 제네바 아카데미 설립 이전 칼뱅은 후학을 양성하지 않은 것일까? 아니다. 칼뱅은 프랑스의 종교개혁을 위해 제네바에서 양성된 일꾼들을 파송했다. 한 기록에 따르면 1555년부터 1562년까지 90여 명의 목회자를 프랑스에 파송, 65개 교회에서 사역토록 했다고 한다. 그렇다면 아카데미 창립 이

전에도 칼뱅은 삐에르교회에서 인재(신학생)를 양성하는 활동을 했고, 이러한 노력이 1559년 아카데미(대학) 설립으로 구체화된 것이라고 보아야 한다.

칼뱅의 아카데미 고등교육 과정은 그의 사후 신학 뿐 아

제네바 신학대학 건물 바스티옹

니라 자연과학, 법 및 철학 등의 영역으로 확장되었고 1873년 의학대학 설립과 함께 제네바 대학교로 발전했다. 그런 역사를 떠올리며 옛 도시 아래에 있는 제네바 대학교 건물을 찾았다. 현재 신학부가 자리한 건물은 종교개혁 기념 조형물 맞은 편에 위치한 '바스티옹 대학(Uni Bastions)'으로, 대학 건물로는 가장 먼저 만들어졌다. 공원 쪽 입구에는 아카데미를 대학으로 만드는데 기여한 정치가 앙투완 카르테레(Antoine Carteret)의 동상이, 반대쪽 입구에는 대학의 첫 번째 교장(학장)인 칼 보그(Karl Vogt)의 동상이 있었다. 이들은 현대 제네바 대학의 실제적인 창립자들이다.

신학부 사무실과 칼뱅 얼굴

건물 1층 왼편에 자리한 신학부 교실과 사무실 등을 둘러봤다. 종교개혁 500주년 등 다양한 자료들이 장식된 게시판을 둘러본 후 사무실 문 앞에서 칼뱅의 얼굴 그림을 만날 수 있었다. 먼 곳을 바라보고 있는 칼뱅의 눈은 마치 문 앞으로 다가서는 나를 쳐다보는 듯했다. 내가 누구인지, 무엇을 하러 이곳에 왔는지, 그리고 너는 나를 어떻게 생각하느냐고 묻는 것 같다. 아니 나아가 '이곳 제네

바에서 무엇을 보고자 하느냐', '무엇을 느끼고자 하느냐'고 눈빛으로 질문하는 듯 했다.

그곳을 나서며 나는 무엇을 보고 무엇을 생각하고, 무엇을 경험했는지 생각해 본다. 칼뱅의 고향 누아용에서 파리로, 스트라스부르로, 다시 제네바로 이어지는 여정에서 나는 무엇을 느끼는가? 어쩌면 종교개혁은 망명자의 삶이기도 하고, 끝 없는 길 위의 여정이라는 것을 생각했는지 모른다. 실패도 하고 좌절도 하고 다시 힘을 얻어 도전하며, 성공적인 결실을 거둔 것 같지만 나중에 생각해보면 개혁의 과제는 그대로 남은 현실도 생각한다. 어쩌면 대화와 고민의 과정을 통해 자신을 개혁하고, 그것이 다른 사람과 공동체를 통해 흘러, 종교개혁의 큰 물결을 만드는 것인지도 모른다.

5. 개혁주의 종교개혁의 상징 : 종교개혁의 벽

제네바 대학을 나서 바스티용 공원(Parc des Bastions)을 가로질렀다. 건너편에 있는 '종교개혁의 벽(Mur de la Reformation, 영 Reformation Wall)'으로 불리는 종교개

종교개혁의 벽 전경. 칼뱅 사후 400주년 등을 기념하며 착공해 만들어졌다.

혁 기념 조형물을 만나기 위해서다. 칼뱅 탄생 400주년과 제네바 아카데미 설립 350주년인 1909년에 착공한 이 기념물은 1917년 완공됐으며, 19세기 중엽까지 도시를 에워싸고 있던 옛 도시 성벽 아래에 만들어졌다. 보름스의 루터의 종교개혁

종교개혁의 벽 중앙 4명의 인물 동상

을 담은 기념 조형물이 1868년에 세워졌다는 점을 고려할 때 칼뱅 기념 조형물은 동일한 고민(칼뱅의 종교개혁을 담은 상징적인 기념물을 만들자)을 담아 세워진 것으로 보인다. 또 길이 100미터와 높이 10미터의 큰 규모로 만들어져 일종의 경쟁심리가 작용했을 것 같다. 칼뱅의 후예, 성상을 거부하는 개혁주의의 생각으론 좀 이해하기 어려운 행동이다.

가장 먼저 눈길이 가는 정중앙에는 4명의 인물 동상이 서 있다. 바로 파렐, 칼뱅, 베즈, 낙스이다. 파렐은 제네바 종교개혁을 시작했고, 칼뱅은 제네바 종교개혁을 확고히 했으며, 베즈는 이후 도시 종교개혁을 마무리했고, 낙스는 제네바를 거쳐 고향 스코틀랜드로 돌아가 제네바 종교개혁을 확산시켰다. 모두 제네바 종교개혁, 개혁주의 종교개혁을 상징하는 인물들이다. 하지만 이들 중 제네바, 스위스 출신은 아무도 없다. 3명은 프랑스인이었고, 한 명은 스코틀랜드인(영국인)이다. 그들은 종교적 탄압을 피해 제네바로 망명한 난민(이주민)이었고, 도시 종교개혁을 위해 헌신했으며, 나중에는 종교개혁으로 도시와 국가를 변화시키는 핵심 인물이 된다. 망명자를 품은 국제도시 제네바는 이주민을 받아들였고, 그곳에서 키워 또 다른 곳으로 흘려보냈다. 오늘 국제도시 제네바는 그렇게 형성된 것이다.

종교개혁의 벽은 칼뱅과 제네바 뿐 아니라 개혁주의 종교개혁 전반을 살펴볼 수 있다.

　이들 동상의 위와 아래에는 이들이 펼친 종교개혁을 상징적으로 요약한 문장이 표현되어 있다. 위에는 'POST TENE BRAS LVX(어둠 후에 빛이 있으리라)'라는 라틴어가, 아래에는 태양처럼 빛나는 그림 중앙에 'IHΣ(그리스어 대문자로 예수 그리스도-ΙΗΣΟΥΣ ΧΡΙΣΤΟΣ-를 상징하는 모노그램)'가 쓰여 있다. 담긴 내용을 해석하면 종교개혁을 통해 빛이 제네바에서 빛났고, 그 빛은 예수 그리스도라고 읽어도 될 것 같다. 당연히 이 빛은 중세의 어둠을 뚫고 칼뱅을 비롯한 4명의 종교개혁자들에 의해 제네바에, 제네바를 통하여 세계에 비추게 된다.
　사람들은 크기와 규모 때문에 네 명의 동상에만 주목한다. 그들에 짓눌려 다른 것이 잘 안 보일 수밖에 없다. 하지만 중요한 내용은 오히려 주변에 있는 작은 인물상과 벽에 새긴 그림들, 그리고 간략한 설명에 있다. 그곳에 루터와 츠빙글리로부터 시작해 칼뱅과 베즈에 의해 전개된 제네바 종교개혁, 그리고 네덜란드 개혁교회, 프랑스 위그노, 스코틀랜드 장로교, 영국의 청교도, 그리고 신대륙 미국으로 확산된 개혁주의 종교개혁 역사가 담겨 있다.
　좌우 양쪽에는 네모 모양 두 개의 돌이 서 있는데 '루터'와 '츠빙글리'의 이름이 크게 적혀 있다. '루터'의 이름이 적힌 곳에는 작은 글씨로 종교개혁의

칼뱅의 사상이 어느 나라에, 어떠한 영향을 불러왔는지도 파악할 수 있도록 한다.

선구자인 리용의 발데스, 존 위클리프, 얀 후스의 이름이, '츠빙글리' 이름이 적힌 곳에는 제네바의 여성 종교개혁자인 '마리 당티에르'의 이름이 새겨져 있었다. 칼뱅의 종교개혁이 루터와 츠빙글리의 영향을 받았고, 그가 두 개혁자의 활동을 이어 종교개혁을 펼쳤음을 상징하는 것 같다. 두 돌 사이 벽에는 '1536'과 '1602'라는 숫자가 크게 적혀 있는데, 그 아래에 제네바 시의회가 도시에 종교개혁을 처음 도입하기로 결정한 것(1536년 5월 21일)과 제네바가 가톨릭 입장인 사보이 공작의 공격으로부터 시를 보호하고 독립(자치권)을 확고히 한 일자(1602년 12월 12일)가 적혀 있다. 종교개혁을 시작하고 그 종교개혁이 도시의 독립을 통하여 확고히 자리 잡게 되었음을 밝힌 것이다.

중요 인물 좌우에는 3명씩 여섯 명의 인물들이 서 있는데, 왼쪽부터 프레드릭 기욤(Frédéric-Guillaume), 기욤 드 따시튠(Guillaume de Taciturne), 카스파드 콜리니(Gaspard de Coligny), 로저 윌리암스(Roger Williams), 올리버 크롬웰(Oliver Cromwell), 스테판 보스카이(Stephan Bocskai)다. 그들의 생애를 중심으로 칼뱅의 종교개혁을 떠올려 본다. 첫 번째 인물인 프레드릭 기욤은 브란덴부르크의 선제후로서 칼뱅주의자였으며, 포츠담 칙령을 통해 박해받는 프랑스 위그노의 망명을 허용, 베를린에 정착하도록 했다. 기욤 드 따시튠은 네덜란드가 스페인으로부터 독립하는 첫 걸음을 이끈 인물로, 네덜란드가 칼뱅주의, 즉 개혁교회의 본산 역할을 하는데 큰 밑거름이 됐다. 콜리니는 프랑스 위그노 전쟁의 지도자였으며 바르톨로메오 축일 대학살 때 죽임을 당했다. 로저 윌리암스는 청교도로서 신대륙(미국)에서 목회하였고, 종교의 자유와 교회와 국가의 분리를 주장하여 미국 민주주의 발전에 기여한 인물이다. 올리버 크롬웰은 청교도 혁명으로 영국의 군주제를 폐지하고 의회를 이끌며 공화정부를 만들었던 인물이다. 스테판 보스카이는 헝가리의 종교개혁가로, 신성로마제국(합스부르크 왕가)에 맞서 싸운 지도자이며, 가장 온건한 칼뱅주의로 평가받는 헝가리 개혁교회 창립에 기여했다.

이들의 생애를 떠올리면서 드는 첫 생각은 프랑스와 네덜란드, 영국과 미국, 독일 동부와 헝가리 등으로 이어지는 칼뱅주의 확산의 모습이다. 다른 하나는 칼뱅주의 확산 과정은 자유와 나라의 독립, 경제적 번영을 포함하고 있다는 것이다. 어쩌면 오늘날 칼뱅주의에 바탕을 둔 개혁교회 사상이 루터보다 폭 넓은 지지를 받은 것은 독일 땅을 삼면에서 포위하고 퍼져나간 지리적 조건 만이 아니라 경제적 번영을 동반한 신학과 신앙 때문이라는 생각이 든다. 과거 어느 책에선가 읽었던 칼뱅주의 경제관에 대한 내용을 다시 읽고픈 생각이 든다.

6. 칼뱅의 안식처 : 쁠랭빨래 묘지(Cimetière de Plainpalais)

1555년 칼뱅의 반대파들이 제네바를 떠난 후 제네바 종교개혁은 안정기에 들어섰다. 이제 칼뱅은 가로막을 사람은 더 이상 존재하지 않았다. 그러나 칼뱅은 점차 쇠약해져갔고, 이전에 비해 왕성한 활동력을 보여주지 못한다.

건강이 다소 회복되어 '기독교 강요'의 개정판을 집필하고, 제네바 아카데미(1559) 개원으로 후학 교육에 힘쓴 그는 1564년 2월 마지막 강의와 설교를 끝으로 침상에 다시 누워야 했다. 죽음이 그의 눈앞에 다가온 것이다.

그는 4월 27일 시 장관과 시의회 의원들이 찾아왔을 때 마지막으로 담소를 나눴다고 한다. 제네바 종교개혁 박물관에 걸려 있는 그림은 이때의 이야기를 담은 장면으로, 칼뱅은 이날 그들의 우정에 감사를 표하고, '부족한 점이 있지만 하나님께 봉사하며 도시를 위해 최선을 다하려고 노력했다'고 고백했다. 또한 '자신의 결점을 참아 준 그들의 인내에 감사하며 잘못한 일에 대해 유감'도 표했고, '공적인 삶에서 하나님의 명예를 추구할 것'을 당부했다. 또한 목사들과도 작별을 한 그는 '제네바 아카데미를 이끄는 베즈를 후계자'로 추천하였으며 5월 27일 사망했다. 파란만장한 삶을 살아 온 그의 발걸음이 이국 땅에서 멈춘 것이다.

칼뱅이 묻혀있는 쁠랭빨래 묘지(Cimetière de Plainpalais)로 향했다. 원래 칼뱅은 죽기 전 '모든 영광은 하나님이 받아야 한다'면서 자신의 장례예식을 행하지 말 것과 무덤에 묘비도 세우지 말라고 당부했다. 성화와 성상을 파괴하는 등 우상숭배를 극렬하게 반대하며 오직 하나님의 영광을 강조했던 그였기에 후대에 자신이 그렇게 될까 우려한 것이다. 결국 그의 장례식은 설교나 찬송 등 특별한 예식이 없이 진행됐고 무덤 또한 사람들에게 알려지지 않도록 했다고 한다. 자연히 그의 무덤이 어디에 있는지 사람들은 정확히 기억하지 못했다고 한다.

그렇다면 어떻게 쁠랭빨래의 무덤이 칼뱅의 것이라고 알려진 것일까? 원래 제네바 공립묘지인 이곳은 15세기 흑사병이 창궐하던 시기에 성 밖에 조성되었다고 한다. 이후 도시 시민들이 이곳에 묻히기 시작했고, 당시 시민인 칼뱅도 이곳에 묻힌 것이다. 알리지 않는다고 알려지지 않는 것은 아니다. 그를 기

칼뱅의 안식처 쁠랭빨래 묘지

억하는 사람들이 있기 때문이다. 언젠가부터 방문자들이 늘었고, 한 시의원이 1999년 현재 모습으로 그의 무덤을 단장했다. 그의 무덤에는 'J.C'라는 글귀가 새겨진 작은 돌이 놓였는데, 이후 칼뱅의 무덤을 단장하면서 간단한 소개판이 세워졌다. "Jean CALVIN(1509-1564). 프랑스의 종교개혁자로 1509년 누아용에서 태어났고 1564년 제네바에서 죽었다. 종교개혁 사상의 지지자(1533), 파리를 떠나 스트라스부르, 바젤을 거쳐 1541년부터 제네바에 머물러 살았다. 그는 이 도시를 (개혁의) 모델 도시로 만들기를 원했고 엄격한 규율을 제정했다"는 내용이다. 칼뱅에 대한 간단한 이 기록은 제네바 시민들이 칼뱅을 어떻게 생각하는지 가늠해 볼 수 있는 내용이다.

칼뱅의 무덤 앞에 앉아 그의 이름이 새겨진 돌을 손으로 쓰다듬는다. 차가웠다. 그런데 봄이 문 앞에 다가왔다는 말처럼 따뜻한 기운 한 가닥이 피어나는 것 같다. 그곳에서 450여 년 전 종교개혁을 위해 제네바 곳곳을 누빈 그의 활동을 떠올렸다. 그는 한 줌 흙으로 돌아갔지만 그의 사유는 제네바를 넘어 미국 등 신대륙으로, 그리고 아시아로까지 전해져 많은 사람들에게 영향을 주고 있다. 하지만 오늘 칼뱅주의가 확산된 유럽과 미국, 한국의 모습을 볼 때 과연 칼뱅의 정신을 제대로 잇고 있는지 의문이다. 칼뱅의 후손들이 넘치는 사회들에 범죄와 일탈이 넘쳐나고 있기 때문이다. 또 '청출어람'이라는 말처럼 그보다 더 뛰어난 인물이 나와야 하지만 현실은 만족스럽지 못하다. 칼뱅은 아니더라도 한 교단, 한 지역을 바꾸는 지도자가 나오기 쉽지 않은 것이 오늘의 풍토이다. 그래도 안 좋은 땅을 개간하고, 거름도 주고, 토양을 바꾸기 위해 노력한다면 언젠가 한 도시를 바꾸는 지도자가 여러 명 나타나고, 그들의 사역을 계승하려는 인물이 생겨날 것이다. 그렇게 시간이 흐르면 칼뱅을 넘어서는 위대한 인물이 한 나라, 한 대륙, 세계에 나타나지 않겠나 생각해 본다. 어쩌면 근거 부족한 믿음이요, 신앙고백이다.

7. 칼뱅의 가슴 아픈 상처 : 세르베투스와 그의 추모비

칼뱅의 무덤을 뒤로 한 채 세르베투스(Michael Servetus) 동상과 추모비를 찾아 나섰다. 한참을 걸어 제네바 병원 뒤편에 있는 그의 동상과 추모비를 발견했다. 제네바 옛 도시와 종교개혁 중심 방문지로부터 좀 떨어진 이곳은 한국 사람에게 잘 알려지지 않은 장소다. 물론 칼뱅을 연구하는 학자들은 '칼뱅의 생애에서 논란이 되는 인물'로서 세르베투스의 죽음을 기억한다. 최근까지도 칼뱅의 처신에 대한 논란이 인터넷을 달구기도 했다.

세르베투스의 삶은 많은 부분이 불명확하다. 스페인과 프랑스 국경 지역 출신으로 프랑스 툴루즈 대학에서 법학을, 파리에서 의학을 공부한 그는 유럽 최초로 혈액의 폐순환을 기술하는 등 의학실력을 인정받은 의사였다. 그런데 그가 1531년 '삼위일체론의 오류(De Trinitatis erroribus)를 출간하면서 신학적 논쟁에 휩싸이게 되었다. 알려진 바로는 그는 그리스도교가 3세기를 넘어서며 부패했고(콘스탄티누스 황제가 313년 밀라노 칙령을 통해 기독교를 공인했고, 380년 테오도시우스 황제가 로마제국의 국교로 삼았다.), 이 때 성서에 없는 삼위일체 교리가 채택되었다면서 관련 내용을 문제 삼았다고 한다. 어디까지 사실인지는 불분명하지만 그의 주장은 신학적으로 한번 토론해 봄직한 문제다. 그런데 가톨릭교회에 의해 이단으로 비판받은 그는 제네바에 왔다가 칼뱅 등 종교개혁자들에 의해 체포됐고, 시의회에 의해 사형선고 받아 죽임당했다.

세르베투스 추모비가 있는 장소(샹펠)는 그가 화형을 당한 곳으로, 이곳에는 그를 추모하는 추모비와 동상이 세워져 있다. 추모비는 세르베투스 사망 350주년인 1903년에 세워진 것인데 칼뱅의 후예인 개혁교회가 그의 죽음을 추모하며 세웠다고 한다. 아마도 미안한 마음이 있었을 것이라 생각된다. 추모비 전면에는 그의 이름과 간단한 소개가, 뒷면에는 '개혁과 복음의 원칙에 따라 행했지만 양심의 자유를 묶어버린 그 시대에 행한 실수'라는 말로 세르베투스 화형에 대한 개혁교회 입장이 적혀 있었다. 복음의 원칙에서 그의 잘못된 입장을 지적하면서도 '양심의 자유를 묶은 것'(나아가 화형에 처한 것)은 잘못이며 '실수'라고 밝힌 것이다. 물론 '시대의 실수'란 말이 '사과'나 '사죄'와는 다른 타협적 어휘지만 칼뱅 또는 제네바 개혁교회가 그 책임으로부터 자유로울 수 없음을 인정한 것이다.

원래 칼뱅과 세르베투스는 칼뱅이 파리에 머물던 1530년대부터 서로를 알고 있었을 개연성이 매우 높다. 비슷한 시기에 두 사람 모두 파리에 있었기 때문이다. 어떤 기록에는 세르베투스가 1534년 칼뱅과 파리에서 만나 토론하자고 제안했으나, 그가 나타나지 않아 만나지 못했다고 한다. 아마도 프랑스 왕이 망명자에 대한 우호적 조치를 내렸고 칼뱅이 잠시 파리에 방문했을 때를 말하는 듯하다. 그런데 1546년 세르베투스는 제네바의 칼뱅에게 편지를 보냈고 2년간 서신교환을 통해 서로의 신학적 입장을 나눴다. 그 과정에 두 사람은 서로의 입장이 다르다는 것을 확인했고, 과격한 비난의 말을 못 견디던 칼뱅이 '편지를 그만 쓰겠다'고 하면서 대화는 중단되었다. 그렇게 한번 끊어진 관계는 더 이상 회복되지 못했다.

리옹에 있던 세르베투스가 재판을 받을 때 제네바에 있는 한 프랑스인이 세르베투스가 칼뱅에게 쓴 편지 내용을 알렸고, 이 내용은 재판에 영향을 미쳤다. 재판 도중 리옹을 벗어난 세르베투스는 그 때문인 듯 몇 개월 후 제네바에 나타난다. 그는 사적인 편지가 재판에 제출되어 화가 나 있었을 수도 있고, 칼뱅과 마무리하지 못한 신학적 대화를 이어가려 했는지도 모른다. 어떤 분의 설명처럼 제네바 시의회에서 그를 옹호하는 이들이 있었기 때문이라는 분석도 있다. 어떻든 제네바를 찾은 그의 기대는 즉시 무너졌다. 이미 '제네바에

세르베투스와 그를 위한 추모비

오더라도 안전을 보장할 수 없다'고 했던 칼뱅은 그가 방문한 날 시의회에 그를 체포토록 했다(그 장소에 있던 시 관계자가 그를 체포케 했다는 말도 있다). 가톨릭 입장인 스페인의 종교재판소와 리옹에서 이단으로 규정된 그는 개혁신앙의 도시에서도 환영받지 못한 것이다. 칼뱅 입장에서 그는 제네바의 종교개혁 사고에 혼란을 조성할 수도 있어 위험인물, 기피인물이었다. 또 삼위일체 교리는 가톨릭과 개신교 모두에게 중요한 신학적 주제로, 세르베투스는 경계해야 할 인물이었다.

체포 이후 시의회 주도로 재판이 진행되었다. 재판 때 칼뱅은 그의 이단성을 증명할 증언자로 나섰고, 세르베투스는 그런 칼뱅의 사상을 강도 높게 비난한다. 당시 시의회는 취리히, 베른, 바젤, 샤프하우젠 등 스위스 종교개혁 도시에 자문을 구했고 '사형에 해당된다'는 내용을 들은 후 '가장 고통스런 사형'(화형)을 판결한다. 이 소식을 전해들은 칼뱅은 고통 없이 죽을 수 있는 '참수형'으로 바꿔달라고 요청했지만 거부됐다. 그렇게 세르베투스는 1553년 10

월 말 화형 당했다. 얼마 전 어떤 분이 '시 의회가 재판권을 가졌다는 점'과 '칼뱅이 세르베투스를 설득하려고 했다는 점, 그리고 형의 감경을 요청한 것'을 근거로 칼뱅의 책임을 제한하는 입장을 밝힌 적 있다. 형식적인 면을 보면 맞는 말이다. 칼뱅은 재판장도 아니고 재판부에 직접적인 압력을 행사한 근거는 없다. 하지만 체포와 고소에 관여했고, 재판 때 이단성 증명에 참여해 사형의 근거를 제공했다. 또 당시 칼뱅이 제네바 시의 목사회를 이끄는 지도자로 시의회에서 중추적 역할을 했다는 점에서 그의 영향력은 무시할 수 없다. 결국 '누가 그를 죽였는가?'라고 묻는다면 '칼뱅'이라고 답해도 틀린 말은 아닐 것이다. 그래서 개인적으로 세르베투스의 죽음은 칼뱅 종교개혁의 최고의 잘못이며, 농민전쟁 지도자 토마스 뮌처의 죽음에 대한 루터의 책임과 비견될 수 있을 것이다.

비석 앞 세르베투스의 동상은 두 손을 모은 채 눈감고 있는 모습이다. 야윈 모습은 아마도 죽음을 앞둔 모습을 상상한 작가의 창작이며 그가 신념과 신앙에 따라 하나님을 향해 기도하는 모습으로 죽음을 맞았음을 형상화한 것 같았다. 동상 하단에는 '2004년 그의 죽음 450년을 기념해 스페인 사라고사(saragosse)에, 2011년에 그의 탄생 500주년을 기념해 제네바에 동상을 세운다'는 내용이 적혀 있었다. '시대의 실수'를 넘어 제네바는 세르베투스 인물 그 자체를 존중하고 그를 추모하는 마음을 담은 것이다. 또 중세교회가 (종교개혁자를 포함하여) 다른 신학적 교리나 입장을 가진 이들을 죽인 것처럼 종교개혁 도시가 같은 행동을 한 것을 반성한 내용일 수도 있다. 오늘 한국교회의 시각에서 '이단'인 그의 죽음을 '칼뱅의 도시' 제네바가, 칼뱅의 후예 개혁교회가 미안해하여 동상을 세운 것을 어떻게 보아야 할까? 프랑스어인 '톨레랑스(관용)'가 한국에서 어떻게 꽃을 피워야 할지 생각해 본다.

8. 세계교회협의회 본부를 찾아

칼뱅의 여정을 모두 둘러본 후 버스를 타고 제네바의 마지막 방문지로 '세계교회협의회(World Council of Churches, WCC) 본부', '에큐메니컬 센터'를 찾았다. 제네바 방문에 앞서 WCC 본부 사무국에 이메일을 보내

세계교회협의회 본부 건물

본부를 둘러볼 수 있는지 등을 문의했다. 관계자는 누구나 자유롭게 방문할 수 있고, 예배실 등을 둘러볼 수 있으며, 독일어 안내 자료를 현관 안내데스크에 맡겨 두겠다는 답변을 얻었다.

소속 교단이 WCC 회원교단(직접적)도 아니고 각 나라의 협의체인 한국기독교교회협의회 회원(간접적)도 아닌 성결교인이 그곳에 왜 가느냐 묻는 사람도 있을 것이다. 대답은 '세계 교회의 가장 중요한 연합체이기 때문'이라고 답할 것이다. 한 걸음 더 나아가 신학적 입장은 다를 수도 있지만 그리스도 신앙 안에서 동역자요, 형제라는 입장을 가지고 있기 때문이다. 개인적으로는 성결교회가 '연합'이 아니더라도 '연대'와 '협력'의 관점에서 세계교회협의회를 보았으면 하는 바람도 가지고 있다.

본부에 도착해 안내데스크를 찾았고, 방문 목적을 설명하니 안내 자료를 건네준다. 독일어로 된 간단한 역사 자료와 본부 설명 자료였다. WCC는 세계 110개국, 349개의 교단, 5억 6천 만 명의 신자를 포괄하는 기독교 연합기구이다. 이 기구는 1910년 선교단체(교파 선교부, 선교단체)의 경쟁 문제 해결과 협력 방안 모색을 위해 연 영국 에딘버러 세계선교대회로부터 출발했다. 대회 이

세계교회협의회를 상징하는 마크

후 여러 가지 연합운동이 생겨난다. 대표적인 모임이 1921년 만들어진 국제선교협의회(IMC, International Missionary Council)로 선교문제를, 1925년 스톡홀름에서 제1회 세계대회를 연 '삶과 봉사(Life & Work)'는 교회의 사회적 책임을 다뤘다. 1927년 로잔에서 첫 대회를 연 '신앙과 직제(Faith & Order)' 운동은 교회의 신학적 입장과 성만찬 등의 문제를 다룬다. 이들 중 삶과 봉사, 신앙과 직제 운동에 관여한 사람들이 '세계교회협의회'를 창립하기로 의견을 모았고, 1948년 8월 네덜란드 암스테르담에서 제1회 총회를 열었다. 참석자들은 이 총회에서 '주 예수 그리스도를 하나님과 구주로 고백하는 교회들의 우호협력체로서 하나님이신 아버지와 아들과 성령의 영광을 위하여 공동적 소명을 함께 성취'하는 목표 아래 연합과 사회적 문제에 대처해 나가기로 하였으며 실무를 이끄는 총무를 선임했다. 창립 때는 신학과 성례전 일치 문제와 함께 사회복지, 국제문제, 긴급구호 등에 힘썼고 1961년에 국제선교협의회가 WCC 안에 들어오면서 '세계와 전도위원회' 등이 조직되었다. 나중에는 기독교교육 등의 문제도 중요한 영역에 반영되었다.

성결교회는 WCC에 직접 가입하거나 활동한 적은 없다. 다만 1946년 한국기독교교회협의회(KNCC)의 창립 때부터 회원교단으로 참여해 간접적으로 세계교회협의회와 연관을 갖고 있었다. 하지만 1961년 두 개 교단(기성, 예성)으로 나뉘면서 KNCC활동을 중단하였다. 사실 KNCC는 에딘버러대회의 목적과 유사하게 1924년 장로교와 감리교가 한국 선교 문제를 매개로 '조선예수교연합공의회'를 조직하며 출발했고, 일제에 의해 해산되었다가 1946년 재건됐다. 성결교회는 이 기구가 1931년 조선기독교연합공의회로 바뀐 시점을 전후로 참여했고, 해방 이후에도 회원교단으로 계속 활동했다. 탈퇴 이후 90년대부터 기성측은 여러 번 재가입 문제를 논의했으나 반발이 심해 오늘에 이르고 있다.

로비에서 처음 눈길을 둔 곳은 세계교회협의회 회원교단 이름이 적힌 간판이다. 한국의 어느 교단이 가입했는지 이미 알고 있었지만 교단 이름을 다시 확인해보고 싶었다. 2013년 만든 자료에는 "한국성공회(Anglican Church of Korea), 재일기독교단(Korean Christian Church in Japan), 한국감리교회(Koream Methodist Church), 기독교한국장로회(Presbyterian Church in the Republic Korea), 예수교장로회(통합, Presbyterian Church of Korea)"가 적혀 있었다. 기감과 예장통합은 '세계기독교협의회'로 공식 창립된 1948년 가입했고, 기장이 1960년, 성공회가 1999년 가입했기 때문에 이 명단이 확인되고 있는 것 같다. 다만 한국 루터교회와 구세군, 정교회는 규모 면에서 작고, 해당 교단의 세계기구 등을 통하여 WCC 활동을 하고 있기에 별도로 언급되지 않은 것 같았다. 하지만 1996년 한국기독교교회협의회(KNCC)에 가입한 기독교대한하나님의성회(순복음교회)는 WCC 회원교단은 아닌 것 같다. KNCC 가입이 WCC 가입은 아니기 때문이다.

회원교단의 명단을 뒤로한 채 마주한 것은 큰 나무 십자가다. 에큐메니컬 센터는 전 세계 교회들의 본부이기 때문에 많은 십자가가 있지만 로비의 나무 십자가는 독특하다. '아프리카 십자가'로 불리는 이 십자가에는 예수 그리스도는 없지만 그가 달린 십자가의 뒤편에 아프리카의 땅 지도가 있고, 그 위에 아프리카인의 기쁨과 슬픔이 새겨져 있다. 그 중에서 소년 병사들과

아프리카의 십자가

마르틴 루터의 흉상

어린이 노동착취를 담은 그림은 아프리카가 당면한 현재의 고통을 보여준다. 예수 그리스도가 그들과 함께, 그곳에 있음을 의미한다. 근처에서 '대진경교유행중국비 탁본'도 볼 수 있었는데, 아시아인이라서 아무래도 친근감이 드는 것은 어쩔 수 없는 것 같다.

1층과 2층의 복도를 거닐다가 WCC의 다양한 활동과 함께 종교개혁 500주년과 관련한 전시, 본회퍼 관련 전시도 볼 수 있었다. 건물 안에 있는 작은 도서관에 들어가 WCC 관련 자료를 살피다 작은 마르틴 루터의 흉상을 만났다. 1980년대 독일 정부가 루터 기념행사 때 선물한 것이라고 하는데 수도사 루터의 모습을 형상화한 것이었다.

에큐메니컬 센터 방문에서 가장 핵심은 아무래도 1층에 있는 '에큐메니컬 예배실'을 찾는 것이다. 그곳은 에큐메니컬 정신과 사역을 상징적으로 보여주는 장소이기 때문이다. 창문으로 들어오는 자연적 빛으로 밝혀진 실내엔 강단과 회중석이 담백하게 자리잡고 있다. 예배실 내부는 다양한 역사와 전통을 가진 교회들의 신앙고백을 담은 십자가와 성화(그림), 조각품 등이 공간을 채우고 있었다. 라틴 아메리카와 아프리카의 십자가, 인도의 기름램프 십자가, 2차 대전 폭탄 껍질로 만든 십자가, 러시아와 이집트 콥트교회의 성화, 루마니아 수도원에 있던 돌을 맞는 스데반 그림과 '세계의 빛'이라는 성화, 슬라브 전통의 성화, 모자이크로 만든 세례 받는 예수의 모습, 로잔의 대성당에서 온 돌로 만든 강단, 정교회의 조각가가 만든 '기도의 힘'이라는 이름의 조각상이 그것이다. 오르간 옆에는 세계 각국의 타악기가 모여 있었는데 한국의 소고와 북도 있었다.

그곳을 둘러본 후 의자에 앉아 잠시 기도했다. 분열된 한반도의 평화와 한국교회의 하나 됨, 그리고 그리스도의 사랑으로 갈등과 분열, 상처와 아픔이 치유되는 그날이 오기를 간절히 바랐다. 어쩌면 하늘은 이미 우리에게 그런 방향을 제시했고, 그런 길을 걸어가도록 지혜와 힘을 허락하셨는지 모른다. 다만 어리석은 우리가 올바른 방향을 알면서도 그 길에 서기를, 그 길을 걷기를 거부하고, 방해한다. 나 또한 그런 어리석인 인간의 한 명일 뿐이다. 그래서 그 분은 '그리스도인'이라는 이름을 통해 그 길을 걷도록 다시 부르셨고 이끄는 자로, 함께 걷는 자로, 그리고 뒤에서 휠체어를 밀듯이 돕는 자로 세우셨다. 아쉽게도 그리스도인들은 그런 하늘의 요청을 잊어버리고 앞과 옆, 뒤라는 말만 기억하고 앞에서는 홀로 걷고, 옆에서는 경쟁하는 자가 되며, 뒤에서 '어둠의 자식들'이라고 욕하는 자로 살아간다.

"용서하소서. 하나님." 하늘을 우러러 볼 엄두도 내지 못했던, 가슴을 치며 '아 하나님, 이 죄인에게 자비를 베풀어 주십시오'라고 통곡한 세리처럼 기도

세계교회협의회 예배당. 햇볕이 잘 드는 이곳에는 여러 나라의 십자가와 악기, 성화 등이 있다.

한다. "일상에서 하늘의 도우심을 구하며, 모든 사람들을 섬기는 자로 살게 하옵소서. 한국교회를 욕하는 사람들이 바로 섬겨야 할 대상이며, 한국교회가 그들의 종임을 깨닫게 하옵소서."

제네바를 떠나기까지는 몇 시간의 여유가 있어, 유엔본부 건물(제네바 사무소)과 유엔난민기구(유엔난민고등판무관실) 건물을 둘러봤다. 유엔 본부 앞에는 네 다리 중 한 개가 짧게 부러져 있는 큰 의자가 놓여 있다. 지뢰로 다리를 잃은 사람을 모델로 한 의자는 전 세계에 지뢰를 없애자는 의지를 담은 작품이다.

유엔본부 건물과 의자

유엔건물 옆 유엔난민기구 건물에 들어섰다. 현재 살고 있는 독일은 난민 문제로 시끄럽고, 극우세력이 강해지고 있는 상황이다. 북아프리카와 중동의 정치적 불안정으로 인하여 많은 난민들이 지중해를 통해, 동유럽을 통해 유럽으로 오고 있기 때문이다. 본부 건물에 들어서서 담당자에게 기구에 대한 소개 자료를 받을 수 있는지 묻고, 독일어로 된 관련 자료 몇 개를 받았다. 건물을 둘러보는데 1층에서 단체 방문자를 위한 소개 영상 상영이 시작되고 있었다. 그곳에 앉아 영상을 시청했다. 1950년에 시작된 유엔난민기구는 60여년 넘게 전 세계 난민들의 아픔과 상처를 보듬고 그들의 문제를 해결하

유엔난민기구에서 난민이 더 이상 없는 평화의 시대를 기원했다.

기 위해 활동하고 있었다. 난민시설 설립과 운영에서부터 그들이 떠나온 땅의 평화를 실현하는 일에도 힘쓰며 귀환을 돕고 있다는 것이다.

영상을 시청한 후 건물을 나섰다. 그리고 종교적 난민인 칼뱅을 받아들여 준 제네바에서 전 세계에 전쟁과 갈등이 사라지길 기원했다. 그럴 때 난민(망명자)이 단 한명도 없는 시대가 빨리 올 수 있기 때문이다. 아울러 '난민'이라고 말할 수 있는 탈북민들이 같은 형제의 품에서, 잘 정착하기를 기대했다. 고향 떠난 자로서 그들이 겪은 외로움과 그리움, 아픔을 간접 경험하기 때문이다.

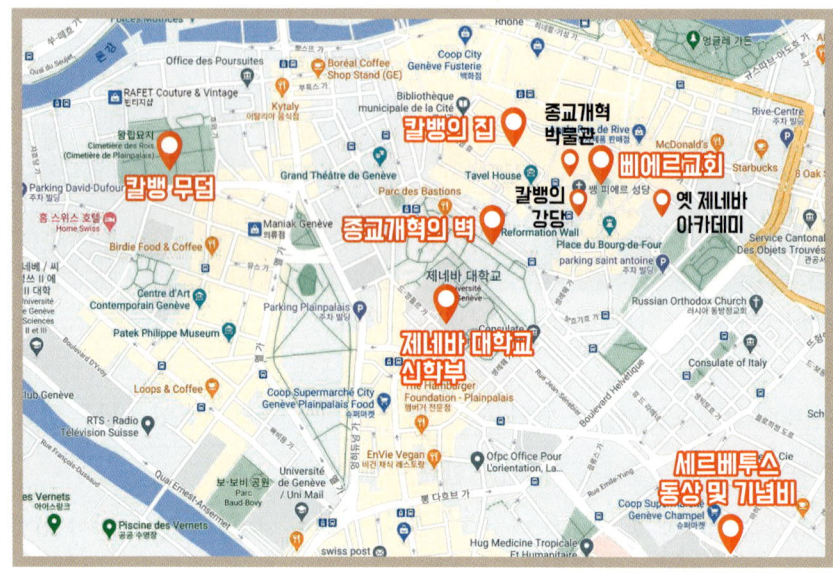

제네바(Genève)는 칼뱅이 개혁된 도시를 만들기 위해 헌신한 도시이며, 오늘날 유엔 기관과 세계교회협의회 등이 자리한 국제적 도시이다. 알프스 산악지대와 큰 호수, 옛 도시와 현대의 건물이 어우러져 있다.

삐에르교회(Saint-Pierre)와 칼뱅의 강당(Auditoire de Calvin)

Cour de Saint-Pierre, https://www.cathedrale-geneve.ch/
칼뱅이 종교개혁 사상을 전했던 교회, 학생들을 가르쳤던 강당, 그가 살던 집, 도시 개혁에 힘쓴 시의회 등이 있다.

종교개혁박물관(Musée international de la Réforme)

Rue du Cloître 4, https://www.musee-reforme.ch/
칼뱅과 제네바 종교개혁 역사를 한 눈에 볼 수 있는 장소.

칼뱅의 집
Rue Jean-Calvin 11

제네바 아카데미(현, Collège Calvin)
Rue Théodore De-Bèze 2-4

종교개혁의 벽(Mur des Réformateurs)
Prom. des Bastions 1
칼뱅과 그의 사상의 영향으로 형성된 유럽의 개혁주의 역사를 이곳에서 한 눈에 알 수 있다.

제네바대학교(Université de Genève / Uni Bastions)

칼뱅의 무덤(Cimetière de Plainpalais)
Rue des Rois
안내소 앞 지도에서 칼뱅의 무덤 위치를 찾을 수 있다.

세르베투스 기념비(Mahnmal an Michel Servet)
Croisement Avenue de Beau-Séjour 1
의사였던 그의 기념비는 병원 뒷편 언덕에 세워졌다.

세계교회협의회 본부(Centre œcuménique)
Route des Morillons 1, https://www.oikoumene.org/

정치와 종교의 중심지 파리는 프로테스탄트를 용납하지 않았다. 축제 기간에 위그노를 학살했고 관용을 주장한 황제를 암살했으며, 개신교 예배 자유마저 박탈했다. 아름다운 세느강에도 학살당한 위그노의 붉은 피가 흘러들었다.

08 프랑스 종교개혁의 생생한 현장

위그노(Huguenot)의 땀과 눈물의 현장 '파리'(Paris)

위그노, 즉 프랑스 종교개혁자들을 다룰 때 프랑스 서남부지역(포, 베아른, 앙굴람 등)을 언급하는 것이 바람직하다고 생각한다. 루터와 츠빙글리, 마르틴 부처와 외콜람파디우스 등 국경을 마주한 독일지역 종교개혁이 프랑스에도 알려졌고 그들의 사상은 많은 지식인들과 종교개혁을 기대하는 사람의 마음을 사로잡았다. 특히 프랑스 남부는 신앙적 열정이 크고 정치적 민감성도 가지고 있었기 때문에 종교개혁 운동에 큰 영향을 받았다. 프랑스 남부 지역은 당시 파리를 장악한 프랑스 북부 정치세력에 소외감을 받았고 권력과 결탁한 교회에 일정한 거부감이 있었다. 신앙 면에서는 로마로부터 일찍이 신앙이 전해졌고 확산됐으며, 12~13세기 이단으로 규정된 카타리파와 발도파 신앙운동이 활발했다. 또 수도원 개혁운동에 이어 아비뇽 교황 시대로 인해 가톨릭 정치의 영향도 크게 받았다.

더 나아가 프랑스어권인 제네바를 중심으로 칼뱅의 종교개혁이 전개되었고, 망명자들이 이들 도시로 몰려들었다. 이곳에서 교육받은 목회자들이 프랑스로 파송되어 프랑스 곳곳에서 교회를 맡아 사역했다. 이런 이유로 프랑스 종교개혁은 1540년대부터 남부의 중요 도시와 귀족들에게 수용되고 빠르게 확산됐다. 프랑스어를 모르고 자료도 많지 않기에 이들 지역의 종교개혁 역사와 배경, 운동의 흐름을 역추적하는 것은 한계가 분명하다. 또 방문하더라도 뚜렷한 성과를 거두기 어렵다. 그래서 위그노를 중심으로 한 종교개혁 운동, 칼뱅주의 영향 아래 전개된 프랑스 종교개혁의 본격적인 장은 파리를 중심으로 풀어나갈 수밖에 없다.

1. 파리에 확산된 종교개혁, 교회와 왕실의 움직임

수차례 파리를 찾았고 루브르 박물관과 에펠탑, 세느강과 노트르담 대성당, 몽마르트 언덕, 베르사이유 궁전 등을 둘러보았다. 또한 자료 조사를 한 후 '종교개혁'이라는 특별한 목적을 가진 채 파리를 다시 찾기도 했다. 프랑스 파리는 프랑크 왕국의 중심 도시로 8세기 말부터 황제의 거주도시 중 하나가 됐으며, 10세기부터는 사실상 프랑크 왕국의 중심도시로 부상했다. 이후 파

파리의 상징 에펠탑. 볼 것 많은 파리지만 종교개혁 시기 개신교인에겐 눈물의 현장이었다.

리는 종교개혁 이전 강력한 왕권을 중심으로 한 프랑스 왕국의 수도로, 잉글랜드와 독일(신성로마제국)의 수도와 어깨를 나란히 하는 유럽 중심 도시의 한 곳이 됐다.

파리는 인문주의 확산에 이어 1520년대부터 루터의 저술이 출판되기 시작했고, 이를 통해 종교개혁 사상이 조금씩 지지를 얻기 시작한다. 가톨릭 교회는 루터의 사상을 이단으로 규정하면서 적극적인 탄압에 나서기 시작했고, 그 과정에 프랑스 종교개혁 첫 희생자가 탄생했다. '리브리의 은자(ermite de Livry)'로도 알려진 그는 장 발리에르(Jean Vallière)라는 아우구스티누스 수도사로, 1523년 8월 이단과 신성모독을 이유로 노트르담 대성당에서 종교재판을 받고 돼지 시장(Le marche aux pourceaux)에서 화형 당했다. 그는 루터와 같은 수도회 소속이기 때문에 루터의 영향을 일찍 받았을 가능성이 있다. 연구자들에 따르면 그는 모에서 활동하던 르페브르와 교제가 있었고 그 과정에서 종교개혁 사상을 수용했다고 한다. 이런 배경에서 그는 루터의 저작을 소지했고 종교개혁 사상을 전하는 활동을 시작한 것 같다. 그가 재판을 받고 화형 당한 날 그가 가진 루터의 저술을 포함해 파리에서 회수한 다량의 루터의 책이 노트르담 광장에서 불태워졌다고 한다.

그가 가졌던 루터의 저술이 라틴어인지, 프랑스어인지 불분명하고, 또 그의 처형을 왕실이 주도한 것인지 교회가 한 것인지는 명확하지 않다. 하지만 그의 처형 시기가 종교개혁 사유가 확산되기 시작했고, 왕실에 의한 종교개혁 탄압이 본격화되기 전이란 점, 또 그가 수도사였다는 점에서 프랑스 가톨릭 교회가 주도했고, 왕실은 묵인했을 가능성이 높다. 아무튼 그의 죽음을 기점으로 가톨릭교회의 종교개혁 탄압은 더욱 거세졌다. 모를 중심으로 확산되던 인문주의와 종교개혁 세력도 위기의식을 느꼈고, 결국 프랑스 종교개혁자들은 고국을 떠나 스트라스부르나 바젤 등 국경 밖 도시들로 피신한다.

종교개혁 시기 황제의 궁전 루브르

1525년에 전개된 종교탄압은 신성로마제국 황제와 대립하던 프랑수와 1세가 2월 파비아(Pavia) 전투에서 포로가 된 시기에 일어난 일이다. 왕실이 어려운 때 교회는 '재난이 왕실이 이단 처벌에 소홀했기 때문에 발생한 것'이라고 주장하며 섭정이던 왕의 누이 마르가리타를 압박했고, 종교재판을 주도하는 4인 위원회를 구성, 개혁 세력을 탄압했다. 당시 탄압과정에 왕의 측근 귀족으로 뛰어난 학자였던 루이드 베르껭(Louis de Berquin)은 체포되어 사형을 언도받기도 했다.

다행히 석방교섭을 통해 왕이 파리로 돌아오면서 베르껭은 석방되고, 모 그룹을 이끌던 르페브르는 잠시 파리로 돌아오는 등 교회 중심의 강경 탄압은 일시 주춤하게 된다. 당시 신성로마제국과 대립하던 프랑스 왕실은 개신교 편에 선 독일 제후의 영향력을 고려했고 종교개혁에 대한 직접적 탄압을 자제했다. 물론 세 차례의 투옥과 석방을 거듭했던 베르껭은 결국 1529년 4월 더 이상 왕의 보호를 받지 못해 시청 앞 광장에서 사형을 당했다고 한다. 이를 볼 때 왕실은 기본적으로 루터의 개혁 사상 확산에는 반대했지만 그렇다고 종교개혁 세력이나 인문주의에 대한 강경 탄압을 원하지 않았고 자제한 것으로 생각된다. 그런데 이러한 상황은 1533년 니콜라이 콥의 만성절 취임연설 사건과 이듬해 왕의 궁전에까지 나붙은 '벽보 사건'(l'Affaire des Placards)을 통해 반전된다.

벽보사건은 1534년 10월 가톨릭교회의 성찬식과 미사에 대한 날카로운 비판을 담은 전단지가 파리와 오를레앙, 블루아(Blois), 그리고 왕의 침실 문에 나붙은 사건이다. 이 문서는 앙뚜완 마르코트(Antoine Marcourt)가 제작한 25x 37cm 크기의 문서로 그가 설교자로 활동한 뇌샤텔에서 만들어졌다. 이 사건으로 왕은 분노했다. 이는 벽보 내용에 대한 분노보다는 자신이 암살될 수 있다는 사실에 위협을 느낀 것이다. 왕실은 주동자를 밝히고 그 일에 관여한 사람들을 체포하도록 했는데 약 100여명이 체포되고 그 중 여러 명이 화형에 처해졌다고 한다.

2. 초기 종교개혁자들의 순교 : 트라우아 분수, 꽁시에르주리

파리 순례의 첫 걸음을 벽보 사건으로 종교개혁자들이 화형당한 순교 장소를 찾는 것으로 했다. 파리에서 종교개혁자들이 순교한 장소는 여러 곳인데 첫 순교자인 장 발리에르의 사형 장소인 '돼지 시장'과 베르껭이 죽음을 맞은 파리 시청 앞 광장, 노트르담 성당 앞, 팡테옹 인근의 모베흐 광장(la place Maubert), 'La Croix du Trahoir'(라 크로익 디 트라우아, 트라우아의 십자가) 등이 대표적이다.

첫 종교개혁 순교자가 죽은 옛 돼지시장 지역. 지금은 피라미데스 지하철 인근이다.

그 중에 '돼지시장'을 먼저 찾았다. 이 곳은 첫 순교자인 장 발리에르에 이어 벽보 사건과 관계된 루앙(Rouen)의 에티엔 드 버나드(Etienne de Benard)와 믈룅(Melun)의 마린 디 발(Marin du Val) 등이 1535년 5월 처형된 곳이다. 옛 파리 지도를 기초로 그 장소가 오늘날 피라미데스 지하철(Pyramides Metro) 인근임을 확인하고 방문했다. 하지만 그곳에서 만난 것은 큰 도로와 후대에 세워진 많은 건물이었고, 종교개혁자들의 흔적을 찾는 것은 거의 불가능에 가까웠다. 인근 골목을 거닐다가 이 곳에 한국과 일본 등 아시아권 음식점이 많이 있는 것을 볼 수 있었다. 파리에 살거나 관광차 방문한 한국인들이 이곳을 많이 지나치지 않았을까 하는 생각이 들었다. 그러나 그들 중 초기 종교개혁자들이 이곳에서 죽었다는 것을 아는 사람들은 얼마나 될까? 아마도 거의 모든 사람이 전혀 알지 못했을 것 같다.

주변을 거닐다가 넓은 원형 교차로에서 과거 이곳에 'Porte Saint-Honoré(생트 호노 문)'이 있었다는 역사 유적 안내문을 만났다. 종교개혁 150여 년 전에 파리에 세워진 루브르 왕궁의 출입문 중 한 곳이 이곳에 있었고, 그 문 앞 어딘가에서 종교개혁자들이 처형된 것이다. 한국 상황으로 보면 서울의 사대문 밖에 사람들이 많이 모이는 시장(남대문시장이나 동대문시장처럼)이 형성됐고, 그곳 사람들이 잘 볼 수 있는 곳에 죄를 지은 사람을 처형하는 장소가 들어선 것이다. 그리고 종교개혁 시기 그곳에서 종교개혁자들이 왕실에 죄를 지었다는 이유로 처형된 것이다. 아마도 파리의 처형장 대부분이 왕실 성문 밖 사람들이 많이 모이는 장소일 수 있다는 생각이 머리를 스친다.

그곳을 나서 종교개혁 시기 흔적이 남았다는 또 다른 순교장소 'La Croix du Trahoir'(라 크로익 디 트라우아)로 향했다. 곰 머리 모양의 분수가 있기 때문에 '곰 머리 분수'로 불리는 이곳에선 1535년 1월 루터의 사상을 받아들인 개신교인 3명이 죽임을 당했다고 한다. 주변을 헤매다 한 오래된 건물 벽에 쓰인 문구를 확인한 후 순교 장소에 설 수 있었다. 건물에 쓰인 글귀는 '샘(분수)'이 프랑수와 1세 때 세워졌다'는 내용이다. 순교역사를 담은 글귀는 아니지만 이곳 인근에서 사형이 이루어진 것은 분명했다. 왕을 '단두대'에 세운 프랑스 역사를 이해한다면 프랑스에선 공개적으로 사람의 목을 잘라 죽이거나 화형으로 처형하는 경우가 많았다. 종교개혁 시기 처형 장소들에서는 많은 개혁자들이

트라우아 분수 인근에서도 종교개혁 초기 많은 종교개혁자들이 처형당했다.

목숨을 잃었다. 하지만 왕실과 가톨릭의 탄압으로 추방당한 프랑스 개신교인들에게 이들 장소는 잊혀져간 곳이다. 그러나 잊혀진 그곳은 프랑스 개혁교회 역사에 남겨졌고, 되살려졌으며, 오늘 우리에게 전해졌다.

눈에 분수 앞 도로의 둥근 모양 바닥 장식이 들어왔다. 정확한 장소는 불명확하지만 그곳 어딘가에서 종교개혁자들은 나무에 달려 불태워졌다는 생각이 든다. 그곳에서 하늘로 향했을 이들을 생각하며, 희생자들을 추모한다. 그들은 왕의 관심을 촉구했고, 가톨릭교회의 각성을 촉구했으며, 나아가 교회가 하나님 앞에 바로 서기를 바라며 벽보를 붙였을 것이다. 어쩌면 그들은 우직했다. 왕을 개혁세력 편에 서도록 왕실 관계자나 지식인을 통해 정치적 영향력을 발휘할 수도 있었다. 또 영향력 있는 독일지역 제후와 루터와 멜란히톤 등 종교개혁자를 통한 우호적 분위기 조성도 가능했다. 그런 생각을 했다면 벽보를 권력 암투가 상존하는 왕실 상황에서 포로 경험을 가진 왕의 침실 문에 붙이지 않았을 것이다. 그럼에도 그들의 순수함을 부정할 순 없다.

벽보를 붙였던 순수한 초기 종교개혁자들의 행동은, 이후 정치적인 세력을 형성하고 수차례 프랑스 내 종교전쟁('위그노 전쟁'으로 불린다)이란 이름으로 가톨릭 진영과 대립한 개신교 세력의 행동과 비슷하면서도 다른 것 같다. 우직한 곰의 이름이 붙은 장소에서 순수한 그들의 열정에 박수를 보낸다.

그곳을 나서면서 벽보사건으로 파리를 떠나 돌아오지 못할 망명길에 나선 칼뱅의 행보를 떠올린다. 칼뱅은 1533년 콥의 연설문 사건 때 프랑스 남부로 피신해 제라드 루설과 르페브르 등 종교개혁자들을 만났다. 이 때 그는 종교개혁 사상을 수용했던 때였기에 그들과 대화하며 종교개혁에 대한 생각과 입장, 그들의 권고 등을 새겨들었을 것이다. 그들을 통해 칼뱅은 자신의 사명을 깨달았고 왕과 왕실을 종교개혁에 우호적인 편으로 만들고자 도움되는 문서나 저술이 필요함을 생각했다. 탄압의 파고가 잠시 꺾인 시기에 파리로 돌아왔던 그는 1534년 발생한 벽보사건으로 프랑스를 떠나야 했고 니콜라스 콥이 피신했던 바젤로 떠난다. 그곳에서 칼뱅은 그의 명성을 세상에 알린 위대한 저술, '기독교 강요'의 집필에 매달렸고, 1536년 '프랑수와 1세에게 헌정하며'라는 입장을 담아 출간한다. 아마도 콥의 사건과 벽보 사건 등을 겪은 칼뱅은 자신이 확신하게 된 종교개혁 입장을 제대로 해설하여 왕의 마음을 돌리려고 한 것이다.

아마도 '기독교 강요'를 쓰면서 칼뱅은 공부가 더 필요하다는 생각을 했음직하다. 그런 이유인지를 모르지만 그는 종교개혁자들이 활동하는 스트라스부르로 가서 공부하려고 계획을 세웠다. 하지만 당시 프랑스와 신성로마제국 황제 사이에 다시 전쟁이 발발했고 프랑스인 칼뱅은 전선을 통과해 스트라스부르(당시 이 도시는 신성로마제국에 속했다)로 가다가는 죽임당하기 쉬웠다. 결국 칼뱅은 제네바로 우회하는 길을 택했고, 파렐의 강권으로 제네바에 머물며 종교개혁 운동을 펼치게 된다. 만약 벽보 사건과 프랑스 초기 종교개혁자들의 순교가 없었다면 칼뱅의 프랑스 탈출도, 제네바를 중심으로 한 종교개혁도 없었을 것이란 점에서 '곰 머리 분수' 등에서 죽임 당한 이들은 칼뱅 종교개혁, 그의 저술인 '기독교 강요'의 밑거름이라 할 수 있다. 그들의 희생의 의미를 생각하며 잠시 숙연한 마음을 갖게 된다.

그런데 우리가 한 가지 생각해야 할 문제가 있다. 프랑스 개신교회의 태동과 성장이 칼뱅에 의해 이루어진 것일까? 물론 1536년 '기독교 강요' 출간과 1541년부터 본격화된 칼뱅 중심의 제네바 종교개혁은 프랑스에 지대한 영향을 미쳤다. 당시 프랑스 종교개혁을 이끌던 지도급 인사들은 칼뱅과 자주 서신 교류를 했고, 프랑스어로 된 그의 저술은 널리 확산되어 영향력을 발휘했다. 칼뱅 또한 제네바에서 양성된 목회자들을 프랑스 곳곳에 보내 사역토록 했다. 그러나 초기 프랑스 프로테스탄트(위그노) 형성과 개혁교회 성립을 칼뱅의 영향으로 해석하는 것은 협소한 이해다. 앞서 언급한 것처럼 칼뱅이전 루터의 저술이 퍼졌고, 르페브르 등에 의해 파리와 모에서 인문주의적 종교개혁 활동이 펼쳐졌다. 또 프랑스 출신인 파렐, 앙투안 등이 스위스 도시에 머물며 프랑스 종교개혁을 위해서 다양한 노력을 펼쳤기 때문이다.

이들 프랑스 출신 종교개혁자들은 프랑스어로 된 저술 출간과 함께 고국의 개혁주의 확산을 위해 누구보다 열심히 노력했다. 왕의 누이였던 마르가리타는 나바라 공국(사실상 독립적 통치권을 가진 왕국으로, 주요 도시로는 포와 베아른, 네락 등이 있다.)의 왕비가 되어 르페브르와 제라드 루설 등을 보호하면서 프랑스 남부를 종교개혁의 터전으로 만들었다. 이런 흐름은 1534년 벽보 사건이나 1545년 4월 메린돌(Merindol) 지역에서 발도파 3천여 명이 학살당한 사건, 1546년 모(Meaux)에 프로테스탄트 교회가 세워졌다가 14명이 사형당한 사실에서도 확인된다. 무엇보다도 칼뱅이 오를레앙이나 부르주 등에서 개혁신앙을 받아들인 과정을 보면 칼뱅의 활동 이전 프랑스 곳곳에 종교개혁운동이 펼쳐졌음을 보여준다.

처음 종교개혁자들이 탄압을 피해 스트라스부르와 같은 자유도시나 왕실의 영향력이 덜한 남부 지역, 국경 인근 지역에서 활동했다면 프랑스 영토에 살던 개혁교회 신자들은 가톨릭교회 속에 자신을 감춘 채 신앙공동체를 형성하고 있었다.(칼뱅은 이러한 사람들을 니고데모파라고도 불렀다) 하지만 종교개혁 확산에 따라 1540년대 후반부터 프랑스 곳곳에 신앙공동체(교회)가 형성되고 이들은 점차 프랑스 출신으로 '기독교 강요'의 저자인, 그리고 제네바 종교개혁을 성공적으로 이끄는 칼뱅의 신학과 신앙 입장, 교회 제도를 수용하게 된 것이다. 그렇게 칼뱅은 프랑스 종교개혁의 정신적 지주가 되었다.

그런 생각을 하면서 종교개혁자들이 갇혀 있었던 꽁시에르쥬리(Consiergerie)를 찾았다. 파리 최초의 궁전 건물 중 하나였던 이곳은 15세기부터는 감옥으로 사용되었고, 현재는 국립박물관이 자리한 곳이다. 이곳에는 첫 종교개혁 순교자인 장 발리에르를 비롯해 왕의 고문이지만 몇 차례 체포됐던 베르껭(Louis de Berquin)이 1529년 체포되어 처형되기 전까지 갇혔다고 한다. 또 1559년 의회에서 왕에 맞서 복음을 옹호했던 안네 드 부르(Anne du Bourg)가 화형을 당하기 전까지 갇힌 곳이면서, 프랑수와 1세와 그를 계승한 앙리 2세 시기 개신교 탄압 때 많은 위그노 지도자들이 갇힌 곳이기도 하다.

건물 한 곁에 옛 감옥을 재현한 곳이 있다고 해서 검색대를 통과해 건물 내부에 들어섰다. 하지만 티켓을 구입하려던 손길과 발걸음을 멈췄다. 비용도 고민했지만 프랑스 혁명 이후 루이 16세와 왕비 마리 앙

꽁시에르쥬리 내부

투와네트(Marie Antoinette)가 이곳에 갇혔고, 감옥은 그런 의미를 보여주려는 것 같다는 생각이 들어서다. 개인적으로 절대왕권을 가진 왕과 왕비가 갇혔던 감옥의 의미보다 이름 없는 종교개혁자들, 위그노가 갇힌 감옥으로만 이곳을 기억하고 싶었기 때문이다.

꽁시에르쥬리 옆 법원 관련 건물

  건물을 나서다가 바로 옆에 있는 법원 건물을 만났다. 중세에 파리는 신학과 교회법의 최고의 정점에 자리했고, 이를 통해 가톨릭교회는 종교개혁자를 탄압했다. 특히 1547년 10월 파리에는 종교개혁 세력을 처벌하기 위한 상설 종교재판소를 설치하여 3년간 500여명을 체포해 화형시켰다. 이런 이유로 사람들은 상설재판소를 '불타는 법정(Chambre Ardente)'이라 불렀다고 한다. 그런 무차별적인 화형과 단두대 처벌, 왕과 왕비도 처형시킨 프랑스는 '혁명'을 겪었고, 이후 어느 나라보다 '관용'과 시민의 권리를 강조하는 국가가 됐다. 어쩌면 프랑스 사람들은 처벌의 역사를 경험하면서 '법(율법)'과 처벌의 길이 잘못이요, '관용', 즉 사랑의 길이 인간이 나아갈 길임을 깨달은 것인지 모른다. 개인적인 생각이긴 하지만 법을 통해 죄를 명확히 판별하는 것도 중요하고, '면벌'을 통해 관용을 발휘하는 것 또한 우리 사회에 필요한 것이라 생각하게 된다.

3. 파리 첫 개혁교회 설립과 총회 : 비스꽁티 거리

  왕권 강화에 힘썼던 프랑수와 1세(재위 1515~1547)의 종교정책은 때때로 널뛰기를 했다. 기본적으로 그는 국론이 분열되어 왕권이 약화되는 것을 원하

파리 첫 개혁교회가 설립된 비스꽁티 거리

지 않았고 프로테스탄트의 영향력 확대를 바라진 않았지만 맞수인 신성로마제국 칼 5세 황제와 대결하면서 독일 프로테스탄트의 지지를 얻으려고 우호적인 태도도 보였다. 정치적 상황에 따라 강경과 온건을 오간 것이다. 1534년 벽보사건을 계기로 23명을 화형시켰지만 이듬해 칼 5세와 다시 전쟁을 벌이면서 '꾸시 칙령'을 발표, 탄압 중지와 피난자 귀환을 허용했다. 하지만 전쟁이 끝나자 1540년 '퐁텐느블로 칙령'을 통해 세속법으로 '이단(?) 처벌'을 허용했다. 이 시기 칼뱅의 저서인 '기독교 강요'는 배포 금지가 내려졌고 소르본느 대학은 1544년 개신교 확산을 막기 위한 금서목록을 작성, 배포하기도 했다.

그런데 프랑수와 1세에 이어 왕이 된 앙리 2세(재위 1547~1559)는 보다 적극적으로 개신교 탄압에 나섰다. 가톨릭 교인으로 자란 그는 1547년 이단을 심문하기 위하여 파리 고등법원에 특별 법정, 종교재판소(Chambre Ardente)를 설치했을 뿐 아니라 '샤토브리앙 칙령'(Chateaubriand, 1551), 꼼삐에뉴 칙령(Compiegne, 1557)등 탄압정책을 강화했다. 앞의 칙령은 종교재판의 신속한 집행(종교적 탄원이나 관용 배제)을 위한 내용이고, 두 번째는 프로테스탄트에 대한 관대한 재판 금지와 이단 선고자의 재심청원을 거부하는 내용을 담고 있다. 또한 그의 재임 시기에 프랑스어 성서와 제네바에서 출판된 책이 모두 금서로 규정되고, 종교개혁자들은 화형에 앞서 혀를 자르도록 했다. 아마도 처형 직전 '복음에 대한 증언'을 통해 많은 사람들에게 신앙적 감동을 준 것이 이런 조치를 시행케 한 것이라 생각된다.

그런데 왕실과 가톨릭교회의 탄압도 개신교회의 성장은 막을 수 없었다. 탄압이 한창이던 1555년 파리 최초의 개혁교회가 '비스꽁티 거리'(Rue Viscouti)에 세워진 것이다. 종교개혁 당시 이곳은 '마레 거리'(Rue des Marais)로 불렸는데, 야채를 재배하거나 판매하는 지역이었다고 한다. 특히 이곳은 왕실이 있었던 강북이 아니라 세느강 남쪽에 속했고 상대적으로 당국의 감시가 덜했기 때문에 사람들의 출입이 자유로웠다.

첫 교회가 있었던 장소로 알려진 곳을 찾아 나섰다. 비슷비슷한 골목을 통해 들어선 비스꽁티 거리는 작은 차 한 대가 지나다닐 정도로 좁았다. 연구자들에 따르면 골목 안쪽의 한 집에 파리 첫 교회가 세워졌고 첫 교회 회의가 열렸다고 한다. 그곳 어디에도 이곳이 프랑스 종교개혁 역사에서 매우 의미있는 장소라는 표시는 없었다. 그런데 문 왼편에 십자가 모양의 창문을 우연히 발견했다. 보통 문패나 우편함이 달려 있어야 할 위치에 작은 원형의 창문이 있고, 그곳에 십자가 모양의 안전 철장이 있었던 것이다. 그런데 다른 집과 다른 십자 형태의 철창은 이곳이 '교회'였음을 드러내려는 것 같았다. 혹시 과거에 이 집에 교회를 세운 사람들의 생각이었는지, 아니면 후대에 이 집의 역사를 아는 사람이 그런 장식을 한 것인지는 불분명하지만 그런 의도가 있었을 것이라 생각해 본다.

첫교회가 있었던 장소

첫 교회 건물의 창문

사실 파리교회의 탄생에는 재미있는 이야기가 있다. 원래 파리의 프로테스탄트 신자들은 목회자 없이 밤에 헛간이나 동굴 등 인적 없는 장소에서 은밀히 예배를 드렸다고 한다. 가톨릭교회 속에 숨어서 '니고데모처럼' 신앙생활을 한 것이다. 그런데 그들 중 '라 페리에(La Ferriere)'라는 사람이 아이를 갖게 되면서 목회자 청빙을 고민하게 된다. 당시 개신교인들도 아이들이 태어나면 가톨릭교회를 찾아 유아세례를 행했는데, 그는 자신이 낳을 아이를 개신교 신앙으로 세례 받게 하고 싶었던 것이다.

그러나 개신교 목사에게 세례를 받으려면 독일 땅으로 가거나 500여 킬로미터 떨어진 제네바까지 가야했다. 그렇게 임신한 상태 또는 출산직후 산모가 이동하는 것은 불가능하다. 결국 그는 칼뱅이 있던 제네바에서 신학을 공부한 인물을 파송받는다. 라 페리에와 성도들은 이후 이곳에서 교회 회의를 열었고 23세의 장 마르송(Jean le Maçon)을 목사로 선출하였으며, 제네바의 교회 제도(1541년 제네바에서 교회법이 제정됐다.)에 맞춰 교회를 설립했다. 당연히 라 페리에의 아이에게 유아세례도 실시되었다. 한 아버지의 신앙적 열심이 파리교회로 결실을 맺은 것이다. 파리교회가 공개된 교회였을까? 당연히 아니다. 왕과 가톨릭교회의 탄압 상황에서 구성원 이외의 사람에게 교회는 공개되지 않았을 것이다. 다만 몇 년 후 종교개혁 세력이 강성해지던 시점에 파리교회는 사람들에게 공개됐다. 아마도 1550년대 후반이었을 것으로 생각된다.

탄압의 중심인 파리와 달리 종교개혁은 나바라 왕국을 중심으로 한 프랑스 남부에서 더욱 빠르게 확산되었다. 이곳에는 인문주의자를 후원했던 마르가리타의 딸 잔 달브레가 있었다. 그녀의 어머니는 프랑수와 1세의 누이로 오랫동안 정치 중심인 파리에 있었고 가톨릭 입장인 남편을 고려해 가톨릭 신앙에 머물렀다. 그녀의 한계를 알았기에 칼뱅은 "우리의 가장 큰 소망이 나바라의 왕비에게 있지만 우리는 그녀를 너무 의지해서는 안 된다"고 말한 것이다.

그러나 그녀의 딸 잔 달브레는 달랐다. 어려서 어머니의 신앙을 물려받은 그녀는 어머니의 지원 속에 남프랑스에 영향력이 큰 부르봉 왕가의 앙투완(그는 나중에 프로테스탄트의 친구로 알려졌다)과 결혼, 개신교 입장을 명확히 할 수 있었다. 1555년 나바라의 왕비가 된 그녀는 자신의 신앙을 공개적으로 드러내는 등 나바라를 종교개혁의 기지로 만들어간다. 그녀는 위그노 전쟁 시기 든든한 후견인으로 활동했고, 가톨릭과 개신교의 종교적 화해를 모색한 푸아시 종교회담(1561), 위그노 지역과 파리 궁궐 밖 개신교 예배를 허용한 생 제르맹 칙령(1562), 그리고 프랑스 개신교 신앙고백인 '라로셸 신앙고백'(1571)을 만들 때 주도적 역할을 한다.

그녀의 후원과 개혁신앙 확산으로 엉제, 루동, 푸아티에, 아베르, 디에프, 투르 등에 개혁교회가 설립되었다. 그렇게 1559년 즈음에는 72개 교회가, 1561년에는 프랑스 전역에 670개 교회가 설립되었다고 한다. 아마도 1550년대 후반은 프랑스 땅에 개혁교회 설립이 급속도로 확산된 시기인 듯하다. 어쩌면 수면 아래에서 모이던 모임들이 개혁교회 설립 확산과 함께 하나둘 수면 위로 떠올라 교회 설립을 대내외에 알리게 된 때문일 것이다.

이런 프랑스 교회의 성장에는 칼뱅의 지도력과 제네바의 후원이 크게 작용했다. 프랑스 교회는 성장에 맞춰 훈련된 목회자 파송을 제네바에 요청했고, 1553년 생뜨뉴(Saintogne)에 파송된 필리베르 아믈렝(Philibert Hamelin)을 시작으로 여러 명이 파송되었다. 1555년에서 1562년까지 제네바는 최소 90여 명의 목회자를 프랑스에 선교사로 파송했고 이들은 65개 교회에서 사역했다. 이들의 추천으로 프랑스 젊은이들이 제네바로 보내져 훈련을 받은 후 다시 프랑스로 돌아오게 되었다. 파송 받은 이들의 헌신과 열정으로 프랑스 개혁교회는 급속도로 성장하게 된 것이다.

그렇게 개혁교회의 탄생 이후 몇 년 만에 프랑스 개혁교회의 전국적 협의체가 만들어진다. 전국적인 교회조직을 위하여 '교회 정치의 조항들'(1557)이 작성됐고, 개혁교회를 이끌던 지도자들은 이를 토대로 1559년 5월말 프랑스 최초의 개혁교회 총회를 파리에서 연다. 50여개 교회 대표들이 모였다고 하는데 참석자들은 이 회의에서 신앙고백과 권징조례를 채택하고 '프랑스 개혁교회'를 조직한다. 이 때 채택한 신앙고백은 칼뱅이 작성한 1557년 '35개 신조' 및 '제네바 요리문답'과 비슷하고, 권징조례는 제네바와 스트라스부르 교회를 모델로 했다. 이 회의에는 제네바 시에서 대표들이 파견되었으며 칼뱅의 35개조가 전달되었고 그의 제자인 앙투완 드 라 로슈 샹디외(Antoine de la Roche Chandieu)가 이를 수정해 신앙고백을 완성했다고 한다.

추정컨대 이 회의는 파리교회에서 했거나 파리나 인근 지역의 개신교 영향 속에 있었던 수도원에서 열렸을 가능성이 높다. 이 회의에는 개신교 지도자로서 떠오른 잔 달브레나 남편 앙투완, 루이 콩테, 콜리니 등이 참석했는지는 불분명하다. 그럼에도 앙리 2세의 탄압이 거센 가운데 파리에서 개혁교회의 첫 총회가 열렸다는 것은 놀라운 일이다. 아무튼 이 회의는 그동안 확산되던 프랑스 종교개혁이 칼뱅의 사상과 제네바 모델에 확고히 뿌리내리게 되었음을 확정적으로 보여준다.

4. 위그노 전쟁과 콜리니 장군 : 오라토아 교회

왕실의 탄압 정책과 남 프랑스를 중심으로 세력을 형성한 개신교 진영의 움직임은 1560년대 들어서면서 중대한 변곡점을 만났다. 탄압을 이끌던 앙리 2세가 죽고 그의 아들 프랑수와 2세(1559-1560)가 왕이 되는 것을 기점으로 갈등이 심화되면서 극단적 대립이 예고된 것이다. 나이 어린 왕을 대신하여 삼촌인 기즈 공작(François de Guise)과 추기경 샤를(Charles de Lorraine-Guise)이 국정을 이끌었고, 이들은 파리 의회 의원으로 칼뱅주의자인 안네 드 부르(Anne du Bourg)를 화형시키는 등 종교개혁 세력 탄압을 강화한다.

이에 맞서 개신교 진영은 앙뚜완 부르봉(Antoine de Bourbon)과 부인인 잔 달브레(Jeanne d'Albret), 콩테의 왕자 루이 부르봉(Louis de Bourbon), 장군 카스파드 콜리니(Gaspard de Coligny)를 중심으로 기즈 가문에 맞섰다. 일부 강경론자들은 1560년 초 왕을 가톨릭 세력의 울타리에서 빼내 자신들의 영향 아래 '보호'하려고 시도한다. 군대를 동원한 왕과 그의 가족에 대한 납치 계획은 '앙부와즈의 음모'(Conjuration d'Amboise)로 불리는데, 사전에 발각되어 주동자들은 체포되어 처형됐다. 이 사건으로 12월 왕실은 오를레앙에서 열린 삼부회(의회)에서 위그노에 대한 심한 규제를 통과시켰고 콩데 왕자는 사형을 언도받기도 한다.

갑자기 사망한 프랑수와 2세에 이어 10세에 왕이 된 샤를 9세(1560-1574)를 대신(섭정)한 것은 그의 어머니인 카트린 드 메디치(Catherine de Médicis)다. 어쩌면 그녀의 섭정 취임은 가톨릭에 선 기즈 가문의 영향력을 배제하려는 개신교 귀족들의 의도가 작용했는지 모른다. 카트린은 권력대결이 가져올 파장을 우려했고 아들의 안정적 왕권을 위해 가톨릭 진영과 개신교 진영의 화해를 시도한다. 그렇게 1561년 9월 파리 인근 푸아시(Poissy)의 한 수도원에서 가톨릭교회와 위그노 사이의 화해를 위한 회의('푸아시 종교회담')가 열렸다.

이 회의에는 가트린과 왕이 된 11살의 샤를 9세 등이 참석했고, 가톨릭교회에서는 교황 특사인 페라라의 추기경 이포리토 데스테(Ippolito d'Este)와 2대 예수회 총장인 디에고 라이네즈(Diego Laynez) 등이, 개신교 진영에선 제네바에서 온 테오도르 베즈(Théodore de Bèze)와 취리히에서 온 피터 버미글리(Peter Martyr Vermigli), 나바라의 여왕 잔 달브레 등이 참석했다. 보름 이상의 긴 대화에도 양측은 견해차를 좁히지 못했다. 다만 왕실은 이 논의를 바탕으로 제한적이나마 개신교인들에게 예배의 자유를 인정하는 생제르맹(Saint-Germain) 칙령을 이듬해 1월 발표한다. 당시 조치는 자금이나 군대 모집은 금지하지만 위그노 세력이 견고한 도시, 그리고 도시 밖에서는 자유롭게 개신교인들이 예배를 드리도록 허용한 것이다.

왕실의 이 조치에 기즈 가문 등 가톨릭은 반발했고, 이러한 불만은 1562년 바시 대학살(Le massacre de Wassy)로 폭발했다. 이러한 학살에 맞서 개신교 진영, 즉 위그노는 무력 항쟁으로 가톨릭 진영에 맞섰고 '위그노 전쟁'으로 불리는 프랑스 귀족 세력 간의 내전이 시작되었다. 이 전쟁은 제1차 전쟁(1562-63)을 시작으로 1598년까지 수차례 가톨릭과 개신교 세력 간에 전쟁으로 이어졌다. 40여 년간 종교적 대립의 격랑이 프랑스를 휘몰아치게 된 것이다.

오라토아교회

프랑스 개혁교회 역사를 계승하고 있는, 그리고 초기 위그노 전쟁의 지도자였던 콜리니 장군의 흔적을 만날 수 있는 오라토아 교회(L'Église Protestante Réformée de l'Oratoire du Louvre à Paris)를 찾았다. 루브르 박물관과 가까운 곳에 위치한 교회는 과거 프랑스 비밀교회가 있었던 장소 중 한 곳이라고 한다. 물론 지금의 건물은 가톨릭교회로 설립, 사용되었다가 1800년대 프랑스 개신교회에 넘겨진 건물이다. 몇 차례 교회를 방문 했지만 문이 닫혀 있어서 내부를 둘러볼 수 없었다. 결국 주일 예배 시간 때에 방문키로 하고 토요일 밤 버스를 이용, 주일 오전 일찍 교회를 찾았다. 프랑스어로 진행되는 예배 내용은 전혀 알아들을 수 없었지만 찬송과 예식은 독일의 개혁교회와 비슷했다. 피곤한 몸이지만 그곳에서 그들과 함께 예배드리고 난 후 교회 내부를 둘러봤다.

교회 내부는 옛 성당 형태였고 목회자는 예배당 왼편 위쪽 설교단에서 말씀을 선포했다. 유럽교회는 한국처럼 교회 내부에 큰 십자가를 내걸지 않는데 프랑스도 비슷했다. 그곳 예배당 한 쪽에 종교개혁과 관련한 작은 전시가 열리고 있었다. 상설 전시는 아닌 듯 했지만 1520년대부터 1560년대까지 연표와 주요 인물

오라토아교회 예배

에 대한 간략한 이야기, 또 파리교회가 회복되기 전인 1700년대 후반의 이야기가 소개되고 있었다. 아마도 이를 통해 종교개혁과 파리교회의 역사를 하나의 흐름으로 전하려 하는 것 같다. 몇몇 사람들을 뒤따라 강단 앞쪽에 있는 예배 준비실 같은 곳을 찾았다. 큰 의미 없이 들어선 그곳에서 파리교회의 역사를 새롭게 생각하는 경험을 하게 됐다. 그곳 벽에 종교개혁 시기부터 파리 개혁교회를 이끈 지도자들의 이름이 적혀 있었던 것이다.

'파리 개혁교회'(Eglise Reformee de Paris)라는 이름과 '여호와께서 여기까지 우리를 도우셨다'(삼상 7:12)는 말씀, 그 아래로 첫 순교자(1525 Jacques Pauvant)와 첫 목사(1555 le Maçon de la Riviere)의 이름이 새겨져 있었다. 또 종교개혁과 관련한 주요 회의(1526~1692)와 파리 개혁교회 옛 예배장소(1576~현재) 등도 확인할 수 있었다. 무엇보다 그곳에는 파리 개혁교회가 처음 시작된 이후 지금까지 파리 교회를 위해 헌신한 목회자의 이름이 적혀 있었다. 그곳에는 칼뱅의 후계자인

'Theodore de Bèze'(베즈)의 이름도 확인할 수 있었다. 아마도 그가 프랑스 개혁교회 입장에서 푸아시 종교회담에서 가톨릭교회와 논쟁했고 라로셸에서 열린 개혁교회 총회를 이끄는 등 프랑스 개혁교회를 위해 헌신한 때문으로 보인다.

벽의 역사와 이름들을 한참 읽어가다 '아, 오라토아 교회는 파리 개혁교회의 심장임을 스스로에게 각인시키고 있었구나' 하는 생각이 들었다. 물론 이 교회가 첫 파리교회의 역사를 직접 계승한 것은 아니다. 왜냐하면 파리교회는 탄압으로 문을 닫았고 100여년 가까이 공식적인 예배처소가 없었으며 성도들 상당수는 역사 속에 사라져 갔기 때문이다. 그러나 그들의 신앙은 자녀들과 후손에게 계승되었고 프랑스 혁명 직전 관용령이 시행되면서 다시 수면 위로 떠올랐으며 이곳에 다시 개혁교회를 세우게 된다. 그런 이유로 오라토아 교회는 파리교회의 신앙 후손임을 긍지와 자부심으로 여기며 이곳에 자신들의 역사를 새겨 넣은 것이다. 가슴에 감동이 몰려 왔다. 종이로 기록된 역사가 아니라 건물에 자기 교회의 역사와 파리 종교개혁 지도자들의 이름을 새겨 넣은 그들의 마음이 느껴져서다. 그렇게 그들은 첫 목회자 마르송과 개혁

오라토아교회 강단쪽 준비실. 파리개혁교회의 역사적 인물 이름이 새겨져 있다.

교회를 위해 헌신했던 목회자들을 기억하고 있었다.

교회 내부뿐이 아니다. 교회 강단 쪽 밖에는 위그노의 지도자였던 콜리니의 동상이 세워져 있다. 아마도 개혁교회가 설립된 후 1889년경 그의 동상이 세워진 것 같다. 가스파드 드 콜리니는 프랑스의 유명 군사 지도자 중 한명으로 1562년 위그노 전쟁이 시작될 때부터 위그노 군대의 지도자로 참전했다. 루이 콩테가 사망한

위그노의 지도자인 콜리니 장군

상황에도 1569년에는 위그노 군대를 지혜롭게 이끌며 3차 전쟁을 유리하게 마무리하는데 기여했다. 전쟁 이후에는 프랑스 왕과 친밀해진 그는 이를 우려한 가톨릭 진영의 암살시도로 큰 부상을 입기도 했다. 또 많은 위그노가 죽임을 당한 바르톨로메오 축일의 대학살이 그를 죽이기 위한 과정에서 발생된 것이라는 분석이 있을 정도로 개신교 진영의 실질적 지도자였다.

그의 동상을 꼼꼼히 살펴본다. 칼을 허리에 차고 예복을 차려입은 그는 한 손은 칼을 잡고, 다른 손은 가슴 편에 향해 있었는데 무엇인가를 말하는 모습인 것 같다. 노익장이 묻어나는 얼굴이지만 그의 눈매는 무척 날카로웠는데 위엄있는 장군의 기운이 느껴지는 듯했다. 그의 발아래 좌우에는 두 명의 동상이 있는데 정확한 의미는 알 수 없었지만 한 쪽에는 갑옷을 입은 한 사람이 월계관을, 다른 쪽에는 두건을 쓴 한 여성이 눈을 감은 채 손에 부채(깃)를 들고 있었다. 의미를 알면 더 좋겠지만 프랑스어를 모르기에 조각이 주는 느낌만 가슴에 새길 뿐이다. 다만 눈 감은 여성의 모습은 프랑스를 위해, 종교개혁을 위해 일했던 그의 죽음을 안타까워하는 것 같다.

5. 바르톨로메오 축일의 대학살 :
   생 제르멩 데 프레와 위그노 학살 현장

바시 학살로 시작된 위그노 전쟁은 3차에 걸쳐 전쟁을 치르게 했고, 위그노는 생제르맹 조약을 통해 확대된 종교적 지위를 획득했다. 이 시점에 전쟁이 끝났으면 좋았겠지만 프랑스는 관용을 배우지 못했고 결국 종교 역사에서 가장 참혹한 사건의 하나인 바르톨로메오 축일의 대학살(Massacre de la Saint-Barthélemy)을 맞이하게 된다. 바르톨로메오(한국명 바돌로매)는 예수 그리스도의 열 두 제자 중 한 명으로, 아르메니아 땅까지 나아가 선교하다가 순교한 것으로 알려진다. 죽기 전 그는 산 채로 칼로 전신 살가죽이 벗겨지는 고문을 당했고, 십자가에 못 박혀 처형됐다고 한다. 고통을 겪다 죽은 그의 삶과 신앙, 순교를 기념하는 날 종교개혁자들은 파리를 비롯해 프랑스 전역에서 대규모 학살을 당해야 했다. 그것도 같은 그리스도를 믿은 사람들에 의해서.

원래 이 기간은 가톨릭과 개신교인에게 기쁜 축제의 기간이었다. 개신교를 대표한 나바라의 앙리와 가톨릭을 대표한 샤를 9세의 누이동생 마르그리트 드 발루아의 결혼식이 있었기 때문이다. 푸아시 종교회담의 연장선상에서 진행된 두 사람의 결혼식은 가톨릭과 개신교 평화를 공고히 하기 위해 추진됐다. 이 결혼은 개신교와 가톨릭 가문의 결혼일 뿐 아니라 잔 달브레의 아들인 앙리는 부르봉 가문을 대변했고, 마르그리트는 발루아 왕가를 대표했기에 왕실의 영향력을 더욱 공고히 하는 의미도 있었다. 이 두 가문이 화해하는 것으로 세 차례 프랑스 내전의 상처를 씻어내려 한 것이다.

하지만 이를 가톨릭 입장인 기즈 가문은 용납할 수 없었고, 학살의 계획을 마련했다. 또 황제가 개신교인인 콜리니 제독과 가까워지는 것을 우려한 왕의 어머니 카트린 드 메디치는 콜리니의 살해에 동조했다. 결혼식은 1572년 8월

18일에 열렸고 전국의 중요 귀족과 명사들이 초청되었으며, 콜리니를 비롯한 많은 위그노 지도자들이 파리로 모여들었다. 3차 전쟁에서 승리를 맛본 상태였기에 위그노는 결혼을 통해 이뤄질 10여년의 종교 전쟁의 종식과 자유로운 신앙 활동을 기대했다. 하지만 결혼 축하연이 끝나기도 전인 1572년 8월 24일 밤 파리에 머물던 위그노 지도자와 신자들은 대규모 학살을 겪는다.

그날 밤 학살은 '생제르맹 교회의 종소리를 신호로 시작'되었다고 한다. 당일 밤 카트린은 아들인 샤를 9세에게 파리에 들어온 위그노들이 왕족과 가톨릭 신자를 암살하려 한다고 말했고, 이를 막기 위해 콜리니를 비롯한 위그노를 당장 죽여야 한다고 강권했다. 결국 왕은 왕실 군대의 동원을 허락했고, 그날 밤 기즈 공작의 명령을 받은 파리의 치안담당 군사들은 생 제르맹 교회의 종소리를 시작으로 위그노에 대한 학살을 시작했다.

학살의 신호탄이 된 종소리를 낸 생 제르맹 교회는 어디에 있을까? 2017년 발행된 파리 시내 교회 자료에 따르면 생 제르맹 이라는 이름의 교회는 세 곳이다. 세 교회 모두 오랜 역사를 가진 교회였지만 한 교회는 파리 중심가에서 좀 떨어져 있다는 점에서 다른 두 교회가 '학살의 종소리'를 울린 교회로 추정된다. 학자들은 그 중 루브르 궁전에 바로 옆에 있는 '생 제르맹 옥서루아 (Saint-Germain-l'Auxerrois)' 교회 종소리를 학살의 신호로 본다. 궁전에 가장 가깝기 때문에 왕실 근위대가 인근에 거주했고 콜리니 또한 왕실 인근에 머물렀을 가능성이 높기 때문이다.

루브르 왕실 주변을 둘러본 후 옥서루아 교회를 찾았다. 이곳은 과거 왕실의 예배당으로 사용되던 곳으로 이전에는 많은 왕들의 무덤이 있었다고 한다. 오래된, 그리고 왕들이 그려진 스테인드글라스 등을 둘러본 후 밖으로 나와 종탑을 올려다보았다. 지금은 시계가 달려 있지만 종이 울렸던 그 때는 종들

'생 제르맹 옥서루아' 교회

이 탑에 자리하고 있었을 것이다. 일반적으로 중세 사람들은 교회의 종소리를 듣고 하루의 일상을 시작하고 끝맺음 했다. 왕실과 가장 가깝기 때문에 옥서루아의 종소리는 왕실에 거주하는 사람들에게 시계의 역할을 했음이 분명하다. 학살이 시작된 시간 그 종소리는 일반 사람에게는 자정 또는 잠들 시간임을 알리는 소리였다. 하지만 왕을 비롯한 학살의 주동자들과 무기를 손에 쥔 군인에게는 '위그노를 죽이라'는 소리, 은밀한 밤의 살인자가 될 것을 요구하는 소리였다. 사람의 마음을 경건하게 하고, 모자를 벗고 기도하게 해야 할 교회의 종소리가 죽음을 부르는 소리가 된 것이다. 군인들에게 종소리는 하늘의 뜻을 실행하라는 명령이었을까? 아니면 사람의 목숨을 취하라는 악마의 유혹이었을까?

옥서루아 교회를 나서 전철을 타고 또 다른 '생 제르맹 데 프레(Saint-Germain-des-Prés)' 성당을 찾았다. 이 성당은 파리에서 가장 오랜 역사를 가진 교회로, 1510년부터 브리소네 등에 의해 인문주의 활동이 펼쳐졌으며 인근에 파리 개혁교회가 설립되었던 곳이다. 그런 점에서 성당 인근에는 파리에 들어온 위그노 신자들이 많이 머물고, 결혼식을 자축하는 분위기가 팽배했을 가능성이 높다. 그런 점에서 옥서루아 교회와 같은 시간에 울렸을 이곳 교회의 종소리는 학살에 나서는 군인들을 일깨우는 소리가 되었을 것이다. 가장 오랜 역사를 간직한 성당의 종탑을 올려다보며 안타까움 속에 '하나님, 오 하느님'을 소리 없이 불러본다.

종탑을 바라본 후 대성당 내부를 천천히 둘러봤다. 6세기에 수도원에서 시작된 이곳 성당은 중세 초반부터는 파리 베네딕토 수도회의 중심지가 됐고, 1163년경 새로 건축된 성당은 현재 건물의 기초가 됐다. 오랜 전통만큼 성당 내부 소예배실은 옛 모습을 많이 간직하고 있었다. 전통적인 마리아 예배실이나 성 안나, 베드로와 바울 예배실 등, 그리고 교회의 이름이 유래한 성 제르마누스(Germanus), 수도회의 영향력을 알 수 있는 베네딕트 예배실 등도 있었다. 성당 내부에서 오래 머문 장소는 두 명의 여성이 덮개를 들고 있는

'생 제르맹 데 프레' 성당

설교단과 성 프란치스코 하비에르(Francisco Javier, 1506~1552) 예배실, 그리고 과거 성유물을 보관하던 십자가로 장식된 예배실이었다.

그 중에 예수회 창설에 참여하고 일본과 인도에서 선교사역을 펼친 하비에르는 우리에게 잘 알려져 있기에 그의 예배실에 특히 눈길이 갔다. 재미있는 것은 그가 스페인과 프랑스 국경에 자리한 나바라 왕국의 귀족 가문 출신이란 점이다. 나바라 왕국은 프랑스와 스페인 사이에 걸친 왕국이었으며 때론 프랑스 왕실의, 때론 스페인 왕실의 영향을 받았다. 종교개혁 이전 나바라는 두 개의 나라로 분열되었는데 프랑스 쪽은 개신교 영향력이 강했고, 스페인 쪽은 가톨릭 영향이 컸다. 그런데 양측의 전쟁으로 가문이 몰락한 하비에르는 가톨릭 교육을 받고 자랐고 파리에서 로욜라와 함께 공부하면서 예수회를 창설, 선교를 통해 가톨릭의 새 활로를 열게 된다. 만약 프랑스 쪽 나바라 왕국 출신으로, 그가 개신교적 영향 속에 성장했다면 어떠했을까? 아마도 그는 개신교의 종교개혁자 중 한 명이 되었거나 프랑스 교회의 새로운 변화를 일

'생 제르맹 데 프레' 성당 하비에르 예배실

구는 인물이 되지 않았을까? 아무튼 아시아 선교에 큰 족적을 남긴 하비에르를 기념하는 장소에서 묘한 감흥을 느낀다.

    성당 본당에 앉아 잠시 쉼을 가졌다. 버스를 이용해 밤을 지새워 파리에 도착한데 따른 피곤함이 몰려 왔다. 조용히 눈을 감고 교회의 종소리를 듣는다. 그 종소리에 이끌려 군인들은 파리 시내 곳곳으로 흩어져 자신의 임무를 수행했다. 기즈 공작의 하인이던 사병들과 가톨릭교회의 수도사들도 이 행렬에 참여했다. 그 첫 대상은 암살 공격으로 부상을 입고 누워있던 개신교 지도자 콜리니였다. 그는 머물던 집에서 살해된 후 창 밖으로 내던짐을 당했다. 학자인 페트루스 라무스(Petrus Ramus)라는 인물은 기도 중에 목이 잘렸고, 결혼축하연에 참석했던 위그노 지도자들과 파리교회 성도들은 시체로 길에 버려졌다. 왕과 혈연관계에 있는 앙리 콩테(Henri ler de Bourbon-Conde), 앙리 부르봉(Henri de Bourbon) 등은 피신했다가 체포되어 왕 앞에 끌려갔고 가톨릭으로 개종을 약속한 후에야 목숨을 부지할 수 있었다.

무참히 살해당한 위그노의 시체는 세느강에 버려졌고 '세느는 피로 물들었다'. 루브르 왕궁 근처에서 200여명의 귀족들이 살해되었는데 한 문학가는 피가 냇물처럼 계단 위로 흘렀다고 표현했다. 사흘 동안의 학살로 파리에서 약 3천 여 명, 전국적으로 7만 여 명이 왕실과 가톨릭교회에 의해 죽임을 당했다. 그 아픔과 고통을 어찌 헤아릴 수 있을 것인가? 그렇게 기도를 부르는 생 제르맹 교회 종소리는 학살을 부르는 소리가 되고 말았다. 오, 우리 주여!

　결혼식부터 학살에 이르는 과정이 왕실의 치밀한 계획에 의한 것인지는 불확실하다. 최소한 왕실의 동의나 묵인이 있었고, 가톨릭인 기즈 가문과 가톨릭교회가 사건을 주도했음은 분명하다. 학살은 결국 분노를 불러오고 또 다른 전쟁으로 이어진다. 1562년 바시 학살이 위그노 전쟁으로 이어진 것처럼, 1572년 대학살은 또 다시 위그노를 전쟁을 불러왔다. 그렇게 20여 년 동안 프랑스는 양 진영의 대규모 충돌로 피의 수레바퀴에 맡겨졌다. 과거나 지금이나 자신의 정치적 영향력을 계속해 유지하려는 세력은 화해와 평화보다는 전쟁을 일으킨다는 것은 마찬가지인 듯하다. 그런 세력의 음모와 도발에 어떻게 맞서야 할까? 평화를 불러오기 위해 그리스도인은 과연 무엇을 해야 할까? 거대한 사탄의 음모 앞에 우리는 약하디 약한 존재임을 고백하지 않을 수 없다. 결국 하늘의 뜻을 보다 깊이 이해하고 그 도움을 간구하는 것에서 시작해야 할 것 같다.

　그런데 학살 소식을 들은 이들의 반응은 가톨릭과 개신교에 따라 극명하게 구분됐다고 한다. 가톨릭에 속했지만 신성로마제국의 종교화해정책을 계승한 막시밀리안 2세(그는 샤를 9세의 장인이기도 하다)는 학살에 치를 떨었고, 개신교 군주인 영국의 엘리자베스 여왕은 상복을 입고 위그노의 죽음을 애도했다고 한다. 제네바 또한 비통한 소식 앞에 금식을 선포하며 애도했다. 반면 교황 그레고리 13세는 이날을 축하하여 '하나님께 찬양'이란 뜻의 '떼 데움'(Te Deum) 성가를 부르도록 명하고 특별 감사 미사 집전과 함께 기념 메달을 주조했다. 가톨릭 교인인 스페인의 필립 2세 왕도 기쁨의 웃음을 터뜨렸다고 한다. 누군가의 죽음이 어느 한 쪽엔 슬픔이, 다른 한 쪽에 기쁨이 되는 일이 과연 정상적인 것일까? 아무리 적(원수)이라 할지라도, 그가 이단으로 규정된 자라고 할지라도, 더 나아가 그가 우리를 전쟁의 참화로 몰아가려던 사람이라 할지라도 죽임 당함을 기뻐하는 것은 바람직하지 않다. 함께 아파해주지는 못할지라도 최소한 인간의 도리는 지켜야 할 것이다.

베흐나 빨리쉬 동상

성당을 나서 주변을 한 바퀴 둘러봤다. 지금은 예배당만 남아 있지만 16세기 이곳 주변에는 오랜 역사의 수도원이 자리하고 있었다. 그곳 수도원에서 원장이 된 브리소네는 인문주의자인 르페브르와 함께 수도원 갱신과 변화를 모색했다. 파리 시내 인문주의 확산과 맞물린 그들의 활동은 프랑스 종교개혁의 길을 예비하게 되었을 것이다. 성당 옆 공원에서 한 인물의 동상을 만날 수 있었다. '베흐나 빨리쉬 (Bernard Palissy)'. 손에 둥근 원판 모양의 도자기를 든 그는 프랑스 도예가로 왕실 도공이 됐고 궁전 내에 공방을 가질 정도로 유명한 인물이다. 그런데 그는 위그노였고 1586년 가톨릭으로 개종하기를 거부해 체포되었고 1589년에 바스티유 감옥에서 옥사했다고 한다. 80여세가 된 그에게 고문이 동반되는 감옥의 삶은 견디기 벅찼다. 성당 주변 공원에 그의 동상이 세워진 것은 그가 최고의 도예가였고 인근에 그가 살던 집이 있었기 때문이다. 그런데 위그노인 그를 기념하는 동상이 생 제르맹 성당 바로 옆에 있는 것은 다소 의외이다.

공원을 지나 인근 바르톨로메오 축일 학살의 현장, 위그노들이 군대에 의해 쫓기던 장소를 거닐었다. 지금은 큰 대로와 아름다운 커피숍이 자리하고 있는 곳은 후대에 사르트르 등 프랑스 문학가와 예술가들이 유유자적하던 곳이다. 그들은 그곳에서 문학을 논하고 예술에 대해 이야기 꽃을 피웠다. 파리를 예술의 도시로 기억하는 예술가에겐 문화와 예술의 거리인 그곳은 종교개혁 순례자에겐 쫓기다 죽임당한 위그노의 순교현장일 뿐이다. 가슴이 아파온다.

개신교 귀족들이 루브르 왕궁 인근에서 살해됐다면 생 제르맹 대성당과 파리 첫 교회가 있었던 비스꽁티 인근 지역은 파리 개혁교회의 성도들, 즉 일반 신자들이 살해당한 장소다. 당국의 명령을 받은 군인과 가톨릭 수도사들은 두 눈을 부릅뜨고 위그노에 대한 무차별적인 사냥을 시작했고, 살 길을 찾아 도망하는 신자들을 끝까지 쫓아가 창으로 찔렀다. 학살자들은 골목 구석이나 어느 집 작은 창고에 몸을 숨긴 위그노를 끌어내고 '이 죽일 이단자들'이라고 목소리를 높이며 마구 죽였다. 인간이 인간을, 그것도 종교라는 이름으로 죽이는 학살이 이곳에서 발생한 것이다. 그곳 거리를 무작정 걸었다. 기록도 없는 그곳 어딘가에서 죽었을 위그노들의 아픔이 가슴을 짓눌렀다. 일반 시민들조차 학살에 두려움을 느낄 정도였을 그날, '거짓 종교'와 '거짓 그리스도인', '종교지도자'에 대한 분노를 불러일으킨 그날을 안타까워하고 눈물 흘렸을 하늘의 모습이 느껴진다. 이러한 학살은 신자 뿐 아니라 이들을 보호하려던 죄 없는 사람들, 학살을 막던 사람들을 가리지 않았을 것이다. 신자들과 함께 죽임을 당했을 선량한 사람들의 비통한 목소리가 들리는 것 같다.

거리를 거닐다 점심을 훌쩍 넘겨 인근 빵 집에서 빵과 커피를 구입해 거리 의자에 앉았다. 하지만 살해당한 위그노의 처참한 모습과 그 모습을 불쌍히

바르톨로메오 축일의 대학살 그림. François Dubois의 작품으로 로잔에 있다. (자료사진)

바라봤을 파리 시민들, 그리고 위그노를 발본색원 하려는 병사들의 모습이 눈 앞을 스친다. 빵이 목에 걸린다. 급히 물을 찾았지만 한 모금 넘기기가 어렵다. "주여, 이 죄악을 어찌하시렵니까? 죽인 자나 죽임을 당한 자나 모두 그리스도의 이름, 교회의 이름으로 행한 것 아닙니까? 왜 인간은 이러한 잘못된 판단과 행위를 반복해야 합니까?…" 한참 그곳에 앉아 있다가 세느강 쪽으로 발걸음을 옮겼다. 노트르담 대성당이 보이는 그곳 강변에 앉아 불어오는 바람에 몸을 맡겼다. 답답한 가슴이 어느 정도 진정되는 것 같다.

프랑스 남부와 라로셀과 같은 개신교 귀족의 영지에 살던 위그노는 자신의 가족, 형제들이 죽임을 당했다는 소식 앞에 분노했고, 항쟁의 깃발을 들어야만 했다. 더 이상 참을 수 없었던 그들은 그렇게 또 다시 긴 저항의 길에 들어섰다. 사람들은 1500년대 후반의 이 저항을 프랑스 신구교 귀족 세력의 대결(내전), 또는 '위그노 전쟁'으로 말하지만 사실 이 전쟁은 위그노의 항쟁이라고 불러야 한다. 바시 학살로 위그노의 첫 항쟁이 시작되었고, 몇 번의 전쟁이 진행되었으며, 바르톨로메오 대학살에 대한 항쟁으로 4차(1572~73)와 5차(1574~76) 전쟁이 이어진 것이다. 하지만 네 번째의 항쟁은 지도자의 부재로 인해 위그노에게 불리하게 전개됐다. 결혼식을 앞두고 잔 달브레 왕비가 죽었고, 학살로 인해 콜리니 제독과 많은 지도자들이 죽었다. 그들에게 남은 지도자는 잔 달브레의 아들인 앙리뿐이었다. 하지만 그는 사실상 파리에 연금된 상황이었다. 지도자를 필요로 했던 위그노는 1576년 루브르에 갇혀있던 앙리를 도망쳐 나오도록 했다. 그렇게 그는 흩어졌던 위그노 세력을 규합하면서 군대를 이끌고 항쟁(6~8차 위그노 전쟁/1576~77, 79~80, 85~98)의 선두에 섰다. 그렇게 위그노의 항쟁은 힘을 얻었다.

위그노의 저항을 지켜 본 새로운 왕 앙리 3세(1574)는 개신교에 유화적인 정책을 펼쳤다. 예배의 자유와 함께 관직에 등용될 수 있는 권리를 허용(볼리외 칙령, Beaulieu)했다. 그런데 이런 왕의 유화책은 기즈 가문의 반발을 불러왔고 황제에게 반기를 든 '신성동맹'(Sainte Ligue)의 결성으로 나아갔다. 그런데 이들은 개신교의 지도자인 앙리가 왕의 후계자 지위를 얻게 되자 위기를 느꼈고 군사 쿠데타를 시도한다. 결국 왕실과 가톨릭 세력은 대립했고, 왕은 가톨릭 세력에 의해 암살당했다. 자연스럽게 왕의 자리는 개신교인인 앙리 부르봉(앙리 4세)에 넘겨진다. 각 지역 귀족들의 지지를 얻으면서 프랑스 전역을 사실상 통제하게 된 앙리 4세는 이제 가톨릭 세력이 장악한 파리 진격을 통해 부르봉 왕가의 통치, 위그노의 프랑스 통치를 관철하는 것만 남아 있었다. 이 때 앙리 4세는 다른 선택을 했다. 그는 가톨릭이 다수인 프랑스의 종교적 현실을 냉정히 성찰했고, 왕위 계승법에 의해 자신이 왕이 되었을 뿐 모든 귀족들의 실질적 지지를 얻은 것은 아니란 것을 알았다. 이에 앙리는 '왕 개인의 가톨릭으로의 개종(복귀)'를 통해 파리를 얻고 전쟁을 끝내려 시도한다. '파리는 종교를 바꾸면서 획득할만한 가치가 있다는 것'이 그의 판단이었다.

　종교적인 측면에서 그의 결정이 바람직했던 것인지는 불분명하다. 극단적인 저항에 나선 파리의 가톨릭 세력을 몰살시키는 과정에서 파리는 심각한 파괴를 겪을 수도 있었다. 오랜 기간 전쟁을 벌이면서 보아온 학살의 참상을 누구보다 잘 이해한 그는 입장을 조금 바꾸면 된다는 단순한 생각도 했음직하다. 이미 두 차례 가톨릭 신앙에 속한 적이 있었기 때문이다. 그러나 아쉽게도 나중에 그는 암살되었고 그 후손은 위그노를 다시 탄압했다. 이를 볼 때 그의 선택이 결코 현명한 것은 아니었던 것 같다.

6. 앙리 4세와 낭트칙령 :
　노트르담 대성당, 이노성 분수, 앙리 4세 암살 현장

　바르톨로메오 축일의 대학살 배경이 된 앙리 4세의 결혼식과 그의 황제 대관식이 열린 노트르담 대성당을 찾았다.(2018년 노트르담 대성당은 큰 화재로 천정 등이 불타버렸고 프랑스는 정부 차원에서 대대적인 수리 작업을 진행하고 있다. 현재는 공사를 위해 주변에 벽이 설치되어있고 사람들은 멀리서만 종탑을 바라볼 수 있는 상황이다. 2023년 이후에 복원이 마무리될 것으로 보인다.) 대성당 앞 광장, 이곳에서 종교개혁에 앞장선 이들은 재판을 받았고, 루터의 저술 등 많은 종교개혁 서적이 불태워졌다. 또 몇몇은 화형대 위에 세워져 죽임을 당했다. 그곳 노트르담 광장, 파리의 중심임을 상징하는 표지판 앞에 서서 잠시 묵상했다.

　대성당을 쳐다보며 먼저 살핀 것은 문 앞의 조각들이다. 세 개의 문 중 가운데 문은 예수상을 중심으로 좌우에 열두 제자의 동상이 조각되어 있었고, 왼편에는 아기 예수를 안고 있는 성모 마리아와 성인들이, 그리고 마지막 오른편은 불분명하지만 한 신부를 중심으로 왕과 가톨릭 중요 인물들이 묘사된 동상이 보였다. 위편에는 왕관을 쓴 많은 인물들의 동상이 조각되어 있었는데 성서 속 인물이거나 성인들의 동상, 또는 프랑스 역대 왕을 상징하는 것일 수도 있다는 생각이 든다.

그런데 이곳에서 결혼식을 한 앙리 4세의 이야기 중 재미있는 부분이 있다. 당시 왕의 누이인 마르그리트는 성당 안에서 가톨릭으로 진행된 결혼예식에 참여했지만, 개신교인인 앙리는 성당 안 예식에 참여할

노트르담 대성당 외부

수 없었다고 한다. 당연히 그는 예식이 끝나기를 기다리며 노트르담 광장에 머물렀다. 물론 중세 시대 결혼식은 성당 문 앞에서 간단하게 진행되고 이어 성당 안에 들어가 함께 미사에 참여하거나 성찬식을 하는 형식으로 진행되었다고 한다. 그런 점에서 결혼 절차는 이곳 성당 문 앞에서 진행되었고 신부와 가톨릭 교인들은 성당으로, 신랑과 개신교 세력은 성당 밖에 머물렀을 것이다. 그들은 '함께', 그러나 '따로' 있었던 것이다. 어쩌면 이것이 종교개혁 시기, 두 세력으로 갈라진 분열 시기 프랑스의 한 모습을 상징하는 것 같다. 사랑을 강조했던 교회의 문이 가톨릭과 개신교를 가르는 문이 된 것이다. 어쩌면 이런 현실은 오늘날 세상과 교회, 그리스도인과 비그리스도인을 갈라놓는 현실과 대비된다고 할 것이다.

대성당 내부에 들어섰다. 중세 대성당이 그렇듯 이곳도 어두운 느낌이다. 파리의 상징 중 하나답게 많은 관람객이 찾는 대성당은 천정을 받히는 높은

노트르담 대성당 제단 부분

기둥 등 볼거리가 많은 곳이다. 노트르담 대성당에서 제일 먼저 주목한 곳은 제대(강단)이다. 본당 중간 정도까지만 출입이 허용되어 가까이서 볼 수 없었지만 제대 중앙에는 거대한 황금 십자가와 성모상(피에타)이 자리하고 있었다. 사실 오늘날 대성당은 파리의 중심 성당으로 평가받지만 처음 이곳에는 성 스데반에게 봉헌된 성당이 있었다고 한다. 그런데 파리의 주교가 새로운 성당을 짓기 시작했고 14세기에 오늘과 같은 모습의 '성모 마리아 대성당'으로 완성되었다고 한다. 당연히 이름 그대로 이곳저곳에 성모 마리아와 관련된 동상과 장식이 많았는데, 예배당 중앙의 피에타 또한 그런 부분의 하나로 생각된다.

아마도 앙리 4세는 1594년 파리의 왕실 관계자들과 추기경 등 종교계 지도자들, 부르봉 왕가 관계자들이 참석한 가운데 그 제대 중앙에 가톨릭 신자로서 무릎을 꿇었고, 프랑스 왕관을 머리에 썼다. 개신교인으로서 결혼식에 참여할 수 없었던 그가 가톨릭 교인으로서 왕이 되어 대성당에 들어선 것이다. 아마도 추기경이나 파리 교구장이 왕관을 왕의 머리에 놓았고, 앙리 4세는 가톨릭 교인임을, 그리고 프랑스의 왕이 되었음을 대내외에 알리게 되었다. 하지만 그의 대관식을 지켜본 위그노 지도자들은 착잡한 마음을 가졌을 것이다. 자신들의 지도자가 '파리를 얻겠다'는 이유로 '가톨릭 교인으로 탈바꿈'을 한 것이기 때문이다. 지도자에게 순종하며 그를 따랐던 위그노 대표들, 그들은 추기경(주교)으로부터 왕관을 받는 지도자의 모습을 보며 마음이 착잡했다. 더욱이 위그노는 성상과 성화를 파괴하는 등 칼뱅주의 입장을 따랐기 때문에 그곳 대성당의 취임식이 더욱 못마땅했을 것이다.

그들의 마음을 달래듯 앙리 4세는 왕권이 안정화되자마자 낭트칙령을 통해 위그노들에게 응답한다. 1598년 선포된 낭트칙령은 파리 시내를 제외하고 위그노가 이전에 소유한 예배당 등 모든 장소에서 자유롭게 예배하도록 허락했다. 또 위그노들이 국가 공무원직과 의회 의원직 등 정치적 자리에 자유롭게 나오도록 허락했다. 그를 믿고 따라주었던 위그노를 향해 조치를 취한 것이다. 이미 왕이 된 직후 그는 부르봉 왕가에 속한 개신교 인물을 재상에 등용했고 사실상 예배의 자유를 보장했다. 그런 점에서 낭트칙령 자체는 특별한 내용은 아니라 할 것이다. 그럼에도 이 조치가 의미있는 것은 희생자지만 그 희생을 되갚지 않고 가톨릭교회의 주도권을 인정하면서 동시에 개신교의 자유를 허락한 것이기 때문이다. 압박에 굴복한 '어쩔 수 없는 선택'이 아니라 마음을 담은, 그리고 잘되기를 바라며 내린 '관용령'인 것이다. 짧으면 짧고 길면 긴 4년의 기다림을 통해 위그노는 희망의 빛을 받아들였다. 그렇게 프랑스는 40여년의 종교적 대립과 전쟁을 끝내고 평화의 시기를 보내게 된다.

대성당 중앙의 성모상(피에타)과 함께 좌우에 있는 동상들에 눈길이 갔다. 그곳에 프랑스 절대 왕정을 구축했던 루이 13세와 14세의 동상이 있었기 때문이다. 앙리 4세의 아들과 손자로서, 왕위에 오른 두 사람은 국회인 '삼부회'를 무시하고 '짐이 곧 국가'를 주장한 인물들이다. 최대한 가까이서 그들을 살펴려 했지만 자세히는 볼 수 없었다. 교회 안내 책자를 통해 그들의 모습을 살필 수 있었는데, 두 왕은 무릎을 꿇은 모습으로 십자가와 피에타를 바라보고 있었다. 후대의 작품이긴 하지만 절대 권력자, 절대 왕정을 추구한 인물들이 무릎을 꿇는 모습으로 남은 것은 프랑스 내 가톨릭교회의 위세가 얼마나 대단했는지를 여실히 보여준다.

그렇다. 강단에서 확인되듯 앙리 4세에 이어 취임했던 두 사람은 철저하게 가톨릭교회를 위해 신심을 다했다. 앙리 4세가 개신교인이었고 정부 관료 일부가 개신교인이 되었지만 근본적으로 파리와 프랑스는 가톨릭의 영향력이 강했다. 더욱이 그의 첫 부인인 마르그리트나 둘째 부인 마리 드 메디치(Marie de Médicis)는 모두 가톨릭 가문 출신이다. 아버지가 암살당한 후 루이 13세가 9살에 즉위한 후 처음에는 어머니 마리가 왕의 권력(섭정)을 행사했고, 후반기에는 리슐리외 추기경이 사실상 권력을 쥐고 가톨릭 중심의 정책을 펼쳤다. 그런 배경 속에 루이 13세는 개신교를 왕권에 도전하는 세력으로 규정하고 개신교인의 최후 항거지인 라로셸을 포위, 섬멸(1628년)하기도 했다.

그를 이은 루이 14세는 '태양왕'이라는 칭호처럼 왕권을 더욱 강화했고 '퐁텐블로 칙령'(1685년)을 내려 할아버지의 조치를 취소한다. 이 칙령에는 개신교 예배처의 파괴와 개신교 금지, 15일 내 목사 추방 및 개신교 학교 폐지, 부모의 자녀 신앙교육 금지, 개신교 피난자의 부동산과 동산 몰수, 신앙 행위가 발각된 자는 종신 갤리형 선고 등이 담겼다. 이로써 프랑스에서 개신교인으로 산다는 것은 인간 이하의 대접을 받는데서 나아가 사실상 생존이 불가능한 상황에 내몰리게 됐다. 저항할 힘도 없었던 개신교인들, 약 25만 여명에 이르는 개신교인들이 종교의 자유를 찾아 이웃 나라(영국, 네덜란드, 스위스 등)로 떠나야만 했다. 한 자료에 따르면 영국에 2만 여명이 이주하였는데, 이들이 영국의 상공업을 크게 발전시켰다고 한다. 아마도 다양한 곳을 오가던 상인들이 프로테스탄트가 된 경우가 많았고, 이들이 망명지에 정착하여 그 나라 경제발전에 첨병 역할을 했던 것 같다.

대성당 본당 뒤편의 소예배실을 둘러봤다. 가장 눈에 띈 것은 제단 뒤편에 조각된 예수 그리스도의 일대기였다. 아름답게 채색된 부조는 수태고지에서

부터 예수 그리스도의 죽음과 부활에 이르는 과정이 그려져 있었다. 세밀한 조각의 내용과 청색과 붉은 계통의 의상이 멋이 있었다. 한참을 머물러 그림의 이야기를 쫓아갔는데도 또 다시 그림을 살피게 한다. 이런 그림을 보며 자신의 신앙을 다잡았을 옛 신자의 모습이 떠오른다. 한

노트르담 대성당 내부 부조

국교회도 이런 아름다운 작품들이 다양한 형태로, 한국의 문화와 형식을 옷입어 재생산되어 교회에 걸리기를 기대해 본다. 물론 그런 작품이 없는 것은 아니다. 하지만 교회에 다니는 작가들이 실력을 더욱 고양시키고, 자신의 교회나 지역의 공공장소에 수준 높은 작품을 많이 만들어 간다면 후대에 큰 교훈을 줄 것이다.

화재 이후 수리중인 노트르담 대성당

화재 이후 다시 노트르담 대성당을 찾았고, 그곳에서 열심히 일하는 일꾼들을 볼 수 있었다. 대성당에 최대한 가까이 다가가 종탑을 바라보며 기도했다.

"하나님, 이 곳이 빨리 회복되기를 바랍니다. 이곳을 찾는 많은 사람들이 하나님을 깊이 묵상하게 하옵소서. 그리고 과거의 역사를 생각하며 좋은 신앙을 간직하도록 이끌어 주옵소서. 아멘"

이노성 분수

노트르담 대성당을 나서 이노성 분수와 앙리 4세가 암살당한 장소를 찾아 걸었다. 이노성 분수는 사실 위그노 순교와 직접 관련 있는 곳은 아니다. 다만 분수가 있었던 장소는 과거 위그노 탄압 시기에 '이노성'(Innocents) 공동묘지가 만들어졌고, 바르톨로메오 대학살을 비롯한 탄압에서 희생당한 이들이 묻혔을 가능성이 높다.

현재 이곳에 있는 분수는 비슷한 시기인 1549년 생드니 거리에 만들어진 분수를 18세기 중후반 시내 재개발과 함께 공동묘지를 철거하면서 옮긴 것이다. 이곳을 비롯해 파리 시내 재개발로 발견된 많은 유골은 지하무덤인 '까따꽁브(Catacombes)'로 옮겨졌고, 그곳 지하갱도에 600여만 구의 유골이 매장되어 있다.(까타꽁브 방문 때 지하갱도 곳곳에는 수많은 뼈들이 무더기를 이루고 있었다. 빛이 없다면 그곳을 빠져 나올 수 없을 것 같았다.) 분수 주변은 도심 중심지이고 인근에 큰 백화점이 있기 때문에 인근 거리는 젊은이들로 붐볐다. 분수 주변의 식당과 커피숍에는 담소를 나누던 사람들이 많이 있었고, 단체 관광객들도 심심치 않게 보였다.

분수를 둘러본 후 그곳 부근, 앙리 4세가 암살당한 곳을 찾았다. 위그노 출신인 그는 재위기간 동안 끊임없이 암살 위협에 시달렸다고 한다. 죽기 전까지 그는 20여 차례 암살 시도를 피했고 그때마다 예

재개발 때 옮겨진 유골들. 지하무덤 까따꽁브

'낭트칙령'의 주인공, 위그노에게 신앙의 자유를 허용한 '앙리 4세는 가톨릭에 의해 암살당했다.

수회의 관련성이 제기되었다. 1594년 예수회 신학교 학생인 장 샤스텔의 암살 시도로 예수회는 프랑스에서 추방되기도 했다. 그러나 이후에도 암살 시도는 계속되었고 1610년 5월 14일, 독일의 개신교인을 돕기 위한 대규모 원정을 논의하러 가던 앙리 4세는 결국 암살의 칼을 맞게 된다. 당시 그는 넘쳐나는 마차들로 인해 정체 상태인 파리 시내에서 가톨릭교인 프랑수와 라바이약 (François Ravaillac)에게 칼로 죽임을 당했다.

그가 암살당한 장소의 바닥엔 검은색의 돌 판이 놓여 있었고 그 옆 건물에는 그의 암살을 기억하는 작은 기념판이 부착되어 있었다. 그의 죽음을 상징하는 듯 바닥의 검은 돌에는 앙리 4세의 이름과 그의 문장이 새겨져 있었다. 또 건물에는 '이곳에서 왕 앙리 4세가 라바이약에게 암살됐다(En ce lieu le roi Henri 4 fut assassine par Ravaillac, le 14 Mai 1610)'는 내용이 적혀 있었다. 그곳에서 잠시 그의 삶을 떠올려본다. 비록 그는 영세를 통해 가톨릭의 길에 들어섰지만 어머니의 훌륭한 신앙 지도와 가톨릭에 항거한 위그노 지도자들을 보면서 개신교인이 됐다. 하지만 바르톨로메오 대학살이라는 죽음의 위기 앞에서 강제적으로 가톨릭으로 전향을 강요받았고, 탈출해 개신교 군대의 지도자로서 승리를 눈 앞에 두었다. 그럼에도 그는 자신을 희생양 삼아 가톨릭과 위그노

퐁네프다리 앙리 4세 동상

의 종교적 화해를 모색했다. 그런 그가 위그노 편이라는 이유로 가톨릭교회에 의해 암살당한 것이다.

만약 앙리 4세와 위그노 지도자들이 전쟁을 통해 가톨릭 세력을 진압하고 이곳 대성당에서 프랑스 왕 대관식을 가졌다면 어땠을까? 또 '위그노의 종교의 자유'를 대외에 선포하고 프랑스의 국교로서 '개혁교회'를 제시했다면 어떻게 되었을까? 역사에 가정은 없지만, 그랬다면 프랑스는 개신교 국가로 유럽의 종교개혁을 선도할 수 있었을까? 아니면 앙리 4세는 즉시 암살되었을 것인가? 또 프랑스는 30년 전쟁으로 포화에 내몰렸던 독일 땅처럼 스페인의 황제나 교황의 군대에 의해 전쟁터로 변하지 않았을까? 개인적으로 앙리 4세가 암살당하지 않고 그를 이은 후계자들이 개신교 옹호 정책을 유지했다면 아마도 프랑스는 개신교 국가로 계속 발전했을 것이라고 생각해 본다.

7. 오늘의 프랑스 개혁교회 : '종교개혁의 집'(Maison de Protestantisme)

여러 생각을 하다가 종교개혁을 목적으로 한 파리의 마지막 방문지로 '마르송 드 프로테스탄트(Maison de Protestantisme, 종교개혁의 집)'을 찾았다. 프랑스 개혁교회의 건물로 사용되고 있는 이곳에서 종교개혁과 관련한 자료를 구할 수 있을까 해서다. 하지만 다소 늦은 시간에 찾은 듯 건물 내부에는 들어설 수 없었다. 프랑스어를 모르는 입장에서 자료를 구해도 큰 도움을 얻기 어려울 것 같다는 생각도 들었다. 하지만 그곳 건물 1층에 프랑스 종교개혁을 알 수 있는 작은 공간이 있었다. '장 칼뱅 서점'이다. 프랑스 개혁교회를 상징하는 장소에 있는 '장 칼뱅'의 이름은 프랑스 교회 역사와 오늘날 프랑스 교회에서 그의 중요성을 알 수 있는 하나의 이정표였다.

장 칼뱅 서점 외부

건물 밖에서 본 서점은 종교개혁 500주년 때문에 루터와 종교개혁 관련 서적이 전시되어 있었다. 서점 안에 들어서

장 칼뱅 서점 종교개혁 관련 책들

자료를 둘러봤다. 책 표지에 담긴 사진과 제목, 저자를 중심으로 전시된 책을 살폈다. 작은 서점이었지만 신학 서적들과 교회사, 신앙 서적 등이 책장에 꽂혀 있는 것을 볼 때 '기독교 서점'이나 '신학 교사와 목회자를 위한 서점'으로 보였다. 자료를 둘러보다 프랑스 교회사 관련 책을 발견하고 서점 관계자에게 '영어로 된 종교개혁 서적'은 없는지를 물었다. 과거 제네바에서 영어로 된 자료와 사진 등이 있는 두꺼운 책을 본 적 있기 때문이다. 하지만 아쉽게도 그는 '없다'고 답변했다. 무엇인가 의미있는 책을 들고 나오고 싶었지만 프랑스어는 접근 불가능 영역이기에 빈손으로 서점을 나서야 했다.

1685년 퐁텐블로 칙령으로 낭트 칙령이 폐지되면서 프랑스 개혁교회는 가장 힘들고 어려운 시기를 보내야 했다. 예배는 금지되고 교회는 폐쇄되었으며 목회자는 투옥되거나 처형되었고 대부분 망명길에 올랐다. 20만 명이 넘는 위그노 지도자들과 개혁교인들이 이웃나라인 영국과 독일, 스위스와 네덜란드 등으로 흩어졌다. 프랑스 땅에 남은 위그노 신자들은 재가톨릭화 정책에 내몰렸고 가톨릭의 그늘에 숨어 신앙생활을 했다. 개신교인이 많았던 남부 지방은 도시 밖에 모여 예배를 드렸다. 그렇게 프랑스 개신교인들은 도심 밖 '사막(광야) 예배'나 '유대교에 숨은 니고데모처럼' 가톨릭의 그늘에 숨어 신앙을 유지해 나갔다.

그런 그들에게 신앙의 자유가 다시 주어진 것은 아이러니하게도 계몽주의 확산과 함께 찾아온 프랑스 대혁명(1789)을 통해서다. 계몽주의 확산 과정에 개혁교회가 하나둘씩 공개적인 활동을 시작했고, 루이 16세는 '관용령'으로 알려진 베르사유 칙령(1787.11)으로 위그노의 공민권을 회복시켰다. 또 몇 년 지나지 않아 프랑스 혁명으로 왕실과 귀족, 고위 가톨릭 성직자를 중심으로 한 구체제가 붕괴되면서 종교의 자유가 인정된다. 이 때 나온 프랑스 인권선언(1789. 8. 26)과 프랑스 헌법(1793)에는 자유, 평등, 박애의 정신이 담겼고 프로테스탄트의 자유로운 활동이 허용되었다. 한걸음 더 나아가 나폴레옹이 집권하면서 화해 정책(La Articles Organiques, 1802)의 일환으로 일부 가톨릭교회 건물이 개신교회에게 넘겨지기도 했다.

이 시기 가톨릭의 그늘에 숨었던 개신교인들이 개혁교회를 다시 세웠고, 스트라스부르 등 신성로마제국의 영토에 속했던 알자스-로렌지방이 프랑스 땅이 되면서 루터교회들이 프랑스 개혁교회에 들어오게 된다. 또 발도파의 역사를 배경으로 한 교회들과 사막예배로 신앙을 지켜온 프랑스 남부지역 교회들이 프랑스 개혁교회로서 본격적인 활동에 나서게 된다. 여기에 더해 개신교 국가들의 선교로 다양한 교파의 개혁교회가 프랑스 땅에 세워진다.

그렇게 회복된 프랑스의 개신교 인구는 현재 2~3%라고 한다. 우호적인 사람들까지 포함해도 5%를 넘기 어렵다. 또한 유럽의 특성상 정기적인 주일예배 참석자는 이들 중 8% 정도라고 한다. 위그노에 대한 학살과 망명, 그리고 200여년 가까이 가톨릭을 국교로 한 프랑스의 역사, 여기에 더해 오늘날 자유주의 시대가 낳은 결과라 할 것이다. 그러나 오랜 탄압의 역사를 기억한다면 2~3%라는 숫자는 결코 작은 수가 아니며, 우리는 그들의 신앙의 깊이를 결코 무시할 수 없다. 위그노의 항전과 프랑스 개혁교회에 면면히 흐르는 순교정신은 한국교회 100여년의 역사를 넘어서기 때문이다.

오늘날 우리는 프랑스 개혁교회의 활성화를 주목할 필요가 있다. 1970년대 769개 교회였던 프랑스 개혁교회는 2010년대 후반에는 2500여개 교회로 늘어났고 아프리카와 동유럽, 아시아 지역 출신자들의 디아스포라 교회의 활동이 활발해지고 있다. 이런 움직임이 프랑스 교회를 새롭게 하는 계기가 될 것임을 기대한다.

파리 노트르담 성당과 세느강

에펠탑

　종교개혁을 목표로 순례의 길을 걸었던 파리를 떠나기에 앞서 밤 시간 에펠탑과 몽마르트 언덕, 샹젤리제 거리와 개선문 등을 차례로 둘러봤다. 특히 몽마르트 언덕을 거쳐 들린 사크레쾨르 성당(Basilique du Sacré-Cœur) 앞에서 파리 시내를 내려다보며 시간을 보냈다. 이곳 몽마르트 언덕은 길거리 화가들의 작품 활동을 볼 수 있는 곳이기도 하지만, 3세기 생드니(Saint-Denis) 신부의 순교와 관련 있는 장소다. 생드니 신부는 그리스 출신으로 파리에서 전도활동 하던 중 붙잡혔고 이곳 몽마르트 언덕에서 목이 잘렸다고 한다. 하지만 그는 바로 죽지 않았고 자신의 잘린 목을 들고 몇 킬로 걸어 언덕을 내려갔다고 한다. 어디까지가 진실이고, 어디까지 전설인지는 알 수 없지만 그의 순교가 중세 초기 파리와 프랑스의 많은 사람을 그리스도 신앙으로 이끌었다는 것은 변할 수 없는 사실이다.

　그로부터 확산된 프랑스의 그리스도교는 중세에 이르러 자신의 본 모습을 잃어버렸고 종교개혁을 불러 왔다. 이 때 중세교회는 위그노에 대한 학살로 자신을 지키려 했고 순교의 피바람을 일으켰다. 오늘 파리는 그 역사를 어떤 모습으로 기억할까? 어둠에 잠긴 파리를 내려다보며 생각에 잠겼다. 순교를 통해 성장한 교회가 다른 사람들을 억압하고 순교를 불러일으키는 자가 된다면 그 교회는 생명을 잃은 것이다. 오늘 한국교회에 되묻고 싶다. 한국교회는 순교를 통해 성장한 교회이다. 또한 탄압 속에서도 전통과 역사를 이어 온 교회다. 그러나 그런 자랑스러움만 가지고 있는가? 아니다. 자랑의 역사와 함께 친일, 반공, 독재 협력, 물질 만능의 자본주의적 태도 등 부끄러움의 역사를 모두 갖고 있다. 그러나 중요한 것은 과거로부터 배워야 한다는 것이며 '이후의 역사를 어떻게 쓰느냐'이다. 나 또한 과거로부터 무엇을 배우고 앞으로 어떤 역사를 써 나갈 것인가? 파리의 밤은 그렇게 저물어 간다.

파리(Paris)는 에펠탑과 루브르 박물관, 노트르담 대성당, 샹제리제 거리, 몽마르트 언덕 등 볼 것이 많은 도시다. 그러나 종교개혁 시기 위그노들이 여러 차례 죽임당했고, 오랫동안 개신교가 금지된 도시였다. 화려함 속에 숨겨진 순교 현장과 역사의 의미를 찾아 순례를 할 수 있다.

트라우아 분수(Fontaine de la Croix-du-Trahoir)

25, 27 Rue de l'Arbre Sec

초기 종교개혁자들이 순교했던 장소. 궁전이 있는 성 밖 광장에서 개혁자들은 불태워졌다. 파리 시내 여러 곳에 이런 처형 장소가 있었다.

첫 파리교회가 세워진 비스꽁티거리

3 Rue Visconti

오라토아교회(Temple protestant de l'Oratoire du Louvre)

145 Rue Saint-Honoré, https://oratoiredulouvre.fr/
프랑스 개혁교회의 역사는 잇는 교회. 건물은 옛 가톨릭교회다.

생 제르맹 교회(Église de Saint Germain des Prés)

3 Place Saint-Germain des Prés
https://www.eglise-saintgermaindespres.fr/

앙리 4세 암살현장

19-1 Rue de la Ferronnerie
낭트칙령으로 위그노의 종교자유를 인정했던 프랑스 앙리 4세는 가톨릭에 의해 암살됐다.

종교개혁의 집(Maison du Protestantisme) 및 칼뱅서점

47 Rue de Clichy, https://www.eglise-protestante-unie.fr/

라로셀은 위그노의 수도였고, 루이 13세에 맞서 최후까지 항쟁한 장소다. 리슐리외 추기경의 포위고립 전략으로 패퇴했고, 그 이후 위그노의 종교 자유는 점진적으로 박탈 당했다. 라로셀 외항.

09

위그노의 마지막 항쟁, 자유의 상실과 망명

위그노의 수도, 항쟁의 최후 근거지 라로셀(La Rochelle)

　라로셀은 파리에서 남서쪽으로 470여 킬로미터 떨어진 대서양 항구 도시다. 무역의 중심도시였던 라로셀은 종교개혁 시기 프랑스 개혁교회의 근거지였고, 한 때는 3만여 명이 거주한 프랑스 제2의 도시였다. 1571년 이곳에서는 프랑스 개혁교회의 신앙고백인 '프랑스 신앙고백(La Confessio Gallicana 또는 Confession de La Rochelle)'이 채택됐다. 하지만 자유로운 신앙생활을 누리던 개신교인들은 루이 13세의 낭트칙령 폐기 움직임에 맞서 항전에 나섰고 이곳을 거점으로 최후의 결전을 펼쳤다.

1. 위그노 길과 성 바돌로메이 교회

　파리를 떠나 라로셀로 향했다. 이른 아침 파리를 출발하여 칼뱅이 3개월간 머물렀다는 푸아티에에서 그의 흔적(칼뱅 동굴, 생 브누아 성당)을 둘러본 후 밤 늦은 시간 라로셀에 도착할 수 있었다. 숙소에서 하루 밤을 묵으며 도시 종교개혁 자료를 살폈다. 옛 개혁교회의 예배 장소를 비롯해 종교개혁자들이 머물렀던 건물들, 그들에 의해 세워진 시설들, 그리고 최후의 항전 역사를 담고

위그노의 이름이 붙은 라로셸의 한 도로

있는 곳 등 18개 유적들이 '라로셸의 종교개혁 루트'(Itinéraire protestant à La Rochelle) 이름으로 소개되고 있었다.

새벽 일찍 그곳들을 찾아 숙소를 나섰다. 숙소에서 해안 길을 따라 걷다가 우연찮게 '위그노 길'(Rue de la Huguenote)로 불리는 도로를 만났다. 길지 않은 그 길에 위그노의 이름이 붙은 이유는 무엇일까? 옛 도시 성 밖에 위치한 이곳은 개신교를 섬멸하려는 왕실의 군대가 진을 쳤던 곳 중 하나다. 군대의 포위로 인해 압박받은 도시민이 성을 빠져 나가다 체포된 곳이거나 전쟁에서 패한 위그노가 항복한 곳과 관련된 것은 아닐까? 물론 도시 길을 정비하면서 공무원이나 시의회가 붙인 이름이겠지만…. 그 길을 걸으며 '위그노'라는 명칭, 프랑스 개혁교인을 부르는 명칭의 역사와 의미를 떠올린다.

사실 '프랑스 종교개혁자'들은 1520년대에 '루터란(Lutherien)'으로 불렸다. 첫 순교자인 장 발리에르가 루터와 같은 '아우구스티누스 수도회' 수도사 출신이고, 모 그룹 출신인 파렐 등은 루터 사상의 영향을 받았다. 루터의 저술이 프랑스에 퍼졌기 때문에 자연스럽게 그렇게 불리게 된 것이다. 하지만 종교개혁이 진행되면서 프랑스는 스위스로 망명한 프랑스 출신 종교개혁자들의 영향을 받게 되었다. 특히 칼뱅의 '기독교 강요'를 비롯한 저술의 영향과 제네바에서 공부한 목회자들이 프랑스 교회의 주축을 이루면서 프랑스 교회는 점차 제네바와 칼뱅의 영향 아래 놓이게 되었다. 그 과정에 더 이상 '루터란'이라는 이름이 사용되지 않게 되었고 1559년 프랑스 개혁교회 총회를 전후로 '위그노'

라는 명칭이 사용되기 시작하였다.

  위그노라는 말의 유래는 좀 불분명하다. 단테의 신곡 중 연옥에서 방황하는 프랑스 왕 휴고 카페트(Hugues Capet)가 자신을 '기독교를 어둡게 한 악한 나무의 뿌리'로 묘사했는데 이 내용에서 유래했다는 해석도 있고, 스위스와 독일 남부에서 사용되던 독일어인 '아이고네센(Eidgennossen, 동맹)'이라는 어휘에서 유래했다는 해석도 있다. 네덜란드 쪽은 플랑드르 지방에 비밀리 모인 학생들을 'Huis Genooten'(하위스 헤노텐)으로 불렀다고도 하고, 경멸적 용어인 'les guenon de Hus'(얀 후스의 원숭이) 등의 어휘로부터 기인한다는 견해도 있다고 한다.

  위그노라는 말이 언제부터, 누구에 의해서 사용된 것인지는 정확하지 않다. 그들을 조롱하고 비판하던 왕실이나 가톨릭교회가 먼저인지, 아니면 제네바 등 해외에 거주하는 프랑스인들이 망명자나 프랑스 거주 개신교인들을 지칭해 사용했는지도 모른다. 다만 테오도르 베즈가 앙부와즈 사건에 대해 쓴 편지(1560.6)에서 이를 언급했고, 1560년대 문서와 이후 왕의 서신에도 이 표현이 등장한다고 한다. 그런 점에서 탄압받는 프랑스 종교개혁자들의 자발적 표현일 가능성이 높다. 아무튼 이 용어는 왕실의 탄압으로 여러 나라로 흩어진 시점부터 '프랑스인 망명자'들에게 보편적으로 사용되었다. 다만 프랑스의 종교자유가 보장된 1800년대부터 지금까지는 'Protestantisme'(개신교)라는 말이 더 많이 사용되고 있다. 그런 점에서 '위그노'는 종교개혁 박해 시기(1560~1700년대 후반) 프랑스 개혁교회와 교인들을 부르는 명칭이라 할 것이다.

  위그노 길을 지나 라로셸 항구에 들어섰다. 항구 도시 라로셸은 12세기부터 이웃 나라들과의 무역으로 성장했고 신대륙 발견 등으로 부가 유입되어 시민계층이 성장했다. 상공인들은 항구를 발판 삼아 인근 도시와 나라를 자유롭게 오갔고, 인문주의에 우호적인 입장을 형성했다. 이들은 자연스럽게 시의

라로셸의 상공인들은 항구를 통해 인근 나라와 교류했고, 경제적 부를 획득해 일찍부터 시민사회가 발전했으며 종교개혁을 수용했다.

회를 통하여 자신들의 요구를 표출했으며, 확산되는 종교개혁을 수용하게 된다. 라로셸이 개신교의 중심도시가 된 이유는 또 있다. 이 도시는 개신교 지도자인 잔 달브레의 영향력 아래에 있었고, 해군 제독인 콜리니의 활동지인 노르망디 등과 가까우며 역사적으로 영국 왕실과도 관련성이 깊었던 것이다.

그런데 이 도시에 개신교인이 늘어난 과정에는 한 사건이 자리하고 있다고 한다. 남아메리카 땅에 '포트 콜리니'로 불리는 위그노 거주지를 만들려한 '선교 이주' 과정에 일부 개신교인들이 이곳에 정착한 것이다. 프랑스의 일부 개신교인들은 왕실과 가톨릭의 박해가 거세지자 고국을 떠나 신대륙으로 진출을 모색한다. 이러한 구상은 '포트 콜리니'(Fort Coligny)라는 이름으로 구체화되는데, 브라질 리우데자네이루의 과나바라 만 근처에 위그노의 지도자요 후원자인 콜리니(Gaspard de Coligny)의 이름을 따 위그노인 거주지를 만들겠다는 것이다. 그 계획에 따라 1555년 7월 600여 명이 빌르가뇽(Nicolas Durand de Villegagnon)의 인도로 신대륙으로 떠났고, 4개월의 항해 끝에 11월 브라질의 세리기페(Serigipe) 섬에 도착했다.

이곳에서 새 거주지를 개척하면서 빌르가뇽은 제네바에 목회자 파송을 요청했고, 칼뱅은 피에르 리시에(Pierre Richier) 목사를 포함한 선교단을 조직해 파송했다. 이들은 1557년 3월 브라질에 도착한다. 하지만 빌르가뇽의 태도 변화와 정착민의 분열로 7개월 후 리시에 목사를 비롯한 제네바 선교단은 브라질을 떠나야만 했다. 더욱이 1559년 프랑스와 스페인 사이에 체결된 카토-캉브레지 조약(Peace of Cateau-Cambrésis)에 따라 프랑스는 라틴아메리카 대륙에서의 모든 권리를 포기하고 철수해야 했다. 만약 청교도의 아메리카 이주와 같은 이 계획이 성공했다면 오늘의 남아메리카의 종교 지형은 달랐을 것이다.

그런데 프랑스로 돌아온 리시에와 선교단 일부는 라로셸에 정착하였다고 한다. 리시에는 1558년 라로셸에 세워진 개혁교회의 첫 목회자로 부임했고, 이 소식을 들은 위그노들은 라로셸로 모여들었다. 아마도 '포트 콜리니'를 비롯해 남아메리카를 떠나야 했던 개혁교인 상당수도 이곳으로 향했을 것이다. 그렇게 라로셸은 개신교인의 거점 도시로 부상했고, 이후 낭트칙령을 거치며 신앙의 자유가 보장된 도시, 종교개혁의 중심 도시가 됐다.

리시에 목사의 이름이 붙은 'Pont Pierre Richer(리시에르 항구, 다리)'를 찾았다. 사실 그는 처음에 라로셸이 아니라 다른 곳을 통해 프랑스로 돌아왔고, 제네바 출신의 목사로 라로셸 신앙공동체에 의해 이곳에 부임했다. 그런 점에서 이곳은 그가 배를 타고 도착한 곳은 아니다. 그럼에도 항구에서 이어지는 작은 수로 위의 다리는 그가 브라질 선교를 떠났다가 이곳으로 돌아온 것처럼 느껴진다. 만약 말 잘하는 여행 가이드라면 이곳에 도착한 리시에의 삶을 후대의 미국 조지아 선교를 실패하고 돌아온 웨슬리의 삶과 버무려 재밌는 이야기를 만들어 낼 수도 있을 것 같다.

리시에 목사를 기념한 다리

16세기 옛 예배 장소 중 한 곳

그곳을 나서 라로셸 성도들이 개혁교회 방식으로 예배를 드린 초기 예배 장소로 알려진 한 곳을 찾았다. '14 rue Saint Yon'이라는 주소를 들고 그곳을 찾았다. 나무로 된 옛 건물은 4층 건물로, 자료에는 '16세기 비밀 예배의 장소', '라로셸에 1540년경에 종교개혁이 도입' 되었고 '이단', '억압 강요' 등의 내용만 언급되어 있었다. 라로셸에 종교개혁이 전해진 것은 파리보다 약간 늦은 1520년대 중후반일 것이다. 루터의 저작이 파리에 퍼지고, 잉글랜드 교회가 로마교회로부터 분리된 소식이 파리와 잉글랜드를 오가는 상공인들에 의해 퍼지기 시작했다. 이 과정에서 가톨릭교회를 비판하던 사람들이 종교개혁 서적을 읽고 의견을 나누는 모임을 갖게 되었고, 하나의 예배공동체로 발전했을 것이다. 아마도 건물은 그 시기 언젠가 비공식 모임이 있었던 장소일 것으로 추정된다. 정확히 언제, 어떤 이들이 그런 모임을 주도했는지를 정확히 알 수 없어 아쉬움이 든다.

다만 공식적으로 라로셸에 개혁주의 사상이 선포된 것은 1558년임을 확인할 수 있었다. 이 때 나바라 왕국의 궁정 설교자인 개혁교회 목사 피에르 다비드(Pierre David)가 파리를 향해 가는 여왕 잔 달브레의 일행과 함께 도시에 머물렀고, 이 때 설교를 했다는 것이다. 당시 종교개혁 세력의 지도자로 떠오른 잔 달브레는 몇 년 전(1555년) 나바라의 여왕이 되었고 개신교를 인정하는 법령을 발표했다. 그는 처음에는 프로테스탄트의 신앙의 자유도 인정하는 동시주의 형태를 취했다. 그런 그녀의 라로셸 방문은 도시 지도자들에게 개신교의 신앙을 확산시키는 계기가 되었을 것이다. 이런 배경에서 그 해 '라로셀 교회의 아버지'로 평가받는 리시에 목사가 라로셀에 와서 사역하게 된 것이다. 아마도 개혁교회는 이 설교를 전후로 시작되었을 것으로 추정된다.

당시 다비드 목사가 설교했을 가능성이 높은 옛 대성당 성 바돌로메이 교회(Saint Barthelemy)를 찾았다. 종탑만 남아 있는 교회는 12세기에 지어졌으며 시의회가 매년(1568년까지) 이곳에 모여 부활절 이후 첫 주일 시장선거 등 중요 결정을 행했다고 한다. 이는 교회가 도시민의 신앙과 삶의 중심지이기도 했지만 당시 100여명에 이르는 시의원들이 함께 모여 중요 결정을 논의할 공간이 없었기 때문이다. 그런 교회에서 다비드 목사는 어떤 설교를 했을까? 아마도 교회 개혁을 위한 시민의 역할을 언급하였을 것이라는 생각이 든다. 그의 설교 전후로 개혁교회가 설립되었기 때문이다. 개혁교인들의 규모가 늘면서 이 대성당은 1560년대 초 가톨릭과 개신교회가 상당기간 함께 사용하게 되었다고 한다.

그러나 아쉽게도 교회 건물은 남아있지 않았다. 1568년 3차 위그노 전쟁 기간 개혁주의자들에 의해 파괴되었기 때문이다. 당시 왕실과 가톨릭에 대항해 싸운 위그노 군대는 도시 주변의 성벽을 강화해야 했고 많은 돌을 얻기 위해 불가피하게 교회를 비롯해 중요 건물을 헐 수밖에 없었다. 높은 종탑이 남겨진 것은 망루와 방어를 위한 감시탑으로 사

성 바돌로메이 교회 종탑

용하기 위한 목적이었다. 그렇게 교회의 역사는 이 종탑에 남겨졌다.

종탑을 바라보다가 종교개혁 시대 대성당을 가톨릭교회와 개신교회가 번갈아 사용한 방식이 흔한 것이 아니라는 생각이 들었다. 대규모 이주민을 받아본 경험이 없는 한국은 시작 단계지만 유럽과 미국에선 기존 교회 건물을 빌려 여러 나라 출신의 신앙공동체가 별도로 예배드리는 경우가 흔하고 자연스럽다. 그러나 같은 프랑스인인 그것도 가톨릭, 개신교 공동체가 갈등하던 시기에 같은 공간에서 예배드린다? 시간은 달리했겠지만 분명 부자연스럽고 무척 위태로운 느낌이다. 종교개혁이 큰 흐름을 이룬 독일은 도시 공동체가 둘 중 하나를 선택하여 반대쪽을 추방했고, 설사 두 교회를 모두 인정하더라도 소수파는 도시에 있던 한 교회를 제공받아 따로 예배를 드렸다. 어쩌면 당시까지 이 도시 사람들은 두 교회를 완벽한 분리나 단절, 구분된 것으로 보지 않았던 것은 아닐까. 아니면 위그노 확산 초기 영향력 있었던 시의회가 이런 선택을 한 것일 수도 있고, 후대에 '관용'을 말하게 된 프랑스인의 정서일 수도 있다는 생각도 든다.

2. 위그노 수도가 된 도시, 옛 예배 장소와 라로셀 신앙고백

개혁교회가 설립된 후 성도들은 처음에는 성 미카엘(Saint Michel) 교회와 가르골로(Gargoulleau) 방에서 예배드렸고, 다음에는 소뵈르(Saint Sauveur) 교회와 성 바돌로메이 교회를 가톨릭과 번갈아가며 사용하였다. 위그노 전쟁 이후인 1563년 1월 왕의 칙령으로 도심 내에서의 개신교 예배가 금지되면서 잠시 성 외곽인 'Pre Maubec'에서 예배를 드렸던 그들은 그해 7월부터 다시 좌석을 갖춘 세인트 미카엘(Saint-Michel)과 가르골로(Gargoulleau)의 방을 사용할 수 있었다. 바시 학살 이후 벌어진 1차 위그노 항쟁 이후 왕실이 온건 조치를 시행하였기 때문이다.

성 바돌로메이교회를 나서 라로셀 개혁교회의 가장 오래된 예배 장소로 평가받는 곳(22 rue Gargoulleau)의 건물 앞에 섰다. 초기 예배 처소인 이곳에서 위그노는 4년간(1563~66) 1659명이 세례를 받는 등 큰 성장을 이뤘다고 한다. 그곳을 둘러보면서 옛 위그노의 흔적, 개신교회와 관련된 흔적을 찾고자 노력했다. 그러나 건물 어디에서도 위그노에 대한 특별한 흔적은 발견할 수 없었다. 도

가르골로의 방, 종교개혁 초기 예배 장소

시에서 가장 오래된 건물 중 하나로 보이는 이곳은 실제 개신교회가 사용했다기보다 이 거리 어딘가에서 개신교인들이 예배드렸음을 상징하는 건물로 기억되는 것 같다. 건물의 문이 과거 개신교인이 사용했던 'Gargoulleau Hall'의 문이라는 설명은 아마도 이 때문인 듯하다.

위그노의 확산과 더불어 라로셀은 1560년대부터 프랑스 위그노의 중심도시로 부상했고, 도시는 제네바의 모범을 따르는 도시(서쪽의 제네바로 불렸다-독일어로 'Das Genf des Westens')임을 선언한다. 왕과 군주로부터 상대적으로 자유로웠던 라로셀은 종교개혁의 모범을 따르면서 네덜란드의 독립운동을 후원하기도 했다. 무엇보다 라로셀은 3차 위그노 전쟁(1568~1570) 기간 중심지가 됐고 이후 프랑스 종교개혁에서 주도적인 역할을 하게 된다. 전쟁 기간 위그노 지도자로 활약한 인물이 바로 나바라의 군주였던 잔 달브레였다. 그녀는 1568년부터 3년간 이 도시에 머물며 항전을 이끌었고 1569년 전쟁 지도자인 콩데

위그노들이 거닐었을 가르골로 거리

공이 사망했을 때에는 감동적 연설로 위그노를 결집시킨 후 전쟁 협상을 유리하게 이끈 협상가이기도 했다. 그녀가 있었기에 3차 전쟁은 위그노에게 유리하게 결론지어졌고, 위그노의 지위와 종교 자유가 이전보다 더 확대된다. 특히 라로셀은 '위그노의 도시'로 사실상 인정을 받았을 뿐 아니라 합법적으로 개신교 군대가 주둔할 수 있는 곳이 되었다. 한마디로 '위그노의 수도'가 된 것이다.

이 승리 이후 1571년 제7차 프랑스 개혁교회 대회(총회)가 라로셀에서 소집되었고, '라로셀 신앙고백'으로도 불리는 프랑스 개혁교회의 신앙고백을 확정한다. 원래 이 고백은 1559년 파리에서 개최된 제1차 프랑스 개혁교회 총회에 제출되어 수용된 것이며, 라로셀 회의에서 수정되어 '프랑스 신앙고백'으로 최종 결정되었다. 라로셀이라는 도시에서 프랑스 개혁교회의 신앙이 무엇인지, 그들이 추구하는 방향이 어떤 것인지 공식적으로 대내외에 선포된 것이다. 과거에 아우구스티누스 수도회가 있었기 때문에 '아우구스틴 거리(rue des Augustins)'로 불리는 길을 걸었다. 기록에는 종교개혁이 진행되던 어느 시점(1562년)에 수도원은 문을 닫았고, 그곳에서도 개신교인들이 예배를 드렸다고 한다. 그런데 기록은 이곳 식당에서 프랑스 개혁교회의 총회가 열렸다고 한다. 그것도 프랑스 개혁교회의 대표 신학자로 칼뱅의 후계자인 테오도르 베즈가 의장이 되어 회의를 주관했다는 것이다. 건물 중 이름이 알려진 앙리 2세의 집(Maison Herni II)과 인근에 있는 가톨릭교회 예배당(Chapelle Notre-Dame de l'Espérance)을 찾아봤지만 옛 수도원의 흔적을 느낄 수는 없었다. 그 거리를 거닐며 500여 년 전 그곳 어딘가에서 진행됐을 프랑스 개혁교회 총회와 그 회의의 핵심 결정사항 '라로셸 신앙고백'을 생각한다.

라로셸 신앙고백은 원래 제네바의 종교개혁을 이끌던 칼뱅이 만든 35개항의 신앙고백 초안에서 출발했다. 이를 바탕

앙리 2세의 집

으로 그의 제자 앙투안 드 라 로슈 샹디외(Antoine de la Roche Chandieu)가 1559년 제1차 프랑스 개혁교회 총회에 일부 수정한 내용을 제출했고, 교회 대표들은 프랑스 교회 신앙고백으로 받아들였다. 나중에 서문이 첨가되어 이듬해 프랑수와 2세 왕에게 보내지기도 한 이 고백은 1571년 라로셸 개혁교회 총회에서 40개 항목으로 확대되어 제출되었고 프랑스 개혁교회 신앙고백서로 채택되었다. 이 고백서에서 위그노는 "우리는 어느 것이 참된 교회인지를 조심스럽게 구별하는 것이 중요하다"고 말하고 참된 교회는 "하나님의 말씀대로 그의 말씀과 그 말씀이 가르치는 순수한 종교에 순종하는 일에 하나가 된 신실한 성도들의 공동체"라고 밝힌다(27조). 프랑스 개혁교회가 참된 교회, 말씀에 기초한 신실한 성도들의 공동체임을 명확히 한 것이다. 또 목사, 장로, 집사 등 교회의 직분자에 대해 "자기들의 직책이 소명을 받고 있는 증거를 가져야 한다"(31조)고 강조했고, "우리는 단 두 가지 성례전을 고백한다."(35조)면서 세례 의식과 성찬 의식만 인정함을 선언한다.

특히 프랑스 개혁교회는 가톨릭교회의 교리에 대해 '죽은 신도들을 대신하여 드리는 기도에 관한 착상은 불합리하며 예배의 올바른 길에서 벗어나게

유도하는 사탄의 생각'이고 '연옥은 동일한 출처에서 나온 착각'이라고 비판하면서 '수도서약, 성지 순례, 성직자의 결혼 금지, 육식 금지, 특정 기념일의 의식들, 고해 제도, 면죄부, 그리고 사죄와 구원을 얻는 공적을 세우려는 모든 것'을 거부한다. 왜냐하면 '그것들이 사람들의 양심에다가 멍에를 메우는 인간의 발명이기 때문'이다. 또한 "교황의 집회(미사)들을 정죄하는 까닭은 거기서는 하나님의 순수한 말씀이 추방되었고 그들의 성례전은 부패되었거나 거짓된 것으로 변했거나 혹은 파괴되었으며 모든 미신과 우상이 들어 있기 때문"이며 "이러한 행사에 참여하여 그 교회에 다니는 사람은 다 그리스도의 몸으로부터 자신들을 분리시키고 절단시킨다"고 밝힌다.

다만 프랑스 개혁교회는 세상 권력(왕실)에 대해 우호적인 입장을 밝히는데 "우리는 하나님이 무질서한 욕망을 억제할 법률들과 집정관들을 두셔서 이 세상이 통치되기를 원하신다고 믿는다. 그리하여 여러 나라와 또 정당한 정부에 속한 모든 것 등을 설립하셨다"면서 "그들을 존경하고 그들에게 합당한 경의를 표하며, 또 그들을 하나님의 대리자, 또는 사무원으로 간주하여야 한다."(39조)고 밝힌다. 그래서 법률과 규칙에 따르며, 세금, 조세 등의 의무를 수행하며 "자유의지를 가지고 그들이 불신자라 할지라도 하나님의 절대주권이 침해를 받지 않는 한 복종하는 멍에를 메야 한다."(40조)는 것이다. 물론 이는 칼뱅을 비롯한 종교개혁 진영의 신학적 입장이기도 했지만, 라로셀 위그노 지도자의 상당수가 왕실 일원이고 잔 달브레의 아들인 앙리 왕자가 왕위 계승자 중 한 명이란 점이 작용했을 것이다. 아무튼 2년여의 강력한 항전을 통해 프랑스 개혁교회를 지킨 위그노들은 라로셀에서 프랑스 개혁교회의 신앙의 기초가 무엇인지 명확히 선언한 것이다.

그런데 위그노 전쟁과 개혁교회 총회 기간 잔 달브레와 위그노 지도자들은 어디에 머물렀을까? 앙리 2세의 집으로 불리는 곳은 혹시 아닐까? 그들이 머물던 장소를 찾던 중 인근에 '오래된 주교의 궁전(ancien palais episcopal)'으로 불리는 곳이 있음을 알게 됐다. 현재 '미술 박물관(Musee des Beaux Arts)'으로 사용되는 이곳은 1630년경에 '도시에서 가장 아름답고, 가장 적절하고, 최상의 통풍이 되는

오래된 주교 궁전, 미술 박물관

집'으로 평가받았던 장소였다. 그래서 후에 왕위에 오른 앙리 4세와 루이 13세 등이 도시를 찾았을 때 이곳에 머물렀다고 한다. 하지만 아쉽게도 그 때의 집은 허물어지고 지금의 건물은 18세기에 지어진 것이라고 한다.

기록엔 없지만 잔 달브레 또한 이곳에 머물렀음이 분명하다. 도시에서 가장 아름답고 위치도 외부의 공격에 안전한 지점이기 때문이다. 그 건물을 둘러보며 왕실과 가톨릭 군대에 맞서 위그노를 이끌었을 잔 달브레와 위그노 지도자, 앙리 4세를 생각했다. 그들은 무슨 생각을 했을까? 물론 첫 위그노 전쟁은 예배를 드리던 개신교인을 가톨릭 가문의 군대가 학살(바시 학살)한 것이 계기가 되어 시작됐다. 하지만 전쟁은 가톨릭 입장인 프랑스 북동부를 배경으로 한 기즈 가문과 개신교를 수용한 프랑스 남서부의 부르봉 가문의 권력 투쟁 성격도 배제할 수 없다. '영주의 종교가 곧 신민의 종교'가 되던 중세 시대, 이들의 대립과 전쟁은 도시를 중심으로 격렬하고 치열하게 전개됐다. 이곳에서 왕실과 가톨릭 군대를 상대하던 잔 달브레 등 부르봉 가문의 위그노 지도자들은 이들에 맞서는 효과적 전략을 논의했을 것이다.

그러나 전쟁은 중세 후반 새롭게 성장한 상공인에겐 자신의 경제적 기반을 파괴하고 교역에 어려움을 조성하는 것이다. 이들은 넓은 견문을 바탕으로

아우구스틴 거리에 있는 가톨릭 예배당. 과거 아우구스티누스 수도원 자리

인문주의를 받아들였고, 합리적이고 논리적으로 종교개혁을 펼친 이들에게 우호적이었으며 적극적으로 종교개혁 편에 섰다. 또 전쟁이라는 극단적인 대립 상황에서 중립지대가 없었기에 개신교 편에서 왕실과 가톨릭 군대에 맞서 싸울 수밖에 없었을 것이다. 그런 입장에서 강경한 귀족들과 달리 그들은 다소 온건한 입장을 제기했을 수도 있다. 아마도 지금의 장소에서 그런 논의들이 오갔을 것이다.

그런 생각을 하면서 박물관의 입구와 오래된 대학의 문, 옛 고고학 유적 일부가 옮겨진 정원 등도 둘러본다. 정원 문에 위치한 한 유적은 프란치스코 수도원 건물에 1565년 만들었던 옛 대학의 흔적이라고 한다. 대학이 출발된 시점이 위그노 전쟁 기간이란 점에서 아마도 이 대학은 종교적 지도자, 도시를 이끌 일꾼 양성을 위해서 설립했을 것이다. 그렇다면 대학은 개신교적 입장을 가진 교수들이 강의했을 것이다. 자료에는 '내가 여호와를 경외하는 법을 너희에게 가르치리로다'(시 34:11), '그는 믿음으로 말미암아 살리라'(하 2:4)는 문구가 새겨져 있다고 하는데 확인할 수는 없었다. 그러나 개신교적 사유와 교육의 중요성이 담긴 두 성서 구절을 통해 이곳 대학의 근간이 무엇이었는지를 다시 확인하게 된다.

아무튼 잔 달브레의 사망 이후 나바라의 앙리는 위그노의 지도자가 됐고 위그노 전쟁이 끝날 무렵 프랑스 왕위 계승법에 따라 왕위 계승자가 되었다. 하지만 수도 파리와 가톨릭 진영은 이를 반대했고 왕이 된(1589년) 그는 몇 차례의 전투 후 가톨릭 '복귀'를 조건으로 파리에 입성, 노트르담 대성당에서 정식 대관식(1594년)을 갖고 프랑스 왕에 취임한다. 당시 그는 가톨릭 지원에 나선 스페인 군대를 물리친 후에 가톨릭과 개신교의 화해를 담은 낭트칙령(Edit de Nantes, 1598)을 발표, 위그노의 종교자유를 인정했다.

낭트칙령은 라로셸에 어떤 영향을 주었을까? 이미 1560년대부터 라로셸은 위그노의 중심 도시로서 종교 자유를 누렸다는 점에서 큰 변화는 없었을 것이다. 그러나 칙령을 전후해 도시 내에 위그노의 선교 활동이 더욱 왕성해졌고 개신교 출판물 발간이 더욱 확산되었다고 한다. 당연히 위그노 상공인의 활동도 프랑스 전역, 인근 개신교 국가인 영국이나 네덜란드로 더욱 확대되었을 것이다. 이런 적극적인 상공인의 활동과 신앙의 자유를 찾아 몰려온 개신교인의 증가로 1615년에는 시민의 90% 이상이 개신교인이라는 분석까지 있다. 이처럼 라로셸은 1560년대부터 1600년대 초반까지 위그노의 수도로서, 종교 자유의 상징으로 프랑스에 그 이름을 널리 알리게 된다.

3. 위그노 최후의 항쟁 : 등대탑과 사슬탑

시내를 거닐다보면 '거기가 거기 같다'는 말이 이해된다. 돌로 된 옛 건물들을 살피다보면 대부분의 장소가 비슷해 보인다. 그래서 자료를 볼 때는 어떤

사슬탑(오른 편)과 등대탑

곳인지 이해했다가도 건물을 올려다보면 어떤 곳이었는지 가물댄다. 그렇게 라로셸 시내를 다니며 종교개혁 초기 예배 장소와 첫 교회의 흔적들, 그리고 개혁교회 지도자들의 왕성한 활동이 이루어진 곳 등을 둘러볼 수 있었다. 잠시 휴식을 취할 겸 항구 쪽으로 나왔다. 비가 온 뒤라서 그런지 상쾌함이 바닷가로부터 불어오는 바람에 담겨 있었다. 그곳 한 곁에 앉아 사람들을 살피다가 자리를 털고 일어나 항구도시를 상징하는 탑들을 찾아 나섰다. 중세 유럽 도시가 그렇듯 라로셸 또한 높은 성벽을 갖추고 있었고 성벽 바깥에는 해자와 같은 깊은 물길이 있어 외부 공격을 방어하도록 했다. 도시는 전체적으로 별 모양으로, 여러 곳에 탑을 세웠고 성 밖의 침입을 감시하도록 했다. 물론 견고한 성벽은 항쟁에서 패한 이후 무너뜨려졌고, 지금은 도시 확장으로 성벽이 어디에 있었는지 조차 정확히 구분할 수 없다. 하지만 바닷가 쪽의 탑은 해상 침입을 고려해 남겨졌고, 이들 탑은 도시의 상징이 됐다.

제일 먼저 도심 외곽 성벽에 있었던 탑으로 가장 오랜 역사를 간직한 'la

Lanterne'(등대 탑)에 올랐다. 12세기 말부터 있었다는 이 탑은 라로셸 먼 바다를 볼 수 있다는 점과 이름에서 알 수 있는 것처럼 뱃사람들을 위한 등대로서 바닷가를 비추던 등불이 있던 곳이다. 현재 형태는 1400년대 중반에 만들어졌는데 16세기부터는 감옥으로 사용되어 군인과 선원 등이 수감되었다. 감옥에 있는 동안 죄수들은 무료한 시간을 달래기 위해 종탑의 벽과 감옥 문에 글과 그림을 그려 넣었다.

등대탑

그런 흔적을 탑 내부에서 느낄 수 있었다. 이곳에 갇혀 때론 죽음의 위협을 느끼며, 때론 이곳을 나서기 전 벽에 흔적을 새겼을 그들의 이야기를 살핀다. 오랜 세월로 인해 일부 글자를 제외하곤 읽을 수 없지만 프랑스어, 영어, 네덜란드어 등으로 쓰인 기록은 다양한 나라의 죄수가 이곳에 수감됐었음을 알게 했다.

그런데 이 탑은 종교개혁과 관련한 역사 한 가지를 가지고 있었다. 바로 위그노 전쟁이 진행되던 1568년 시민들은 폰타드(François Pontard) 시장을 중심으로 가톨릭에 대항하여 싸우기로 결단했고, 도심에 있는 교회를 헐어 성벽을 강화한다. 하지만 가톨릭교회 성직자와 수도사들은 성당을 허는 것을 격렬히 반대했고, 시의회는 교구의 성직자들을 이 탑에 감금했고 죽였다고 한다. 당시 몇 명의 성직자가 도시에 있었는지는 모르지만 모두 13명의 성직자들이 교수형 당했다는 기록을 볼 수 있었다. 혹시 죄수들의 기록 중 이들 13명이 남긴 흔적은 없을까? 그들이 만약 흔적을 남겼다면 성서의 글귀거나 당시 교회

등대탑은 감옥으로 사용되었던 곳이다.

파괴 행위에 대한 분노의 문구일 가능성이 높다.

종탑 꼭대기에 올라 먼 바닷가 하늘을 바라봤다. 비가 다시 올 것 같은 날씨라서 하늘엔 먹구름이 가득했다. 마치 전쟁 전야의 분위기 같다. 낭트칙령 전후로 라로셀의 위그노는 신앙의 자유를 만끽했다. 화려했던 옛 가톨릭교회는 개신교의 도시 라로셀 방어를 명분으로 허물어졌고 성상과 성화가 없는 새로운 터전에 함께 모인 개신교인들은 새 방식으로 예배드렸다. 하지만 자유를 허락한 앙리 4세의 암살(1610년)과 그의 아들 루이 13세(Ludwig XIII)의 취임은 하늘의 먹구름처럼 라로셀 사람들을 불안케 했다.

아홉 살에 취임한 왕을 대신해 그의 어머니인 마리 드 메디치(Maria de' Medici)가 섭정으로서 프랑스 정치를 좌우했다. 이어 왕실은 위그노에 대한 압박과 가톨릭으로의 회귀 정책을 강요하기 시작했다. 마침내 위그노 영향력이 큰 프랑스 남부와 서부 항구 도시들은 '종교자유의 퇴보'에 맞서 항쟁의 깃발을 들게 된다. 라로셀은 위그노 항쟁의 중심에 섰다. 첫 항쟁은 1614년에 일어났다. 라로셀은 상공인을 중심으로 도시의 자치권을 주장하며 중앙 정부와 왕의 간섭에서 벗어나려고 시도한다. 심지어 네덜란드처럼 독립공화국을 주장하기도 했다. 이런 위그노의 움직임에 대해 절대왕정을 주장했던 루이 13세는 강력한 제동을 걸고 나선다.

첫 종탑을 나서 두 번째 탑, 사슬 탑(Tour de la Chaine)으로 불리는 곳으로 향했다. 두 개의 탑은 불과 100여 미터 거리로, 사슬 탑은 이름에서 드러나듯 사슬을 풀어 배의 출입을 통제하고 세금을 거두는 역할을 했던 곳이다. 당시

한 명의 선장이 이곳에 상주했기 때문에 일종의 라로셀 해군의 본부 같은 역할도 한 것 같다. 실제로 위그노 전쟁 시기 이곳에는 콜리니 제독과 함께 싸운 앙드롯(Andelot)과 로앙의 르네(René de Rohan) 등 위그노 지도자의 시신이 안치되기도 했다. 또 라로셀 항쟁 시기에 이곳에서 시민들은 항구 쪽으로 다가오는 배를 확인했고, 항구를 나서는 해군을 내보내는 역할을 했다. 그런 점에서 사슬 탑은 주민들의 숨통역할을 담당한 탑이라고 할 것이다.

항구 출입을 관리하던 사슬탑

 하지만 이 탑은 300여 년 간 지붕 없는 상태로 방치 된 데다 공간도 협소해 내부 박물관은 매우 소박했다. 3층에 영상을 상영하는 공간을 제외하곤 이렇다 할 전시물도 없었다. 영상을 시청한 후 그곳에 앉아 라로셀을 중심으로 전개된 위그노 항쟁과 왕실의 진압 작전을 생각한다. 본격적인 왕의 진압은 1617년 왕이 직접 정치에 나서면서 시작되었다. 먼저 그는 프랑스 남부 위그노 도시인 베아른에서 가톨릭 신자의 권리를 강조했으며, 1620년 피레네 산맥 근처의 포를 점령하고 베아른을 무력으로 병합, 가톨릭 신자만 참여할 수 있는 친 왕실 성향 의회를 구성한다. 나바라 영지였던 도시를 사실상 왕실 직할로 만든 것이다. 위기를 느낀 위그노는 그해 12월 라로셀에 집결, 왕실의 군대에 맞설 것을 선언했다. 당시 위그노를 이끈 지도자는 로앙의 앙리 공작(Henri de Rohan)이다. 그는 왕실과 전면전을 주장하기도 했고 대립이 격화하자 위그노의 독립적인 군사력과 과세가 가능한 '국가 안의 국가'를 확립하려고 한다.

드디어 전쟁(라로셀 항쟁, 1621~1628)이 시작됐다. 왕실 군대는 1621년 라로셀을 향해 출병했다. 첫 전투에서 왕실군은 위그노 도시인 소뮈르를 점령했고 이어 수비즈 공작 벤자민(Benjamin de Rohan)이 지키던 생장 당젤리(Saint-Jean-d'Angély)를 함락시킨 후 왕의 이름을 따라 루이 시(Bourg Louis)로 개명했다. 이어 몽토방(Montauban)을 공격했고 네그레펠리세(Negrepelisse)에서는 시민들을 학살하고 도시를 불태우는 학살자의 면모를 드러내기도 했다. 하지만 우수한 해군력으로 항구를 통해 해상에서 항전하는 라로셀은 패퇴시키지 못했고, 전황은 상당기간 교착 상태에 이른다. 군사적 대결 과정에 '국가 안의 국가'로 자신들을 인식하는 위그노를 그냥 두고서는 국가 통합이 이뤄질 수 없음을 확인한 루이 13세는 위그노의 군사력을 꺾기 위해 라로셀로 모든 화력을 집중했다. 당시 라로셀의 상징성을 누구보다 잘 알고 있는 새로운 왕의 고문(총리) 추기경 리슐리외(Kardinal Richelieu)는 라로셀 함락에 모든 것을 집중한다. 라로셀의 요청으로 개신교 국가 잉글랜드가 전쟁에 개입하자 리슐리외는 직접 전쟁의 지휘관이 되어 라로셀 공격에 나섰다. 이제 대규모 군사 공격, 최후의 결전이 시작된 것이다.

리슐리외는 라로셀을 포위하는 11개 요새와 18개 망루를 세워 도시를 완전 고립시키는 전략을 구사했다. 또한 이전 전투에서 승리하지 못한 이유가 항구 봉쇄 실패에 있다고 판단하고, 왕실 해군(La marine Royale)을 조직해 위그노 함대와 영국 군대에 맞섰다. 항구 밖 섬에 잉글랜드 군을 고립시키는 방식이 성공한 후 승기를 잡은 프랑스 군대는 항구 밖에 다리를 만들고 돌을 실은 배를 중간에 침몰시켜 항구 전체를 봉쇄시킨다. 라로셀 해군의 배들이 항구 밖으로 나오지 못하도록 만든 것이다. 이렇게 해서 라로셀은 1627년 9월부터 이듬해 10월까지 14개월 간 외부와 철저히 단절된다. 이제 전쟁은 라로셀 시민과 프랑스 군대의 대결로 단순화 됐다.

항구를 거닐다 도시의 역사를 소개하는 홍보용 입간판을 볼 수 있었다. 그곳에는 한반도 남쪽 모습을 닮은 라로셸의 옛 도시 모습과 리슐리외가 나온 유명한 그림, 그리고 '개신교 항구(Le port Protestant)'라는 글귀를 만날 수 있었다. 라로셸 공성전을 이끈 리슐리외는 항구를 막은 다리 위 파

한반도 남쪽의 모습을 닮아 있는 라로셸 옛 모습

도가 몰아치는 곳에서 붉은 망토를 휘날리며 서 있다. 날카로운 눈매와 강인한 모습을 한 그는 생각에 잠겨있고, 약간 떨어진 곳에는 그를 보좌하는 듯한 군복 입은 장교와 수도사들이 항구 쪽을 바라보고 있다. 한국 사람들은 사실 리슐리외라는 이름을 '달타냥과 삼총사'의 이야기와 영화를 통해서 많이 들었다. 이야기 속 그는 권력을 휘두르는 인물로만 그려진다. 하지만 실제 역사 속 리슐리외는 왕실과 프랑스를 위한 명재상이요, 뛰어난 정치가였다.

추기경 리슐리외는 항구 외곽을 비롯해 도시 전체를 완전히 봉쇄하며 위그노의 항복을 강요했다.

그런데 왜 리슐리외는 위그노를 탄압하고 왕실 군대를 동원해 진압에 나선 것일까? 그가 가톨릭교회에 충성하는 '추기경'이기에 프랑스를 가톨릭 신앙에 굳건히 세우려 한 것일까? 그렇게만 생각한다면 오해다. 그것은 그의 주목적이 아니었기 때문이다. 리슐리외는 위그노의 군사적 대항, 즉 '반란'이 루이 13세의 절대 왕정에 위협된다고 판단했던 것이다. 그래서 그는 귀족들의 군대를 없애고 왕실의 군대, 즉 국가의 군대를 만들고자 했다. 이런 그의 입장은 개신교 군대를 진압하고 라로셀을 함락시켰지만 종교의 자유는 바로 옥죄지 않은 것에서 나타난다. 또 불과 몇 년 후 30년 전쟁 때 그가 신성로마제국 황제와 교황의 군대에 맞선 독일 프로테스탄트 군주들을 지원한 것에서도 확인된다.

4. 결사항전, 고립된 도시의 항복 : 시장 장기통과 시청사

라로셀 항쟁에서 왕실 측의 가장 중요한 인물이 리슐리외 추기경이었다면 맞은 편에서 싸운 시의회 지도자는 장 기통(Jean Guiton)이다. 그는 위그노 항쟁 초기 바다에서 왕실 군대에 맞서 싸웠던 라로셀 함대의 사령관이었고 마지막 결전의 시기에는 시장이 되어 최후의 항전을 이끌었다. 항구에서 시내로 되돌아와 그가 살던 옛 집을 찾았다. 하지만 그곳은 '장기통의 집(Maison Jean Guiton)'이라는 역사적 기록 이외에 이렇다 할 흔적을 찾을 수 없었다. 실제로 건물은 18세기에 새롭게 건축되었고 1층에는 상가가 들어서 있었다. 위그노와 가톨릭 세력의 치열한 대립과 왕실 군대의 공격을 생각하면 당시 항구와 가까운 시내 건물은 파괴됐다고 보는 것이 합리적이다. 그런 점에서 그의 집이 파괴되고 후대에 새 건물이 들어선 것은 어쩔 수 없는 일이다. 건물을 다시 올려다본 후 장 기통과 시민들의 최후 항쟁 거점인 시청사로 향했다.

종교개혁 시기 장 기통 집안은 시의 중요 가문 중 하나였다. 할아버지와 삼촌, 아버지 등이 시장을 역임했고 그 또한 시장의 딸을 아내로 맞아 결혼했다. 아마도 무역업을 중심으로 지역 유지가 된 그의 가문은 자연스럽게 시의회에서 활동했고, 종교개혁 신앙을 받아들였다. 그런 배경에서 장 기통은 항쟁 초기 1621년 라로셀 함대를 이끌 수 있었고 상당기간 왕실 군대를 괴롭히게 된다. 그런 그가 최후의 결전을 앞둔 1627년 장 고드프리(Jean Godeffroy)에 뒤이어 시장에 선임됐다. 85명의 시의원 중 75명의 지지를 받은 그는 왕실 군대에 대한 결사항전을 선언했는데 "항복에 대해 말하는 첫 번째 사람의 심장을 찌르겠다(qu'il percerait le coeur du premier qui parlerait de se rendre.)"고 단검으로 대리석 테이블을 내려쳤다고 한다.

2013년 화재를 겪은 후 새롭게 복구된 시청사(Hôtel de ville de La Rochelle)는 깔끔했다. 작은 성벽도 있었고 종탑과 아름다운 계단, 인물상과 테라스, 기둥

라로셀 항쟁의 중심지였던 시청사

오래된 듯 보이는 시청사 내부 계단

시청 앞 광장 장 기통 동상

들은 이곳을 시청사가 아니라 도심 속 작은 궁전이라고 불러야 할 것 같았다. 시장 취임과 장 기통이 내려쳤다는 책상과 단검을 보기 위해 시청사 내부(장 기통 전시실)에 들어가려고 안내 데스크를 찾았다. 하지만 그곳의 직원은 특별한 경우가 아니면 그곳을 볼 수 없다고 했다. 결국 창밖으로 융단이 깔린 계단과 심플한 회의실만 둘러보는 것으로 시청 견학을 대신해야 했다. 아쉬움이 컸다. 그러나 시청사 광장에 세워진 장 기통의 동상과 그를 정점으로 바닥에 그려진 위그노 십자가를 볼 수 있었기에 다소 위안이 됐다.

  동상 속 굳게 다문 장 기통의 입술과 움켜쥔 손, 또 허리춤에 꽂은 칼 잡은 손은 강한 힘을 품고 있었다. 앞을 주시하는 그의 모습은 마치 상대방을 향하여 강력한 저항의 의지를 내비치는 것 같다. 더욱이 그를 중심으로 바닥에 그려진 위그노 십자가는 과거 위그노들이 그를 중심으로 강력히 항쟁한 그날의 역

라로셸 시청 앞 광장에는 장 기통 시장의 동상과 함께 위그노 십자가가 그려져 있다.

사를 생생히 증언하는 듯 했다. 그곳에서 위그노 십자가의 모양을 살폈다. 위그노 십자가는 현재도 존재하는 '몰타 기사단'(또는 성 요한 기사단) 십자가와 거의 같다는 점에서 그로부터 유래한 것으로 보인다. 또 십자가 끝에 둥근 원이, 십자가 사이에는 백합 문양이, 그리고 십자가 아래에는 비둘기가 달려 있는 형태다. 각 문양이 무엇을 의미하는 지는 여러 해석이 있는데, 둥근 원은 눈물을, 백합은 부르봉 왕가를, 네 백합의 열두 개 꽃잎은 열 두 사도를, 비둘기는 성령을 의미한다고 한다. 물론 처음부터 그런 의미가 부여된 것은 아니며 후대의 해석이 이루어진 것으로 보인다. 어떻든 이 십자가는 1688년 경 프랑스 남부 님(Nimes)에서 처음 사용되었고 위그노들은 목에 이 십자가를 걸고 다녔다고 한다.

시청사를 나서며 장 기통을 중심으로 전개된 라로셸 항쟁의 마지막 모습을 생각해 본다. 최후의 항쟁 기간 잉글랜드는 라로셸을 돕기 위해 두 차례 군대를 파병했다. 하지만 잉글랜드 해군은 견고한 프랑스 군의 해상 방어막을 뚫지 못했고 결국 철수한다. 구원 노력이 실패한 것이다. 이제 라로셸 시민들은 육상 봉쇄에 이어 해상까지 철저히 봉쇄당한 채 부족한 식량으로 인한 기아와 싸워야 했다. 2만 5천여 명이 넘었던 숫자는 수 차례 전투와 기아, 일부 이탈로 인해 5천여 명으로 줄어들었다. 도심으로 날아든 돌덩이로 성벽과 일부 건물은 허물어졌다. 희망이 없었다. 배고픔과 고통, 거기에다 희망의 상실은 더 이상 전쟁을 계속할 수 없게 했다. 결국 장 기통과 위그노 신자들은 1628년 10월 백기를 들 수밖에 없었다. 패전 후 장 기통은 영국 런던에 체류(망명)했다가 돌아왔고 이후 왕실 해군에 속해 전투에 참가하는 등 고국을 위해 마지막 봉사를 했다. 비록 개인의 신앙은 지킬 수 있었지만 라로셀의 위그노는 패배하고 무기를 빼앗겼으며, 오래지 않아 목숨을 내건 항쟁으로 획득했던 종교의 자유마저 빼앗기고 말았다.

5. 종교자유 박탈, 망명길에 오른 위그노 : 대성당과 상공회의소 건물

답답함을 해소하기 위해 다시 항구 방향으로 나섰고, 항구에서 가장 규모 있는 니콜라이 탑(Saint-Nicolas)을 방문했다. 내부에는 강당과 여러 개의 거실(방), 예배실, 해안을 감시하는 공간 등이 있었다. 항쟁 시기 왕실 군대의 지도부가 주둔한 방향과 가깝기 때문에 항쟁 시기 왕실군의 움직임을 파악하고 대응하는 역할을 하던 곳 같다. 그곳에서 항쟁 당시의 군사 배치를 담은 대형 그림을 만날 수 있었다. 라로셀을 포위하고 있는 왕실 군대의 여러 주둔지와 바다를 가득 채운 대형 함선과 소형 배들은 당시 전쟁이 얼마나 큰 규모였는지 여실히 보여준다. 더욱이 이중 삼중으로 해안을 완전 봉쇄한 모습과 도시를 완전히 둘러싼 육지 위 포위망은 왕실군이 라로셀 시민들을 얼마나 옭아맸는지를 짐작케 한다. 국가 전체가 참여한 이 힘에 맞서 1년 넘게 버텨낸 위

항구 좌우에 있는 니콜라이탑(오른쪽)과 사슬탑은 왕실의 해군에 맞서 싸운 위그노의 거점이었다.

그노, 시민들의 항쟁의 열정이 느껴진다.

그러나 군사적 공격과 배고픔을 참고 견디던 시민들은 항복할 수밖에 없었다. 프랑스 국기가 휘날리는 탑 위에 서서 승리의 깃발을 휘날리며 라로셀로 향하는 재상 리슐리외와 루이 13세, 그리고 왕실 군대를 상상해 본다. 그들은 성에 들어온 후 독립적 도시 지위를 박탈하고 라로셀을 왕실의 통치를 받는 도시로 만든다. 또 시민들이 선출하는 시장이 아니라 왕실이 임명한 사람에 의해 통제를 받도록 했으며 성벽과 요새들 대부분을 헐어버린다. 영국과 스페인 등의 해상침략을 방어하기 위한 탑만 남겨졌는데 그 중 하나가 니콜라이 탑인 것이다.

탑을 나서 라로셀 가톨릭의 중심지인 대성당 생 루이(Saint Louis)와 한 때 개신교회가 사용했던

니콜라스탑 공성전 전쟁장면을 묘사한 그림

원래 대성당은 바돌로메이 교회였으며, 위그노가 도시 방어를 위해 파괴했다. 종교개혁 때 개신교는 대성당 앞 그랜드 사원을, 항쟁 패퇴 후 새로 지은 새교회를 사용했다. 가톨릭은 그랜드 사원을 쓰다가 나중에 대성당을 새로 건축했다.

생 소뵈르(Saint-sauveur, 거룩한 구세주)교회를 방문했다. 대성당은 위그노 항쟁을 진압한 후 가톨릭교회를 위해 건축되었으며 마찬가지로 소뵈르 교회 또한 종탑만 남은 건물 옆에 새롭게 건축했다. 두 교회 모두 '위그노의 도시'에서 '가톨릭 도시'로 바뀐 것을 상징적으로 보여주는 장소이다.

1628년 위그노가 항복했지만 위그노의 항쟁이 모두 끝난 것은 아니다. 일부 작은 규모의 항쟁은 계속되었기 때문이다. 그래서 라로셀을 항복시킨 왕실 군대는 1629년 프랑스 남부로 향했고 프리바스(Privas, 5월)와 알레(Alès, 6월) 등을 계속 점령했다. 이런 왕실 군대의 움직임에 눌린 위그노는 더 이상의 항쟁을 포기했고, 프랑스의 위그노 세력은 사실상 힘을 상실하게 된다. 승리를 바탕으로 황제는 1629년 9월 '알레 강화(Paix d'Alès)' 칙령을 발표한다. 이 칙령의 핵심은 위그노 귀족들이 더 이상 군대를 소유할 수 없다는 내용이다. 위그노는 신앙의 자유를 지킬 수 있는 힘을 가질 수 없었던 것이다. 다만 왕실은 낭트칙령으로 보장된 위그노의 종교적 자유는 유지했다. 라로셀 정부도 시의회(개신교인)의 압력으로 폐지된 가톨릭 미사를 재도입하고 개신교가 빼앗은 예배당을 가톨릭교회에 되돌리는 정도로 그쳤다.

실제로 대성당을 방문했을 때 소개 자료에서 "1568년 종교전쟁 동안 파괴된 교회(바돌로메이)에 17세기 초 프로테스탄트가 큰 교회를 세웠다. 그것은 라로셀 공성전 20여년 후 첫 주교가 정주한 후 대성당이 되었다"는 내용을 확인할 수 있었다. 이를 보면 위그노들은 성벽 강화를 명분으로 가톨릭 대성당을 헐었고, 낭트칙령으로 종교자유가 허락된 후 그 부근에 개혁교회를 다시 건축했던 것이다. 정확한 건축 시기는 확인되지 않지만 이 교회는 성이 함락된 후 가톨릭교회에 넘겨져 대성당으로 사용되었다. 다만 그 때의 건물은 파괴되었고 현재의 대성당은 새로 건축되어 1789년부터 사용되고 있다고 한다. 만약 새롭게 지어졌던 개신교회가 남아 있었다면 다시 가톨릭교회가 된 모습을 볼 수 있었을 텐데 하는 아쉬움이 들었다. 대성당 내부를 둘러보다 두 개의 그림에 눈길이 갔다. 하나는 옛 교회의 이름을 보여주는 바르톨로메오(예수의 제자 바돌로매)의 죽음 장면을 그린 그림이며, 다른 하나는 십자군 군대에 둘러싸인 프랑스 왕으로 보이는 인물이 한 사람을 끌어안고 있는 장면이다. 마치 위그노의 죽음과 패전을 상징하는 듯한 느낌이 든 것은 왜일까? 작가의 의도나 그림을 내건 교회의 의도와는 전혀

대성당 내부 대형그림

다른 방문자의 느낌, 어쩌면 위그노의 흔적을 찾아온 사람만이 경험할 수 있는 느낌이다.

전쟁 이후 사실상 폐허가 되다시피 파괴된 도시, 5천여 명으로 줄어든 인구, 자율권을 상실한 상황 등 라로셀의 미래는 암담했다. 도시의 경제적인 몰락은 분명했다. 그러나 라로셀은 다시 일어섰다. 도시는 1630년부터 뉴 프랑스(캐나다), 서인도 제도와 해상 무역을 강화했고 새롭게 활성화되기 시작한 노예 무역에도 관여했다. 다행히 스페인과의 전쟁을 고려해 도시는 새롭게 만든 왕실 해군 함대의 기항지가 되면서 도시의 중요성은 계속 유지되었다. 이런저런 이유로 십여 년이 지나면서 라로셀은 프랑스에서 가장 활발한 항구로 다시 부흥기에 돌입했다.

다만 군사적 힘으로 지켜지던 라로셀의 신앙은 가톨릭교회와 왕실의 반종교개혁 압력을 당해낼 수 없었다. 프랑스 각지에 산재한 위그노 지역에서 가톨릭의 미사가 복원된 후 정치적 및 종교적 억압은 한 단계 한 단계 심화되기 시작했다. 위그노의 정치적 진출은 불가능해졌고 자녀들은 가톨릭 교인으로 세례를 강요받았으며 재산 소유에서도 차별 대우가 잇따랐다. 더욱이 개혁교회 목사로 프랑스에서 사는 것은 모든 시민의 권리를 박탈 당한 천민과 같았다. 이런 가운데 위그노들은 하나둘씩 프랑스를 등졌고 망명의 숫자는 점차 늘어난다. 특히 1685년 루이 14세에 의한 낭트 칙령의 폐지, 즉 개신교인의 예배와 신앙 활동 자유를 박탈하는 퐁텐블로 칙령 반포는 위그노의 프랑스 대탈출을 가져왔다. 예배조차 드릴 수 없는 상황에서 더 이상 고향 땅에 머무를 수 없었던 것이다.

대성당에 이어 찾은 생 소뵈르 교회는 라로셀 전쟁 직후부터 가톨릭 성도들이 사용한 것 같다. 교회 역사에 1630년대부터 과거 교회가 있던 자리에 임시적인 예배당이 세워졌다는 기록이 있기 때문이다. 위그노가 패퇴한 직후에도 도시의 중심 예배당에선 위그노 성도들이 개혁교회 방식의 예배를 드렸고, 가톨릭은 이곳에서 예배를 드린 것은 아닐까 하는 생각이 든다. 그러다가 주교가 파송되고, 왕실과 가톨릭교회의 압력으로 개혁교회는 대성당 또한 빼앗기게 되었을 것이다. 어떤 형태이든 라로

생 소뵈르 교회

셀의 위그노 세력은 계속해서 약화되었고, 줄어든 위그노의 자리는 인근 지역에서 새로 들어온 가톨릭 교인들로 대체되었다. 고향을 떠날 수 없었던 개신교인은 가톨릭의 그늘 아래 숨어야만 했다.

원래 프랑스 종교개혁자들의 망명은 파렐의 스위스 망명에서 확인되듯 1520년대 후반부터 시작되었다. 한 두 명의 망명이 신자들의 망명으로 규모가 커진 것은 1562년 바시 학살과 1571년 바르톨로메오 대학살 이후부터다. 망명 초기 '발로니(Walloon)'로 불린 이들의 행렬은 낭트칙령 이후 다소 감소했다가 루이 13세의 억압과 루이 14세에 의한 낭트칙령 폐지로 규모가 더욱 커지게 된다. 한 자료에 따르면 1680년부터 1715년까지 18만여 명이 이주했으며, 목회자의 80%가 망명할 수밖에 없었다고 한다. 특히 낭트칙령이 폐지된 직후인 1685년부터 87년까지 3년간 10만여 명이 망명을 떠날 정도로 극심한 탄압에 노출되었다. 한 때(1500년대 후반)는 2000여 개 교회 약 200만 명으로 프랑스 인구의 10%를 차지했던 위그노는 25만여 명이 망명길에 오르면서 100여 년 후에는 인구의 2%에 불과하게 되었다.

망명자들이 향한 곳은 국경을 인접하고 있는 스위스와 영국, 네덜란드, 독

일 등이었고, 나중에는 북아메리카 등 신대륙과 아프리카의 최남단 남아프리카공화국까지 이주한다. 이중 독일로 이주한 위그노는 5만여 명인데, 이들은 30년 전쟁 후 황폐화된 땅을 개간하려는 독일 영주들의 적극적인 후원을 받았다. 무료 토지 제공과 세금 감면 등의 혜택을 받은 그들은 감자와 담배 재배, 섬유와 실크 산업 발전에 크게 기여했다고 한다. 영국으로 이주한 5만 여 명의 위그노는 상공인들이 많았는데 나중에 칼뱅의 사상을 바탕으로 형성된 청교도에게 영향을 미쳤다. 또한 신대륙 미국으로 향한 위그노 중 33가정이 1688년 미국 뉴욕 주에 '새로운 로셸'(New Rochelle)을 건설했다.

대성당과 생 소뵈르 교회에 이어 라로셸 상공회의소를 찾았다. 항구가 무역을 통한 라로셸의 부흥을 상징하는 곳이라면 이곳은 도시 전체의 상공인들이 도시 발전을 논의하며 이야기 꽃을 피우는 장소였다. 물론 라로셸에 상공회의소가 들어선 것은 1719년이고 현재의 건물(Hôel de la Bourse)은 1760년 중반 완공됐다는 점에서 이 기구는 위그노와 직접적 관련은 없다. 그러나 이곳은

개신교 예배의 자유가 없어진 후에 만들어진 라로셸 상공회의소 건물. 이곳의 대표는 가톨릭과 개신교인이 순번대로 맡았다고 한다.

종교의 자유가 박탈된 이후 도시에 위그노들이 남았고, 이들이 지역의 경제 활동에 어떻게 참여했는지 알 수 있는 곳이다. ㄷ자 모양의 건물과 두 건물 2층을 잇는 난간, 그리고 작은 공원은 부유한 경제인의 집 같다. 돌로 된 건물 마당에는 별

상공회의소 건물 벽에 있는 역대 대표 명단

모양의 문양이 있는데 세계로 뻗어나가는 무역을 상징하는 것 같다. 건물을 살피다 벽 한쪽에 적혀 있는 상공회의소 설립 이후 대표(회장) 명단에 눈길을 멈췄다. 라로셀 상공회의소는 설립 이후 가톨릭 교인과 개신교 교인이 번갈아 대표를 맡았다는 이야기가 있기 때문이다.

사실 낭트칙령 폐지 이후 위그노 대다수가 프랑스를 떠난 것은 아니었으며, 오히려 남은 사람들이 더 많았다. 라로셀 상공인들 중에서도 남은 사람이 많았고, 일부는 경제적 활동을 하면서 상공회의소 설립에 회원으로 참여했다. 물론 당시 위그노는 직업 활동에 제약이 있었기 때문에 드러내며 활동할 수는 없었을 것이다. 그러나 그의 동료들은 그의 집안이 위그노 출신이라는 사실과 그의 신앙 신념이 약간은 다르다는 것을 모르지 않았을 것이다. 그런 내용이 상공인 사이에 상호 존중되었고, 상공회의소는 개신교인이 많은 상황을 고려해 운용의 묘를 살렸을 수도 있다. 더욱이 라로셀이 패퇴한 이후 왕실이나 시 정부는 가톨릭 국가인 스페인과의 이어진 전쟁과 개신교 국가인 영국이나 네덜란드와 진행하는 무역 상황을 고려해 이들 개신교인들의 활동을 허용했을 수도 있다. 어떤 형태든 상공회의소의 운용은 당시 프랑스 종교 지형에서 시사하는 바가 많은 것 같다.

6. 오늘날 라로셸의 개혁신앙:
개혁교회와 프로테스탄트 역사 박물관

마우벡 건물터

도시를 둘러보면서 의사로서 종교개혁에 기여한 니콜라우스(Nicolas Venette)의 집과 암흑기에 개신교인들의 예배가 진행된 베론 호텔(Hotel Beron), 그리고 시 외곽 쪽에 있는 마우벡 건물터(Porte Maubec) 등도 둘러볼 수 있었다. 마우벡은 위그노 시대 한 수도원 건물이 있었던 곳으로 개신교인들의 예배 장소로도 사용됐고, 전쟁 기간엔 요새로도 쓰였다고 한다. 또 위그노를 이끌었던 로앙 공작의 거주지 중 하나였다가 루이 13세가 카푸친 수도회에 기증한 마르산 하우스('Hotel de Marsan'), 1765년 프로테스탄트에 의해 설립되고 지원받은 개신교 병원(Portail de l'hopital protestant), 라로셸 공성전 전후로 개혁교회의 예배당이 있었던 장소들과 인근의 세인트 루이스 병원의 예배당(Chapelle de l'hopital Saint Louis) 등도 방문했다. 모든 건물이 위그노의 역사를 품고 있는 곳으로 나름의 역사적 의미를 찾을 수 있는 장소였다. 하지만 대부분 건물이 후대에 다시 건축되거나 흔적만 남기고 사라져 과거의 역사 기록 이외의 것을 찾을 수 없었다. 일반 여행자라면 무심코 지나칠 그 장소들을 역사를 생각하며 살폈다.

라로셸에서 마지막으로 찾은 곳은 도시 개신교인들의 보금자리인 라로셸 개혁교회(Le Temple de L'Eglise Unie)와 예배당 옆 건물에 자리한 개신교역사박물관(Le Musée Rochelais D'Histoire Protestante)이다. 과거 방문 때는 문이 닫혀 있어 둘러보지 못했던 곳을 시 관광안내소를 통해 연락하여 박물관 여는 날짜에 맞춰 도시를 다시 찾았고 내부를 둘러볼 수 있었다. 건물 외부는 오래된 건물로 느껴지지만 내부는 넓은 장의자를 갖춘 현대의 개혁교회 예배당 그대로다. 강단 앞 쪽엔 칼뱅주의 전통의 설교단이 강단 벽에 세워져 있어, 이곳이 개혁주의 교회임을 알게 했다.

라로셀개혁교회 예배당

앞서 언급한 것처럼 라로셀 개혁교회는 공식적으로는 1563년 생 미셸(Saint-Michel) 강당에서 예배드리며 출발했으며 라로셀 함락 이후 1629년 루이 13세의 명령으로 가톨릭교회에 예배당(그랜드 사원)을 넘기게

라로셀개혁교회 내부

된다. 하지만 새롭게 예배드리던 장소(새교회)가 철거된 후 떠돌던 개혁교인들은 1793년 종교의 자유가 허용된 후 가톨릭교회가 사용하던 한 예배당을 구입하여 개혁교회를 다시 설립했다. 그래서 교회 외부는 1691년 건축된 가톨릭교회의 모습이 남아 있었다. 반면 내부는 여러 차례 수리를 거쳤으며, 설교단은 1836년 떡갈나무로 새롭게 만들었다. 설교단은 말씀과 말씀의 선포를 중요시한 칼뱅주의의 강단 형태를 갖추고 있었다. 특히 라로셀 교회는 안내문에서 '교회는 두 세 명이 내 이름으로 모이는 곳에 내가 그들 가운데 있다'(마태 18. 20)라는 말씀을 언급하며 'Temple(사원)은 성전(kein geheiligtes Gebäude)

오랜 역사를 가진 라로셀 종교개혁 박물관은 프랑스와 라로셀 개혁교회 역사를 소개한다.

이 아니다'라고 강조한다. 또 '제단이 아닌(kein Alter) 설교단과 성찬용 책상이 세워져 있다'고 설명하고 있는데 개혁주의 전통에 대한 자부심이 묻어났다.

예배당 앞 쪽 오른편 통로를 통해 개혁교회 박물관으로 들어섰다. 이 박물관은 1930년대에 설립되었으며 오래된 성서와 함께 프랑스 종교개혁 역사, 라로셀 종교개혁 역사 등을 소개하고 있다. 이미 둘러본 라로셀 종교개혁 장소들을 소개하는 입간판들을 살핀 후 작은 그룹과 함께 박물관 내부 견학에 나섰다. 70~80세가 되신 나이든 성도 한 분이 박물관을 안내했다. 견학에 참여한 일행 중 한 명이 다행히 독일어를 하실 수 있어서 그분이 해설사의 말씀을 중간 중간 통역해 주셨고, 그렇게 행운 아닌 행운으로 전시물을 보다 깊이 이해할 수 있었다.

박물관은 그렇게 크진 않았다. 오래된 성서와 종교개혁 관련 저술들이 담긴 책장을 시작으로 네 곳의 전시 공간에 종교개혁의 시작과 성서, 첫 번째 개혁교회의 설립, '서쪽의 제네바'로 불리며 위그노의 수도였던 시기, 그랜드 사원 건축과 신학교 설립 및 운영, 혼란의 시기(항쟁과 함락), 망명과 광야시대,

관용 이후 개혁교회 역사 등 10여개의 흐름으로 전시가 이뤄지고 있었다. 프랑스 종교개혁을 주제로 많은 곳을 둘러보면서 이미 여러 번 접했던 자료들이 대부분이었다. 다만 라로셸을 중심으로 그동안의 프랑스 종교개혁 역사를 보다 촘촘히 살피는 계기가 됐다. 특히 최초 프랑스의 종교개혁 신앙고백인 라로셸 신앙고백의 내용을 문서로 접할 수 있었다. 본문 내용과 그 밑 손으로 서명한 내용은 원본의 복사본으로 추정된다. 논의를 통해 최종 문서를 만들고, 그곳에 마지막 서명했던 프랑스 종교개혁자들. 비록 그들의 이름을 읽을 수는 없지만 그들의 신앙적 결단과 다짐을 생각해본다.

라로셸 신앙고백

하지만 라로셸은 왕실의 군대에 의해 함락되었고, 교회당은 빼앗겼으며 재가톨릭화 정책으로 인해 끊임없이 압박을 받았다. 예배의 자유조차 빼앗긴

첫 라로셸 개혁교회로 1600년경 건축한 그랜드 사원(왼쪽)과 1630년경부터 사용한 새 교회 건물 모형

라로셀 전투는 왕실과 위그노의 총력전으로 어느 한쪽이 패해야 끝나는 전투였고, 잉글랜드 등의 도움을 받지 못한 위그노는 결국 항복했다. 격렬한 전투를 묘사한 그림.

상황에서 목사 등 교회 지도자들 상당수는 망명을 해야 했고, 평신도 지도자들은 성도들을 이끌고 광야시대를 살아야 했다. 이들 중 일부는 신학교육을 통해 목사로 세워졌고, 매 주일 도시 밖이나 가정집에 모여 예배드렸다. 그들이 사용했던 이동식 강단과 거울 뒤에 숨긴 성서, 분해되는 성찬용 잔 등은 라로셀 또한 광야교회로 오랜 시간 신앙을 지켜왔음을 보여주고 있었다.

때때로 영어로 설명하는 노 해설사의 당당한 목소리에서 라로셀 교회의 역사와 신앙에 대한 자부심이 느껴졌다. 그분의 안내와 설명을 들은 후 다시 한번 홀로 전시실을 둘러보며 미진한 부분과 옛 자료들을 좀 더 꼼꼼히 살핀다. 현장 방문에서 정확히 이해되지 않던 라로셀의 종교개혁 역사와 흔적을 다시 보게 된다. 언젠가 시간이 되면 다시 한번 이들 내용을 꼼꼼히 살펴야겠다고 다짐해 본다. 그 곳 자료 가운데 종교의 자유가 허락된 후 새롭게 출발한 교회에 20대에 부임해 50여 년 가까이 사역했던 한 목회자의 사진을 만났다. 그의 이야기를 통해 '헌신'이라는 단어를 떠올렸다. 또 1697년 종교의 자유를 찾아 신대륙으로 망명을 떠난 라로셀 시민들이 '뉴 로셀'(New Rochelle)

을 세웠고, 형제교회를 생각하며 작은 기념석을 보내온 것도 보게 됐다. 무엇보다 정확한 언어적 의미는 이해되지 않지만 라로셀 종교개혁자들을 일컫는 것 같은 'Rochelais'라는 단어를 생각하며 그들의 삶을 한참 묵상한다.

박물관을 나서 예배당 의자에 잠시 앉았다. 그리고 눈을 감는다. 앞서 살핀 자료들과 하루 시내 곳곳을 거닐며 만났던 종교개혁 흔적을 떠올려본다.

미국 뉴 로셀 교회가 보낸 기념물

성서로 시작한 그들의 신앙은 예배와 교회를 통해 열매 맺었다. 전쟁 후에 교회를 뺏기고 예배의 자유마저 박탈당했던 그들은 신앙을 지키기 위해 광야로 나갔고 하늘이 허락한 자연에서 예배 드렸다. 그들의 신앙이 토대가 되어 개혁교인들은 대혁명을 통해 종교의 자유를 얻을 수 있었다. 비록 탄압으로 축소되고 축소되어 전 국민의 2~3%만 개혁교인이라고 하지만 그들의 신앙은 굳건한 과거 역사와 전통 위에 서 있다는 점에서 프랑스 개혁교회는 가장 자랑스럽고 능력 있는 교회라 할 수 있다. 그들의 신앙의 깊이, 긍지와 자부심을 라로셀에서 재확인한다. 가슴이 벅차오름과 함께 자리를 박차고 그렇게 도시를 떠날 수 있었다.

라로셀(La Rochelle)은 위그노의 실질적 수도였고, 최후의 항쟁 거점이었다. 종교개혁 경로를 따라 항구와 옛 도시의 길을 거닐며 위그노의 신앙, 유럽 여러 나라와 신대륙으로 흩어진 목회자와 그를 따른 상공인의 삶을 떠올릴 수 있다.

대성당(Cathédrale Saint-Louis)

Place de Verdun La Rochelle, https://paroisse-larochellecentre.fr/

바돌로매이 교회 종탑(Clocher Saint-Barthélémy)

종교개혁 이전 라로셀 대성당은 위그노가 도시 방어를 위한 벽돌을 얻기 위해 종탑만 남기고 헐었다. 인근에 새로 건축된 현재의 대성당이 있다.

초기 개혁교회 예배 장소들

위그노는 처음에는 14 Rue Saint-Yon(1540년대 말)에서 예배드리다가 1560년대 성미카엘 교회(가르골로 방)에서, 1563년경에는 당시 마우벡(Maubec, 6 Rue Saint-Louis)

에서, 또 생 소뵈르 성당 등에서 예배드렸다. 이후 1560년대부터는 새로 건축된 '그랜드 사원', 함락 이후에는 '새교회'에서 예배 드렸다.

앙리 2세의 집(Maison Henri II)
11 Rue des Augustins

아우구스틴 수도원(현 가톨릭예배당)
2 Rue des Augustins
과거 수도원이 있었던 이 곳은 프랑스 개혁교회 총회가 열렸고 라로셀 신앙고백이 채택됐다.

시청사(Hôtel de Ville) 및 장 기통 동상(Statue Jean Guiton)
1 Place de l'Hôtel de ville, https://www.larochelle.fr/

상공회의소 건물(Greffe du Tribunal de Commerce)
14 Rue du Palais

개혁교회(Temple protestant) 및 박물관(Musée protestant)
2 Rue Saint-Michel, https://www.protestantisme-museelarochelle.fr/

낭트칙령 전후 17세기 프랑스 개혁교회(왼쪽)는 남부를 중심으로 전국 곳곳에 산재해 있었으나, 탄압과 광야시대를 거친 개혁교회(오른쪽)는 남부와 노르망디에서만 소수로 생존했다.

10 현대 프랑스 개혁교회를 생각하며

광야시대와 관용령, 그리고 현대 :
사막박물관(Le Musee du Desert)을 찾아 떠난 길

프랑스 종교개혁의 마지막 방문지는 프랑스 남부에 있는 '사막 박물관'(Le Musee du Desert)이다. 종교개혁 여정의 마지막 방문지로 이곳을 정한 것은 프랑스 종교개혁 역사에서 독특한 의미를 가진 곳이기 때문이다. 이곳에는 가장 혹독한 탄압의 시대, 즉 광야의 시대를 맞았지만 말씀을 붙잡고 치열하게 생존했던 개혁교인들이 있었다. 그들의 삶의 흔적을 찾고 그들처럼 재출발한 프랑스 개혁교회의 역사를 되짚어가기 위해서다. 박물관의 명칭은 처음 이곳을 접한 한국인이 프랑스 용어를 그대로 번역하면서 '사막' 박물관으로 알려지게 되었다. 그러나 개인적으로는 구약성서의 '광야'라는 의미에서 '광야 시대' 또는 '광야' 박물관이란 언급이 더 적합하다고 생각한다.

파리를 나서 밤 버스를 타고 프랑스 남부 님(Nimes)으로 향했고, 이른 아침 도심 외곽의 버스 정류장에 도착할 수 있었다. 그곳에서 30여 분을 걸어 시외 버스 정류장(역 광장)에 도착했고 박물관과 가까운 마을(Anduze)을 향하는 버스에 올라 1시간 이상 이동했다. 버스가 다소 늦어지는 바람에 일정이 조금 꼬이긴 했지만 그렇게 박물관 부근까지는 무사히 도착할 수 있었다. 하지만 문제는 그곳에 있었다. 사막박물관까지는 8킬로 이상 떨어져 있어 걷기에는

사막박물관은 프랑스 개혁교회의 광야시대를 알 수 있는 중요한 장소이다.

너무 멀고, 택시는 비용이 너무 비쌌다. 결국 관광안내소 소개로 대여점에서 자전거를 빌릴 수 있었고 박물관으로 향했다. 작은 계곡을 끼고 옛 마을과 다소 경사가 있는 산 길을 자전거로 오르는 것은 쉽지 않았다. 오르막 길에선 자전거에서 내려 걸어야 했고, 내리막을 만나면 바람을 가르며 달렸다. 그렇게 30여분 넘게 걸려 박물관에 도착할 수 있었다.

1. 낭트칙령 폐지와 광야시대의 도래

프랑스 종교개혁에서 '광야시대'는 일반적으로 루이 14세에 의해 1685년 낭트칙령이 폐지(퐁텐블로 칙령)된 때부터 1789년 프랑스 인권 선언으로 다시 종교 자유가 허락된 시기까지의 기간을 말한다. 낭트칙령의 폐지와 함께 개혁교인들의 예배는 금지됐고 개혁교회는 모두 몰수되거나 허물어졌으며 목사들은 프랑스에서 추방됐다. 예배의 자유와 처소를 빼앗긴 개신교인들은 종교의 자유가 보장된 이웃나라로 망명을 떠나야 했고, 탈출 길이 가로막힌 성도들은

사막박물관과 가까운 지역 중심지 '안두즈(Anduze)'

가정이나 사람들이 없는 들판이나 골짜기, 동굴 등에서 예배드리며 신앙을 지켜야 했다. 때론 탄압과 박해에 맞서 무기를 들고 저항하기도 한 이 시기에 목사들은 사형대 위에, 신앙을 포기하지 않은 남성들은 갤리선으로, 그리고 여성들은 감옥에 보내져 평생을 보내야 했다. 한 세기 동안 개혁교인들은 박해와 탄압에 갇혀 지내야 했던 것이다.

물론 '광야시대'가 고통만 있었던 것은 아니다. 그들은 성서의 말씀과 함께 있었고 누구보다 뜨거운 신앙을 간직할 수 있었으며, 그런 신앙으로 하나님과 동행하는 감격을 누리며 살았다. 출애굽한 히브리인들이 40여년 광야시대 동안 고난과 절망 속에서도 하나님의 동행하심을 경험하고 그 음성을 들으며 단련됐던 것처럼 말이다. 그러나 100년은 결코 짧은 시기가 아니다. 할아버지로부터 성서 이야기를 들은 아이들이 할아버지, 할머니가 되고도 남을 시간이다. 과연 그들의 신앙은 어떻게 유지되었을까? 탄압은 연단을 가져오기도 하지만 시련을 통해 포기의 길을 걷게도 만들기 때문이다. 프랑스의 광야시대는 자녀들에게, 이웃에게 신앙의 유산을 남길 수 없는 그런 시대였

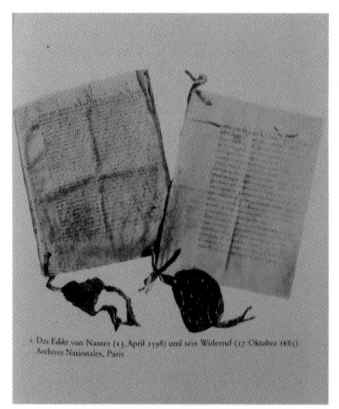

낭트 칙령과 퐁텐블로 칙령

다. 이런저런 생각을 하며 광야시대를 살았던 프랑스 개혁교인들의 삶을 느끼기 위해 시골 마을의 누추한 집과 같이 생긴 '사막박물관'에 들어섰다. 사막박물관이 프랑스 남부 산골 마을에 자리한 것은 이곳이 광야시대 저항의 중심지였던 곳 중 하나이기 때문이다. 낭트칙령이 폐지되면서 인근 지역에 프랑스 개혁교인들이 많이 피신해 왔다고 한다. 아무래도 왕실의 행정력이 강하게 작용한 파리나 인근 지역, 가톨릭교회의 영향력이 강한 지역은 탄압이 심했기 때문에 상대적으로 탄압이 적은 곳, 개신교 영향이 컸던 곳으로 개혁교인이 많이 피신 왔을 것이다. 종교개혁 시기 남부는 개혁교인들이 많았고 이들 지역으로 개혁교인들이 피신하게 된 것으로 추정된다. 이곳 세벤느(Cévennes) 지역에서 1702년부터 1704년 가톨릭교회의 탄압에 맞서 까미사르 봉기(La revolte des Camisard) 또는 까미사르 전투(Guerre des Camisards)로 불리는 군사적 저항운동이 펼쳐졌다. 사막박물관은 그 전투를 이끈 지도자 중 한 명인 롤랑(Rolland)의 집과 그 주변에 세워진 것이다.

박물관에 들어서서 제일 먼저 한국어와 독일어로 된 설명 자료를 요청했다. 방문 시기를 특정하고 이메일로 문의했던 터라 쉽게 관련 자료를 얻을 수 있었다. 크게 박물관은 3개의 전시영역(한국어 자료에는 2개의 전시 영역으로 구분됨)으로 구분되었는데, 첫 번째는 종교개혁 전개 과정과 종교전쟁 시대, 낭트 칙령의 종교자유와 폐지, 그리고 저항의 시대를 개괄적으로 소개하고 있다. 두 번째 영역은 롤랑과 까발리에 의해 전개된 저항, 이후 광야시대 비밀리에 진행된 예배 활동, 관용령과 종교의 자유를 다시 찾게 되는 과정 등을 자세하게 알리고 있었다. 세 번째 전시영역은 이러한 박해와 순교, 망명과 저항을 택한 프랑스 개신교인들의 삶이 어떠했는지를 소개하고 있다.

전시 내용을 하나씩 살펴나간다. 지금까지 본 많은 프랑스 종교개혁 관련 박물관에 비해

종교개혁 초기를 다룬 첫 전시실

그 자료나 내용, 전시 형태 측면에서 가장 잘 정리되고 풍부한 내용을 담고 있었다. 루터로부터 시작된 유럽의 종교개혁은 프랑스 땅에도 영향을 미쳤고, 중세적인 신앙적 운동(카타리파, 발도파 등)과 얀 후스와 같은 종교개혁 이전 종교개혁자들, 에라스무스 등 인문주의자들의 영향으로 르페브르를 중심으로 인문주의적 종교개혁 운동이 전개되었다. 초기에 루터와 츠빙글리의 영향을 받은 프랑스는 나중에는 칼뱅의 영향으로 로마교회와 분리되었고 종교전쟁 이전 200만 명에 이르는 프로테스탄트가 활동하였다. 매우 규모 있는 개혁교회로 성장한 것이다. 하지만 바시 학살을 기점으로 종교전쟁이 시작되었고 바르톨로메오 축일의 학살로 더욱 크게 비화된다. 하지만 1598년 개신교인인 앙리 4세가 가톨릭 교인이 되어 프랑스의 황제로 취임하면서 36년의 종교전쟁을 끝내고 낭트칙령을 통해 종교적 관용 조치를 취하게 된다.

낭트칙령은 종교와 관련 없이 모든 시민이 직업과 직책을 가질 수 있고, 프로테스탄트가 지배적인 지역에서는 공식 예배를, 중립지역은 30명까지 개인적인 예배를, 80곳의 구호 장소, 70곳의 안전 보장처, 많은 가톨릭 재판관처럼 프로테스탄트 재판관에 의한 재판 조치가 포함됐다. 하지만 이러한 조치는 그의 사망과 이어 취임한 루이 13세와 14세에 의해 하나둘씩 파괴된다. 루

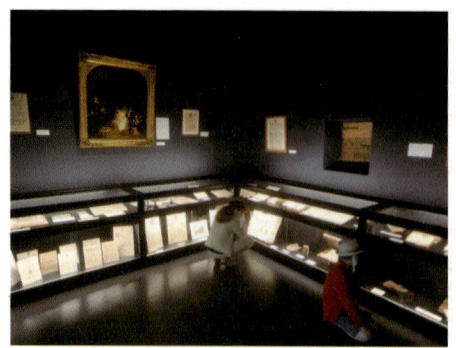
두 번째 전시실, 탄압 내용이 담긴 왕의 칙령들

이 13세는 프로테스탄트를 '국가 안의 국가'로서 경계하고, 정치적 군사적 자유를 제한하였으며 라로셀과 남부 지역 저항을 무력진압한 후 알레의 칙령(Edikt von Grace 1629, Ales)으로 위그노에게 허락된 정치적, 군사적 권한을 박탈한다. 더욱이 이어 등장한 루이 14세는 '절대 왕정'을 구축하며 '하나의 왕, 하나의 법, 하나의 신앙'을 강조했고, 사실상 국가 종교로서 가톨릭 신앙을 강요한다. 더욱 날카로워진 탄압 중에 쁘와투(Poitou) 지방의 루브와(Loivois)에서는 군대를 통해 위그노 집안 파괴를 시작했고 수많은 사람들을 강제 개종 시키기도 한다. 결국 그는 1685년 10월 낭트칙령을 폐지하는 퐁텐블로칙령을 발표하고 개혁교인에 대한 모든 권리를 철저히 박탈한다.

그는 개혁교회 예배처소를 파괴하고 목사들은 프랑스에서 쫓아냈다. 한 기록에는 목회자의 80%이상이 망명길에 나섰다고 하는데 남은 20% 또한 자유롭지 못했고 대다수는 체포되어 죽임 당했다. 종교의 자유를 찾아 20여만 명이 이웃 국가들로 대탈출했고, 프랑스는 탈출 통로인 국경을 차단한다. 결국 대다수 프랑스 개혁교인들은 숨어서 사는 삶을 선택하게 되었다. 그렇게 개혁교인들은 사람들의 눈을 피해 숲 속이나 동굴, 골짜기에서 숨어서 예배를 드리기 시작했다. 발각되어 체포된 목사는 사형장으로, 여자들은 종신 감옥형으로, 남자들은 갤리선 노예로 보내졌다. 아이들도 예외는 아니었는데 가톨릭 집안에 맡겨지거나, 수도원으로 보내지는 형벌을 받았다.

박물관에는 당시 퐁텐블로 칙령 이후 발표된 많은 반 종교개혁적인 왕의 칙

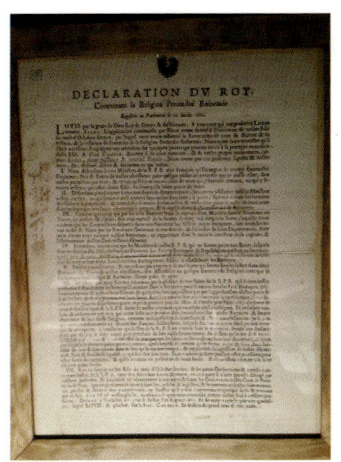
퐁텐블로 칙령에 이어 이듬해에 나온 왕의 칙령은 구체적인 탄압의 내용이 담겨 있다.

령 관련 문서를 볼 수 있었다. 특히 이듬해 7월 발표된 '왕의 칙령-소위 개혁교회라는 종교에 관하여'(Declaration du Roy-Concernant la Religion Pretenduê Reformée)는 특히 눈길을 끌었다. '프랑스로 돌아오는 목회자는 죽음의 처벌, 남성과 여성용 감옥과 갤리선 처벌, 외국 목회자 체류 승인, 죽음을 이유로 모이는 것 금지 등'의 내용은 일상 속 개혁교인이 당하는 차별과 종교자유의 침해가 어느 정도였는지를 짐작케 한다.

이런 탄압으로 16세기 한 때는 200만 명에 이르던 프랑스 개혁교인은 낭트 칙령 후 공식적으로 전 국민의 4%인 80만 명, 630여 개 교회, 712명의 목회자 등을 가진 교회가 됐다가 다시 철저한 지하 교회, 숨어야 하는 개혁교인이 되었다. 박물관 초입에 있는 16세기 프랑스 각 지역에 퍼져있던 개혁교회 위치를 담은 지도(Les Églises réformées en France au 16e siècle)와 이후 만난 1780년 종교자유가 이뤄진 후 개혁교회 지도(Les Églises réformées en France vers 1780)를 비교해 보게 된다. 사실상 개혁교회의 남부벨트를 제외하곤 중북부 개혁교회들은 대부분 역사 속에 사라졌음을 알게 된다. 100년 이상 프랑스 왕실과 가톨릭교회, 각 지역 의회의 탄압이 만들어낸 결과라 할 것이다. 가슴 한 곁이 아려왔다. 그러나 한편에선 모든 국가 기구와 탄압의 도구, 가톨릭교회의 압박과 탄압에도 광야 시대에 살아남은 교회와 신앙공동체가 이렇게 많았나 하는 생각에 감격하게 됐다.

예배의 자유를 빼앗긴 위그노는 20만여 명이 다른 나라로 망명했다. 대탈출을 그린 그림

2. 까미자르 봉기와 숲속, 들판에서 시작된 광야예배

첫 번째 전시영역을 지나 두 번째 전시 영역에 들어섰다. 이곳에서는 롤랑과 까발리에에 의해 전개된 까미자르 봉기에 대한 이야기와 광야시대에 지역 내의 개혁교인들이 어떻게 광야예배를 드렸고, 교회를 재건했는지, 그 과정에 성도들은 신앙 생활을 어떻게 해 왔는지를 소개하고 있었다.

까미자르 저항운동을 알리는 공간은 롤랑을 소개하는 것으로 시작되고 있었다. 롤랑의 원래 이름은 삐에르 라뽀흐뜨(Pierre Laporte)였고, 롤랑은 그의 가명이다. 가명을 쓰는 것은 숨어 사는 사람들에게 보편적인 것이다. 그의 집 내부 공간 진열장에는 항쟁 당시의 무기와 그의 가족이 사용하던 성서가 놓여

까미사르 항쟁의 주역을 그린 그림

롤랑의 집 내부 모습과 전시물

있고, 부엌에 있는 벽장은 바닥의 널빤지 밑으로 몇 사람이 숨을 수 있는 공간도 있었다. 아마도 저항대원이나 설교자들이 숨었던 곳으로 추정되는 곳이다.

이 저항 운동은 개신교를 유난히 박해한 셀라(Chiala) 수사를 암살하면서 시작되었는데 전투복장으로 입은 와이셔츠 때문에 '까미자르'로 불리게 되었다. 롤랑과 까발리에는 이들 부대의 대장으로 2년여 동안 2000여명에 이르는 개신교인을 이끌며 2만 5천여 명의 왕의 군대에 맞서 저항했다. 비록 정규군과의 전쟁의 한계는 분명했지만 게릴라 전투를 통해 왕의 군대는 적지 않은 피해를 입었다. 군대의 지도자는 이러한 항쟁을 무마시키기 위해 롤랑이 죽은 후에는 까발리에와 그의 동료들에게 프랑스를 떠나도록 허용하는 유화책을 제시하기도 했다. 비록 격렬한 항전은 그렇게 끝났지만 저항 운동은 1710년까지도 간헐적으로 계속되었다고 한다.

까미자르 봉기 이전에도 개혁교회 신자들은 도시 외곽 숲속이나 들판에서 예배를 드렸고 집회 후에는 세례와 결혼 축하 예식 등을 진행했다. 예배를 숨기기 위해 모임은 가족 나들이나 야유회와 같은 형태로 진행되기도 했고, 설교단과 성찬용 물건들은 은밀한 집회에 사용하기 위해 커다란 통이나 나무 발판, 그리고 분해되는 형태로 제작되었다. 또한 다수의 주화가 발행되어 이를 가진 사람만 성찬 등에 참여할 수 있도록 하기도 했다. 일반 신자들과 달리 지식인들이나 자산가들은 상대적으로 안전한 성경읽기 모임 등과 같은 형태로 가정에서 모이고 인쇄물이나 복사된 설교 등과 서적을 통해 예배를 드

광야시대 항쟁 전시 공간. 가톨릭교회와 왕실의 '신앙의 자유 박탈'은 개혁교인의 항쟁을 불러왔고, 광야교회 지도자들은 목숨을 내어놓고 활동해야 했다.

리기도 했다. 어떤 형태든 이들 '불법 집회'는 당국의 끊임없는 감시와 탄압, 가톨릭교회의 박해의 공격에 노출되어 있었다.

또한 광야시대 신자들은 가족의 신앙을 지키기 위해 성서를 무엇보다 중요시 여겼는데, 이는 예배 장소나 목회자 없는 상황에서 자신들의 신앙을 지킬 유일한 힘이 말씀 묵상이나 가정예배를 드릴 수 있는 성서였기 때문이다. 가정에서는 '금지된 책'을 거울 뒤편에 숨기기도 했는데 전시실에서는 거울 뒤 성서를 볼 수 있도록 재현해 놓았다. 또 여성들은 쪽진 머리에 숨길 수 있는 작은 성서를 가지고 다니기도 했다. 무엇보다 성도들은 법적으로 인정받을 수 없음(인정받기 위해서는 가톨릭 성직자에 의해 시행된 증명문서가 있어야 했다)에도 광야에서 세례를 받았고, 결혼식을 시행했다. 그들의 이름이 적힌 많은 증명서들은 그 시대에는 불법적인 종이쪽지였지만 지금에는 탄압을 이겨낸 프랑스 개혁교인의 자랑스러운 증명이라 할 것이다.

광야시대에 젊은 설교자 앙투완 꾸흐(d'Antoine Court, 1695-1760)가 1715년 프랑스 교회를 대표하는 인물로 역사 속에 등장했다. 그는 프랑스 남부에 형성된 많은 개혁교회 공동체를 대표하여 활발한 활동을 선보이는데 광야교회 형태의 개혁교회 예배를 소집하는 한편 개혁교회 규칙, 교회 회의, 목회자

양성, 집회 등과 같은 방향 제시로 교회의 내실을 다져 나간다. 아마도 그의 활동은 새로운 형식의 제안이 아니라 탄압에 맞게 기존 교회 운영에 변화를 준 것으로 생각된다. 그로 인해 낭트칙령 폐지 이후 방향을 상실했던 프랑스 개혁교

광야 예배를 그린 대표적 그림

회가 재건의 길로 들어섰다. 그는 1724년 루이 15세가 전임자가 취한 모든 종교적 조치를 재확인했음에도 스위스 로잔에 '광야교회 목사'를 양성하는 신학교(1729)를 설립, 프랑스 교회의 미래를 준비한다.

전시실 한쪽에는 광야집회에 참석했다는 이유로 유죄판결을 받은 많은 사람들의 판결문과 왕의 칙령, 그리고 그 옆에 자리한 스위스 로잔의 광야신학교 건물은 여러 가지를 생각하게 한다. 탄압과 죄인 취급을 받으면서도 성서

광야시대 설교단의 하나

와 광야교회 목회자의 말씀에 의지하며 신앙을 지켜온 개혁교인들. 그들에 의해 개혁교회는 지켜졌고, 유지됐으며, 다가오는 시대를 준비했던 것이다.

억압의 시대는 프랑스 내에 계몽주의가 퍼지기 시작하고, 관용의 정신이 조금씩 확산되기 시작하면서 변화되었다. 대표적인 사건이 장 칼라스(Jean Calas) 사건인데, 그는 '개신교로 개종하지 못하게 하려고 자기 아들을 죽였다'는 누명을 쓰고 툴루즈에서 사형

숲속에서 드려진 광야 예배 장면

(1762)에 처해졌다가 나중에 볼테르에 의해 복권되었다. 이런 분위기 속에 님의 목사였던 뽈 하보(Paul Rabaut)는 광야교회를 이끌며 성도들의 신앙을 더욱 강화시켰다. 이런 분위기 속에서 왕실은 1787년 관용령(L'Edit de Tolérance), 즉 개신교 자유의 칙령을 내린다. 이를 통해 개신교인의 시민권을 회복시킨 것이다. 또 프랑스 대혁명이 일어나 왕실을 붕괴시키고 시민의 권리를 확대시켜나간다. 이 때 뽈 하보의 아들인 하보 쌩테티엔느(Rabaut Saint-Etienne)는 1789년 국민의회 의원, 1790년에는 의회의장으로까지 선임되었고, 1789년 인권선언에도 참여한다. 그의 영향력 아래 프랑스 인권선언(Declaration des droits de l'Homme et du citoyen) 제10조 양심의 자유 선언에 다음과 같은 문구가 포함됐다. "어떤 사람도 자신의 의견을 표명함에 있어, 심지어 그것이 종교적인 것일지라도, 그것이 법에 의해 명시된 공공질서를 파괴하지 않는 한 처벌되지 않는다.(Nul ne doit être inquiété pour ses opinions, même religieuses, pourvu que leur manifestation ne trouble pas l'ordre public établi par la loi.)" 프랑스 개혁교회는 그렇게 은둔과 광야의 시대를 끝내게 되었다.

3. 죽임과 망명, 저항 속 깊이 자리한 성서

제3전시관에 들어섰다. 박해와 순교를 알리는 전시실, 믿음을 지키기 위해 저항하고 순교당한 그들의 신앙을 알 수 있는 곳이다. 첫 장소는 목회자와 설교자들을 위해 헌정된 장소였다. 예배 용품과 설교 사본, 비밀교회 회의록 등을 만날 수 있었다. 퐁텐블로 칙령과 함께 위그노의 종교자유는 완전히 박탈되었다. 교회는 폐쇄되거나 파괴되었고 개신교인의 예배나 공개적 모임은 철저히 금지되었다. 목회자들은 대부분 프랑스에서 추방되었고, 목회자가 부족한 상황에서 프랑스 땅에 남은 평신도 지도자들이 목회자가 되어 광야교회를 이끌었다. 하지만 이들은 발각과 동시에 자유를 박탈당하고 처형되거나 갤리선으로 보내졌다. 그곳 한 곳에 광야시대 초기 교회를 이끈 한 목회자를 추모하는 공간이 마련되어 있었다. 바로 낭트칙령 폐지 직전 툴루즈 의회의 변호사였던 끌로드 부르송(Claude Brousson)이다. 그는 낭트칙령이 폐지된 직후인 1689년부터 광야교회 목회자로 사역을 시작했고, 1698년 체포되어 몽펠리에서 사형에 처해진다. 아마도 목회자가 없던 시절, 그가 목회자의 직분을 대신하게 되었던 것 같다. 그의 처형은 광장에서 원형의 형틀에서 집행되었는데 전시실에는 그의 초상화와 함께 그가 죽은 원형의 형틀이 축소모형으로 전시되어 있었다. 팔과 다리가 뒤틀리며 죽음을 맞이한 그가 어떤 신앙 고백과 기도를 했을까?

부르송의 얼굴 그림과 처형틀

목회자들 중 많은 사람들은 추방을 통해 망명을 떠났고, 그들을 따라 20만 명에 이르는 사람들이 자유로운 신앙 생활을 위해 프랑스를 등졌다. 그들의 남겨진 재산은 압류되었고, 왕의 칙령은 그들의 뒤를 추적하여 관련자를 처

숨겨진 성서와 광야교회 자료들이 전시된 전시실

벌하기도 했다. 광야교회의 후손인 막스 린야흐트(Max Leenhardt)가 그린 '위그노의 탈출' 그림은 그들의 모습이 어떠했는지를 추측하도록 한다. 망명자들을 기억하는 전시실 천정에는 그들을 받아들인 나라와 지역들의 명단이 적혀 있었다. 또 독일 땅 한 군주가 목회자의 인도에 따라 도착한 망명자를 기쁘게 환영하는 모습을 담은 그림도 걸려 있었다. 그들 망명자가 도착한 곳 중 현재 내가 사는 함부르크의 이름도 만났다. 실제로 함부르크 몇 개 교회의 역사에는 위그노들의 흔적이 새겨진 것을 몇 번 마주한 적이 있었다.

　망명자들과 달리 프랑스에 남았던 사람들은 끊임없는 박해와 탄압에 시달렸다. 끝까지 신앙을 고수한 남성들이 보내진 곳은 갤리선이었다. 위그노 '남성'의 고통과 순교를 기억하는 '갤리선 노예실'에는 5000여 명의 갤리선 선고자들의 판결과 그들의 순교를 알리는 기념물이 전시되어 있었다. 갤리선을 그린 그림, 그리고 노를 젓는 사람들의 모습…. 갤리선은 족쇄를 채운 상태에서 빛을 볼 수 없는 배 아래층에 갇혀 평생 노예노동에 시달려야 하는 고통이었다. 그곳 천정에는 갤리선 노를 실제 크기로 복원해 놓았는데 거대했다. 이 노는 12미터로 130킬로그램이나 됐고 파도에 맞서 다섯 명이 한 개의 노를 저었다. 벽 2500여 명의 이름이 적힌 대리석판 앞에서 잠시 묵념을 했다.

남성과 달리 신앙을 포기하지 않는 여성은 본보기로 감옥에 보내져 종신형을 선고받았다. 대표적인 장소 중 하나가 콩스탕스 탑(La tour de Constance)

저항하라는 문구가 새겨진 감옥의 돌

으로, 프랑스 남부 랑그도크 지역 여성 죄수들이 많이 보내졌다고 한다. 한 기록에 따르면 1730년 19세에 그곳에 보내진 마리 두란트(Marie Durand)는 38년 간 그 곳에 갇혀 있었다. 그 곳 여성을 기념하는 장소에는 탑의 모형과 여성 죄수 명단이 적힌 나무판, 감옥 내부 여성의 모습을 그린 그림 등이 전시되어 있었다. 그런데 그곳에 한 글귀가 새겨진 돌이 전시되어 있었다. 바로 'Resister'(저항하다)는 문구였다. 어쩌면 이 단어는 광야시대 위그노의 삶을 한 마디로 정리한 내용이라고 할 수 있다. 이 말 그대로 박해와 탄압에 신앙인은 저항해야 한다는 것이다. 때론 무기를 들고, 때론 까미자르처럼 격렬하게 저항해야 한다. 그러나 '저항'은 그런 것만을 말하는 것은 아니다. 무기를 들지 않더라도 자신들이 드리는 예배를 통해, 자신들이 행하는 행함을 통해, 불의에 맞서, 불관용에 맞서, 저항해야 하는 것이다. 그럴 때 참된 그리스도인, 프로테스탄트(항의자)가 되는 것이다. 변함없는 개신교인의 저항정신을 다시 일깨워주는 문구다.

박물관의 마지막에 한 작은 장소에 섰다. 박물관이 강조하는 '저항'의 의미와는 또 다르게 다가오는 장소로서, 어쩌면 광야시대 프랑스 종교개혁 역사를 보여주는 장소라고 생각된다. 그곳에는 18세기에 있었을 법한 한 가정을

광야시대를 사는 위그노 신자 가정. 한밤중 성서 말씀을 읽는 모습을 형상화한 전시

재현하고 있었다. 한밤중 작은 촛불이 놓인 방안에는 한 가정 식구들이 모여 있다. 두 손녀는 창문 밖을 감시하며 서 있고, 할머니는 두 손을 모은 채로 무언가에 집중하고 있다. 그 앞에 손자를 옆에 둔 할아버지 한 명이 책을 읽고 있다. 바로 성서다. 1세기 동안 침묵을 강요 받던 시절 신앙은 말씀을 통해, 가정 예배를 통해 감동적으로 전해졌다. 광야 시절을 이긴 힘은 바로 가정의 말씀 묵상과 광야 예배였던 것이다. 그것을 통해 프랑스 개혁교인들은 왕실과 당국, 가톨릭교회에 저항했고 관용의 승리를 쟁취해 낸 것이다. 그것이 광야시대 개혁교인들의 초상이다.

4. 오늘 프랑스 개혁교회의 새로운 도전

사막박물관을 나선다. 몸에 무언가를 잘 걸치지 않지만 박물관에서 구입한 위그노 십자가를 목에 걸었다. 그들의 신앙을 가슴에 새기며 파리를 경유해 살고 있는 루터의 땅 독일로 돌아가기 위해서다. 머리는 다양한 생각들로 복잡했지만 바람을 맞으며 시골 길을 걷는 마음은 홀가분했다. 그러나 그런 생각은 오래가지 않았다. 오늘의 프랑스 교회에 대한 생각이 몰려왔기 때문이다.

오늘의 프랑스 개혁교회는 1787년 관용령과 1789년 프랑스 인권선언 등의 조치로 인해 종교의 자유를 획득하게 되었다. 오랜 탄압으로 많이 약화된 상황이지만 개혁교회는 광야교회의 열정을 살렸고, 무너진 교회를 하나둘씩 일으켜 세웠다. 영국 등 외국 교회에서 선교사들이 들어와 감리교회와 자유교회 등 독립적인 교회들도 생겨났다. 1905년 국가와 교회가 분리되는 법률이 제정되면서 개혁교회들은 상호 협력 방안을 논의하게 됐고 1938년 복음개혁교회(정교회)와 연합개혁교회, 자유복음교회, 감리교회 등은 프랑스 개혁교회(Eglise réformée de France, ERF)를 조직하게 되었다. 이 기구는 2차 대전 후 알자스 지방을 중심으로 발전해 온 루터교회연맹과 연합하여 2013년 프랑스 개혁교회연합(Eglise Protestante Unie de France)으로 발전한다. 현재 연합회에는 500여명의 목회자와 450여개 교회, 1000여 곳의 예배모임, 9개의 지방, 2개 신학부 등이 속해 있으며 25만 여 명의 출석 신자 등 40~50여 만 명의 신자들이 속해 있다.

프랑스 개혁교회는 활발한 연합활동을 펼치고 있다. 한 연합행사 장면. (자료사진)

하지만 이들 연합회에 속하지 않은 개혁교회들의 규모는 더욱 크다. 오순절 계통과 침례회 등의 교회를 비롯해 많은 다른 나라 출신의 디아스포라 선교 교회 등이 최근에 급성장하고 있기 때문이다. 몇 해 전 프랑스 방송사는 이런 현실을 반영해 개혁교회의 신자들을 100~150만 여 명으로 추산했다. 이를 그대로 인정한다면 프랑스 개혁교인은 전 국민의 2~3%라고 볼 수 있다. 과거 10%를 넘는 상황을 고려하면 분명 매우 약화된 상태다. 그러나 지속적으로 성장하고 있는 프랑스 교회는 미래가 주목된다고 봐야 한다. 중세교회처럼 경건한 교회 생활, 뜨거운 신앙을 강조하는 한국교회 입장에서 보면 '경건의 외형'은 없을지 모른다. 또 생명력을 상실한 교회처럼 보일지도 모른다. 하지만 500여년의 역사 동안 200여년 넘는 탄압을 딛고 선 프랑스 개혁교회의 신앙은 견고하며 그 안에는 선조들로부터 내려온 깊은 신앙적 유산과 따뜻함이 담겨 있다고 할 수 있다.

개인적인 입장으로 프랑스 개혁교회는 한국교회보다 신앙심이 더 깊다고 평가하고 싶다. 지도자는 종교재판, 화형대 위에 세워졌고, 갤리선으로 보내져 죽임을 당했다. 신자들은 예배를 자유롭게 드릴 수도 없었고 자국어 성서를 가지고 있다는 이유 하나 만으로 체포되어 감옥에 보내지기도 했다. 개혁신앙을 포기하지 않는다고 평생을 감옥에서 보내야 했던 여성들도 있었다. 심지어 바시 학살과 바르톨로메오 축일의 학살, 메린돌의 학살, 피에몬테의 부활절 학살 등과 같이 군사력을 동원한 잔인한 살인이 무수히 반복되었다. 그런 역사를 어찌 짧은 탄압을 경험한 한국교회가 질책할 수 있고 프랑스 교회의 미래를 함부로 재단할 수 있는가? 더욱이 일제 압제 시대와 군사 독재 시절 기독교 주류는 친정부, 친권력 입장에 섰고 박해 받은 이들은 저항하는 소수 그리스도인들이었다. 주류 교회에 대한 탄압이 있었다면 한국전쟁 전후 공산주의 세력에 의한 탄압이 전부다. 오히려 조선 말 '서학'이라는 이유로 수

차례 탄압받은 가톨릭교회가 더 크게 박해받았음을 자랑할 수 있을 것이다. 어쩌면 한국교회는 부흥이 가져온 거만과 방종으로 인해 한 세대가 지나면서 큰 역풍을 만날 수도 있을 것이다.

프랑스 교회를 생각하고 기도하며 그 역사의 유산으로 계승되어 온, 프랑스의 상징이 된 단어 '똘레랑스(관용)'를 떠올린다. 칼뱅의 정신을 품고, 그의 신앙과 사랑을 계승했지만 '하나의 신앙'은 '가톨릭교회'에 씌워진 왕관이었다. 그 과정에 개혁주의의 중심 프랑스의 종교개혁은 성공하지 못했다. 프랑스 대혁명은 황제 부부를 단두대의 이슬로 사라지게 했고 '절대주의'를 역사에서 지우며 자유, 정의, 박애의 정신을 확산시켰다. 자신의 주장, 생각을 말하기에 앞서 상대방을 있는 그대로 인정하는 것으로부터 '똘레랑스(관용)'는 시작된다고 할 것이다. 그런 점에서 프랑스 개혁교회는 불관용과 싸워, 불공정함과 싸워 승리했다. 그래서 오늘날 관용의 왕관은 프랑스의 '개혁교회'의 차지라 할 것이다. 비록 그들이 소수일지라도.

사막 박물관(Musée du Désert)은 프랑스 남부의 세벤느(Cévennes) 지방에 있으며 대중교통을 이용할 경우 님(Nîmes)에서 안두즈(Anduze)까지 버스를 이용한 후 안두즈에서 택시를 이용해야 한다. (세벤느 지방 관광안내 : http://www.cevennes-tourisme.fr/)

사막 박물관(Musée du Désert)

30140 Mialet, http://www.museedudesert.com/. 가장 잘 정리되고 가장 오래된 프랑스 개혁교회 박물관. 종교개혁부터 광야시대를 거쳐온 프랑스 개혁교인의 삶을 알 수 있다.

님(Nîmes)

님(Nîmes)에서는 로마 원형경기장(Boulevard des Arènes)과 로마 사원(Place de la Maison Carrée), 소박한 대성당(9 Rue Saint-Castor, https://cathedrale-nimes.fr/) 등 옛 도시의 향취를 느낄 수 있으며, 사막 박물관까지 가는 길은 넓은 들과 작지만 아름다운 프랑스의 시골 마을을 만날 수 있다.

발로 쓴 프랑스, 칼뱅, 개혁주의 종교개혁

발 행 일 | 2021년 6월 10일
지 은 이 | 조재석
펴 낸 이 | 박희정
펴 낸 곳 | 출판기획에디아
등록번호 | 제2-2217호(1996.7.30)
등록된곳 | 04557 서울시 중구 퇴계로37길 14 기종빌딩 6층
전   화 | 02-2263-6321
팩   스 | 02-2263-6322
ISBN • 978-89-87977-29-4 93230

*책값은 표지에 있습니다.